U0143228

名家通识讲座书系

北京历史文化
十五讲

□ 刘 勇 等著

北京大学出版社
PEKING UNIVERSITY PRESS

图书在版编目（CIP）数据

北京历史文化十五讲/刘勇等著.—北京：北京大学出版社，2009.1
（名家通识讲座书系）
ISBN 978-7-301-12935-7

Ⅰ.①北… Ⅱ.①刘… Ⅲ.①文化史—北京市 Ⅳ.①K291

中国版本图书馆 CIP 数据核字（2007）第 192325 号

书　　　　名	北京历史文化十五讲	
	BEIJING LISHI WENHUA SHIWUJIANG	
著作责任者	刘　勇　等著	
责 任 编 辑	艾　英	
标 准 书 号	ISBN 978-7-301-12935-7	
出 版 发 行	北京大学出版社	
地　　　址	北京市海淀区成府路 205 号　　100871	
网　　　址	http://www.pup.cn　　新浪微博：@北京大学出版社	
电 子 邮 箱	编辑部 wsz@pup.cn　　总编室 zpup@pup.cn	
电　　　话	邮购部 010-62752015　发行部 010-62750672	
	编辑部 010-62756467	
印 刷 者	三河市北燕印装有限公司	
经 销 者	新华书店	
开　　　本	965 毫米×1300 毫米　16 开本　30.25 印张　496 千字	
版　　　次	2009 年 1 月第 1 版　2024 年 5 月第 8 次印刷	
定　　　价	89.00 元	

《名家通识讲座书系》
编审委员会

《名家通识讲座书系》总序

本书系编审委员会

《名家通识讲座书系》是由北京大学发起，全国十多所重点大学和一些科研单位协作编写的一套大型多学科普及读物。全套书系计划出版100种，涵盖文、史、哲、艺术、社会科学、自然科学等各个主要学科领域，第一、二批近50种将在2004年内出齐。北京大学校长许智宏院士出任这套书系的编审委员会主任，北大中文系主任温儒敏教授任执行主编，来自全国一大批各学科领域的权威专家主持各书的撰写。到目前为止，这是同类普及性读物和教材中学科覆盖面最广、规模最大、编撰阵容最强的丛书之一。

本书系的定位是"通识"，是高品位的学科普及读物，能够满足社会上各类读者获取知识与提高素养的要求，同时也是配合高校推进素质教育而设计的讲座类书系，可以作为大学本科生通识课（通选课）的教材和课外读物。

素质教育正在成为当今大学教育和社会公民教育的趋势。为培养学生健全的人格，拓展与完善学生的知识结构，造就更多有创新潜能的复合型人才，目前全国许多大学都在调整课程，推行学分制改革，改变本科教学以往比较单纯的专业培养模式。多数大学的本科教学计划中，都已经规定和设计了通识课（通选课）的内容和学分比例，要求学生在完成本专业课程之外，选修一定比例的外专业课程，包括供全校选修的通识课（通选课）。但是，从调查的情况看，许多学校虽然在努力建设通识课，也还存在一些困难和问题：主要是缺少统一的规划，到底应当有哪些基本的通识课，可能通盘考虑不够；课程不正规，往往因人设课；课量不足，学生缺少选择的空间；更普遍的问题是，很少有真正适合通识课教学的教材，有时只好用专业课教材替代，影响了教学效果。一般来说，综合性大学这方面情况稍好，其他普通的大学，特别是理、工、医、农类学校因为相对缺少这方面的教学资源，加上很少有可供选择的教材，开设通识课的困难就更大。

这些年来，各地也陆续出版过一些面向素质教育的丛书或教材，但无论数量还是质量，都还远远不能满足需要。到底应当如何建设好通识课，使之能真正纳入正常的教学系统，并达到较好的教学效果？这是许多学校师生普遍关心的问题。从2000年开始，由北大中文系主任温儒敏教授发起，联合了本校和一些兄弟院校的老师，经过广泛的调查，并征求许多院校通识课主讲教师的意见，提出要策划一套大型的多学科的青年普及读物，同时又是大学素质教育通识课系列教材。这项建议得到北京大学校长许智宏院士的支持，并由他牵头，组成了一个在学术界和教育界都有相当影响力的编审委员会，实际上也就是有效地联合了许多重点大学，协力同心来做成这套大型的书系。北京大学出版社历来以出版高质量的大学教科书闻名，由北大出版社承担这样一套多学科的大型书系的出版任务，也顺理成章。

编写出版这套书的目标是明确的，那就是：充分整合和利用全国各相关学科的教学资源，通过本书系的编写、出版和推广，将素质教育的理念贯彻到通识课知识体系和教学方式中，使这一类课程的学科搭配结构更合理，更正规，更具有系统性和开放性，从而也更方便全国各大学设计和安排这一类课程。

2001年底，本书系的第一批课题确定。选题的确定，主要是考虑大学生素质教育和知识结构的需要，也参考了一些重点大学的相关课程安排。课题的酝酿和作者的聘请反复征求过各学科专家以及教育部各学科教学指导委员会的意见，并直接得到许多大学和科研机构的支持。第一批选题的作者当中，有一部分就是由各大学推荐的，他们已经在所属学校成功地开设过相关的通识课程。令人感动的是，虽然受聘的作者大都是各学科领域的顶尖学者，不少还是学科带头人，科研与教学工作本来就很忙，但多数作者还是非常乐于接受聘请，宁可先放下其他工作，也要挤时间保证这套书的完成。学者们如此关心和积极参与素质教育之大业，应当对他们表示崇高的敬意。

本书系的内容设计充分照顾到社会上一般青年读者的阅读选择，适合自学；同时又能满足大学通识课教学的需要。每一种书都有一定的知识系统，有相对独立的学科范围和专业性，但又不同于专业教科书，不是专业课的压缩或简化。重要的是能适合本专业之外的一般大学生和读者，深入浅出地传授相关学科的知识，扩展学术的胸襟和眼光，进而增进学生的人格素养。本书系每一种选题都在努力做到入乎其内，出乎其外，把学问真正做活了，并能加以普及，因此对这套书作者的要求很高。我们所邀请的大都是那些真正有学术建树，有良好的教学经验，又能将学问深入浅出地传达出来的重量级学者，是请"大家"来讲"通识"，所以命名为《名家通识讲座书系》。其意图就是精选名校名牌课程，实现大学教学资源共享，让更多的学子能够通过这套书，亲炙名家名师课堂。

本书系由不同的作者撰写，这些作者有不同的治学风格，但又都有共同的追求，既注意知识的相对稳定性，重点突出，通俗易懂，又能适当接触学科前沿，引发跨学科的思考和学习的兴趣。

本书系大都采用学术讲座的风格，有意保留讲课的口气和生动的文风，有"讲"的现场感，比较亲切、有趣。

本书系的拟想读者主要是青年，适合社会上一般读者作为提高文化素养的普及性读物；如果用作大学通识课教材，教员上课时可以参照其框架和基本内容，再加补充发挥；或者预先指定学生阅读某些章节，上课时组织学生讨论；也可以把本书系作为参考教材。

本书系每一本都是"十五讲"，主要是要求在较少的篇幅内讲清楚某一学科领域的通识，而选为教材，十五讲又正好讲一个学期，符合一般通识课的课时要求。同时这也有意形成一种系列出版物的鲜明特色，一个图书品牌。

我们希望这套书的出版既能满足社会上读者的需要，又能够有效地促进全国各大学的素质教育和通识课的建设，从而联合更多学界同仁，一起来努力营造一项宏大的文化教育工程。

目 录

《名家通识讲座书系》总序
本书系编审委员会 / 1

第一讲　北京，从历史深处走来 / 1
　　一　人类发祥地 / 2
　　二　天下帝王都 / 6
　　三　北京"城"与"人" / 21

第二讲　皇宫与王府 / 45
　　一　昔日城中城 / 46
　　二　风流王府宅 / 54
　　三　皇宫王府今安在 / 63

第三讲　胡同与四合院 / 73
　　一　穿越时空的经脉 / 74
　　二　中国的"盒子" / 84

第四讲　北京的山、水、园 / 97
　　一　以天地为师 / 98
　　二　山水有清音 / 110

第五讲　寺院与教堂 / 127
　　一　"庙系天下"的圣地 / 128
　　二　"西学东渐"的福音 / 143
　　三　"开天古教"的殿堂 / 153

第六讲　雕塑、门墩与牌楼 /161

　　一　映现北京面相的雕塑 /162

　　二　展示北京意韵的门礅 /175

　　三　似楼非楼，非楼亦楼 /183

第七讲　历代帝王陵 /191

　　一　明前帝王陵：社稷江山尽消磨 /192

　　二　明十三陵：繁华消尽话当年 /197

　　三　清帝陵：前朝往事随风逝 /208

第八讲　名人故居与会馆 /217

　　一　故居：散落京城的"珍珠" /218

　　二　会馆：培育精英的"容器" /234

第九讲　庙会与节庆 /245

　　一　庙会：游人何处不相将 /246

　　二　节庆：岁时风华情悠悠 /260

第十讲　饮食与服饰 /277

　　一　荟萃八方美味 /278

　　二　云集天下服色 /299

第十一讲　京味艺术 /311

　　一　字正腔圆的京剧 /312

　　二　行云流水的相声 /327

　　三　异彩纷呈的曲艺 /334

　　四　随意蕴藉的影视 /341

第十二讲　京味文学 /351

　　一　京味文学的流变 /352

　　二　京味文学的特质 /362

　　三　新北京与"新京味" 366

第十三讲　京城老字号 /375

　　一　一店一铺有传奇 /377

　　二　历史沉淀留市声 /382

　　三　各显风流传绝艺 /386

第十四讲　话说"北京话"/397

　　一　北京话的形成：纳百流而独成一家/398

　　二　京味文化的多棱镜：容万象而尽显一言/407

　　三　方言文化间的纠葛：经千战而屹于一方/418

第十五讲　从天桥到潘家园/431

　　一　天桥：百姓的天堂/432

　　二　琉璃厂：九市精华萃一衢/444

　　三　潘家园：现代淘宝乐园/457

　　后记/469

北京，从历史深处走来

　　北京不仅是中国的首都，更是一个
具有独特历史韵味的古都，同时又是一
个正在走向国际化的越来越年轻的城市，
十天半月不出门可能你就认不出她来
了！无论你是土生土长的北京人，还是
定居在北京的外地人，或者是初来乍到
只逗留三五日的游人，当你面对北京这
样一座历史源远流长、文化灿烂丰厚、变
化日新月异的都市时，可能有太多的话
要说，但又不知从何说起。偌大的北京
城，哪一处、哪一点能勾起你怀古的幽

思,能引发你内心的情绪呢?你是从哪里感受到"北京"这两个字里面蕴含的历史文化意味的呢?

是横平竖直的城市布局、散发着迷人魅力的中轴线让你感受到六朝帝都的庄重与大气吗?是巍峨的皇宫、气派的王府让你领略到昔日帝都的豪迈吗?是三山五园的秀美、燕京八景的风姿带你穿越历史隧道,恍惚中与古人同享美景之乐吗?是四合院里被遗落在墙角的门墩儿、重新翻修的牌楼让你感怀曾经幽幽的时光吗?是槐荫下斑驳的日光让你留恋胡同里逝去的吆喝声吗?是嘈杂的天桥、繁忙的潘家园让你忆起京城市民生活的多彩吗?是除夕夜震惊四方的鞭炮声、大年庙会穿梭不息的人流让你陶醉于京城生活的喜庆吗?是响当当的京片子、字正腔圆的京剧让你重温老北京人的情调吗?是前门和王府井大街上的全聚德、东来顺、吴裕泰、同仁堂、瑞蚨祥……这些古老的招牌让你不忍离去吗?还是那些刚刚拔地而起最富有现代气息的"水蛋"、"鸟巢"、央视"斜楼",让你对这座古城产生了新的想象呢?

水有源,树有根,北京今天所展现的一切,都有她发展的源头。就让我们从北京历史文化的源头说起,来慢慢品味北京的独特魅力吧!

一 人类发祥地

要追寻北京的历史文化,我们首先得从生活在这片地方的最早的古人类——"北京人"说起。你可能对此并不陌生,在中学历史课本里就一睹过他的容颜——眉骨突起,眼眶深陷。他们当时生活的环境怎样?有哪些生活习性?生活在山洞的古人类是如何一步一步跨过山涧、河边台地,到平原上来定居的呢?

(一) 古人类生活的"北京湾"

可能你听说过"渤海湾"、"北部湾",那你听说过"北京湾"吗?

我们要讲的"北京湾"其实跟水没有关系,而是对现如今北京地形的形象说法。北京地区在远古时代是一片汪洋大海,后来几经沧桑,由海洋逐渐向陆地演变。大约在一亿五千万年前，北京地区发生了一次强烈的地壳运动——燕山运动，造就了今天北京的北山和西山。而北京的地势也由此变成了西北高、东南低，由西向东逐渐倾斜，整个北京背山面海，地势上像是一个半封闭的海湾，所以，地理学上称之为"北京湾"。

两条大河对北京湾的形成起到了至关重要的作用，一条今天被称为永定河，另一条被称为潮白河。永定河发源于西山，流经北京湾注入渤海；潮白河发源于内蒙东南高原，流经北京东部。现在这两条河在京城依然名号响当当，永定河文化成为门头沟区政府主打的发展大旗，而潮白河别墅区也吸引着很多人慕名前往。而在远古时期，它们流经的地区，那些山麓地带和低矮丘陵，被古人类相中，成为他们的居家之所。他们先是住在山丘洞穴里，如"北京人"、"山顶洞人"；然后迁移到水源丰富的河谷地带，如"东胡林人"，进入了新石器时代；进而沿着河流离开河谷，来到平原上，在大河流经的黄土平地或河流交汇处安居落业，创造了"上宅文化"、"雪山文化"等。

（二）　最古老的"北京人"

提起"北京人"，大家都知道他们生活在龙骨山上，这龙骨山不是什么高山，其实就是一个小山丘，在北京西南房山区的周口店。现在周口店建了古人类博物馆，把这些本来埋在地底下的人骨展览了出来。或许你看到这些化石很难想象当时的古人类是怎么生活的，就让我们来描述一下吧。

这群古人类生活的时间是距今大约20—70万年前，当时的龙骨山可不是现在这个光秃秃的样儿，而是丛林密布，气候非常温暖，雨水也比较多，还有老虎、豹子、狼和熊窜来窜去，所以"北京人"的生存境遇并不好，他们必须扎堆儿住才能活下去。他们要生活总得吃东西吧，动物的肉、植物的果子，都是他们寻找的对象。觅食总得要有工具吧，马克思不是说能制造工具就将人类和动物分离开了吗？他们一般到附近河滩上找些石头，打制成有尖刃的石器，用来狩猎，也用来砍伐树木、刮削兽皮。"北京人"的存在使北京地区成为古人类发祥地之一。

龙骨山上的"北京人"祖祖辈辈在洪荒的世界里劳动、繁衍、生息，他们紧紧地团结在一起，有福同享，有难同当，抵抗着寒冷和饥饿的威胁，缓慢却顽强地生存下来，成为北京地区最遥远而神秘的居住者。

"北京人"往后，是"新洞人"、"山顶洞人"，他们都生活在龙骨山上。他们样子更接近现代人的体格，使用的工具也比"北京人"先进些。更为可贵的是，他们不再赤裸着身体，而是用兽皮来缝制衣服。同时，比起"北京人"来生存环境稍宽松点，可能是因为工具的改进，他们不再整天为食物发愁，而是有些闲心来装饰自己，如一些贝壳做的项链、骨头做的手镯，考古中都有所发现。这些古人类似乎喜欢红色，他们将红色的赤铁矿粉末涂在首饰上，并且还撒在墓葬里，说明他们开始有了敬慕亡灵的心思。

龙骨山上不止生活过上述古人类。从 2003 年起，龙骨山上又一批古人类遗骸逐渐被发现，并被命名为"田园洞人"。根据 2007 年 4 月考古鉴定，"田园洞人"被认为是欧亚大陆东部最早的现代型人类遗骸，他们生活在距今约 4 万年前，比山顶洞人还早两万年呢！[1]

（三） 母系时期的"东胡林人"

"东胡林人"就没有"北京人"那么有名气了，但其实他们是北京地区较早进入母系氏族时期的古人类。"东胡林人"生活在北京西边，门头沟区东胡林村西侧，1966 年被发掘出来。请大家注意，"东胡林人"没有住在山上，而是来到了河边，当然他们比"北京人"生活的时间也晚了很多，距今约一万年前。这条河叫清水河，发源于太行山的余脉，向东流到东胡林村。当时河的两岸层峦叠嶂，有一些冲击而成的黄土台地，依山面水，大概这里就是"东胡林人"的家园。在这些台地上出土了他们的遗骸，在一个三人合葬墓里，有两具成年男性骨骼，是杂乱排列着的；另一个是位少女，骨骼排列有序，遗骸的颈部有用小螺壳串制的项链，腕部还佩戴着牛肋骨制成的骨镯。考古学家就是凭这些历史信息判定东胡林人进入了母系氏族时期。

（四）台地上的上宅古人类

讲到这里，大家可能会发现一个问题，无论是龙骨山上的古人类，还是东胡林村的古人类，都生活在北京西边，难道东边就没有古人类活动的身影吗？答案肯定是有。1984年，考古学家在北京东郊平谷县的上宅村发现了古人类的遗迹，他们生活在距今六七千年前。这些遗迹是在水源丰富的台地上发现的，这块台地北靠燕山，南临泃河。台地上的上宅古人类比前面讲到的东胡林人还要高级，人家开始住房子了，是圆形或椭圆形的半地穴；开始种植作物了，不再过狩猎、采集那种衣食无定的生活；还讲求点艺术欣赏，不仅会做陶器，而且还在陶器上画画。他们大概对天空飞翔的鸟儿有着强烈的倾慕，因此构筑了一种鸟首形陶柱，考古学家称之为"图腾崇拜"。

（五）雪山文化里的古人类

我们把西边、西南边、东边的古人类都讲了，那北边有什么看点呢？我们要讲的是雪山文化里的古人类。雪山文化遗址位于北京北郊昌平雪山村，在远古时代这里依山傍水，土地肥沃，宜于种植和放牧。雪山一期文化距今六千多年，当时的古人类会制作红陶，和生活在中原地区仰韶文化、东北地区红山文化的古人类遥相呼应。雪山二期文化距今约四千多年，当时的古人类制作的陶器在技术和审美上都较以前有了显著进步。中原地区孕育的龙山文化，也处于这个发展阶段。雪山三期文化又名夏家店下层文化，当时的古人类已经有一只脚跨入了有阶级有压迫的奴隶社会，也有了与中原地区夏商时代相似的青铜文明。

（六）古人类的神秘传说

我们不是时常说黄河两岸孕育了华夏文明吗？其实，北京地区当时也迎来了人类文明的曙光。在漫长的岁月里，这里的原始人类逐步走出山洞，来到平原地带，开始定居生活，在蛮荒的生活环境中，他们勤劳耕作，同大自然进行斗争，一代一代地延续着生命。

上面讲到的古人类们是通过发掘遗迹和考古鉴定来认识的，下面我们要从另外一个更加感性、更加生动的角度，来让大家认识一下生活在北京的古人类。这就是有关古人类的神秘传说。

炎黄大战大家一定听说过，但这跟北京有什么关系呢？还真有关系。炎帝部落与黄帝部落大战以前是同盟关系，他们联合起来与九黎部落打，即所谓的炎黄战蚩尤，决定胜负的一战就是在北京以西的涿鹿打的。后来，炎黄部落联盟断裂，三次大战于"坂泉之野"，炎帝部落被打败。黄帝部落选择了交通便利、资源丰富的涿鹿建立都邑，这是有关北京附近都邑的最早传说。

我们还可以从一些文史资料中发掘一点古北京人的精神气质，其中有明确记载的是《史记》里说"燕赵多慷慨激昂之士"，这份勇猛和豪迈有着久远的历史积淀。那气宇昂扬的部族领袖、古朴刚毅的勇士、神秘莫测的动物图腾、人形难辨的黎族蚩尤，给北京地区增添了一股混沌而迷幻的气息。此后，这里诸侯崛起，藩镇割据，国都显赫，在历史沧桑中城邑方地轮换更替，人世盛景滋长消离。

二　天下帝王都

我们梳理了北京作为人类发祥地的历史轨迹，接下来就看人类在这个舞台上所演出的一台台大戏，特别是作为天下帝王都的北京所经历的风云变幻，尤其值得回味。

虽然北京也是人类较早的发祥地之一，但是中国比较成熟的文明形态最早还是聚集于黄河流域，之后咸阳西安一带、中原地区相继成为文明中心，而北京地区还只是北方的一个边陲城镇。历史的转机出现在"安史之乱"后，地处幽燕一带的北京地区正好位于华北、东北和内蒙古三个地理板块的交点上，加上北方游牧民族的强大，北京地区的军事地位得到了凸显。先是辽国在此设南京作为陪都之一，后金国设中都作为北方朝廷的国都，北京地区也成为北方游牧文化与内地农耕文化的交汇地。到蒙古族统一全国，建起大都，依靠南北漕运，把北京推进为连接南北的重要枢纽乃至全国政治中心、东方世界的大都会。

明清时期的北京城集中国古代城市文化的精髓于一身，其典雅、繁华的面貌代表了中国文化璀璨的极致，但也随之表现出了妄自尊大的消极一面。近现代史上，北京经历了1860年英法联军、1900年八国联军和 1937 年日本侵略军的入侵，遭受了三次丧城之痛，显示了民族发展的举步维艰。

1949 年以后，作为首都的北京不仅发挥着其政治、文化中心的作用，在积极打造国际大都市形象和文化创意产业等方面，也亮出了独特的身份和魅力。悠久的历史文化沉淀，加上现代的创新突破，曾经的千年帝都将继续展示更加灿烂的容颜！

大家可能会注意到，我们在前面的表述中时常用"北京地区"而非"北京"。古代北京城有很多名字，蓟、南京、中都、大都等，而且这些都城的位置也并非完全重合，有一些移位的现象。那么，"北京"这个名字最早是什么时候出现的呢？

"北京"一名，最早出现在明永乐元年（1403），明成祖在他做燕王时的封地北平府建北京。尔后，北京城时而被称作"北京"，时而又被称作"京师"，直到正统元年（1436），明朝定北京为国都，此后一直称其为"京师"，但人们习惯上也称"北京"，这种情况一直延续到清朝乃至民国前期。1928 年民国政府定都南京，改北京为北平。1949 年 10 月 1 日，中华人民共和国成立，以此地为首都，复称北京。

（一）古都蓟：北京城的原始雏形

北京地区的建城史最早可追溯到三千多年前的西周时期。周武王统一天下后，册封燕召公到燕地。燕地有一条河叫圣水（即现在的琉璃河），流经今北京西南房山董家林附近时形成了一片高平台地，燕国的都城就建在这里。董家林燕都，是燕在西周时期的政治、经济、文化中心，燕侯亲临此地处理政务。史书上记载，召公为政勤勉，与周王室的关系很和睦。但从春秋中期开始，随着燕国疆域向东北方向扩展，以及山戎部族在燕山山地的发展，董家林燕都开始走向衰败。据史料记载，在春秋中期燕襄公时期，燕国已经将蓟作为都城了。

蓟也是一个古老的国都，它的历史可追溯到武王灭商后，武王将尧帝的后代分封到这里。也就是说蓟城和董家林燕都的诞生年代差不多，后来却被燕国所灭。但是蓟城却因其重要的地理位置，在春秋中期以后成为燕国的都城。蓟城的大致范围是今北京城的西南部，在东经宣武门至和平门一带、广安门内外、法源寺东北、陶然亭公园等处，人们发现了战国时代蓟城人民汲水的陶井井圈。这样看来，蓟城才称得上是北京城最原始的雏形。

北京地区从建城之始就体现着民族融合的风貌，游牧民族与华夏部族的文化在这里互相渗透。蓟城地区西、北、东三面环山，群山中有很多游牧部落，蓟城内的居民通过古北口和居庸关隘和他们交往。从出土的一些墓葬来看，华夏部族的礼俗被北方戎族部落所吸收，北方草原地区的青铜艺术也影响到燕国的文化，如装饰上取材于天上盘旋的雄鹰或草原奔驰的骏马，反映出燕地居民风驰电掣般的豪迈性格。

从秦汉到隋唐五代，北京附近因其地理位置的重要性而成为兵家相争之地和国家边防重镇。秦朝，北京附近被设为广阳郡，治所在蓟城，据考古发现，该城遗址在今广安门一带。汉代以后，北京附近被称为广阳郡、幽州、涿郡等，治所均在蓟城。东汉，蓟城先后被公孙瓒和袁绍所控制，后被曹操统一。隋朝，蓟城是隋文帝北伐辽的重要军事阵地，他将黄河水取道新乡、德州、天津，通蓟城南郊桑干河（即永定河），源源不断地引进蓟城。唐朝，蓟城是唐太宗北伐高丽的根据地，他失利归来还修了一座悯忠寺以悼念阵亡的将士，现名法源寺，李敖所著《北京法源寺》中对此有所描述。五代时期后晋石敬瑭将幽云十六州奉送给了辽国，少数民族开始统治北京附近，使北京不仅继续作为军事重镇而存在，同时也成为北方民族的聚集地。自古多"慷慨悲歌之士"的燕赵之地，在之后的岁月中开始积淀自身独特的文化韵味，除了慷慨的武士风采，更有吸纳各民族文化的宽广胸怀。

（二）辽南京：举足轻重的陪都

辽是我国北方契丹族建立的国家，这个部族是在唐代末期和五代初期发展起来的。他们时常南下幽州地区掳掠人畜和财物，同时也受到这一地区先进文明的影响，甚至直接任用这里的汉人为他们订立规制。随着契丹族实力越来越强大，他们渐渐有了称霸中原的野心，而幽州地区是首当其冲的战略要地。公元936年，石敬瑭以割让幽云十六州为条件，请求契丹支持他在中原称帝，还主动称辽国主为父皇帝。公元938年，辽太宗下令以幽州为"南京"，作为四大陪都之一，府名幽都（亦曾叫析津府）。现在的人们大概只知道钟山脚下的那个城市叫南京，没想到一千多年前的北京也叫"南京"呢！

辽陪都南京对整个辽国的发展有着举足轻重的作用。首先，幽云十六州无论从社会经济发展的程度，还是从政治、文化水平来看，都高于其本族，而他们在草原上建立的皇都临潢府（今内蒙巴林左旗南），无力对此进行控制，只有选择南京才可以稳定这一地区的发展。此外，这里北临燕山，西拥太行，东靠渤海湾，还有众多天然要塞关口，地理位置险要，易守难攻，为契丹进一步南下奠定了坚实的基础。

辽南京都城是在唐末幽州治所的基础上修建的，世易时移，历史沧桑变迁，现今我们只能大致描摹出这座城市的面貌。辽南京城有东西南北四方城垣，东墙上有安东、迎春二门，其中迎春门大街为通衢要道，与今日南横街一致，经历上千年依然繁华如故；西墙在今天的宣武区滨河南路一带，上有显西、清晋门；南墙在今白纸坊南，与明代的右安门城墙相近，东伸向陶然亭后湖南侧，连结辽城东墙，上有丹凤、开阳二门；北墙与金代中都北垣一致，东为拱辰门，西为通天门。

都城内还修有皇城，皇城沿袭唐代幽州城内子城位置，四面均有门，东为宣和门，北为子北门，西为显西门，南为南端门。平时三门不开，只从东面宣和门出入，而显西门即为外城西墙的南门。皇城殿宇宏大，是否如今日紫禁城般气派雄壮已难知晓，但其昔日的金碧辉煌恐怕也是理所必然的。

皇城并非居于都城的中心，而是偏向西南，北面是普通百姓生活的市、坊。从四方城门引伸出的城内道路，垂直相交成井字形，每一块井中央就是一个坊或称"里"，而"坊门"、"门楼"则是每个坊或里的标志，这都是沿袭唐代幽州城的旧制，且和唐代长安城采用的坊里制相一致。坊里有严格的管理制度，日出开坊门，日落敲街鼓关坊门。坊内不仅有一般居民的住宅，还有府第、店铺、寺庙等等，井然有序。当年，辽南京城内还有三座佛塔让人神往，目前只存天宁寺塔茕立南城，其余的都湮没在历史的烟尘中。

辽陪都南京城里居住着各族人民，每逢五谷丰熟，举城庆贺，街灯

9

明亮如白昼，顽童嬉戏，其乐融融。各种杂耍、戏曲粉墨登场，热闹非凡，呈现出一片民族融合的欢腾盛景，积淀了北京富含包容力的文化品格的历史因子。

（三）金中都：北方的统治中心

金国是由女真族建立的，女真是我国东北地区的古老民族，生活在松花江和黑龙江流域的广大地区。在辽代，女真人受辽统治，每年要进贡大量的金银珠宝和珍禽稀兽，苦不堪言。1115年，女真领袖完颜阿骨打称帝建国，国号大金，定都会宁，称为"上京"。会宁现在哈尔滨南去二十里的阿城县南二里。

金国建立以后，展开了全方位的灭辽战争。公元1125年，金国取代辽国统治了北京所在的幽燕地区。此时的金国皇帝是完颜阿骨打之孙完颜亮，他虽然有篡位的恶名，但仍不失为一位具有政治眼光的君主。他看重了北京地区的重要性，打算在辽国南京的基础上建立金朝的"中都"。称北京为"中都"，是与金国在东北的都"上京"相区分。迁都中都一举，意义重大，也遭到守旧贵族的抵抗。在正式迁都之前，完颜亮修建了中都的城垣和宫殿，以金五彩为饰，极尽奢华之能事，使南宋人见了也为之惊叹。

1153年，迁到中都的还只是上京的文武百官、政治与军事机构，众多贵族还没有这个决心。于是，完颜亮下令在西郊大房山营造山陵，将始祖、太祖、太宗等十位先帝的寝陵迁至中都，并摧毁原都城上京的宫殿，强令上京的宗室望族迁至中都或内地。此次迁都不仅推动了金朝的发展，同时也开启了北京历史上的新纪元。从这以后，北京就成为一代王都，并延续到元、明、清三代。

北京成为金朝统治中原的中心，外有皇城，内有宫城。皇城四周开了十三道门，宫城位于皇城中央的南部，墙四面各开一座城门，主要宫殿建筑位于由南门至北门的中轴线上。都城东北修建了一座离宫——大宁宫，有岛名为琼华岛，有湖名为太液池，这些就在如今的北海地区。当时龙舟泛彩，翠荷连天，歌声荡漾，占有了"燕京八景"[2]中"太液秋风"和"琼岛春阴"二景，后来还吸引了元大都城的设计者，使他们

果断放弃金朝中都旧址，在太液池附近选择了新址。

"燕京八景"中还有著名的"卢沟晓月"，直到现在也为人所称道。卢沟桥于1192年修成，初名为"广利桥"。一百年后，意大利著名旅行家马可波罗这样描绘她的美丽："桥长三百步，宽逾八步，十骑可并行于上。下有桥拱二十四，桥脚二十四，建置甚佳，纯用极美之大理石为之。桥两旁皆有大理石栏，又有柱，狮腰承之。柱顶别有一狮。此种石狮巨丽，雕刻甚精。每隔一步有一石柱，其状皆同。两柱之间，建灰色大理石栏，俾行人不致落水。桥两面皆如是，颇壮观也。"[3]卢沟桥在明朝曾经修缮过，直到今天桥身依然挺立。当然，1937年日本侵略中国导致抗日战争全面爆发的"七七事变"也发生在这里，这就使卢沟桥在中国及世界人民心中多了一重分量和意义。如今，金秋时节仍有不少人到此赏月，除了欣赏月色清亮、景色朦胧外，还有一种幽幽的历史厚重感在人们的心底生发出来。

（四）元大都：拉开帝都的序幕

蒙古人在沙漠以北悄然强大起来，并逐渐威胁到金朝的统治。从1210年开始，成吉思汗率领蒙古军队进伐中都，以居庸关为突破口，并

元大都遗址公园

于1215年旧历5月一举攻占了中都城。1274年，忽必烈迁都至中都，并改名为大都。后蒙古人建立了统一政权，大都逐渐发展成为王朝的政治文化中心，北京城的发展自此又进入了一个新时代。

元大都的建设直接奠定了今日北京城的面貌，她的修建离不开一个名为刘秉忠的汉臣，他果断放弃金中都的遗址，以琼华岛为设计中心另建了一座新都城。施工之前，设计者还作了详细的地理探查和整体规划，在房屋和街道建造之前先埋设了全城的下水道，再逐步进行施工。

元大都城是按照《周礼·考工记》中的记载来修建的，即所谓"匠人营国，方九里，旁三门。国中九经九纬，经涂九轨。左祖右社，面朝后市。市朝一夫"。这种以宫城为核心，左祖右社、面朝后市的建筑布局，集中体现了皇权至高无上的威严，堪称中国古代建筑的典范。

修成后的大都城以宫城为中心，外面是皇城，皇城外面是大城。大城南至今东长安街南侧，北至今德胜门、安定门外小关一线，东、西墙大体在今东、西二环路上。大城内偏南部筑有皇城的城墙，其东墙在今南、北河沿西侧，西墙在今西皇城根，南墙在今东华门、西华门大街以南，北墙在今地安门南。宫城又位于皇城东部，南面正中为崇天门，相当于今故宫太和殿的位置；北门称厚载门，大体在今景山公园少年宫前，东西两侧城墙在今故宫东西垣附近。宫城内采取"前朝后寝"或称"外朝内廷"的布局原则，南面即前朝以大明殿为主体建筑，后寝以延春阁为主，"门阙楼台殿宇之美丽深邃，阑槛锁窗屏障金碧之流辉，园苑奇花异卉峰石之罗列"[4]，令人叹为观止。殿宇内的布置还颇有蒙古族特色，"内寝屏障重复帷幄，而裹以银鼠，席地皆编细箪，上加红黄厚毡，重复茸耳"[5]，同时，显露在外的木构部分皆用织造物加以遮盖，好似蒙古包。

宫城的主要建筑位居南北中轴线上,这条线出了宫城就变成了一条宽约28米的主干道，干道两侧又等距离排列着许多街巷和胡同，一般胡同宽6—7米，居民住房整齐排列在胡同两边，坐北朝南，向阳且防风。至今北京城区东四以北的街道胡同还基本保留着元大都的布局。

大都新城建成之后，旧城居民迁入新城，住在整齐划一的街道两旁，胡同里的四合院逐渐成为北京最具代表性的民宅。四合院里的人伦，胡同里的风情，成为北京城的世俗基因和文化标签。然而，旧中都城也没有就此退出历史舞台，那里古旧的观道寺庙有种脱去历史风尘的静谧和安闲，成为大都人民岁时游乐观赏的处所。旧燕城的白云观因全真道人丘处机而得名，每逢正月十九，京城的善男信女们纷纷来此地游玩，称之为"燕九节"或"宴邱节"。据说这一天，丘处机真人的仙身会降临凡间，为这一节日增添了神秘气氛。

作为统一王朝的统治中心，大都城当之无愧地承载了元代的文化精粹，并充当起中外文化的交流平台。继汉赋、唐诗、宋词后，元曲成为中国文学史上又一瑰宝，而早期的元杂剧主要是在大都这块文化土壤上滋生出来的。一方面是因为大都聚集了元朝政权机构，从王公贵臣到文武百官，为元杂剧提供了广泛的受众群；另一方面也与居住在大都的元曲作家和杂剧表演艺术家的努力密不可分。钟嗣成所辑《录鬼簿》中记载的元曲作家籍贯可考的有八十七人，大都就占十九人，包括著名的关汉卿、王实甫、马致远，其中关汉卿的创作生活大部分都是在大都度过的。大都还生活着优秀的杂剧表演者，珠帘秀（艺名）就是其中的一位，她演技精湛，还与关汉卿有较深的交情。据说关汉卿曾将在市井街头听到的朱小兰冤案始末，气愤地讲给珠帘秀听。珠帘秀本出身卑微，听后

第一讲　北京，从历史深处走来

感同身受，与关汉卿一拍即合，于是关汉卿将此事写成杂剧，由珠帘秀出演，这就是著名的《感天动地窦娥冤》。剧中所表现出的语言风格已经显示出了北京话多儿化音、生脆活泼的特点。

此外，大都还是一座国际化的大都市，随着大批色目人的迁入，为大都带来了中亚先进的医学、天文学以及精湛的手工技术、科学仪器。色目人是元朝对除蒙古以外的西北各族、西域以至欧洲各族人的概称。郭守敬就是在吸取了这些外来科学知识的基础上，发明了日食月食仪、星晷定时仪等天文仪器，在我国科学史上写下了重要一笔。不仅如此，随着中西交通的发展，一些欧洲的旅行家也风尘仆仆而来。意大利威尼斯人马可波罗就是其中著名的代表，他所撰《马可波罗行纪》见证了大都昔日的气派和辉煌。与其他国家的广泛交流，奠定了大都兼容并蓄的文化精神，这种精神一直传承并影响到今日北京城的文化风貌。

（五）明北京：封建帝都之最

1368年，明军攻入元大都，更大都名为北京。1421年明成祖朱棣迁都北京，北京再次成为统一政权的政治中心，并在明王朝的精心打造下展现出封建帝都最绚丽的盛景。

定都北京后，明统治者对元大都旧城进行了修缮，本打算在内城、皇城、宫城三道城墙外再筑外城城墙，结果由于财力等原因，只加筑了南城垣后就停工了，南城垣围起来的是外城。内城四周范围与如今的环线地铁大致相当，共有九个门，即：南面正中为正阳门（前门），东为崇文门，西为宣武门；东面北为东直门，南为朝阳门；西面北为西直门，南为阜成门；北面东为安定门，西为德胜门。

皇城位于内城中央偏南，最南边的大明门位于今毛主席纪念堂处。皇城内的主体建筑包括宫和苑两大部分，有高墙与护城河环绕，显示了皇城禁地的不可侵犯。宫城即大内，或称紫禁城，沿用了元宫城旧址，稍向南移，位于全城中心，处在层层护卫中，体现了至高无上的权威。此外，有一条横穿紫禁城的中轴线，南达永定门，北抵钟楼，长约十三里。紫禁城内主要建筑都坐落在这一中轴线上，紫禁城外中轴线两侧则分布着太庙、社稷坛和重要的统治机构。宏伟的紫禁城、壮阔的中轴线充分体现了封建帝都的气势和威严。

北京作为帝都的气派不只体现在城墙宫苑上,还体现在位于昌平区的十三陵和居庸关、八达岭部分长城上。十三陵里埋葬着有明一代十三个皇帝和他们的皇后。这十三个皇帝不包括开国皇帝朱元璋,他葬于南京孝陵;不包括建文帝,他在"靖难之役"中不知所终;不包括景泰帝,他被削帝号,死后按王礼葬于北京西郊金山。其余十三个皇帝均葬于昌平区北天寿山下,整个陵区方圆约四十平方公里,周围有中山口、东山口等十个关口,各个关口之间均联以垣墙,将整个陵区围括起来。明长城居庸关、八达岭部分最具有代表性,依山而建,蜿蜒起伏,城墙上开阔雄迈,可容五马并驰。

帝都人才荟萃,各地官绅、商贾、科考应试者云集于此。市集繁盛,漕运畅通,各地风物汇聚京城,呈现出一派盛世景象:苏杭的锦缎、江西南丰的大篓纸、景德镇的瓷器、佛山镇的铁锅在这里都能买到。京城内还出现了米市、猪市、骡马市、菜市、驴市、果子市,热闹非凡;还有专门生产某种商品的店铺,如王府街的纱帽、大栅栏的宋家鞋、西鹤年堂的丸药等,这些店铺后面往往就设有小作坊,采用前店后厂的经营模式,是如今老字号商店的雏形。

商业的发展培育了具有文娱消费需求的京城市民,街头艺术空前繁荣起来。早在元代京城就有表演杂剧的艺人,但这还仅限于风流才子去欣赏。明代的街头艺术则完全是市民化的,说书、弹词、琵琶、杂技、相声、口技等等,成为北京文化中长期活跃的生命因子。当时弹琵琶在京师非常流行,许多店铺贴着"教习琵琶"的纸条。据载,有一位叫陈大声的江南散曲家,他编的小曲清脆上口,而且还能体现普通百姓的生活情趣,因此受到很多歌女的欢迎。北京的说书也多用琵琶伴奏,这些说书艺人经历坎坷,遭受了很多生活的磨难,因此说起书来往往有真情实感,催人泪下,受到很多听众的欢迎。还有以街头卖艺为生的杂耍艺人,他们技艺绝伦、英武豪迈,成为北京市井生活又一景观。

(六)清京师:末代煌煌帝都

1644年9月,年仅6岁的顺治帝从清朝前期国都盛京(今沈阳)抵达北京，10月，宣布"定鼎燕京"。至此，清朝开拓者们结束了戎马生涯，在古都北京尽享精致生活。

清代，北京内外城垣没有进行大的修缮，几乎保持了明都城的原貌，并保留至今；只是对部分宫殿、城门进行重建或改建，且变更了名称，皇极、中极、建极殿分别改名为太和、中和、保和殿。

清代对北京城的最大影响是八旗制度和皇家园林艺术。八旗曾是女真族生活和战斗的组织，即所谓的全民皆兵。1601年，努尔哈赤以旗帜颜色作为军队编制的标志，建立了黄、白、红、蓝四旗，后来又增加了镶黄、镶白、镶红、镶蓝四旗，一共是八旗。清朝入主北京后，八旗沿内城四周进行驻防，近畿地区也有八旗布防，如今还留下了一些地名，如清华大学南侧的蓝旗营、香山脚下的厢（镶）红旗，还有海淀的黄（皇）庄等。

八旗制度给北京城留下的不只是地名的记忆，还有文化心理上的影响。由于无需个人奋斗就能直接享受功名和俸禄，八旗子弟有充足的时间和财力营造悠闲生活，听戏、喝茶、赏花、逗鸟、遛弯儿，随着八旗制度逐渐走向衰败，这种消闲方式和悠闲心理也流入普通市民生活中。此外，由于不同等级的八旗驻军在编制上有重要的区分，甚至在居住、衣着等方面也有规定，排场大的、规格高的往往代表着显赫的地位，因此发展到后来，只要做事讲排场、耍派头，就显得高人一等。这起初在八旗贵族里盛行，但后来逐渐影响到普通市民的文化心理，特别是强化了民众的等级观念。在张恨水先生的一些反映民国京城社会风貌的小说，如《啼笑因缘》、《金粉世家》等中就反映了北京这方面的人情民俗。就拿听戏来说，不同场合听戏代表着身份的不同：天桥听戏是普通市民的乐趣，而精致的戏楼，一边品茗，一边打赏钱，才叫有做派。与普通老妇打招呼，如果先称一句"老太太"，对方立刻会感觉身价提升，自然和颜悦色。直到现在，在北京城多用尊称"您"，也会赢得别人的好感。

清代另一巨大贡献是皇家园林，清朝中期康熙、雍正、乾隆三朝，加上晚期的慈禧太后，向西郊倾注了大量人力、财力和艺术想象力，构筑了举世闻名的"三山五园"——万寿山的颐和园（以前叫瓮山的清漪

园），玉泉山的静明园，香山的静宜园、圆明园和畅春园。皇帝及其近臣内眷每年都有一段时间居住在西郊园林中，在优美的山水中休闲或处理政务。这里既有江南的奇园秀景，也有竹篱茅舍的田野风光；既有传统的亭台楼阁，又有取法西洋的雕塑建筑。其他王公贵族也纷纷效仿，在京城内外建设自己的府第园林，且一般以亭榭山石、游廊楼阁取胜，目前保存尚好的有恭王府、醇王府、庆亲王府、郑亲王府等几处，成为北京城的旅游胜地，受到海内外游客的青睐。

清代京城还是四方学者文士的聚集地，他们有的高中科举，进入翰林院；有的或受聘，或游学，也来到北京。再加上散布在京城的商贾、官绅，他们往往以会馆为联络点，逢年过节互相庆贺，平时相互照应和帮助。同时，这些会馆也为本籍人提供居留之所，实际上成为民间办事机构，方便各地士绅、商贾与京师之间相互联系，加强了北京的政治、文化辐射力。

在满族人和汉族人、本地人和外地人共同居住的京城里，满族习俗与汉族文化相碰撞，全国各地文化精髓也在此轮番登场，相互影响和渗透。京味小吃与八大菜系、京剧与京味艺术、天桥与民间技艺、琉璃厂与古籍古玩、庙会与岁时节庆，北京具有包容力的文化品格正逐渐走向成熟。

也许正是这些辉煌盛景让清朝统治者产生了一种姑妄自大的错觉，清廷最终走向衰落，北京也为此遭受了1860年、1900年两次丧城之痛。1900年那次丧城，把慈禧太后吓跑了，京城无主，成为西方列强野蛮践踏的对象，仅有义和团和零散的清军在街巷内战斗，著名作家老舍的父亲就是在守城中战死的。北京这一系列真真切切的政治遭遇和丧城之痛，昭示着全国迈入了忍辱负重的民族发展历程。

（七）北平：中华民国特别市

1912年2月12日，清帝退位，中华民国成立。民国前期的首都仍然在北京，直至1927年4月18日，蒋介石在南京成立民国政府，定都南京，遂将北京改名为北平。

民国时期的北平城最突出的变化是皇族殿宇城垣的解禁，紫禁城、"天、地、日、月"神坛禁地、"左祖右社"在1920年前后都被辟为公园，连皇家苑囿，如颐和园、北海、中南海、景山等也都向市民开放了。在民初小说中经常有普通市民游玩于公园的情景，颇有些闲情雅致。为了交通方便，还拆了部分宫城城墙，现在的东西皇城根街就见不到城墙了。

北平虽然不再是首都，不再是政治中心，但其教育和文化依然独领风骚。民国时期的北平城拥有著名的高等学府和研究机构，还有北平图书馆和国立历史博物馆，这些地方集合了众多国内外知名的学者，他们大都有良好的教育背景，熟悉世界学术发展的前沿状态，在相对自由的学术氛围中工作，因而在许多科学领域取得了重大成就，如考古学对"北京人"的发现，震惊了世界。北平城里还居住着一些新文化健将，有文学家、戏剧家、音乐家、画家，他们上承古都丰厚的文化积淀，又受欧风美雨和新文化运动的启蒙，创作出现代文学史、艺术史上的经典之作。老舍的京味小说用饱含深情的笔墨抒写北平，通过独特的文学视角展现北平这座城市的魅力；京派作家们如沈从文、废名、萧乾、林徽因等浸染着古都的风韵，又带有浓厚的学者气息，他们的学术研究、创作活动、出版活动不仅反映了当时北平的文化气象，对今天的文学文化也有着深刻影响；齐白石、徐悲鸿、梅兰芳等在东西文化的碰撞中，用精湛的艺术表现力展示中国传统文化的精彩。

民国时期的北平城处于新旧交替阶段，传统的、现代的思想观念在这里激荡、碰撞、融合，那堪称中华民族最精华的帝都文化，在饱经风霜的现代性洗礼中，逐渐展现出新的容颜：风尘仆仆的黄土大路变成了柏油马路，宽阔的街道两旁出现了外国人开的银行、饭店、商铺，叮呤呤的响声带来的是有轨电车的身影，轰隆隆的鸣笛是前门火车站永不磨灭的记忆。

（八）北京：新中国首都

1949年，北平和平解放，古都免遭战争破坏，得以保全。在第一届政协会议上，北平被定为新中国的首都，更名为北京。如何建设新北京，这是亟待解决的问题。当时有两种意见，一派是以梁思成为代表的建筑专家，坚持认为应严格保留老北京风貌，从中央到地方的政府机构设在首都机场大道两边，北京的行政区域设在长安街最西边的石景山附近，而老城的主体建筑包括城墙、城楼不能动，当时梁思成还提出可以利用城墙建公园，为市民提供广阔的休闲空间，这样做既保存了古都风貌，同时也使古建筑物尽其用；另一派意见则认为不能把国家部委机关撤离旧城，应将之安置于长安街两旁。由于特定的历史阶段及原因，梁思成等人的建议没有被采纳，北京成了现在的格局。当时，大量的城墙被推倒，北京籍作家萧乾在看到这一场景时，心疼得眼泪止不住地往下掉。于是，新北京彻底告别了封建时代以中轴线凸现皇权的城市版图，东西长安街沿线修建了重要的国家部委机关大楼，并在西北部安置了重要的高等学府和科研机构，在东部大力发展工商业。同时，北京城以内城为中心，以环线不断向外发展，面积越来越大，极大地改变了旧时古都的面貌。不过，北京的市政建设和公共环卫较之以前有了很大的发展。建国之初，政府组织首都人民对护城河、下水道、土路进行了修缮，使北京的面貌焕然一新，老舍的话剧《龙须沟》反映了当时的情形；其次，政府还兴建了一些新式楼房供市民居住，改变了市民以四合院或低矮简陋的灰平房为主的居住环境。这些措施增强了古都北京的现代城市功能，但完成这一系列改造后，北京"古"城的味道淡了很多。

新北京不仅经历了城市面貌的巨大变化，同时还重新确立了其应有的政治地位。作为新中国的政治中心，天安门广场是最具有象征意义的地方。自明清以来，天安门广场上就发生了许多重大的、对中国历史发展之沿革有着相当影响力的历史事件。过去，明清皇帝们在这里颁布重要诏令（"金凤颁诏"），举行重大仪式如皇帝大婚、将领出征时祭旗、御驾亲征时祭路、刑部在秋天提审要犯（"秋审"）、殿试公布"三甲"（"金殿传胪"）。中华民国时期，1919年的"五四运动"、1925年的"五卅运动"、1935年的"一二·九运动"、1948年5月中下旬的"反饥饿、反内战、反迫害运动"等先后在这里发生。1949年10月1日，天安门广场见证了中华人民共和国的成立，自此天安门成为新中国的象征，它的图案被设计在中华人民共和国国徽正中。1950年代初，天安门广场见证了人们欢天喜地搞建设的热情之后，《我爱北京天安门》、《雄伟的天安门》等歌曲从天安门广场飞向祖国的大江南北，唱出了人们对新中国新北京的热爱；这里也见证了新中国发展的曲折，"文革"期间狂热的红卫兵在天安门朝圣般地接受召见，"文革"的辛酸往事构成了对天安门的又一重记忆；此外，还见证了新中国改革的契机以及面向新世纪的全面跨越，这里感时代风气之先，浓缩了人们对新中国的爱戴与期望，凝聚了北京作为政治中心的鲜明特色。

除了政治身份的强化，古老的北京文化也焕然一新。新中国成立以来，特别是改革开放三十年间，北京文化得到了飞速发展，文化投入持续增加，文化设施逐步改善，文化产品不断丰富，文化消费空前增长，文艺演出、新闻出版、广播影视、文化会展、历史文化旅游业、古玩艺术品交易等产业均蓬勃发展。特别是文化创意产业已经成为拉动北京经济发展的新动力。但如何保存和开掘北京文化的传统和底蕴，依然是当今人们面临的一项艰巨任务。

今日的北京，已经不仅是新中国的首都，是一座历史文化名城，她正在向世界一流的国际化大都市及宜居城市快速转变。今日的北京，传

天安门城楼

统精神与现代观念正无处不在地剧烈冲撞着、快速融合着，显现出一种前所未有的勃勃生机。今日的北京，充溢着古都的文化韵味和国际大都市的蓬勃朝气，在新旧交织中引导着中国的政治和谐和文化创新，特别是2008年奥运会在这里举行，首善之区的魅力已在这一历史机遇中纵情绽放！

三　北京"城"与"人"

从没有这样一座城市，既有着辉煌厚重却让人肝肠寸断的前世，又有着日新月异仍让人扼腕叹息的今生；从没有这样一座城市，既有着灿烂庄严的皇家贵族气度、博大深厚的精英文化积淀，又有着调侃谐趣的市民形态、人情备至的城根众生。她自身拥有的众多的文化符号、迷人的城市魅力，让生于斯长于斯的子民永远不愿离开她的怀抱，让侨居于此的寓客深深浸染其中，离开的梦中都忘不了她，甚至让从没见过她的人们不停地描画着苦恋着她的容颜。这就是北京——这样一个让人如何不爱她的城市。

（一）北京"城"

城市究竟是什么？是钢筋水泥堆砌的楼群、阵阵呼啸而过的车潮，还是匆忙的人流？除了千篇一律的城市建筑、百闻不如一见的历史遗迹、令人叹为观止的自然风光外，那些让我们久久沉浸其中、说不清道不明的究竟是什么？城市越来越复杂，越来越发达，人却反而迷失了对城市的认识。实际上一座城市之所以独特的最重要的方面，应该是这座城市——在地图上只有小小一点——所代表的文化气度、所坚守的精神身份。

城市是在古代社会出现阶级分化之后形成的。往昔的贵族们用一道道城墙将自己和穷鄙的子民分开，居住在用高墙隔开的中心区域里。在这些"城"的周围由于买卖交易的需要，则形成了"市"。由此可见，只有有着悠久历史、有着像样的城墙城门的城市，才可以被叫做"城"。这也许正是我们会说北京城、西安城、南京城，而只说上海市、青岛市、大连市、深圳市的原因吧。

北京的文化特征、精神身份是这样特殊，以至于"北京"已经不仅仅代表着泱泱中华的首善之区、政治文化中心，用青砖灰瓦的城墙门楼、宏大精美的宫城王府彰显了皇城的恢弘尊贵气魄，用棋盘一样方正的四合院和九曲回肠的胡同满足了"天棚鱼缸石榴树，肥狗白猫胖丫头"的市井理想。北京甚至成了一种文化的隐喻，一种自然状态的文化背景，可是又从没有人敢说自己能用言语将这种文化说个明白，她像是一个强力的磁场，自处其中身不知，离开方知心极痴。北京城独特而迷人的魅力概括说来，大体有以下三个方面：

第一，北京"城"具有独特的文化优越感和强烈的文化中心意识。

北京城既是建筑的城，又是文化的城。北京独特的文化优越感和强烈的文化中心意识，首先源自城市格局和建筑风貌的雄伟、壮美、独一无二，特别是北京的中轴线。中轴线南起永定门，纵穿紫禁城，北止钟楼，北京独有的壮美秩序就在这条线上产生了。中轴线凝聚了北京这座城市历史文化发展的精髓，它不仅是城市的脊梁——北京城前后起伏、左右对称的体形以及空间的分配都以这条中轴线为依据，更是关乎北京人文历史、道德教化、风俗民情乃至社会发展的一条命脉。这样一种独一无二的城市格局和建筑风貌，塑造着北京的精神品格和文化中心意识。

同时，北京作为中国的政治文化中心，在政治文化方面具有任何城市都无法企及的高度。所谓天子脚下，本就与生俱来一种尊贵与优越。就历史而言，晚清时期满汉贵族文化在都城传承至今，民初又有无数新文化运动先锋和政客为北京文化书写了浓墨重彩的篇章，现在的北京更是拥有全国为数最多的知名学府和众多知识分子、先锋艺术家，新世纪以来打造北京为文化创意产业之都的呼声也越来越高。中国人从小唱到大的"我爱北京天安门"、"北京的金山上，光芒照四方"已经不是简简单单的歌谣了，它在无数中国人成长的梦里都有着金光闪闪的地位，让

奥运场馆"鸟巢"与"水立方"

我们像依恋母亲一样、像朝圣一般看这祖国的心脏。这一切，怎么不让本就承载了太多文化含义的北京城更具有强烈的文化优越感呢？

北京话又以其"官话"的特殊角色为自己争取了语言的正统地位。多少土生土长的北京人以一口嘣响溜脆、甜亮脆生的京片子为自豪，民间甚至有"宁听北京人吵架，不听关外人说话"的俗语。这成就了北京人一种典型的文化姿态，一种易于辨识的特殊标志。"京白"以其特殊的地位滋养了大量的文化艺术作品，许多作家直接以北京口语写作，这种语言的生动和正统地位更增强了北京的文化中心意识。

现代文学史上的"京派""海派"论战中，北京是以一种精英文化姿态、一种学院派大家的风采登场的，与"海派"那浸染了欧风美雨金钱色彩的文化大不相同，她是那样固守自己的精神家园，这不能不说是由其正统的文化中心地位和文化精英意识所决定的。她不会随波逐流，有着自己精英姿态的坚守。就连北京的没落子弟、引车卖浆的平民都有着远远不同于其他城市的姿态，他们的深层文化意识是高贵的、有操守的。老舍作为北京城最忠诚的描写者记录了形形色色这样的人们，《四世同堂》中的小文夫妇即使到了卖家当度日的时景，也不会放下自己的架子在金钱上算计分毫，他们永远是那么不卑不亢、平静安闲。这种文化精英意识渗透到日常生活的方方面面，感染着其中的每一个人。北京的政治身份如此明显，关注着天下政治，认为天下苍生担于我肩，她拥有着久远的文化生命和稳固的文化架构，拥有着北京市民这样自觉的文化承担者。

今天，北京的剧场拥有稳定数量和相当规模的观众群，这些剧场又有许多是靠并没有多少钱的学生和甚至拮据的实验话剧艺术家来支撑的！一批批的先锋话剧、学生话剧在北京的实验剧场里上演，它们是北京文化的先锋力量和希望。有一个有趣的例子，2003年著名剧目《大河之舞》在北京演出时，一票难求。北京某报纸以北京女孩的口吻用大字标题推出："谁有一张《大河之舞》的门票，我就嫁给他！"王朔曾说过他认为北京文化有四大支柱：一是新时期文学；二是北京电影学院的几代师生；三是摇滚乐；四是北京电视剧制作中心。说来也是，想起北京的名人，人们更多想到的是北京的文化人，诗人、电影人、艺术家，

东方广场

很少有挂在嘴边的商人。

人们经常感叹，文化艺术现象和政治事件在北京最易引起轰动。上世纪 80 年代新时期文艺的复兴正是在北京，由每周星期天在圆明园聚会的一批艺术青年开始的。其中出现了"星星美展"、"四月影会"、"今天诗派"、"第五代导演"等后来长期引领中国先锋文艺的艺术家。北京总是有着得天独厚的政治氛围、敏锐的文化眼光，当各地还在观望等待的时候，北京的作家就已经开始大胆地摆脱束缚，与导演合作，创造出一批批开风气之先又赚个盆溢钵满的电视剧了。《渴望》、《编辑部的故事》、《过把瘾》、《我爱我家》等北京特色鲜明的电视剧收视率至今居高不下。这也难怪，北京古时是天子脚下，现在是中央所在地，所接受的新思想自然比别处要敏锐、要快。海湾战争、全球反恐、文化侵略……这些大而又大的名词时常出现在北京人的口中。中国申奥时期，北京人恐怕是最高兴的，你打出租车，可能刚上车师傅就要跟你说："怎么着，哥们，看电视没？北京要办奥运了！"然后就是喋喋不休地跟你侃当今政府的政策啦，咱们是不是也得学学外语可别落后啦之类的。

在一些街心公园里，时常有一堆人，他们衣着普通，圆领汗衫已经破旧，穿着拖鞋，但相识交谈起来则个个以天下为己任，谈起世界形势、天象地理倒真让人感觉真人高士大隐于市。

提到北京的政治文化中心地位，有另一个著名的城市很适合拿来作比——西安。可以说，西安曾经有着让世界为之叹服震惊的政治文化中心地位。在西安交大校园内有一个中国版图的塑像，在整个版图的正中央显赫标出的位置正是西安——这个中国的最中心所在地。如果让任何一个西安人谈起西安，他都会眉飞色舞地摆阔。这样郑重自豪的神态自然不同于北京，北京现在的市民肯定会用一种调侃的语气告诉你：首都是我们大家的嘛！

第二，京城文化具有广阔的包容性和多元化的特点。

为什么那么多的外乡人把北京当成自己的第二故乡，当成自己的精神故乡呢？为什么众多的外乡人到北京来也会有一种精神上的认同感呢？多少人在离开北京之后深深地思恋着这并不是他们故土家园的都市，甚至在梦中都想回去看看？这与北京文化的多元性和包容性是分不开的。

初到北京的人很容易便会注意到北京的街道横平竖直、宽阔舒朗、正南正北、气象开阔，既不同于青岛旁逸斜出的街道，也不同于重庆起伏较大的山路。著名北京籍作家萧乾曾经写过：

> 世界上像北京设计得这么方方正正、匀匀称称的城市，还没见过。因为住惯了这样布局齐整得几乎像棋盘似的地方，一去外省，老是迷路转向。瞧，这儿以紫禁城（故宫）为中心，九门对称，前有天安，后有地安，东西便门就相当于足球场上踢角球的位置。北城有钟鼓二楼，四面是天地日月四坛。街道则东单西单、南北池子。全城街道就没几条斜的，所以少数几条全叫出名来了：樱桃斜街，李铁拐斜街，鼓楼旁边儿有个烟袋斜街。胡同呢，有些也挨着个儿编号：头条二条一直到十二条。可又不像纽约那样，一排排个几十条。北京编到十二条，觉得差不离儿，就不往下编了。改叫起名字来。什么香饵胡同

鼓楼新貌

呀，石雀胡同呀，都起得十分别致。[6]

北京这样的城市格局就如同时北京的文化气度一样，她从不排斥异乡人，多少异乡人来到这里，都能找到与自己契合的文化生长点，找到属于自己的文化认同感。异乡人不会在这里有方言不通的隔膜感，也不会有文化壁垒的无助感。北京以包容的文化姿态迎接着各种群体会集于此。思想解放之后，很多像"星星美展"、"今天诗派"这样的艺术群体率先在北京会聚人气、开风气之先，新时代又形成了798工厂和宋庄这样著名的艺术家聚集群落。在北京这样宽厚的文化怀抱里，多少人成就了自己的文化梦想。北京的文化魅力，不仅在雄伟的楼台殿阁、丰富的文化遗产，更在其点点滴滴、一衣一食的可感可知，在寻常巷陌、城根众生提供给外乡人的暖情暖心。连外国人都爱到这里扎堆儿，现在北京的"韩国村"就已经有好几个了。

清末民初，宫廷艺术、贵族情趣大量流入民间，造就北京特有的文化面貌，即北京贵族文化和民间文化的合流，乃至雅俗共赏、相得益彰的特点。曾几何时，恭王府的王爷不也时常溜到什刹海的荷花市场与走卒小贩一起喝茶下棋吗？形形色色的北京玩意是怎样熨帖地安放了这些破落王府皇胄的精神世界啊！北京即使再精英的文化也从不拒人于千里之外，从不表现出高高在上的冷漠感。她有着一个生命旺盛的市民文化世界。

作为一个国际化大都市，北京从来不肯抛弃与乡土的联系。比如北京的胡同就以"柴米油盐酱醋茶"来命名，像是柴棒胡同、米市胡同、油坊胡同、盐店胡同、酱坊胡同、醋章胡同、茶儿胡同，另外还有什么扁担胡同、磨盘院胡同、豆芽菜胡同等。这些地名听起来是那么亲切自然，没有一点高高在上的架势。在来北京之前，很多人都会觉得这样一个大城市，跌一跤只怕都要比别处疼些，可是真正来了之后却又发现总能找到自己的圈子，她是这么容易地就接纳了你。侨居在北京的人们并未因为自己生活在这样的大都市而感到与乡土失去了联系，北京文化阔大包容地暖着人心，你总觉得这样的北京也是我的啊。

北京甚至从不刻意地去强调自己是城市，在高楼大厦的丛林中一转身之间，你或许会发现还有偌大的一个农贸市场生机勃勃，一切都是奇异却妥帖地融合在一起。比如北京著名的金五星农贸市场就在繁华的三环内、铁路旁，每天有骡马车拉了新鲜的蔬菜瓜果来，骡子经常就停在繁华的高楼下旁若无人地喘着粗气。北京是这样的大，所以什么奇怪的事、奇怪的人到了这里都像一滴水溶进了大海里，没有什么痕迹，大海还是日夜不息潮涨潮落，丝毫不受影响。

相形而下，上海文化就少了这样的乡土气和亲近感，霓虹灯晃花了外乡人的眼睛。这可以从上海周边城市对上海的艳羡略窥一斑，在苏州流传过这样一个民谣："一等美女去海外，二等美女嫁上海。"上海作为他们城市想象的高处兀自繁华着，抗拒着它所认为的周遭一切"乡下人"。现代的北京驳杂多元，这里的时尚潮流就是没有潮流，乱搭而百无禁忌。她不会像上海那样如此地迷恋于服装潮流的更新换代，她所崇尚的只是一种"自在"的气度。

难怪这么多人心心念念地想着北京的好，纵然春天的蒙蒙沙尘也挡

什刹海酒吧成为游客爱去的场所

不住对北京的痴心眷恋,纵使雨后墨盒子一样的街道也难掩对北京的认同感。萧乾在《北京城杂忆》里讲过一个真实的故事:著名英国作家哈罗德·艾克敦1930年代在北大教过书,1940年他在伦敦告诉萧乾,离开北京后,他一直在交着北京寓所的房租。他不死心啊,总巴望着有回去的一天！林语堂先生在美国思念北京以至用不无夸张的笔调写道:"无论什么人——不问是中国人,日本人,或是欧洲人——只要他在北平住上一年以后,便不愿再到别的中国城市去住的了。因为北平真可以说是世界上宝石城之一。……世界上没有一个城市象北平一样的近于理想,注意自然,文化,娇媚,和生活的方法。"[7]"北平呢,代表旧中国的灵魂,文化和平静;代表和顺安适的生活,代表了生活的协调,是文化发展到最美丽,最和谐的顶点,同时含蓄着城市生活及乡村生活的协调。"[8]北京文化给了她所接纳的人们究竟怎样的符咒,以至人们在想到她写到她的时候都很难用完全客观冷静的笔调?

难怪当代作家刘心武也会禁不住说:

北京是古色古香的，幽雅神秘的，也是静穆温煦、易于亲近的。

"北京好着呢！"这话再由我口中喊出时，是掏自肺腑的赞美了。[9]

北京有着对一切都满不在乎的大气。北京各色各样的小吃似乎都没能在今天发扬光大：外来的人们为了尝尝闻名天下的北京小吃，搜遍了地图，捏着鼻子才能喝下一碗豆汁；而新东安的果脯包在精致的盒子里，带给外地的亲友又总是多了一股制作气；王府井著名小吃街的爆肚不止一次被人抱怨失了原味；北京甚至对满大街外地小吃占据了自己的市场也丝毫不怪。北京的街头，早餐几乎全是天津的煎饼果子，而到了晚上又全是四川的麻辣烫。老北京的精致小吃，像是硬面饽饽荞麦饼、冰糖葫芦豌豆黄则少见了踪影。可是北京人不管这些，他们吃着自己的小吃好，外地的小吃也好，早上的煎饼方便省心，晚上的麻辣烫可口够味。高中生们可以在周六穿着蓝色校服结伴骑着自行车，念着"要想吃炒肝，鼓楼一拐弯"，在鼓楼大街上的小馆子里打打牙祭，只是饭点儿的时候人多得已经要排队领号码；他们下了课也依然要缠着父母带自己去麦当劳，尝尝新出的汉堡什么味。外来的人口在北京落下了根，外来的小吃在北京占下了地，北京还是不管不顾，照单全收，自己的东西也从来不曾丢失，她就是这样地包容了一切。

第三，京城文化具有一种强大的同化力和辐射性。

北京文化因其厚重、丰富、生命力旺盛，不断向周围的文化辐射，对其他文化具有强大的同构性和同化力。不论什么样的文化背景进入到北京这样一个文化的"场地"来，总会自觉不自觉地被其吸引，融入其中。天子脚下，皇城根里，总是透着文化的王者霸气，但又决不失雍容典雅，四平八稳，让人在不知不觉中归附其中。

这所城市的魅力不在于具体符合什么样的文化符号，见惯了遛弯儿、遛鸟、闲聊、下棋的安详自在的北京人，谁不梦想着四合院内"白猫肥狗胖丫头"的从容生活呢？谁又能在几年旅居中摆脱掉顺口带出的北京特色的"儿化腔"呢？老舍在《正红旗下》讲了一个故事，胶东人

氏王掌柜一入京时，最看不惯旗人那种悠闲自得、游手好闲、玩物丧志
的习气，尤其讨厌旗人遛鸟的神态气度。可是，几年过后，他竟然深深
迷上了养鸟遛鸟，鸟养得比谁都好，他是如此妥帖地融入到了这样的文
化环境中。

　　北京城现在活跃的各界名流很少北京本土生人。大学教授中很多都
是南方人，其中又以江浙两省为多。影视剧演员中绝大多数都是外地的
秀美姑娘和英俊少年。拿当今活跃在文化界并创造出灿烂文化的艺术家
来说，画家陈丹青来自上海，导演张艺谋出身陕西，学者陈平原是广东
人，当代艺术批评家栗宪庭生于吉林……他们虽来自五湖四海，却全都
得益于北京文化的滋养，得益于北京著名院校如北京大学、电影学院、
中央美院等的滋养，并在北京施展开拳脚，登上了事业的巅峰。可以说，
没有北京宽厚的文化气氛和文化环境，就不会有这些人的作为。

　　迎接香港回归十周年的主旋律电影《老港正传》中，香港人老港心
中的"天安门情结"是如此的刻骨铭心，催人泪下，他甚至在没钱的时
候想和妻子徒步到北京天安门广场来看看。天安门情结不仅存在于香港

皇城根遗址公园

爱国人士中，甚至代表了所有华侨和海外爱国人士心中的圣洁情感。天安门作为北京文化的典型符号，向外辐射到全国乃至世界各个角落。

作为一个拥有高端文化品位、良好文化声誉、巨大文化影响的城市，北京的文化优势离不开她广阔的辐射力。很多外地人在北京呆久了都会习得一些北京式的幽默，言语间带有一种不动声色的调侃和轻松。

（二）北京"人"

北京迷人的古都氛围孕育了钟灵毓秀的古都儿女，"北京人"长期以来是个说不尽的话题，多少人试图勾画出北京儿女的形象，但也只是徒劳而已。提起北京人，一千个人里就会有一千种说法。有的人会想起提了鸟笼子长袍马褂专串胡同的闲人大爷、有的人会想起一嘴京腔能侃能损的四九城顽主、有的人会想起院里热心的大妈、后海边下棋的老头、北海公园里吊嗓子的票友、球场里疯狂的球迷……而正因了他们的复杂，说不尽，道不清，也更增添了北京人的魅力。试图给北京人画像似乎无异于痴人说梦，可是他们却又如此的特色鲜明，提到城就让你想起这样一批城中的人，他们和北京城交相辉映，城成就了人，人点缀着城。

帝辇之下，皇都之中，京华冠盖如云。想起北京，北京人是自豪的，是依恋的，却又并非难以割舍。上海人是固执地不愿意离开上海的，上海的学生在填高考志愿的时候很少有人愿意选择外地的城市，宁可上一个三流学校也要留在上海。成都人也有着固执的"盆地情结"，很少愿意出远门，到外面拼搏发展，即使激情的年轻人厌倦成都的安逸享乐走出盆地之后，也基本都选择了回去。据调查，成都人的"本地化率"在全国是最高的，相对于外面的苦和累，成都人宁可泡上茶闲坐搓麻将。而北京人对北京的依恋却与此均不同，北京，可走，可留。谁都知道北京的好，可是人们在心里相信，北京永远在那里等着自己，她没有"区域性"，她不会排挤出走的游子，她甚至在鼓励你呢——出去看看闯闯总是好的。从这个意义上说，北京人独特的个性正是北京这样的非凡气象所塑造的。

1. "小"官与"大"民

曾经流传过这样一个民谣："不到广州不知道自己钱少，不到东北

不知道自己胆小，不到北京不知道自己官小。"北京拥有的大官的数量肯定是任何一个城市无法企及的。长安街上黄金地段是政府中心所在，从街上匆匆走过，高墙之外，只看到卫兵凛然的目光。不是有个笑话说嘛，拥挤的公共汽车上，一刹车，一脚踩了两个领导，一个是部长，还有一个是大学校长。鲁迅早就说过："北京是明清的帝都……帝都多官，所以文人之在京者近官。"[10] 一句话便点出了北京鲜明的官场文化的特点。

由于长期以来的政治中心地位，北京的官场文化的特点自然明显，她拥有的官员的数量之多、官阶之大居全国之首；可偏偏北京的大官又最不像大官，甚至有些不像官。

那个街头吃完一碗卤煮，抹抹嘴骑上一辆破自行车就走了的中年人，很可能就是一个什么局长、部长；那个穿着老北京土布鞋，专爱钻在人堆里看下棋，和别人为了一个子儿争得脸红脖子粗的老伯，很可能就是军委一个什么正师级、正军级；而那个早起在菜市场买小菜，晚上趴在地板上给小孙子当马骑的，则很可能正是中科院的什么院士。北京就是这样卧虎藏龙。她的气魄使得再大的官在北京也不算大，也显不出来，所以人人也都趁早不摆了官架子，老头汗衫一穿，粗布布鞋一蹬，国宴虽吃过，厨房也下得。

多大的官到了北京也都小心翼翼，生怕露了怯，心里都明镜似的，这可是北京，自己又能算什么，不像在地方上，说一不二，端架子也有底气。清朝时的大员进出皇宫时大气不敢多喘一声，龙颜一怒可就是掉脑袋的事。那窝在墙根下晒太阳的老头您可千万别小瞧了他，王朔不是说过嘛："未必太爷就不是功臣，万一哪天皇上梦见从前了呢？万一哭醒了呢？万一不落忍了呢？你哪知他们从前多熟，都一块干过什么？"[11]那些上马能为将、下马可为相的大人物们，在北京也都像一滴水进了大海。

北京就是这样官不像官、民不像民。没有经过历练的眼睛，在这里单凭穿着、外貌还真是分不出谁是大官、谁是平民。

相对于北京的"官"而言，北京的民却简直个个可以算得上是"大"民。北京人看上去大大咧咧，对谁都一团和气，很少计较，骨子里却有一种固守的自尊自傲。天子脚下，大世面见过，自然不经意地流露出一种大气。北京一直是个精英文化与市民文化融合得极为融洽的城市，不仅文人雅士以混迹市井俗市为飘逸情趣，甚至皇族贵胄也偏爱民间的吃用玩乐，普通百姓自然也近官而习得些官样做派。京华所历经的瞬息风云突变，也使小民多了些苦中作乐、冷眼观世的洒脱散淡，他们看似调侃式的讽世讥世、自我嘲讽，实际上都体现了一种自我尊贵，不肯轻易认同与妥协的独立性。他们很少趋附与苟且，平时或许不觉，但这份尊傲的风骨节操总在不经意间流露，让人肃然起敬。人们常说的北京风度气派，多半由此而来。

北京人很少怕官，因为说不定隔壁就住了个大员。北京人可以随意地调侃大官，因为说不定自己按祖上辈分还大小是个贝勒、格格的。北京人对待大人物喜欢调侃，不管你多有名，都当哥们一样称呼，亲切温暖。他们可以称萨马兰奇为"老萨"，称国际巨星章子怡为"小章"，称导演张艺谋为"老谋子"，听到的人哈哈一笑，很开心，叫的人也很开心。可是北京人对待自己、对待身份低微的普通人又偏偏喜欢用大称呼，比如搁过去爱管自己叫"爷"，现在互称"爷们儿"，管拉板车的叫"板爷"，见面不管对方是谁，都一律称"您"，"多谢您了"，"回见了您哪"，"多穿衣服别着凉了您哪"……亲切热情中透着彼此的尊重。

陕西人贾平凹曾写过一次他在北京问路的经历：他问一个中年汉子"同志，你们北京天桥怎么去？"那个北京人热情地指点完了，对他开始了一番教导："听口音是西安的？边远地区来不容易啊，应该好好逛逛呀！可我要告诉你，以后问路不要说你们北京天桥怎么去，北京是我们的，也是你们的，是全国人民的，你要问就问：同志，咱们首都的天桥在什么地方，怎么个走呀？"[12]这一句话就把贾平凹说憋气了，想皇城根下的人口气是多么满啊。确实也是，北京随便一个普通百姓都是口气满满的，国家是我的，首都也是我的，人前谈论的都是天下苍生、江山社稷，哪怕回家就着白菜帮子吃窝头呢。

北京人几乎个个都可以算得上政治人，他们关心政治，爱谈政治，这主要是身处政治中心、巨大官场的中心地位所致。都说北京一个出租车司机的政治敏感度可以抵得上一个地委书记。五四时期，无数新文化运动健将在北京开始了国家的文化重构，从发源北京、后来席卷几千万大中学生的红卫兵运动，到南斯拉夫中国使馆被炸，无数大学生自发上街游行，政治热情在北京人身上最多地保留了下来。他们很少关注柴米油盐的眼前利益，耻于谈论家长里短的日常生计，却经常被不着边际的政治激情所感染。北京人甚至对文化艺术也寄予了强烈的政治关怀，上世纪80年代轰轰烈烈的"文艺复兴"中，北京人完全将绘画、电影、文学当成是一种政治抱负和拯救社会的工具而倾注了全部的心血。

北京人拥有高度的政治热情，可是他们对于政治的态度却往往通过一种调侃逗乐的方式表现出来。激情和轻松矛盾地统一在北京人身上。虽说北京普通小民都有大家气度，可是他们偏偏又最怕"认真"二字。"混"和"玩儿"就代表了一种典型心态，他们最痛恨"假正经"，要是真碰上自我感觉良好的，北京人都爱甩过去一句话"您省省吧"。现实的苦难无法超越时他们又变得容易满足，夏天一碗炸酱面，冬天一桌涮锅子，只要吃得热闹、吃得尽兴、吃得舒坦就什么都忘了。四合院里四仰八叉一坐，几个哥们把大山侃侃也就满足了。北京人的贫嘴经常让外地人觉得过于不正经，可是这正是北京人幽默感的一种体现，他们将日常生活的艰难和苦难以调侃自嘲的方式表现出来，化解心中郁积，重拾乐观自信的精神面貌。相声产生在这片深厚的土壤上，讲究的就是京腔京白，用北京味跟您一逗，想不乐都难。他们时常语不惊人死不休，能把家里接根电线说得好像卫星上了天一样庄严，可是听的人要是当了真，才发现他们真的是"拿事不当事，拿人不当人"。不过北京的"侃爷"们倒真能侃出些名堂，能上电视侃，将这发扬光大。有人说北京人"全身功夫都在一张嘴上了"，但北京人不在乎，既不普渡众生，也不为人师表，谁说服谁呀，爷们儿的原则很简单——"侃晕了算"。

另一个特别能说明北京人特点的段子是：某一天，火星人被人类抓到了。北京人会问火星人与人类是否有血缘关系；上海人会举办火星人的展览，收取门票以获得利益；广东人会想火星人的哪个部位可以吃；温州人会想与火星人有没有生意可做。这虽然是个笑话，但从中也可看出各个地方人们的不同特点。以北京和上海为例，出租车是城市最普遍的形象窗口，上海的哥会不厌其烦地告诉你怎么走最划算，遇到高峰期还建议你下车乘坐地铁；而北京的哥则是出了名儿的爷们儿作风，大大咧咧，怎么方便、省事儿怎么来。北京市民特别关注一些关乎国计民生的大问题，因而体现出一种"大"民的气质；而上海人则是小市民，精打细算，直接与经济利益挂钩，但又不乏一些情调和生活品味。

2．传统京"派儿"与现代京"范儿"

在一群人中间，要想辨认出北京人来其实并不难，北京人的鲜明特色也就是平时所说的"京派儿"、"京范儿"。

老一辈的传统京"派儿"作风由两个部分组成：一部分是土生土长的北京平民所代表的精神气度和文化生态，另一部分则是虽是外地人，但在北京高等学府或报刊杂志等文化阵地长期生活工作的精英知识分子所代表的精神气度和文化生态。民间的土著老北京和官场学界的达官名人构成了京城上下两层雅俗共生的京味文化。胡同和四合院的普通百姓受旗人文化浸染，温文儒雅、有礼有节。北京人见面请安寒暄都自有一套复杂的规矩，连走卒小贩都自有一番别处比不得的风范。"多谢您了"，"回见了您哪"，"劳驾看车，溅身泥"……这些绝不简洁甚至繁琐罗嗦的语言构成了北京人在人情礼仪方面固守的价值观念，是老北京魅力的一个重要组成部分。北京人的多礼在生意场上还成就了不少大的商铺买卖。北京的老字号饭店至今还保持着先前的礼数，进门前都有小二低头打揖，高声一句"来了您哪"，亲切热情，同时白毛巾往肩上一搭，回头对店里依旧是高声一句吆喝："两位，看座！"还没吃饭就让人心里觉得热乎。旧时的商铺像全聚德等掌柜的甚至都有一本秘籍，里面详细地记录了一年里，他们的老主顾和城里稍大些家族的主人、老太太做寿的日子以及小孩子的生日，到时派人送礼请安。做生意的礼数细致到如此地步，自然财源广进。林语堂曾描写中国人的性格为老成温厚、消极避世、超脱老滑、知足常乐、幽默诙谐，这用来概括老北京人的性格真是再贴切不过了。老北京所代表的古都风韵，典型地体现了东方式的智慧和古典美，但在随后的时代巨变中也几乎消弭不返。

新中国建立后，大批外地军人、干部入京，老北京所固有的文化生态便受到这种新的社区、大院文化的冲击。毫无疑问，面对传统的老北京，作为新中国的主人，北京的这一代人是充满了优越感的，他们给老北京起了"胡同串子"这样难免带些贬义的绰号。这些被称为高干子弟的北京新移民将谈吐间的敬语去掉，在传统京"派儿"的理性和温厚中不由分说地注入了狂热的血液。带了王气和痞气的新北京人讲究"拔份儿"，他们穿着自觉高人一等的将校呢军装，结伙骑着自行车招摇过市，混迹在溜冰场"拍婆子"，在夜色降临的马路或公园"拉歌"。事隔多年，这样的情境一在电视上出现便勾起无数人的眼泪和怀旧情结，那是整整一代人的青春之歌。而传统的老北京土著继续温良恭俭地为心中坍塌的城门城楼流着眼泪，小心翼翼地不再惦念那春宵梦回时胡同里卖糖人的吆喝声。

这是一个去而不返的时代，无数人的青春与梦想在这里生长又无情地粉碎，随之而来的新的时代里，他们和他们的后代却坚持了将"京范儿"改头换面后进行到底。理想破碎后的时代，北京人将调侃和自嘲彻底发扬光大，一切充满了挑衅与反叛的色彩，于是北京街头顿时呈现了

今日"CBD"

一片"痞子"风范。他们留着标准的麻雀头，穿着的确良白衬衫，上肥下紧的大兵裤还要将裤脚往外挽上一寸，足蹬一双大片儿鞋。他们的手一律揣在兜里，在街上熟人打招呼的时候也一律是头向上扬，两眼看天嘴里"嗯"一句了事。没有人还记得老北京见面那套烦琐的请安打揖了。他们操着含混的儿话音彻底改造了老北京温厚的语言，谈吐中敬语谦辞一律省去，将"他"换成了"丫"，却在对骂时一口一个"您"，一切都是"一点正经没有"。1986年那个工体夜晚，一身长褂、身背一把破吉他、裤脚一高一低的摇滚青年崔健蹦上舞台开始高吼"我曾经问个不休，你何时跟我走……"沸腾了整个北京、整个中国，那就是当时典型的北京痞子打扮，也是"京范儿"的最好体现。可这依然是北京，在他们恣意刻薄、疯狂解构一切经典和权威时，仍然是出自一种对理想的坚

守和对文化的批判与拷问，他们的摇滚精神喊出了一个时代的缩影。北京依然、永远是一个承载着光荣与梦想的城市。

　　新的时代悄无声息地到来，全球化的文明一点一点渗入、占领我们的生活。大院生态在侵占了胡同、四合院古老和谐的结构之后又受到了新的冲击。鳞次栉比的高楼大厦，建外SOHU、国贸商圈里的城市新贵们换上了一口娇嗲的港台腔。他们衣着不俗开着宝马，出入高档社区、酒吧、俱乐部的姿态着实刺激了北京"侃爷"一把。街头的麦当劳和必胜客更多地吸引了青年人的目光，小孩子稚嫩的肩上背负着厚厚的课本，脸上挂着放学后奔赴各个辅导班学琴学画的匆忙疲惫。

　　3．北京人的"霸气"与"大气"

　　讲完了政治和审美精神的特点，不得不谈谈北京人的经营意识。这里说的经营意识不仅包括北京人在生意场上的头脑和特点，也包括他们对自己人生的经营。

北京一向以浓厚的政治和文化特色立足，很少有人将北京定位为经济金融中心。对北京服务态度的抱怨也一直没有停止过，早就有人大代表这样评价北京的商业服务："气象不凡，诸多不便"。北京商场的服务态度不好、公共汽车的售票员脾气火爆早已不是什么新鲜事，虽说近几年狠抓服务质量，不少公车也都挂上了"文明号"的锦旗，但是不可否认的是，北京人的服务意识和南方城市还是相差许多，充满了让人不快的"霸气"。即使服务质量改善的服务行业也多是以热情著称，而并不是靠周到和贴心赢得赞扬。比如在北京的商场，您一般可以遭受两种待遇：一是服务员冷眼旁观，对您爱搭不理。您要是多看几眼，多试几次，很可能就遭到鄙视的白眼，脸上明明白白地写着："真是磨叽，买不起别买。"您要是抱怨几句，很可能话就甩过来了："爱买不买，我又不求着您。"另一种则是您还刚一进门呢，一群服务员就极度热情地贴了上来，拼命招呼着您试这试那，还不住给您提着自以为是的意见。如果您要是觉得东西不合适，服务员也总能找到理由说服您，衣服肥了舒适，紧了又是潮流，反正差不多，现在都兴这样的。这一冷一热让很多外地尤其是南方来的顾客很是受不了，难怪有人说一到北京就忍不住想吵架呢。北京是应该好好学学诸如香港等城市的商业服务意识了，比如香港的百货公司，在顾客进门时，服务小姐一般都会彬彬有礼地说一句"请随便看看"，在顾客提出要求之前都不会主动打扰，毕竟优质的购物环境是好的经济发展的重要环节。在现在的商品经济环境中，北京人如果还是固守着自己的特性，就难免不合时宜了。不过这也是由北京人的性格决定的，恐怕不是一朝一夕可以改变。只有排场，没有精致，是北京人在经济上一展手脚的一个弱项。经常有外地人到北京来打工时感叹北京遍地都是赚钱的机会，可是北京人却依然感叹工作难找，宁可躺在老祖宗的功劳簿上睡觉也不肯脚踏实地做点事。北京人从老祖宗那儿遗传下来的不仅是重义轻利、雍容散淡，还有虚荣懒惰和自视甚高。这也是北京官本位文化的一个侧面。这种中正平和、闲散庸碌的一面在新的时期必须变了。北京人经常吆喝着要做大事，小事不屑于去做，所以宁可

秋日的什刹海

将房子租出去自己整天侃大山打牌，也不愿放下架子挣点小钱。据统计，北京的早餐市场和保姆市场被安徽人和四川人占领，服装市场被江苏人和浙江人占领，美食市场被广东人占领，而蔬菜市场则基本上被山东人占领了。[13]

谈起北京人对人生的经营是一个很有意思的话题。这点我们可以从北京女孩对人生的态度和她们的择偶标准上窥其一斑。有句老话说的是"西皮京韵二锅头，同仁堂外前门楼，大碗茶喷四合院，说话最冲北京妞儿"，北京女孩较少强调自己的女性气质，在上世纪五六十年代，她们留着红卫兵的小平头，英姿飒爽，跟男孩子一样骑着高大的自行车。而同时期的上海女孩则在千篇一律的绿军装上全部做了心思细密的手脚，比如将裤腿改细一些，领口缝上别致却不显眼的一点装饰。北京女孩崇尚男女平等，认为给喜欢的男士破费是一件倍儿有面子的事。当代作家石康就曾写过，一堆朋友在一起吃吃喝喝，玩得热闹，最后站起来抢着付帐的肯定是北京姑娘。北京女孩在对自己人生的经营上依然体现着"大气"二字，从《京华烟云》中北平城的好女儿"姚木兰"，到畅销书《新结婚时代》中的"顾小西",贯穿一致的都是北京姑娘的不世俗。对比一下北京和上海姑娘的择偶标准便可看出。上海姑娘在挑对象的时候首要考虑对方的经济实力和家庭背景,将婚姻当成改变人生际遇的一项事业来完成。而北京姑娘很少注重这些,也不在乎对方是否穿得体面。经常可以看到北京街头其貌不扬的大老爷们,穿得十分邋遢随意,却有个美女紧紧挽着胳膊一脸甜蜜状,这个大老爷们一般就是个艺术家。北京女孩对待男人的温柔也透着别样的情趣,比如男朋友省了一个星期的晚餐钱在情人节奉上大把玫瑰,女孩心里美滋滋的同时嘴上还不肯松口,"温柔地"甩下这样的话:"怎么着,打算饿死,不想活啦!有个三长两短,我可另攀高枝儿去。"

城与人永远是个经久不衰的话题。北京从来就是这样一个精英与平民赛跑的城市,她有着悠悠历史,却很少说"我们过去怎样怎样",她焕发着现代气息,却很少流露充满浮躁欲望的"名士才情"与"商业竞卖"。这是北京独有的风格,"这些风格在经历了时光的磨洗和历史的积淀后,就变成了醇和。北京最让人心仪的就是它那醇和的气派"[14]。同时,这样一座辉煌而又沧桑的城市,这样一群传统而又开放的人们,在这里有多少历久弥新让人永远回味的故事啊,希望我们这本书不仅可以带读者重新领略和回味北京历史文化的博大深厚,也使更多的人热爱我们的首都,保护我们的古都。

北京的历史文化如此灿烂丰厚,犹如满天熠熠星斗,数不胜数。但是,最贴近我们的生活、使我们感受最为真切的依然是气势恢弘的皇宫与王府、触手可及的寻常巷陌、独特的人文与自然景观,以及浓郁的民俗风情和丰富的京味艺术等。在第一讲即绪论部分总括了北京的古老历史、城与人的文化的总体风貌之后,本书分别讲述了北京的皇宫与王府,拨开历史烟尘,重现皇宫与王府的辉煌与沧桑;讲述了北京风情纵横的胡同与几许深深的四合院;讲述了北京钟灵毓秀的山水园林;讲述了承担北京遥远精神寄托的寺院与教堂;讲述了映现北京面相的雕塑、展示北京意韵的门礅和似楼非楼非楼亦楼的牌楼;讲述了风风雨雨、繁华迷离的历代帝王陵;讲述了作为北京文化"名片"

的文人故居和作为北京文化"植被"的文人会馆；讲述了体现北京年轮的庙会和展现北京风韵的节庆；讲述了由古到今北京饮食和服饰的发展与流传；讲述了字正腔圆的京剧、行云流水的相声、抑扬顿挫的京味话剧等令人回味悠长的京味艺术；讲述了京味文学的流变与特质，以及独特的新北京与新京味；讲述了历经百年探索与沉淀积蓄而历久弥新的京城老字号；讲述了纳百流而独成一家、容万象而尽显一言、经千战而屹于一方的北京话；讲述了从作为百姓天堂的天桥到九市精华的琉璃厂，再到现代淘宝乐园潘家园的流变迁徙。我们按照历史纵横交错的脉络，分别从北京的物质遗产到文化遗产勾勒北京历史文化的全景。

本书沿用了整个名家通识讲座十五讲书系的特有风格、固有特色，在历史史实准确的前提下，编写风格力求深入浅出、生动亲切、有可读性，以鲜活再现历史来贴近读者体验、增加阅读兴味，希望能对读者在头脑中构建对北京文化的想象有所裨益。

注 释

1. 《"田园洞人"是中国最早现代人》，2007年4月3日《北京日报》第九版。
2. 它们是：居庸叠翠、玉泉垂虹、太液秋风、琼岛春阴、蓟门飞雨、西山积雪、卢沟晓月、金台夕照。摘自北京大学历史系编：《北京史》，北京出版社2003年版，第100页。
3. 冯承钧译：《马可波罗行纪》中册，河北人民出版社1999年版，第418页。
4. 《故宫遗录序》，见《北平考·故宫遗录》合刊本，第71页。
5. 同上。
6. 萧乾：《北京城杂忆·痕迹》，人民日报出版社1987年版，第39页。
7. 林语堂：《动人的北京》，《林语堂散文经典全编》，九州出版社2002年版，第220页。
8. 同上。
9. 刘心武：《我爱吃苦瓜》，广州出版社2000年版，第363页。
10. 鲁迅：《"京派"与"海派"》，1934年2月3日《申报·自由谈》。

11.王朔：《我的千岁寒》，作家出版社 2007 年版，第 21 页。

12.贾平凹：《老西安》，中国社会出版社 2006 年版，第 4 页。

13.统计结果参考海默《城市批判》，长江文艺出版社 2004 年版。

14.易中天：《读城记》，上海文艺出版社 2007 年版，第 17 页。

皇宫与王府

近几年，电视剧《雍正王朝》、《康熙王朝》、《康熙微服私访记》、《大宅门》、《京华烟云》等热播，不仅讲述了离奇生动的情节故事，同时也绘声绘色地展示了紫禁城的巍峨壮美、王府的气派奢华。皇宫与王府在漫长的岁月中，几经易主，见证了时代的滚滚车轮和个人的荣辱兴衰，其间多少美丽动人的故事、多少扼腕叹惜的忧伤，都随着建筑本身流传下来。皇宫与王府的主人生前或是功高盖世，或是遗罪万年，现在都已烟消云散，但留下了一座座庞大辉煌的建筑，这成为了古老北京城独特的文化象征。人没了，但故事还在，想象还在，就让我们一起来回顾皇宫与王府的前世今生，讲一讲与它们有关的故事。

一 昔日城中城

紫禁城，又名故宫，意为过去的皇宫，它坐落在北京城中心，至今已有580年的历史。紫禁城始建于明永乐四年，明成祖调集数十万民工，耗时14年，才基本建成这座气势恢弘的皇宫建筑群。在中国历史上，先后有24个皇帝在此执政。紫禁城是当今世界上现存规模最大、建筑最雄伟、保存最完整的古代宫殿和古建筑群。

（一）巍巍紫禁城

紫禁城自明永乐十八年（1420）建成以后，基本格局就一直延续了下来。紫禁城宫墙周长约3000米，占地面积72万多平方米，建筑面积约16万平方米，屋宇9000多间。宫城平面呈长方形，有四座城门，东面为东华门，西面为西华门，南面为午门，北面为神武门。宫城四角各矗立一座精美的角楼，城墙外有宽52米的护城河环绕，形成一座宏大壮观、壁垒森严的城堡。

故宫的全部宫殿分"外朝"和"内廷"两部分。外朝处于紫禁城外围，是皇帝办理政务、举行朝会的地方。在建筑布局上，外朝建筑以太和、中和、保和三殿为中心，前面有太和门，两侧又有文华、武英两组宫殿。而内廷则是皇室主要成员生活的地方，位于故宫的后部，其主要建筑由乾清宫、交泰殿、坤宁宫、养心殿、御花园和两旁的东西六宫等宫殿群组成。

这座故宫为什么被称作紫禁城呢？这个"紫"字可是大有来头，在中国，紫色被认为是吉祥的颜色，民间很早就流传着"老子出关，紫气东来"的典故。相传老子骑着青牛出函谷关，守关人看见有紫气从东而来，便知道这是圣人。于是守关人请老子写下了著名的《道德经》。从这以后，人们就把祥瑞之气称为紫气，紫气东来，象征吉祥。还有一种说法源自古代的天文学说。古人根据对太空的长期观察，发现紫微星居于中天，位置永恒不变，因而，把天帝所居的天宫谓之紫宫，有"紫微正中"之说。既然皇帝自认为是天子，是紫微星君下凡，那么紫微星垣也就成了皇极之地，所以又称帝王宫殿为紫禁、紫垣。

如果说，取名为"紫"是着眼于象征意义的话，那么又名"禁城"则完全是出于皇帝们要维护他们的权威尊严以及保障人身安全的考虑。这座紫禁城，既富丽堂皇，又森严壁垒，外人不能逾越雷池一步。别说是平民百姓没有机会进入皇宫，就是王公大臣们也只有被召见才能进入，因此，这座故宫，既为紫宫，又是禁地，故称为紫禁城。

（二）辉煌太和殿

太和殿就是人们常说的金銮殿，它在明代又称为奉天殿和皇极殿，清代改名太和殿。"太和"是宇宙的阴阳二气协调化和的意思，阴阳交感，故能万年和顺，国泰民安。

太和殿耸立在三层汉白玉须弥座台基上（35.05米），建筑面积达2377平方米。用材取自名贵的金楠丝木，其殿顶用黄色琉璃瓦铺设而成，并且采用了等级最高的庑殿顶形式。太和殿的间数是横九纵五，回应了"九五为尊"的说法，非常鲜明地强调了封建皇帝九五之尊的身份地位。殿顶上装饰有众多的龙吻和小兽，它们的排列次序是前端为仙人骑凤，往上为一龙、二凤、三狮子、四天马、五海马、六狻猊、七押鱼、八獬豸、九斗牛、十行什，从仙人骑凤到行什总数十一。按照封建国家对建筑形制的规定，不同级别的建筑在开间、尺寸、结构、形状、砖瓦种类、台基高低以及祥兽的数目、大小上也要显出等级的差别。太和殿无论是取材用料、开间结构、建筑高度和面积，还是祥兽的数量和重量都在故宫中首屈一指，这些都充分地表明了太和殿在整个紫禁城的重要地位，它就是封建王权的集中象征。

作为故宫的正殿，太和殿是封建王朝处理政务和举行重大朝仪的地方，举凡皇帝登基、册封皇后、大朝会、军队出征等重大典礼都要在太和殿举行。在这些典礼中，最为重要的当然是新皇帝的登基大典。从明

太和殿

至清，先后有二十四位皇帝在太和殿登基，整个登基仪式相当隆重铺张。根据王镜轮先生的考证，典礼过程是这样的：在登基大礼的当日凌晨三点钟，先由礼官进入太和殿，做好典礼的一切准备工作，包括皇帝御用品的安放、乐器等典礼用品的摆放，以及殿外广场上的人员安排等等。等这一切都安排妥当，登基大典正式开始，皇帝在礼部官员和随身侍卫的护从下，前往太和殿。"皇帝登上太和殿的宝座，侍臣鸣炮奏乐，早已在此等候的文武百官、王公大臣，向新皇帝行三跪九叩礼。礼毕，大学士恭敬地立在皇帝的宝案前，目睹负责该礼的学士将皇帝的玉玺饱蘸印泥，郑重地盖在即位诏书上。皇帝的即位诏书就此颁发，昭告天下。"[1] 新皇帝登基仪式就此完成。

末代皇帝爱新觉罗·溥仪的登基仪式颇富戏剧性。1908年11月，年仅三岁的溥仪在太和殿登基称帝。据传他在太和殿登基时，由其父亲摄政王载沣扶持坐于殿内的九龙宝座上。但大典开始之时，文武百官排山倒海般的山呼万岁声和雷鸣般的朝贺声，将这个幼帝惊吓得大哭大闹、屁滚尿流，挣扎着差点从宝座上摔落下来。清廷的遗老遗少们认为，这是新皇帝登基的"不祥之言"。说来也巧，果然溥仪只当了短短的三年皇帝，就被孙中山先生领导的辛亥革命所推翻。

1945年的10月10日，对紫禁城来说是个不平凡的日子。这一天，是故宫博物院建院20周年的日子，也是华北战区侵华日军投降仪式的举行日。

投降仪式选在太和殿广场举行，10点10分，投降仪式正式开始，景山山顶上响起了洪亮的军号声，太和殿主会场礼炮响起。参加典礼的有美军司令罗基少将、华顿参谋长、英国代表、苏联代表、法国代表、荷兰代表等。第十一战区司令长官孙连仲将军作为中方代表，立于太和殿台基下的受降台正中，日军代表二十多人俯首低眉从太和门左侧入场，走到受降台前，向孙将军行礼。接着日方的代表根本博在投降书上签字并盖章，将战刀放置在受降桌上，黯然从熙和门左门退场。典礼仅有短短的25分钟，但是在场目睹这一幕的中国人无不群情振奋、欢声雷动，近十万余人见证了侵华日军的可耻失败。

（三）沧桑乾清宫

乾清宫在明代和清初是皇帝的寝宫，按照《周易》的说法，"乾"为天、为阳、为君、为父，所以皇帝将自己的寝宫定名为"乾清宫"。作为整个内廷最为尊贵的宫殿，乾清宫面宽9间，进深5间，高20米。殿的正中有宝座，两头有暖阁。在整个明代和清初，共有十六个皇帝以它为寝宫。皇帝在这里居住，也在这里处理日常政务。

乾清宫正殿高悬着由顺治皇帝亲书的"正大光明"匾，在这块匾的背后藏有决定太子命运的"建储匣"。皇帝生前指定皇位继承人的诏书就放在这个小盒子里面。为了避免众皇子们因争夺皇位而造成的严重后果，清代自雍正朝开始便改变在生前公开立皇太子的做法，而秘密选出皇位继承人。立储的文书，一式两份，一份放在皇帝身边，一份封在"建储匣"内，放到"正大光明"匾的背后。皇帝死后，由顾命大臣共同取下"建储匣"，和皇帝秘藏的一份相对照，经核实后宣布皇位的继承人。雍正皇帝病逝后，大臣取下"正大光明"匾后的密匣，同时拿它和皇帝

乾清宫

密藏的传位诏书对应，完全一致，皇太子弘历得以即位，是为乾隆皇帝。

乾隆皇帝一即位，也仿效先皇秘密选定了继承人。本来乾隆皇帝当时选定的继承人是嫡长子永琏，但是永琏在两年之后就夭折了。乾隆皇帝亲眼目睹大学士鄂尔泰、张廷玉将藏有立永琏为嗣的密诏从"正大光明"匾背后取出，以太子的礼仪为永琏办理丧事。

乾隆三十八年（1773），乾隆皇帝立皇十五子永琰为皇储，将密诏藏于"正大光明"匾后的铁匣中。乾隆皇帝在八十五岁高龄时，亲自监督大臣取下"建储匣"，将密诏公之于天下，皇十五子永琰被明定为皇太子身份。数月后即位，是为嘉庆帝。嘉庆之后，通过"密储制"确定太子身份、继承皇位的还有后来的道光皇帝和咸丰皇帝。

清宫的密储制，有效地缓和了皇室内部为争夺皇位继承权而引发的巨大矛盾，在一定程度上减少了朝廷的动乱之源。而从另一个方面来说，皇帝就是封建臣僚的最大靠山，如今这个靠山谁也不确定，那么在政治斗争中也就缺少了明确的目标，到底该依靠谁、排挤谁，现在谁也不好说，因此有点"无依无靠"的感觉。久而久之，京城也就流传着这样一句歇后语："正大光明匾——无依无靠。"

每到年节时期，皇帝往往会在乾清宫举办盛大的宫廷宴会。据史料记载，在康熙六十一年（1722）和乾隆五十年（1785），乾清宫里曾经

举行过两次千叟大宴会。第二次千叟宴的规模更是空前绝后，当时年龄在六十五岁以上的大臣、官吏、军士、民人、匠艺等，共有三千多人参加了乾隆皇帝举办的大宴会。与会者中年龄最高的是105岁的福建老人邓钟岳。邓钟岳身带国子监司业的职衔，在子孙的扶持下专程来到北京，一时传为佳话。宴会进行时，皇帝召请邓钟岳等九十岁以上的老人到御座前，亲自赐予他们美酒。又命皇子、皇孙、皇曾孙向殿内王以下大臣行酒，侍卫向其他众叟们行酒。进餐时，丹墀清乐演奏，并上演戏目。殿廷内外摆设筵席多达八百张。乾隆皇帝还仿照康熙的做法，倡议群臣作诗，依照康熙当年的韵。乾隆又与在场的王公、文武大臣、外国使节共一百多人，仿柏梁体联句，共获诗歌3429首，号称集千古咏歌之盛。

乾清宫内景

乾清宫是皇帝的正寝，帝后、贵妃是没有资格长期入住的。然而就在明代万历年间，这里却被两位妇人长期霸占，并由此引发了轰动朝野的"移宫案"。一位是万历皇帝的宠妃郑氏。她在万历晚年以照顾皇帝养病为理由长期住在乾清宫。万历皇帝死后，郑贵妃并没有马上迁出乾清宫，大臣们通过郑氏的侄子郑养性去劝说郑贵妃，郑氏才终于移出了乾清宫。郑贵妃之后又有李选侍长期据守乾清宫。李选侍多年来按照光宗的安排照料太子，因而在光宗死后，挟太子以自重，不仅不肯搬出乾清宫，而且还恶意阻拦大臣们到乾清宫为死去的皇帝吊丧，甚至试图藏匿太子。大臣们怒不可遏，一场要求李选侍迅速搬出乾清宫的移宫运动轰轰烈烈地开展起来。在这场运动中，杨涟和左光斗发挥了中流砥柱的作用，最终他们取得了胜利，李选侍移出了乾清宫。

据史料记载，乾清宫里共设有二十七张龙床，它们分散在九间房屋内。皇帝就寝时随意挑选某张龙床，所有的床幕同时拉下，就连皇帝的贴身侍卫也不知道主子到底睡在哪一张床上。之所以要做这些煞费苦心的安排，完全是为了保障皇帝的绝对安全。即便如此，乾清宫里还是爆发过宫女刺杀皇帝的惊险事件。嘉靖皇帝昏庸无道，迷信方术，常借选秀女之名把一些10至13岁的女孩招进宫里，残害这些童女以期长生不老。众宫女不堪蹂躏，合谋要勒死这个残暴的皇帝。明嘉靖二十一年的一个夜晚，宫女杨金英领着十几个年轻柔弱的宫女溜进了西暖阁，趁着皇帝熟睡的当儿，把绳子套在嘉靖的脖子上使劲勒。但由于情急慌乱，绳子打成死结，真龙天子被勒得气绝但没有毙命。事发后，嘉靖皇帝大动杀机，命令司礼监"再三格外用刑"，可怜十几名宫女都被处以极刑，并延及九族，含冤致死者竟达百人之多。刺杀案发生后，嘉靖皇帝惊魂未定，移居西苑万寿宫，直到临死之前才回到乾清宫。

（四）风雨养心殿

养心殿，建于明代嘉靖年间，位于内廷乾清宫西侧。在清康熙年间，它还只是宫中造办处的一个作坊，专门制作宫廷御用物品。但是自雍正皇帝移居养心殿后，清朝先后有八个皇帝在这里居住和处理日常政务。因此，故宫内廷的中心由乾清宫逐渐转向养心殿。

乾隆皇帝是清帝中居住在养心殿时间最长的一位，他在养心殿度过了六十四个春秋。乾隆皇帝生前特别喜爱书法，对王羲之的《快雪时晴帖》、王献之的《中秋帖》、王珣的《伯远帖》这三件古代墨宝尤为醉心，并将这三件法帖特意珍藏在养心殿前殿西端的三希堂里。就在这间可谓斗室的小屋里，乾隆皇帝对这三件法帖反复临摹和玩味，特别是对王羲之的《快雪时晴帖》终身热情不减，一生中竟为此帖作过七十三次题跋。

养心殿

　　同光年间，养心殿结束了它的平静岁月，成为了垂帘听政的场所。养心殿里有东西两个暖阁，西暖阁是皇帝批阅奏章、处理政务和读书休息的地方，东暖阁则是当年慈禧垂帘听政的地方。暖阁中央，前面是皇帝御座，其后设有太后御座，座呈长方形，长两米，宽一米，上铺黄缎褥子，座前垂挂着一层纱帘。同治、光绪二帝名为亲政，但只是象征性地坐在御座上，全部政务由幕后的慈禧太后一人裁定。早在第二次鸦片战争时期，慈禧便与恭亲王奕訢勾结，发动了祺祥政变。慈禧就是在养心殿下令处死了肃顺、载垣和端华，登上了最高统治者的宝座，开创了和他的儿子载淳同治天下的局面。

　　光绪年间，养心殿更是成为朝野关注的焦点，这里每一点风吹草动都有可能引起全国性的政治风波。青年光绪目睹了朝政腐败和慈禧专政误国，力图更张旧法，有所作为。在甲午战争失败后，他果断地取用康梁维新派，推行新政，"排众议，冒疑难，以实行变法自强之策"，颇有"不顾利害，誓死以殉社稷之意"。戊戌变法遭到了以慈禧太后为核心的守旧派的残酷镇压，失败已成定局，"戊戌六君子"惨遭迫害，就连光绪帝也被慈禧太后剥夺了亲政的权利。戊戌变法失败后，慈禧太后再也不必垂帘听政了，干脆扯下那层纱帘子，和光绪皇帝并坐于养心殿，谓之训政。

养心殿的最后一位主人是宣统皇帝溥仪。辛亥革命爆发时，溥仪还是一个六岁的孩童，宣统三年十二月二十五日（公元1912年2月12日），隆裕皇后代表宣统皇帝在养心殿正式发布了退位诏书。诏书云："今全国人民新理，多倾向共和，南方各省，即倡议于前，北方诸将，亦主张于后。人心所向，天命可知。予亦何忍因一姓之尊荣，拂兆民之好恶。是以外观大势，内省舆情，特率皇帝将统治权，公诸全国，定为共和立宪国体，近慰海内厌乱望治之心，远协古圣天下为公之义。"这是清王朝颁布的最后一道诏书。溥仪逊位后，并没有马上被赶出北京城，而是允许他在养心殿长期居住下来。按照国民政府对逊清王室的优待条件，溥仪除了不听政以外，仍像皇帝一样接受王室成员的礼敬。1924年11月5日，溥仪及王室成员被冯玉祥将军赶出紫禁城。

二 风流王府宅

王府，就是诸王居住的府第。诸王，俗称王爷，是皇帝亲封其兄弟及子孙的爵位。据光绪年间的《大清会典》记载，整个清代的爵位分为十二等，但其中只有亲王、郡王才有资格拥有王府。

清代王府按照严格的中轴线设计建造，府内建筑分东、中、西三路，由南到北贯穿着多进四合院落。可以说，清代的王府既是一批散落在京城的小皇宫，又是一座座民间的顶级四合院。而它们的主人们，有的功高盖世，为清王朝的建立和巩固建立过赫赫功勋，有的则对清政府的腐败堕落乃至整个中国社会进程的迟滞负有不可推卸的责任，而更多的则在政治上没有什么大的建树，却过着一种非常艺术化的生活。

（一）一座恭王府，半部清代史

恭王府位于北京什刹海柳荫街内。它始建于清乾隆四十一年(公元

1776年)，最早是乾隆时期大贪官和珅的私人家宅。后来几经波折，到咸丰元年(公元1852年)，咸丰帝将此宅院赐予六弟奕䜣，于是改名恭王府。

　　恭王府内洋溢着浓厚的民间福文化的气息，这主要表现在随处可见的吉祥符号上。比如说恭王府的后花园，园中有一座用青石围砌成的水池，其形状恰似蝙蝠双翅向外展开，又如飞翔后的蝙蝠在此安歇，故而取名为蝠池。蝠者，福也，蝙蝠乃是遍地的幸福。离福池不远，又有所谓的秘云洞，洞中立有恭王府镇府之宝——福字碑。此碑高约1米，上面刻着一个大大的福字，碑的右上角镌有"康熙御笔之宝"的印章。福字碑被立为镇府之宝，不仅仅是因为康熙的墨宝举世难求，更是由于王府主人对"福"的永恒追求。细观那福字，右上角的笔画就像一个"多"字，下边为"田"，而偏旁恰似一"子"字，而字的右部又如堆墨的"寿"字。从一个福字竟能看出多福、多田、多子、多寿的美意，难怪和珅竟把密云洞上面的假山也设计成"福"字的形状。山的后面则是清代古典园林建筑珍品，形似蝙蝠的"蝠厅"。"蝠池"、"蝠厅"烘托着"福字碑"，贯穿着一个"蝠"字，象征着吉祥，表达着当时花园主人祈福平安的美好愿望。

　　"一座恭王府，半部清代史"，这里和清代的历史发生了太多的关

恭王府福字碑说明

联，见证了清政府转入衰败的历史过程。这里曾经是中国最大贪官和珅的府邸，当他大兴土木逾制修建这座豪宅的时候，实际上也是为自己挖掘了一条通向灭亡的道路。就在乾隆皇帝驾崩后不久，和珅即被革职查办。后来在嘉庆皇帝赐死和珅时，判他犯有20项大罪，其中之一就是僭越建筑规制。"和珅跌倒，嘉庆吃饱"，从和珅府里抄出价值9亿两白银的财产，这个数字相当于乾隆王朝十年的国库收入！

和珅被查办后，这座豪宅几经波折，到咸丰年间被赐给恭亲王奕诉，就是我们现在所说的恭王府。1860年9月，英法联军攻入北京。咸丰皇帝仓皇出逃，行前命令奕诉为钦差大臣留守北京。奕诉几乎是随声附和地接受了洋人的各种要求，先与英、法代表交换了《天津条约》批准书，后又签署了丧权辱国的《北京条约》。恭王府里有个"多福轩"，奕诉常在此会见外宾大臣，而丧权辱国的《北京条约》正是在这儿签订的。恭王府成为重大历史事件的见证之地。但是由于受到慈禧的猜忌，奕诉在此后的几十年中，几次在危机中被召回朝廷，几次又被用完就踢出门去。宦海沉浮，世事难料，恭亲王奕诉渴望宁静之心愈加迫切，于是在王府内建了一个花园。园内"独乐峰"傲然挺拔，"沁秋亭"清幽淡雅，"安善堂"古朴肃穆，"邀月轩"清空玄远，每次罢官，奕诉都来园中怡情山水，解脱政治斗争的烦恼，也在宁静安详的氛围中韬光养晦，伺机再起。可惜踌躇满志的恭亲王早慈禧太后十年就去世了，空留下一个恭王府供后人凭吊。

1898年，甲午一战，北洋舰队全军覆没，中国被逼签订屈辱的《马关条约》。也就是在这一年，恭亲王奕诉带着遗憾离开人世。由于他的儿子都先他而亡，故由孙子溥伟继承了恭亲王的爵位。辛亥革命后，溥伟、傅儒兄弟同一批遗老策划复辟帝制，甚至力图阻拦宣统皇帝退位。为筹措经费，溥伟将恭王府抵押给北京西什库天主教堂。然而大局已定，溥伟无奈地离开京城到了青岛。恭王府就一直由溥儒居住。这位溥儒可是大名鼎鼎的画家，曾与张大千并称"南张北溥"，又与吴湖帆并称"南吴北溥"。抗战胜利后，溥儒几度南游，为西湖山水所吸引，以至流连忘返。但国民党内战炮火粉碎了他的艺术梦，仓皇之中他避战舟山。当国民党军退守舟山时，溥儒已身不由己，不久便被国民党用飞机裹挟到台湾。在台的溥儒一直郁闷不快，故园难返，亲情阻绝，最后在无尽的痛苦和乡愁之中辞世，终年仅 67 岁。

（二）醇王府，大智慧

醇亲王府位于后海北沿，这座宅子几经易主，到光绪十四年（公元 1888 年），被改赐给醇亲王奕譞。因为奕譞排行老七，人称"七爷"，所以醇王府也被俗称为"七爷府"。

醇亲王名奕譞，譞是智慧的意思，而醇亲王正好就是这样一位聪明的王爷。他相貌古朴，大智若愚，行事谨小慎微，所以在祺祥政变期间，孤立无援的慈禧首先想到"找七爷来帮忙"。奕譞联手恭亲王奕䜣，一举除掉了八位顾命大臣，为慈禧太后立下了汗马功劳。祺祥政变之后，奕譞如日中天，成为朝廷炙手可热的人物，然而他并没有被显赫的权势和太后的信任所麻醉，相反，他深知慈禧阴暗的性格以及皇权争斗的险恶，处处留心戒备，以图自保。他在治家格言里曾经这样写道："财也大，产也大，后来子孙祸也大，若问此理是若何？子孙钱多胆也大，天样大事都不怕，不丧身家不肯罢。"[2] 奕譞深知要想在皇权斗争中保全身家性命，唯一的方法便是以"贪"字为戒。事实上，奕譞的后半生都在履行这一格言。他曾经一再上书请求辞掉他担任的总理海军等职务，后来又推辞了"赏坐杏黄肩舆"这一无上的荣誉。更为甚者，当得知慈禧打算立他的次子作为咸丰皇帝的嗣子这一天大的喜讯时，奕譞竟然大惊失色，昏迷伏地，掖之不能起。就是在日常生活中，奕譞也能处处谨小慎微，以各种方式表明自己甘于平淡、知足长乐的胸怀。比如他把自己的居室命名为"退省斋"、"九思堂"、"恩波亭"等等。据说奕譞还有一个象牙镇纸，上面刻有他的亲笔题词——"闲可养心，退思补过"，这些做法无非都是为了打消慈禧对他的猜忌。

奕譞死后，他的第五个儿子载沣世袭醇亲王。载沣和老醇王一样，也是明时务、知进退的人。溥仪退位后，载沣被解除"摄政王"一职，开始了在醇王府的闲居生活。他在王府鉴意轩亲笔题写过一副对联——"有书真富贵，无事小神仙"，从中不难了解他淡出政坛后的轻松与自得。载沣没有参加张勋的复辟活动，而是冷眼观看了这一幕只有 12 天的闹剧。这些做法曾受到孙中山的高度赞扬，为此，孙中山专门拜访了醇王府。在醇王府，孙中山对载沣在"逊位"后态度冷静，不问政治，不参加复辟活动，予以充分肯定。这次拜访，还留下了一张富有历史意义的照片，照片后有孙中山的亲笔题字："醇亲王惠存，孙文赠。"日后溥仪前往东北，独载沣认为"凶多吉少"，持反对态度。溥仪到东北建立满洲国后，曾多次要他全家搬去，而载沣总是对他们所言缺乏信任感，并且一直把最小的儿子溥任，最小的女儿韫娱、韫欢留在身边不放。

（三）美食洋景睿王府

睿亲王府旧址在东华门大街普渡寺一带，原本是多尔衮的府第。多尔衮死后不久，顺治皇帝就取消了多尔衮子孙世袭睿亲王爵位的权利。其子多尔博只好搬出睿王府，在石大人胡同（今外交部街）另建贝勒府。直到乾隆四十三年（1778），多尔衮平反，第五世孙淳颖承袭了睿亲王的爵位，贝勒府因此成为睿亲王新府。

睿王府在政治上并没有太大的作为，倒是生活上显得比其他王府更加精致。据末代王孙金寄水先生回忆，当时整个睿王府除了吃就是玩。王府内眷们有两大癖好，一是养蛐蛐，二是吃螃蟹。睿王府从多尔衮时代开始就酷爱养蛐蛐，不光是斗蛐蛐取乐，还把养蛐蛐作为打发时光的消遣手段。每当夜间，把酒赏月，虫声唧唧，此起彼伏，这是多么美好的秋宵图啊。睿王府的美食也很有名气。内眷们酷爱吃螃蟹，吃法也很多，比如"溜蟹肉"、"糖腊子蟹"、"蟹黄烧麦"、"蟹肉银丝饼"等等。有趣的是，睿王府内形成了互相请客吃蟹的风气，一家之内互相请客，轮流坐东，往往一个蟹季要轮上四五次。吃螃蟹的时候，佐以小酒，还要讲究雅致，以吃得好、吃得细为上乘。睿王府吃黄花鱼也是独出心裁，叫"煎串黄花鱼"。做这个菜，先把鱼拾掇干净，在鱼背上划三刀，刀口上抹酱油，待酱油味儿浸到鱼肉里，下油锅煎，油不要太热。煎罢盛出装碗，在鱼上浇高汤，配上清酱肉丝、熏鸡丝、洒上葱、姜、海米、香菇、玉兰片、盐糖少许，最重要的是别忘了佐以鲜花椒蕊。先煎后蒸，所以叫"煎串"。鱼未入口，已有香气袭人，乃是鱼香、汤香、花椒蕊香三香合一，浑然天成，芳醇无比，既可下饭，又可佐酒。直至清末，睿亲王府每逢暮春，都要精烹此菜以悦口鼻。据说末代王孙金寄水先生幼年在府中特别嗜好此菜，老来每每忆及，还是津津乐道，不改初衷。睿府里还有一种吃"包饭"的传统。相传努尔哈赤当年曾经被敌人包围，弹尽粮绝。危机之下，全体将士用白菜叶包裹野菜、野果充饥，终于度过了难关。清军入关后，包饭也流传下来，只不过这时的包饭可不是野菜、野果之类，做工也非常精致，逐渐演变成独具特色的王府美食了。

清代晚期，睿王府里崇洋之风非常普遍。比如睿王府在冬至那天要生炉子，据说是为了接地气。其中就有一些安装有烟筒的洋炉子，这种炉子有大有小，只能取暖，不能用于烧水做饭。大的洋炉子，一般有三个门，内装有隔热隔音性能的玻璃，炉火熊熊，皆可透视。小的上面有个添煤口，其状与今天的公用大桶炉形状一样，所不同者为通体电镀，光可鉴人。其实王府上下不只这些炉子是洋货，大部分日用品都是从东交民巷"锡勒福洋行"购进的。据说民国初期，睿王府安了一部电话小总机，各殿堂轩馆以至管事处、三门（太监居住的地方）等地一律安上手摇分机，事不分巨细都打电话；同时备有全套西式餐具，可将外面西菜厨师临时找来制作西餐。由此可证，当时睿王府崇洋之风是多么兴盛。

但是好景不长，随着清政府的崩溃，睿王府也结束了它的悠闲时光。到末代睿亲王中铨时已是民国，王爷爵位虚设，既无禄银又无禄米。但是中铨和中铭两兄弟依然挥金似土，毫不约束，用变卖家产的方法继续维持他们奢华的贵族生活。建新房、修花园、装电话，还学起洋人吃西餐，甚至不惜重金一次性购进两辆汽车、八匹马和大量洋货。中铨和中铭不仅挥霍无度，而且还嫖赌成性。1919年，两兄弟又卖掉西郊的别墅，带着妓女到天津寻欢作乐，竟然一天就输掉一万元。后来又把家里的500间房产以十万元的价格贱卖给德国人。但是这十万元很快又挥霍掉了，于是他们卖掉20间房，甚至把祖坟上的建筑和树木卖掉。很快睿王府就被掏空了，中铨兄弟到最后竟然连借钱的利息都没法支付了，落得一身官司，位于石大人胡同的睿亲王新府也被查封。不到30年的时间，一座世袭罔替的睿亲王府就败落尽了。

（四）造诣不凡的王公贵族

清代的王爷们大都具有较高的文化艺术修养，并且都尽量地使自己的生活更加艺术化。这些王爷在诗词、书画、小说、戏曲等诸多领域都有相当的造诣，比如怡亲王弘晓、成亲王永瑆、慎郡王允禧等等就是其中的佼佼者。这些王爷悠游于艺术的殿堂，不仅为自己狭窄的日常生活增添了一道亮丽的色彩，客观上也为中国古典艺术的延续和发扬光大作出了积极的贡献。

诸王之中，能诗者颇多。流传至今的王爷诗词，大多保留在《熙朝雅颂集》和《八旗艺文编目》两部集子中。《熙朝雅颂集》为清人铁保辑，成书于嘉庆九年，共收录22位王爷的649首诗歌。而成书于清末的《八旗艺文编目》，共收集31位王爷的作品，诗文集50部。这些王公诗作，或歌功颂德，或应酬奉和，或抒发豪情壮志，或写无事之闲情，当然也有无病呻吟之作，无论是反映现实的广度和深度还是艺术水平上，整体上都还不能达到上成。当然其中也不乏艺术水平较高者，如怡亲王弘晓就是其中杰出的一位。他虽贵为皇亲国戚，然而在激烈的皇权斗争中能够洁身自好，专心于诗文。其不少诗作流露出诗人洁身自好，乐道逍遥的人生情怀和世事变幻无常的哲理思想。如他的名作《君马黄》："君马黄，我马白。马色虽参差，同君共大陌。论新投分应交人，如何交富不交贫？世情轻薄都如此，贫富移新复可耻。君不见，洛阳市上数家楼，武陵裘马少年游，千金一掷不回顾，豪情百尺谁堪睹？一朝冷落繁华已，贫富原来无定耳。"全诗充满了诗人对世态炎凉的深切感触，尤其是结尾一句发人深省，世事无常，贫富没有定数，那么我们立身处世又怎能汲汲于贫富呢？身为王爷的弘晓，能够写出这样富有哲理的诗句，实在是难能可贵的。

能书善画者更不乏其人。清代《八旗画录》共收录王公宗室书画家46位，其中有21位是亲王或郡王。其中成就较大者当属成亲王永瑆、慎郡王允禧。成亲王永瑆，书法造诣精深，与铁保、刘墉、翁方纲并称为清代四大书法家，其《诒晋斋法书》流传至今。永瑆曾独创"挑灯法"，深得古人用笔之义，这给他带来了极高的声誉。据《啸亭杂录》记载，他"名重一时，士大夫得片纸只字，重若珍宝"。因此，乾隆皇帝对他的书法造诣也极为赞赏，曾命其书写裕陵圣德神功碑，并为谢学士阶树作黄庭坚小楷，这成为他一生中的精制之作。永瑆书画双绝，能够用篆、隶笔法来描绘兰竹，深得士大夫赏识。林则徐在《云左山房诗抄》中高度评价了他的绘画成就："古书家多善画，盖书不独有笔法，兼有墨法。笔法尚有口讲、指画，墨法则非画理精熟不能识此妙也，海岳、沤波书中皆有画，云田、石田画中皆有书，即文董亦然，此非多观墨迹，难以推阐三昧耳。因题成邸画册偶论及之。"

永瑆还是一位著名的书画收藏家，他收藏有陆机的《平复帖》、怀素的《苦笋帖》、颜鲁公的《告身帖》等传世名帖。这位腰缠万贯的王爷在生活上极其节俭，而对艺术收藏则不惜万金。据说，他竟舍不得花钱葬马，而命仆人煮马代饭；但若是碰到名家真迹，则欣喜若狂，即使花费万金，也在所不惜。后来，他因子孙私自盗用银两气得患了精神病，死于疯癫，万贯家财也被仆人盗窃一空。

慎郡王允禧在绘画上也很有成就，他的名作《山静日长图》和《秋山平远图》空灵淡雅、意境悠远，具有诗歌的意味。此外，质亲王永瑢、礼亲王永恩在绘画上也有相当造诣。永瑢的山水画潇散简远、清新闲逸，《长江帆影画卷》是其传世之作；而礼亲王永恩则善于用指头作画，是指头画派的高手。

说起王府与小说的关系，我们马上会想到曹雪芹的《红楼梦》。这部旷世奇著与清代的王府到底有什么样的关系，一直以来就是红学界一个津津乐道的话题。

曹雪芹的祖上是满清贵族的包衣（家奴），然而这个并不高贵的出身丝毫没有阻碍曹家日后成为显赫一时的大家族。由于受到皇帝的特别眷顾，曹家曾连续三代把持江宁织造府，不仅如此，曹家还和王公贵族保持着姻亲关系，平郡王纳尔苏是曹雪芹的表姑父，平郡王福彭是曹雪芹的表兄，平郡王庆明、庆恒则是曹雪芹的晚辈。大约在十岁时，曹雪芹随卸任的父亲来到北京。在此后的三十多年，曹雪芹广泛结交诸王及其子弟。根据赵志忠先生的考证，这些人中间"与曹雪芹和《红楼梦》有关的人有怡亲王弘晓、英亲王阿济格四世孙墨香，英亲王五世孙谆敏、谆诚和恂亲郡王嫡孙永忠等"[3]。其中，犹以谆敏、谆诚兄弟是曹雪芹的挚交好友，二人诗中有十多首涉及曹雪芹，为今人研究曹雪芹提供了重要资料。

与王公贵族的广泛交游，无疑为曹雪芹的文学创作打下了坚实的基础，事实上《红楼梦》里的许多原型就直接来源于王府，或得力于王府生活的灵感。早在《红楼梦》问世不久，人们就觉得小说中的人物和场景似曾相识，就连权臣和珅也奏问皇帝《红楼梦》到底写的是谁家。乾隆说"此盖为明珠家作也"。纳兰明珠是康熙朝重臣，其子纳兰性德是清代著名文学家，因此有人认为贾宝玉就是纳兰性德，而《红楼梦》写的就是纳兰王府的家事。又如小说中的大观园到底在哪里这个问题，据著名红学家周汝昌先生的说法，大观园的原型就是恭王府花园。又有人认为曹雪芹构思的荣国府是"袭取礼亲王府的"，北静王水溶的形象有着老滇郡王胤禵的遗风等等，不一而足。虽然这些说法有附会之处，但是却不可辩驳地指出了《红楼梦》的创作确实和王府生活有着千丝万缕的联系。试想，若是没有在王府广泛交游的经历，曹雪芹又怎能写出反映贾王史薛四大家族兴衰沉浮的皇皇巨制呢？

《红楼梦》问世不久，即在王府中广为传抄，可以说曹雪芹在王府中找到了第一批知音，同时这部世界名著也得力于宗室文人的保护而流传至今。恂亲郡王嫡孙永忠从谆诚叔叔那里看到了《红楼梦》，感叹于今生无缘见曹雪芹而遗憾终身。永忠从《红楼梦》中似乎看到了自己家庭的兴衰过程，从贾宝玉身上看到了自己的影子。他满怀悲愤地写下了三首读后感，这三首绝句在整个红楼梦研究中占有重要地位。他不仅高度评价了《红楼梦》，而且将对曹雪芹、对宝黛爱情、对自身的感触都尽展笔下。怡亲王对红学的贡献之处在于为今人留下了一部珍贵的脂怡本《石头记》，此本为诸本中最早也最接近曹雪芹的原本。不仅如此，弘晓对小说也有独到的见解，他在批点《平山冷燕》题词中反映出的喜爱通俗文学的见解即是明证。1960年代，在北京琉璃厂中国书店又发现了清代钞本《蒙古王府石头记》，即脂蒙本《红楼梦》。这是小说《红楼梦》在王府传抄并流行的又一例证。

清代王府中涌现出了众多的王爷票友，但是，按照朝廷的规定，王公贵族是不准到民间戏馆看戏的，因此，嗜戏成癖的王爷票友们只好在府中组织自己的戏班，时称为"王府家班"，如恭王府、成王府、醇王府、肃王府、庄王府和荣王府都有自己的"家班"。一些王府还建有戏台和戏楼，最著名的当属恭王府的大戏楼。这座戏楼总面积685平方米，装饰极为繁华，"凸"字型的舞台设计能够把演员的唱念座打传送到戏楼的每一个角落，被称为"恭王府三绝"之一。

王府的戏曲演出客观上对我国戏曲的延续与传播作出了积极贡献。拿恭王府来说，其家班"全福班"是当时京城唯一一家传习正宗昆腔的戏班。从这个戏班里走出了陈德霖、钱金福这样的大师级人物。尤其是后者，桃李满天下，有"天下清衫无不出其门"的美誉。"王琴侬、王慧芳、姜妙香、梅兰芳、韩世昌、黄桂秋皆为其及门弟子，王瑶卿、尚小云、程砚秋亦从其请益。"[4]虽然恭王府"全福班"的举办时间不过两年，但对昆曲的延续和传承功不可没。

说到戏曲，不得不提到满族曲艺——子弟书。子弟书原为八旗子弟所创，其内容多由明小说、戏曲和流行于社会的故事改编而成。子弟书自问世就受到了王公贵族的喜爱，王爷们也嗜好收藏子弟书。目前发现的收藏数量最多、曲目最为完整的是车王府抄藏曲本，共1600余种，4400余册之多。一个王府竟然收藏了这么多曲本，充分说明了车王府的王爷们世世代代都酷爱戏曲。车王府曲本的发现为我们研究清代戏曲提供了极有价值的材料。王季思先生指出："车王府曲本，从文化史的角度看，它为我们提供清代由盛而衰阶段的民情、风俗、宗教信仰、民族关系等等方面的第一手资料。从戏曲史的角度看，它填补了昆腔高蹻剧坛到京剧代之而起的一段过渡期间的空白。单就这两点说，它在近代的发现，将可与安阳甲骨、敦煌文书并提。"[5]

三　皇宫王府今安在

中华人民共和国成立以后，人民政府非常重视皇宫和王府的文物保护和古建筑修缮工作，早在1961年，北京故宫和雍和宫就被列入第一批全国重点文物保护单位。据统计，截至2001年，除故宫外，北京市共有9处王府（包括在王府基础上改建的故居、使馆和银行旧址）被列为全国重点文物保护单位。到2003年，共有17处王府及相关旧址被列为北京市重点文物保护单位。[6]

对皇宫和王府的修缮也是文化遗产保护的重要环节。在1950年、1952年和1979年，国家先后对雍和宫作过三次全面的修缮。1982年成立恭王府花园修缮管理中心，开始修复恭王府花园，并于1988年7月正式对外开放。1982年到1996年，西城区共对辖区11座王府及相关建筑进行修缮，投入资金1626万元，修缮面积达1.66万平方米。1995年，东城区政府投入资金150万元，对原是睿亲王府的普度寺大殿进行修缮。

（一）从皇宫到博物院

1911年，辛亥革命推翻了清朝统治，彻底结束了两千多年的封建社会，但废帝溥仪仍被允许"暂居宫禁"，即故宫养心殿。1912年，民国政府将故宫外朝辟为"古物陈列所"，1925年10月10日成了故宫博物院，1948年原"古物陈列所"并入故宫博物院。新中国成立后，政府对这座古代建筑和文物进行了大规模修整，清理出大批文物，使其成为一座举世闻名的古代文化艺术博物院。1961年中华人民共和国颁列故宫为全国重点文物保护单位。1987年，故宫被联合国教科文组织正式作为文化遗产列入《世界遗产名录》。

建国后，故宫的保护与修缮得到了人民政府的高度重视。根据故宫博物院院长郑欣淼同志的介绍，从1953年到1966年"文化大革命"爆发前，对故宫进行的大小维修项目就有一百多项，1980年代前后又完成故宫修缮项目六十多个。[7]特别值得一提的是，故宫百年大修工程也已经在2002年10月份拉开了序幕。这是一个具有历史意义的巨大工程，维修范围之广、规模之大、时间之长、资金之巨，是自1420年故宫建成后的585年中从未有过的。整个工程包括三个阶段，第一阶段从2002年10月到2005年10月前，完成对午门、钦安殿和中轴线周围庑房的维修；第二阶段从2005年11月到2008年奥运之前，完成对中轴线主殿如太和殿、乾清宫以及东西六宫的维修；第三阶段从2008年到2020年，完成所有工程。[8]届时，一座全新的故宫将挺立在世人面前。

今日的故宫博物院不仅有近600年的宏伟壮丽的古建筑，而且还珍藏着近百万件的古物瑰宝，包括青铜器、金银器、玉器、陶瓷器、漆器、珐琅器、牙竹木雕、丝织刺绣、文房四宝、绘画书法以及大量的帝后嫔妃的服饰、衣料和家具等。此外，还有大量图书典籍、文献档案。其中，春秋立鹤方壶，战国石鼓文，晋代陆机《平复帖》、王珣《伯远帖》，唐代杜牧《张好好诗》、韩滉《五牛图》，五代顾闳中《韩熙载夜宴图》，宋代张择端《清明上河图》、王希孟《千里江山图》、米芾《苕溪诗》，元代黄公望《九峰雪霁图》、朱碧山龙槎银杯、杨茂剔红牡丹文尊漆器等，都是国内外久负盛名的重宝。据统计，故宫共收藏珍宝1052653件，占全国文物总数的六分之一，为国内收藏文物最丰富的博物馆，也是世界著名的古代文化艺术博物馆。其中光是国宝级文物就达万件，它们代表着中国历代文化艺术的最高水平。

故宫博物院将这些文化艺术珍品通过陈列展览的形式与广大观众见面，建立专馆，长期或定期更换展品展出。故宫博物院开设有历代艺术馆，展出从原始时代至清代末年的各种文化艺术作品，为综合性文化艺术展览；青铜器馆，展出商、西周、春秋战国时代的青铜器；陶瓷馆，展出中国历代陶瓷；文房四宝馆，展出历代纸、笔、墨、砚等文房用具，同时还布置了一间明清时代的书房；铭刻馆，展出历代刻碑、刻石以及印章和碑拓刻帖；绘画馆，一年更换4次，一般每逢国庆前后展出历代绘画精品。此外，故宫博物院还经常举办各种临时性文化艺术专门展览。

从1997年起，为了适应故宫博物院深化改革开放的需要，院内组织机构又进行了重大的改革，将原先分置的保管、陈列和研究三个部门进行改组，成立了古器物部、古书画部、宫廷部和展览宣教部。新组建了资料信息中心，专司推进故宫博物院的信息化工作。陆续投入资金，引进现代科学技术，开通了故宫院内的计算机光纤网络系统和各类管理数据库，又利用联通世界的国际互联网建立了故宫博物院的网站，使远在异地的人们也可通过互联网畅游这座神秘的宫殿，一窥她雄奇瑰丽的建筑和琳琅满目的文物收藏。建立一个全新意义上的数字故宫已不再是梦想。

故宫博物院先后举办各种展览数百余次，赴欧、亚、美、澳、非五大洲展览数十次，在宣传中国灿烂的古代文化艺术、促进与世界各国的文化交流方面发挥着巨大的作用。

（二）恭王府花园

恭王府花园又名萃锦园，南北长约150米，东西宽170余米，占地28万平方米。它是保存最为完整的清代王府花园，也是北京仅有的一处以王府名义接待游人的旅游景点。从1988年7月对外开放以来，恭王府接待了无数游客，其中包括近百名各国政要。

全园布局分中、东、西三路，中路的建筑是花园主体。花园的正门与前部王府建筑由一过道相隔，是一座具有西洋建筑风格的汉白玉石拱门，处于花园中轴线的最南端。进门后的"独乐峰"，是一块高5米余的太湖石，虽是园中点缀，也起着屏风的作用。过了独乐峰，正北是"海渡鹤桥"，过桥为"安善堂"。这是一座宽敞大厅，当时恭王在此设便宴招待客人。越过安善堂，来到"韵花院"。这是一排堂阁小屋，过此即是全园的主山"滴翠岩"。山上有平台名"邀月台"，额曰"绿天小隐"。山下有洞，曰"秘云洞"，著名的康熙"福字碑"即在洞中。中轴线的最后一组建筑是"倚松屏"和"蝠厅"，这里是消夏纳凉的好地方。

东路的主要建筑是"大戏楼"，建筑面积685平方米，建筑形式是三券勾连搭全封闭式结构。厅内南边是高约一米的戏台，厅顶挂着宫灯，地面方砖铺就。这里除了演戏之外，还是当年恭王府中举办红白喜事的地方。大戏楼南为"怡神所"，是当年赏花行令之所。此外，"曲径通幽"、"吟香醉月"、"流怀亭"、"垂青樾"、"樵香径"等景点均属东路范畴。

西路的主要景观是"湖心亭"。这里以水面为主，中间有敞轩三间，是观赏、垂钓的好去处。水塘西岸有"凌倒影"，南岸有"浣云居"，北岸轩馆五间为"花月玲珑"及"海棠轩"。南岸山上有一段城堡式墙垣，长约50米，雉堞、洞券俱全，石额书曰"榆关"，山径石碣书"翠云岭"。榆关东北有一座海棠式方亭，名"妙香亭"，二层八角式。西路还有"雨

恭王府花园一景

者岭"、"养云精舍"、"山神庙"等景观。

目前恭王府的世纪大修工程已经完成,一个更加完整的恭王府展示在世人面前。恭王府博物馆于 2008 年成立,是全国第一座国家级王府文化博物馆、王府图书资料信息中心和王府文化研究中心。

(三)宋庆龄故居

宋庆龄故居位于西城区后海北沿,占地两万多平方米,原是末代皇帝溥仪的父亲醇亲王载沣的西花园。宋庆龄同志从 1963 年迁入直到逝世,共在这里度过了 18 个春秋。宋庆龄逝世之后,故居内布置了"宋庆龄同志生平展览"陈列室。故居在 1981 年 10 月 9 日成为全国重点文物保护单位。1982 年 5 月 29 日,值宋庆龄逝世纪念日之际,故居正式对公众开放。1992 年,宋庆龄故居被评为"北京市青少年爱国主义教育基地",之后又被评为"中央国家机关思想教育基地"。

宋庆龄故居

　　故居内水天相，松柏苍翠，绿草如茵，环境十分优美。进入大门北行，有一座朝东的小院，它本是醇亲王的前厅"濠梁乐趣"和后厅"畅襟斋"，后经过改建成为宋庆龄的大客厅和大餐厅。在这里，宋庆龄同志曾多次与国家领导人共同讨论国家大事，并在这里会见外宾，招待国际友人。现在这里已作为宋庆龄故居的展览室。在小院的西边有一座二层小楼，是在原听鹂轩的基础上改建而成的宋庆龄同志的办公主楼。楼下有小会客厅、小餐厅，楼上为起居室、办公室、书房，现在仍保持着宋庆龄同志生前的原状。室内的日历翻到1981年5月29日，挂钟的指针停在20时18分，那是她心脏停止跳动的时刻。室内的起居用品都很普通，床头的西墙上挂着一幅她喜欢的"安多利恒花"的刺绣，北墙放着一架"斯特劳斯"牌钢琴，还有一张办公桌和几个小书架。在这张办公桌上，宋庆龄写下了许多重要的著作和文章。

　　在宋庆龄故居的展览室，详细展示了宋庆龄致力于民主革命事业的生涯，以及她在新中国建设事业中的活动。在"畅襟斋"展厅的门口竖立着两米高的宋庆龄同志半身汉白玉雕像，那端庄文静、坚韧刚毅的形象，给人们留下极为深刻的印象。展览室共展出历史照片400多幅，珍贵文献文物近300件。包括宋庆龄的结婚"誓约书"、配戴过的手枪、用过的手杖和望远镜，以及母亲送给她的结婚礼物——钻石胸针、五彩瓷咖啡具、绣有"百子吉庆有余"的软缎被面，还有一台 x 光机、毛泽东和周恩来邀请宋庆龄来京共商国是的亲笔信。照片中，有与毛泽东、周恩来、朱德、鲁迅等人的留影，还有与外国领导人、友人、国内小朋友及各个时期活动的留影。

目前，宋庆龄故居除原状陈列展、生平展以外，还有清代王府花园古建展、名贵信鸽展等常年展览项目以及花木园林展等季节性展览，另外还不定期举办各种历史、文化，特别是有关中国近现代史、孙中山、宋庆龄的各种展览和文化活动。

（四）郭沫若故居

一代文豪郭沫若的故居位于北京西城区前海西街18号，这里原是恭亲王府的马厩。从1963年11月起，郭沫若在这里度过了他一生中最后的15年。

故居大门坐西朝东，门额上悬挂着邓颖超题写的"郭沫若故居"金字木匾。院内有棵叫做"妈妈树"的银杏格外引人注目。1954年春天，郭沫若夫人于立群患病去长沙接受治疗。把夫人送上火车的第二天，郭沫若便带着孩子们到大觉寺的西郊林场选回一棵银杏树苗，种在了当时他们居住的西四大院胡同5号。郭沫若还为这棵树苗起了一个饱含深情的名字——"妈妈树"，默默祝福着与自己共患难的妻子能像顽强的银杏一样，战胜病魔，早日回到孩子们的身边。期盼没有落空，于立群的身体有了明显的好转，"妈妈树"也逐渐长大了。1963年，郭沫若一家搬到前海西街来的时候，还特地带上了这棵"妈妈树"，把它看成了家庭不可缺少的一员。1979年2月，郭沫若逝世未满一年，身体一直虚弱的于立群不幸也相继病故。或许真是草木有情，第二年"妈妈树"便大病一场，树皮整片整片地暴裂，濒临枯槁；缓了好几年，才又生长出新树皮来。

入垂花门进四合院，北房正中是郭沫若的客厅。沙发摆成马蹄型，钢琴前面的单人沙发是郭沫若接待外国朋友时习惯的座位，客厅内悬挂

郭沫若故居

中国著名的山水大师傅抱石的巨作——《拟九龙渊诗意》，画下陈列了一排他所喜欢的石头，造形自然各显神韵。四合院东间为办公室，书桌上静放着郭沫若握过的最后一枝毛笔和随身用的耳机。屋角书柜上有一篓流亡日本时从事古文字研究的著作手稿——"沧海遗粟"。迎面书柜上方有毛泽东的亲笔手书。耳房为卧室，床边排列着《二十四史》。后排房正中一间是于立群的写字间，挂满郭沫若和于立群洒脱、刚劲的手笔。闲暇时，他们常在这里观览碑帖，研磨书法。

四合院的东西厢房和后排两侧的房间辟为陈列室，由"郭沫若文学世界"、"郭沫若与中国史学"和"郭沫若的人生历程"三部分组成，展示了这位20世纪中国文化名人的理想追求、治学之路和情感世界。在史学陈列室，一只名为"沧海遗粟"的木箱很特别，它在辗转日本二十余年后才回到郭沫若手中。就是这个不起眼的小木箱，装载着郭沫若中国古代史和古文字研究领域所做的开拓性工作。

郭沫若故居现保存各种文物约2万件，主要有郭沫若的1500余件著译手稿以及他收藏和亲自拓制的各种拓片逾6500余件，都是反映他的治学风格及所涉及领域的重要资料；有他使用过的大量图书，其中许多图书上都留有他的眉批款识；还有国家领导人和文化名人致郭沫若的信函以及大量的群众来信。1988年1月13日，国务院公布郭沫若故居为国家重点文物保护单位，1994年更名为郭沫若纪念馆，同年被评为优秀青少年教育基地。

注　释

1．王镜轮：《走进紫禁城》，新世界出版社2002年版，第18—19页。

2．叶明、石军：《正说清朝十大贵族》，http://book.sina.com.c。

3．赵志忠：《北京的王府与文化》，燕山出版社1998年版，第169页。

4．钮骠：《恭王府的戏曲活动》，恭王府管理中心《清代王府及王府文化国际学术研讨会论文集》，文化艺术出版社2006版，第171页。

5．王季思：《车王府曲本提要》序，中山大学出版社1989年版。

6．王梓：《王府》，北京出版社2005年版，第224页。

7．郑欣淼：《永远的故宫，世代的呵护》，《中国报道》2006年第8期，第48页。

8．《故宫成为全国木结构文物科研基地》，2006年2月11日《北京日报》。

胡同与四合院

　　如果说横平竖直的街道把北京城划分成了一个偌大的棋盘，那么胡同就是棋盘中的"支脉"，四合院就是散落其间的棋子。北京的胡同和四合院从一开始就与众不同，胡同不仅是京城交通的脉络，四合院也不仅是元明清都城的一种格局，它们处处体现着老北京的文化传统，其中的人事沧桑、风土人情也深刻地展示了京师独特的历史文化内涵。胡同和四合院从元朝产生以来历经七百余年的雨打风吹，目睹了北京城与人的浮华沧桑、世事变迁、朝代更替和风俗民情，某种程度上，老北京的魅力就在胡同和四合院里。北京的皇宫和王府是属于皇家贵族的，而胡同和四合院更多属于天子脚下的黎民百姓。

一　穿越时空的经脉

元代李好古的著名杂剧《沙门岛张生煮海》中，张生问梅香："我到哪里寻你？"梅香说："你去那羊市角头砖塔儿胡同总铺门前来寻我。"[1]这里说的砖塔胡同就是老北京历史最悠久的胡同之一，这也表明胡同早在元代就已经出现。

（一）幽幽胡同蕴古今

北京的胡同最早出现于元代，它的出现与元大都的建筑格局有密切的关系。元大都是由当时一位精通天文、地理、律历、《易经》的大臣刘秉忠按照《周礼》的原则规划和建造的，当时对街道的宽度、宅第的大小都有规定。随着元大都经济的迅速发展，大批的房屋被建造起来，院落与院落之间为了通风、采光和通行的需要而留下了横平竖直的通道，形成了北京最早的胡同。

关于胡同名称的来历说法不一，有三种说法较为流行：第一种说法是，蒙古语称城镇为"浩特"，就像现在内蒙古的省会呼和浩特一样。蒙古人主中原，将北京作为大都，沿用自己的习惯，将中原城镇称为"浩特"，京城的汉人将其误读成"胡同"并沿用自今。第二种说法是，胡同在蒙古语中是"井"的意思，发音为"忽洞"。作为游牧民族，井对他们的生活有重要的作用，因此"井"逐渐成为他们对居住地的代称，蒙古人进入中原后也将这一用语带入中原，"忽洞"的谐音变为"胡同"。第三种说法带有明显的政治色彩——中原汉人称北方少数民族为"胡人"，蒙古人建立元朝，京城汉人仍私下叫他们"胡人"，胡同即为"胡人大同"之意，也就是统一中国的意思。据《宛署杂记》考证，"'胡同'本元人语，字中从'胡'、从'同'，盖取胡人大同之意"。

由于元大都街道以南北走向为主干，胡同呈东西走向的占大多数，这样便于人们建造四合院时采用"坐北朝南"的布局，有利于采光和取暖；同时，建筑格局整齐划一、端庄有序，能给人以宏伟壮观的感觉。北京的胡同最初比较宽，元大都兴建时规定胡同的宽度是6步，约合9.3米。后来随着北京城的大规模兴建，大批房屋被建造，胡同的宽度也逐渐变窄，因此现在的许多街、巷，在历史上就曾经是胡同。在北京，胡同有专门的称谓，较宽的胡同叫"宽街"，窄点的叫"夹道"，倾斜的则叫"斜街"。

北京胡同数目众多，许多胡同名称的来历本身就很有趣，其历史和文化内涵多着呢，一定程度上反映了时代的变化。北京胡同的命名大致分为以下三类。

首先，一些与百姓的生活密切相关的事物被用来作为胡同名称。比如以食物命名的胡同，有麻花胡同、油坊胡同、烧酒胡同、茄子胡同、羊肉胡同、萝卜胡同、樱桃胡同等。其中，油坊胡同和烧酒胡同因原来胡同内分别有制售食油和烧锅酿酒的作坊而得名，现在这些作坊已经不复存在，但是胡同的名字却保留下来。

其次，一些人名与姓氏被用来作为胡同名称。以这种方式命名的胡同数目达上百条。被用来命名胡同的人既有历史文化名人，也有一些平民百姓和他们所从事的职业。前者如文丞相胡同就是以南宋丞相文天祥来命名的，后者如以卖瓜子的梁氏命名的梁瓜子胡同，以卖萝卜的苏氏命名的苏萝卜胡同等。

此外，还有许多胡同以该地区具有代表性的建筑物来命名。这些建筑物既可以是寺庙、花园、府宅，也可以是工厂、仓库等。比如位于东城的玉阁胡同，原名是玉皇阁胡同，就由该胡同的玉皇庙而得名；正觉胡同则来源于正觉寺；禄米仓胡同是清朝最大粮仓之一的禄米仓所在地。

北京胡同的命名也折射了历史的变迁，许多历史事件在北京胡同的命名上反映出来。如萧乾在《北京城杂忆》中谈到过，因为民国初年袁世凯搞假共和，因此北京有不少胡同名带有民国史的痕迹，国会街的名称就折射了这段历史。[2]1913年10月6日选举大总统的当天，袁世凯收买了数千名地痞流氓，打着"公民团"的旗帜包围了国会，在会场外面捣乱。议员们从早8时直到晚10时，连选三次，最后迫于袁世凯的淫威，将其选举为大总统。几个月后袁世凯将国会解散。十年后，直系军阀曹锟贿选大总统的丑剧也发生在国会街。

北京胡同的名称在解放后进行了一定的规范和改变。首先，对一些不雅的胡同名称进行了规范。比如将粪场大院改名为奋章胡同，取"积极进取"之意；臭皮胡同根据谐音改名为寿比胡同，取"寿比南山"之意；羊圈胡同改名为阳泉胡同；干鱼胡同改名为甘雨胡同等。其次，许多胡同的名称发生了改变。如九道湾改名为弓字胡同，小火道口改名为荧光胡同，箭杆胡同改名为永庆胡同等。"文革"时期，红色浪潮席卷中华大地，这在北京胡同的名称上也有突出反映，许多沿用了数百年的胡同纷纷改名，带有"红"字的胡同当时达到了一百多条，比如红小兵胡同、红到底胡同、红岩胡同，此外还有灭资胡同、学毛著胡同等。这些胡同的名称是那段狂热的历史的产物，因为缺乏存在的依据，随着那段历史的结束，这些胡同现在大部分都已经改回了原来的名称。改革开放以后，北京大力发展城市建设，许多新的胡同出现，比如好景胡同、同乐胡同、丰收胡同等，这些胡同反映了人们对幸福生活的向往和追求，具有鲜明的新时代特色。

（二）纵横交错皆风情

胡同见证了故都北京的世事变迁，是北京城重要的历史文化舞台，一个个灿若群星的历史文化名人为胡同增添了几分传奇色彩。现在就让我们沿着这些名人曾经出入过的胡同，抚摸历史，领略北京胡同的万般风情。

小杨家胡同原名小羊圈胡同，位于北京西城区新街口大街上。该胡同入口较小，转过几个弯是一片小空场，周围分布着七八户人家。由于胡同外形颇似一个葫芦，入口窄中间宽，人们形象地叫它小羊圈胡同。别看胡同不起眼，著名京味作家老舍就出生在这里。小羊圈胡同和自家的小院就是14岁之前的老舍主要的活动场所，在这里老舍度过了自己的童年。胡同口的大槐树、小羊圈的破门楼、大杂院里的邻里情深、母亲为生活而劳累的深深叹息，这一切都深深地烙进了他的脑海，成为他后来创作的宝贵财富——老舍的小说《四世同堂》和《正红旗下》虽然相隔近二十年，但同样都以小羊圈胡同作为地理背景和人物的活动舞台。

位于东长安街以北的总布胡同，包括东总布胡同、西总布胡同和北总布胡同。1919年的五四运动中，爱国学生们为了抗议巴黎和会订立的不平等条约而"火烧赵家楼"，赵家楼就是当时卖国贼曹汝霖的住宅，位于总布胡同。当为中华民族的生存而呐喊奔波的爱国学生穿越总布胡同时，这里见证了一个伟大的时刻——中国新民主主义运动的开端。总布胡同不仅经历了五四运动这一重大的历史事件，而且众多的学者文人也曾在这里留下他们的足迹，如马寅初、李宗仁、徐悲鸿、梁思成夫妇、萧乾、赵树理、刘白羽等都曾在总布胡同居住。此外，中国共产党的早期领导人瞿秋白也曾在位于东总布胡同的俄文专修馆学习俄语，为后来赴俄奠定了语言基础。

史家胡同位于北京市东城区，据说是因为胡同内有史可法的祠堂而得名，也有人认为叫这个名字是因为胡同内有一史姓大户。史家胡同之所以著名是因为胡同里曾设过考场，录取赴美留学生，清政府用美国退还的"庚子赔款"来选拔赴美留学生，1909 年 8 月，六百多名青年走进北京史家胡同深深的巷子，参加这次留美考试。经过初试选拔出四十七名赴美留学，他们所学专业大多是当时认为可以救国的"实业"，如机械、化工、土木、冶金等。后来成为清华大学校长的梅贻琦，就在其中。史家胡同又举行过两次选拔考试，增加了文科科目，语言学大师赵元任、中国新文学的提倡者胡适和著名气象学家竺可桢等皆在其中。可以说史家胡同见证了一批中国现代知识分子为国家富强而开始奋斗的历史。

北京的胡同还有一类虽然具有丰富的文化内涵，但是属于被人们刻意遗忘的角落，比如八大胡同。八大胡同位于北京宣武区南部的大栅栏地区，由八个胡同组成，包括陕西巷、百顺胡同、石头胡同、韩家潭、王广福斜街、胭脂胡同、外廊营、皮条营等。这里曾是烟花柳巷的代名词，据说妓院达上百家，出入其间的多为达官贵人，当然也有文人墨客。

砖塔胡同内景

当年，这里每到夜间灯火通明、纸醉金迷，不知记录了多少女性的悲惨命运，当然也发生过一些风流韵事。提到八大胡同就不能不说小凤仙和蔡锷将军。袁世凯复辟称帝，蔡锷将军被软禁在北京城。为了脱离虎口，他假装醉生梦死，每日流连于八大胡同，结识了奇女子小凤仙。她虽沦落风尘却出淤泥而不染，协助蔡锷逃离北京，最终蔡锷在云南举行倒袁起义，名垂青史。蔡锷将军对于八大胡同中的小凤仙十分欣赏，他在小凤仙处留宿时曾写道："不信美人终薄命，古来侠女出风尘。此地之凤毛麟角，其人如仙露明珠。"[3]

胡同不仅孕育出许多有名的历史文化人物，而且许多胡同本身就具有鲜明的特色，堪称胡同之最。

北京最古老的胡同就是我们前面提到过的位于西四南大街的砖塔胡同，被称为"北京的胡同之祖"[4]。砖塔胡同的得名是由于胡同东口的砖塔，这个砖塔修筑于元代，距今已有七百余年的历史，是当时著名僧人万松行秀禅师的墓塔。砖塔胡同不仅具有悠久的历史，而且人文痕迹丰富。元明清时期这里是北京最为繁华的曲艺娱乐场所，元代杂剧大师关汉卿就曾在砖塔胡同居住过，并创作了著名的剧本《窦娥冤》。民国以后，鲁迅、张恨水等也都曾在此居住。鲁迅在此居住时间虽然不长，从1923年8月到1924年5月，但就在这不长的时间里创作出了《祝福》等名作。

北京最长的胡同是东西交民巷，包括东交民巷与西交民巷两部分。这条胡同位于长安街和前门东、西大街的中间，并与两条街平行，东头从崇文门内大街开始，向西一直到北新华街为止，全长6.5里。东交民巷和西交民巷原名东江米巷、西江米巷。这条胡同的名称是以商品命名的。早在明朝年间，这里是从南方运往北京的江米卸货集散的地点，后来人们就以江米巷来命名这条胡同。近代以后，西方列强入侵，相继在北京设立大使馆，尤其以东西交民巷最为集中，因此这里也就改为现在的名称，成为了北京的使馆区。

北京最短的胡同一般认为是一尺大街，长度仅10米多，位于前门大栅栏地区，为东西走向。胡同虽短，生活气息倒也浓重，胡同北面原有三个刻字店，一字排开，路南则有理发店、大酒缸和铁匠铺，为这里人们的生活提供了方便。现在这条胡同已经并入了杨梅竹斜街。

北京最宽的胡同是灵境胡同，双向四车道，最宽处32.18米，近年已经通了公共汽车。而最窄的胡同是小喇叭胡同，最窄处不足0.6米，

东交民巷

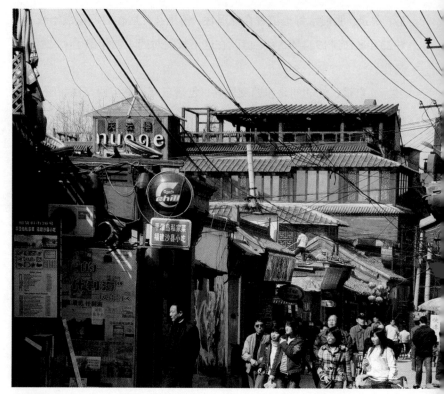

烟袋斜街

大胖子过这个胡同只能侧着身走。

北京拐弯最多的胡同是位于前门外的九弯胡同。从胡同名上就可以看出它的弯曲形状，"九"在这里是约数，用来形容拐弯之多，其实它拐了十三道弯。

北京最古老的斜街是什刹海边上的烟袋斜街，之所以叫现在的名字是因为清朝驻北京北城的旗人大都有吸旱烟或者水烟的习惯，因此烟草行业很发达。住在这里的人家看准了这种商机，在这条街上一家挨一家地开起了烟袋铺，并且烟袋斜街从空中俯瞰也像一个大烟袋。烟袋斜街东北西南走向，大概有三百米长，看起来像是烟袋杆，东口可以认为是烟袋嘴，西口向南边儿通往银锭桥，看上去像是烟袋锅。烟袋斜街在清朝灭亡后，成为倒台的王公贵族变卖家藏古董来维持生活的根据地，于是街上先后出现了众多的古玩玉器店，现在去依然能感受到过去的沧桑与繁华。

游览什刹海的外国人

　　北京最具游览价值的胡同应当首推什刹海胡同。什刹海胡同是一组胡同的统称，位于北京著名的历史文化风景区什刹海，包括大金丝胡同、小金丝胡同、前井胡同、后小井胡同、刘海胡同、大石碑胡同、小石碑胡同、银锭桥胡同、铜铁厂胡同、前海东沿胡同、前海南沿胡同、前海北沿胡同、后海南沿胡同、南官房胡同、北官房胡同15条胡同。其间纵横交错，与古老的钟楼、鼓楼遥相呼应，什刹海的两岸则有恭王府、宋庆龄故居、郭沫若故居等文化古迹。漫步在历史悠久的胡同间，随处可见的是历史的脚印和那种无处不在的文化气息。

（三）依稀可闻叫卖声

　　　　远远地在墙外卖凉货的小贩，敲着"冰盏"……丁铃有声，

　　清圆而冽亮，那声节是"叮嚓，叮嚓，叮叮嚓，嚓嚓叮叮嚓"，

接着清脆的北平口音，似乎非常愉快地喊卖着"又解渴，又带凉，又加玫瑰，又加糖，不信你就闹碗尝一尝！""酸梅的汤儿来哎，一个味的呀！"[5]

这段充满诗意的文字是曹禺先生的名剧《北京人》中的一段话，曹禺为我们描绘了一幅富有老北京气息的画面。的确，胡同的叫卖声成为北京的一大特色，这一点在北京生活过的外国人印象尤其深刻。萧乾在《北京城杂忆》中提到，一位1920年代在北京生活过的英国诗人奥斯波特·斯提维尔写过《北京的声与色》一文，将当时走街串巷的小贩的吆喝声形容成街头管弦乐队，还分别列举了何为管乐、弦乐和打击乐器。遥想当年，徜徉在北京的胡同中，小贩的叫卖声依稀可闻，那抑扬顿挫、此起彼伏的"管弦乐"，不仅给胡同带来热闹的气息，而且总能唤起人们对老北京文化的深深眷恋之情。

胡同内贩卖的主要是各种风味小吃与时鲜水果，这些主要是面向平民大众的，小贩们或推车挑担，或手提肩扛，穿梭在胡同中敞开嗓子叫卖。春秋时节，一般是豌豆黄、小枣切糕、炒铁蚕豆、桑椹、樱桃、杏等；秋冬则有菱角、江米藕、老豆腐、羊头肉、冰糖葫芦、烤白薯等。有意思的是，小贩的叫卖声很有特色，人们即便不出门也能知道卖的是什么，然后走到胡同里就能购买到自己所需要的食物。以卖水果的小贩的吆喝为例，夏天时卖杏的小贩的吆喝"杏儿勒，不酸的勒，酸了还要管换勒！"听到这声吆喝，孩子们大都忍不住跑出门外，非缠着大人买不可；这类水果价钱便宜，也就是吃个新鲜。吆喝"萝卜赛梨勒嗨"的是卖心里美萝卜的，这原是北京的特产，因为这种萝卜的心是粉红色的，切开后十分鲜艳，又十分清脆可口，故而小贩叫卖时夸张地说"萝卜赛梨"。小贩的吆喝抑扬顿挫、京味十足，各种吆喝声构成了一曲胡同交响曲，和着北京人生活的调子，给胡同增加了独特的风韵。梁实秋晚年所写散文《北京的零食小贩》中，充满深情地回忆了数十年前北京城里的风味小吃，他尤其对胡同中的叫卖声充满深情，认为小贩的吆喝声抑扬顿挫、变化多端，类似于京剧情趣盎然的唱腔。

北京胡同内还有一类小贩经营的是与人们日常生活密切相关的起

居用品。比如北京的井分为甜水井和苦水井,其中苦水井因为水质的关系不适于饮用,人们吃的是甜水。这样就产生了送水这种职业,正如李龙云的《小井胡同》中提到的送水的水三儿,用马车挨家挨户送水,水车吱吱呀呀的叫声也构成了胡同交响曲的一部分。卖木炭的小贩则是敲着咚咚的鼓声,推着双轮车在胡同中穿梭,木炭就放在车上的筐里。北京早年间,有钱人家冬季取暖时用炭盆烧木炭,卖木炭的小贩拿着的是一个直径约一尺多的拨浪鼓,左右摇动发出声响,以此来招徕顾客。

北京胡同内的生活是平静的,这是一种相对的平静或者说是人们生活心态的平静。尤其是一些上了年纪的老人对胡同很有感情,他们可以在胡同中漫步遛鸟来锻炼身体,也可以三五个老伙计聚在一起靠在南墙上享受冬日的暖阳,聊天打发寂寞的时光。这种宁静与和谐的生活是今天生活在高楼大厦里面的人们所难以想象的。直到今天,许多北京老年人依旧怀恋着胡同。同时对于他们而言,胡同内的生活还有着独特的意义——正是在胡同中他们度过了自己的大半生,胡同两边墙上斑驳的苔痕、胡同口高大的槐树,一切的一切都提醒自己过去的岁月,胡同已经

西四北七条胡同

与他们的生命融为了一体,这也是北京人对胡同难以忘怀的重要原因之一。而孩子们的嬉戏打闹则会给胡同带来一种热闹的氛围。对于胡同里生活的孩子来说,从来不缺少游戏的伙伴,或者五六个小伙伴捉迷藏,或者玩"骑马打仗"的游戏——一个人骑在另一人身上去和另一对人相碰撞,而这一切都是胡同赋予的。

胡同自元代以来的几百年间展示出丰富的历史文化内涵,今天依然焕发着持久的魅力,成为北京历史文化不可或缺的一大亮点。无论对于老北京人还是外地游客,都散发着独特的魅力。对于游客而言,它具有一种文化的吸引力,无论是千姿百态的胡同风情还是胡同中曾经发生的历史风云,都给人一种历史的沧桑和无尽的回味。近年来北京兴起的新的旅游项目"胡同游",展现北京胡同悠久的历史文化内涵,吸引了众多游客尤其是外国游人的关注。游客们乘坐着老北京传统交通工具三轮车,穿梭于大大小小的胡同间,触摸着历史的美丽容颜。

漫步在胡同中,注视着古朴而深邃的一砖一瓦,常常让人产生一种错觉:时间倒流,重新回到了元大都、明清北京抑或民国时代的北京城,胡同的流年碎影如电影画面般展现在我们眼前……不可否认,胡同文化将是中华民族的一笔宝贵的历史文化遗产,它不仅存在于我们的记忆中,更将以其隽永的魅力吸引着我们走进胡同,体验它的万种风情。

二 中国的"盒子"

北京星罗棋布着大大小小的四合院,它们或处于繁华界面,或处于幽静的深巷之中。四合院四周是房屋,中间是庭院,组成了一个封闭的居住空间,尤其从空中鸟瞰颇似一个盒子,被汪曾祺称为"中国的盒子"[6]。

(一)"雾安楼台百万家"[7]

北京四合院的出现与兴建开始于元代;明清以来,四合院成为中国北方城市民宅的普遍形式并对我国的建筑史产生了深远的影响;清

四合院

代到民国则是北京四合院发展的巅峰时期,有人统计出当时北京四合院
建筑面积占全市建筑总平方米数的十分之九。

其实作为我国庭院式住宅的典型代表,布局完备的四合院早在西周
时期就已出现,陕西岐山凤雏西周四合院遗址被称为"中国第一四合
院"。除了北京四合院,包括山东、山西、河北、贵州等许多地方也都
有四合院这种建筑形式。之所以称其为四合院,是由于这种建筑"以正
房、倒房、东西厢房围绕中间庭院形成平面布局"[8],即四周是居住的房
屋,中间是庭院,组成了一个封闭的居住空间。北京四合院作为我国四
合院建筑的典型代表,继承、融合并发展了众多四合式建筑的优点,体
现了我国建筑艺术的精华,可谓世界建筑艺术史上的一朵奇葩。

北京四合院规模不同、大小悬殊,但都是由基本单元组成的。四合
院的基本单位就是由四面房屋固合起一个庭院,被称为一进四合院,两
个院落即为两进四合院,三进四合院也就是包含三个院落。四合院一般
依东西向胡同而建,位于街道的北面,坐北朝南,可以分为小四合院、
中四合院和大四合院。中四合院又被称为标准四合院,小四合院和大四
合院都是在其基础上减少或增添各种建筑而形成的。中四合院一般依东

西向胡同而建，院子一般宽五丈，长八丈，主要由分居四面的北房（正房）、南房（倒座房）和东、西厢房组成，以高墙围绕四周形成四合，开一个门。一般格局是北房正房三间，耳房两间，也就是习惯上所说的"三正两耳"共五间，东、西厢房各三间，南屋不算大门四间，整个四合院连大门洞、垂花门共十七间。小四合院严格意义上并不能称为四合院，只能叫"四合房"。它与中四合院的最大区别在于它只有东西南北房，而后者具有垂花门，从而分出了里、外院，而大四合院不仅是指四合院的院子大、宽敞，更主要的是指其规模之大。扩大规模可以采取两种方法，一是横向发展，一个一个的四合院并排着，而内里互相连接；二是纵向发展，四进、五进甚至更多。

四合院在建筑风格上独具一格，同时集中体现了中国传统文化的精神；起初是北京人塑造四合院，随后是四合院塑造了一代代的北京人。四合院的建造，主要是在两方面继承和发扬了中国传统文化的。

首先，北京四合院这一建筑形式，受到儒家文化的影响，具有封闭性、保守性的特点。北京四合院，对内是统一的整体，反映了传统的长幼尊卑的礼教文化。四合院内房屋的分配讲究长幼尊卑，位置优越显赫的正房都要给老一代的老爷、太太居住。东西两侧的卧室也有尊卑之分，在一夫多妻的制度下，东侧为尊，由正室居住，西侧为卑，由偏房居住。同时，北京四合院对外又是封闭的。整体而言，四合院是由四周居住的房屋和中间的庭院，以及将四合院紧密围绕起来的院墙组成的闭合的建筑形式。具体说来，封闭的院墙、高大的院门、双扉紧闭的大门，无一不体现了其封闭性和保守性。院墙和大门隔开了人与外部世界，阻隔了居住者与外界的沟通。四合院成为中国文化的象征，体现了中国文化的保守与封闭的一面。

其次，北京四合院的建筑格局受到了风水文化的深刻影响，《周易》体现的阴阳五行学说在四合院的建造中体现出来。比如四合院修建时强调"坐北朝南"，宅门开在宅院东南角"巽"位。这与中国传统文化中的"面南文化"有关，按照《周易·说卦》"圣人面南而听天下，向明而治"[9]，而中国传统的建筑风水学也追求"坎宅巽门"的方位安排。"'坎'为正北，在'五行'中属水，正房建在水位上，可以避开水灾；

'巽'即东南，在五行中属风，进出顺利，门开在这里图个吉利。"[10]同时，这样建造也是古人生活经验的总结，由于中国位于北半球，"坐北朝南"可以更好地接受阳光，有利于人们居住。风水文化对四合院建造的影响还体现在诸多方面，如厨房一般安排在东房的南面也符合风水理论中"东厨司命"的原则，即厨房的位置应当位于东侧。再有，影壁的修建除了具有美化作用外，也是为了院内"气"的内敛：既保证气的流动又不至于直来直去，按照风水文化，直来直去的气对于四合院人丁兴旺不利。

北京四合院中有一类特别受到人们的关注，那就是名人曾经居住过的。鲁迅故居位于北京西城区阜成门内西三条胡同21号，在这所小院中，鲁迅亲手种植在前院的丁香和后院的刺梅，依然生机蓬勃，春季到来，满目繁花，芳香怡人。东面房屋现已被作为博物馆，用于收藏有关鲁迅的文物、史料。北房的后边有间小屋，是后来接着原房屋建起来的，被鲁迅称为"绿林书屋"，别人则叫它"老虎尾巴"，鲁迅当年以笔为剑为唤醒沉睡的国民而振臂呐喊，许多脍炙人口的作品都是在这里写的。

鲁迅生活过的地方还有砖塔胡同和八道湾。八道湾胡同11号，曾经是多少青年人眼中的文学圣地，因为这里曾经是中国现代文学史上赫赫有名的"周氏兄弟"——鲁迅和周作人的住所。后来发生的至今仍谜一般的兄弟反目事件，更为其增添了一丝神秘色彩。人们可以在这里看到当年兄弟二人生活过的房屋，聆听他人讲解那段风云变幻的文坛逸事。八道湾11号是一座三进的四合院，房屋宽绰豁亮。鲁迅自己住外院，周老太太和朱安住中院，里院最好的正房则是周作人一家和周建人一家分住。当年的八道湾，是众多学者名流、文学青年聚会访问、探讨文学的地方，蔡元培、胡适、郁达夫、沈尹默、孙伏园等都曾来此欢聚。鲁迅笔下的两棵枣树也目睹了这四合院的繁华兴衰、世事变幻。

位于东城区灯市口西街丰富胡同（原丰盛胡同）的19号院是老舍故居，即现在的"老舍纪念馆"，又名"丹柿小院"，这是因为院中有两棵老舍亲手栽下的两棵柿树。老舍生命中的最后十六年，就是在这处四合院中度过的。这个小院是典型的二进三合院风格，大门坐西朝东，二门有一块五彩小木影壁，正房三间，其中西耳房是老舍的卧室兼书房，他建国后的全部作品，如《龙须沟》、《茶馆》以及未完成的自传体小说《正红旗下》等都是在这里创作的。

张自忠故居坐落在府右大街丙27号，现为自忠小学，保护相对完整。故居是一处典型的北京四合院，正院有北房七间，为灰顶、木板地。房屋为木结构，每扇门上均刻有"寿"字，木隔扇上则雕有花纹，古色古香。院内有假山、凉亭、荷花池等，虽然岁月流逝，风华不在，但依然能想象出昔日的风姿。

护国寺街9号是一座典型的两进院落四合院，乃戏曲艺术大师梅兰芳的故居，也就是梅兰芳纪念馆。这里原是清末庆亲王奕劻王府的一部分，解放后梅兰芳搬到这里居住，度过了生命的最后十年。前院现为展厅，后院的三间北房则保持了故居原貌。会客厅内摆放着梅兰芳使用过的家具，客厅的里间是起居室，东、西耳房分别是卧室和书房，西厢房作为陈列室，主要展示了梅兰芳的文化业绩。

北京城作为帝都的历史已有七百年，同时也成为了众多名人聚集之地，他们在这座古城留下了无法磨灭的足迹。为数众多的名人故居散布在北京城大大小小的胡同中，构成一张巨大的文化"蛛网"，连接着北京城的过去与未来，以其各异的风姿展示着北京四合院的文化内涵，丰富了人们对北京文化的想象。

（二）庭院深深绿几许

> 在北平即使不出门去吧，就是在皇城人海之中，租人家一椽破屋来住着，早晨起来，泡一碗浓茶、向院子一坐，你也能看得到很高很高的碧绿的天色，听得到青天下驯鸽的飞声。从槐树叶底，朝东细数着一丝一丝漏下来的日光，或在破壁腰中，静对着象喇叭似的牵牛花（朝荣）的蓝朵，自然而然地也能够感觉到十分的秋意。[11]

这是郁达夫的散文名篇《故都的秋》中的一段，为我们描绘了一幅秋日的古都景象。在他的笔下，在四合院中看从槐树叶漏下的日光，抑或静对破壁腰中的牵牛花，都给人一种清凉的诗意。北京四合院总体上十分注重绿化。各种葱葱郁郁的植物使人感觉到一种旺盛的生命力和人与自然的协调。

北京四合院重视绿化，这与四合院自身的布局有关——中间宽敞的庭院为其绿化提供了充分的空间，同时通过院落绿化也美化了四合院，使其在视觉上不至于太单调。院中一般会植树栽花，同时饲养金鱼。四合院中最常见的树种一般为槐树、枣树、石榴等。槐树较为常见，是因为槐树被认为是公卿大夫的树，人们取其"三槐"、"槐棘"之意。枣树也很常见，走在老北京的胡同中，从院墙外就可以看到，还有许多枣树枝丫伸出院外，秋天时枣子挂满枝头。石榴树树形美观，春天枝繁叶茂，秋天则果实满枝，同时还寓意吉祥，被认为是子孙昌盛的象征，有"多子"之兆。四合院内栽种的花木则有海棠、葡萄、月季、菊花等。海棠花开时，香飘满院，并且人们认为海棠花象征着棠棣，即兄弟之间和睦相处。葡萄则为人们提供了乘凉的绿荫和酸甜可口的果实。

但是，也有一些树木被认为不适宜在四合院中种植，比如松柏树和杨树。这是因为这些树木是在阴宅，也就是坟地才种植的。松树、柏树，象征对逝去亲人的怀念永存。同样，桑树、梨树，也被人们拒之于院外，这是因为"桑"与"丧"、"梨"与"离"谐音，被认为不太吉利。

北京的官员府第或巨商私宅多为大四合院，大四合院不仅规模巨大，一般还建有花园。著名的位于王府井大街金鱼胡同的"那家花园"，其主人那桐清朝末年曾任总理衙门大臣，显赫一时。那家花园东西走向，院落并列相连，形成了一个一个四合院相连的形式，几乎占尽了路北的一条街。那家花园是仿照苏州园林修建的，花园内亭台楼阁、湖光山色，美不胜收；同时花园中还培植了不少名贵花卉，入春时节百花争艳，景色怡然。那家花园还建有戏楼，成为达官贵人、政府要员聚会活动的重要场所，据说当年孙中山大总统也曾光顾。

树木与花草给北京四合院增添了几许生机，尤其后花园成为这些大四合院内居民娱乐与休闲的好去处。现代居住在高楼大厦里的人们很难想象老北京的生活方式。春秋交替、寒暑相推，北京四合院的春夏秋冬各有不同的景色，人们的生活也就具有季节性的变化。春天万物复苏，大地回春，花园里五彩缤纷的鲜花仿佛在召唤着人们去亲近自然，孩子们则撒欢奔跑，引来一片笑声。没有花园的四合院也不要紧，春天，院子里的枣树发出了绿芽，为人们带来春的消息；夏天到来了，天气也变得炎热起来，晚上，人们会坐在院中乘凉，看着天空中闪烁的星星，享受着晚风拂面的气息；秋天到了，这是收获的季节，四合院中也洋溢着丰收的喜悦，院中的石榴树上早已挂满了红通通的石榴，一个一个裂开口笑着。八月十五到了，人们会在庭院中设一供桌，放上时鲜的水果和中秋月饼，一家人则坐在院中赏月，思念着远方的亲人。其后，翩翩飞舞的落叶与连绵不断的秋雨都向人们预示着冬天就要到了，人们会提前在窗户上裱糊上窗纸。一般说来，冬天是四季中最单调的季节，人们很少在户外活动，屋内生起了炉子，家人们常围坐在一起闲聊，温馨洋溢的亲情为人们驱散冬的寒冷。睡在温暖的炕上一觉醒来，发现屋外洁白的大雪覆盖了大地，这时老人常会怀着喜悦的心情说，瑞雪兆丰年啊！孩子们则兴高采烈地来到院子里，打起了雪仗，堆起了雪人。

居民们在庭院中饲养的宠物也为四合院增添了几分活泼的生活气息。饲养宠物是老北京人的一种嗜好，也是四合院文化的重要组成部分。老北京饲养的宠物鸟兽虫鱼都有，具有代表性的是养鸟。上了年纪的老年人大多喜欢养鸟，每天天一亮，鸟儿就叫开了，于是人们起床的第一件事就是去遛鸟。提着精致的鸟笼，自在悠闲漫步，或是来到离家不远的小树林，几个人将各自的鸟聚在一起"放份儿"，比一下谁的鸟儿更漂亮，鸟鸣声在清晨的空气中回荡，伴着养鸟人自豪与怜爱的笑脸，真是别有一番情趣。

（三）灯火阑珊大宅门

电视连续剧《大宅门》描写了清末至民国北京著名医药世家白家的传奇故事，以地道的京腔京味展示了独特的北京风俗、都城文明和享誉世界的中医文化。该剧的热播引起了人们对京味文化尤其是大宅门的关注。

　　所谓的大宅门其实是北京四合院的一种，也就是我们前面所说的大四合院。大宅门一般是复式四合院，也就是多个四合院向纵深相连而成，一般是二进，大的可以达到四进、五进甚至更多。大宅门作为四合院的一种形式，具有标准四合院所具有的基本组成，但由于院落极多，可以分为前院、后院、东院、西院、正院、偏院、跨院、书房院等。

　　《红楼梦》第三回"贾雨村夤缘复旧职，林黛玉抛父进京都"中描述林黛玉进贾府的一段文字，就很详细地描写了大宅门的建筑格局。现实中的大宅门一般没有那么恢弘的建筑，但是基本的组成是一样的。下面就让我们一起走进大宅门，感受一下大宅门的不凡气势。

　　院门是北京四合院的主要出口，同时还标示着主人的身份和等级。大宅门的院门主要是广亮大门，象征着主人的身份和地位。大门一般位于宅院的东南角，台基较高，门口也比较宽大敞亮，门扉开在门厅的中柱之间，装饰较为精美，大门上有数对门簪，下面则有石鼓门枕，门楼上安装有雀替、三幅云一类既有装饰功用、又代表主人品级地位的饰件。

　　大宅门一般可以分为前院和后院，从大门往西走便可进入前院。前院很浅，主要由倒厢房组成，一般被作为客房使用。从前院向内看，正对着的便是垂花门，这是因其檐柱悬在半空中，柱头雕成莲花形状而得名。垂花门雕刻技艺精深，色彩绚丽，集中体现了北京四合院建筑艺术的精华，是大宅门中最绝妙的造型，就像一个华丽的旧梦。垂花门将四合院划分为前院和后院，符合封建礼教的要求——封建时代强调内外有别，尤其是供家人生活起居之用的内宅一般不准外人进入。

　　大宅门作为四合院的一种形式，既具有四合院的共性，也具有自身的特殊性。大宅门承载的更多是中国传统的家族文化，集中反映了封建宗法观念和家族制度。一方面北京四合院强调长幼尊卑的封建秩序，突出封建家长的权威，四合院的房屋中最好的正房要给老一代的老爷和太太居住；同时，四合院的建造强调等级，规格要和主人的身份相符，不能逾规。另一方面，北京四合院体现了男女有别的观念。比如外院与内宅的划分，内宅是家庭女性居住的地方，外姓男子不允许随便进入；女性也被认为应当"大门不出，二门不迈"。

大宅门在其他方面也具有丰富的文化内涵,体现了民俗民风和人们对幸福、吉祥、富贵的追求。比如,北京四合院中的吉祥符号体现了人们对于人生的祈求,希望能富贵、长寿、康宁。这些吉祥符号主要包括吉祥文字和吉祥图案两种。吉祥文字最常见的是"福"字,在北京四合院尤其是大宅门中随处可以看到其身影,如影壁上、门墩上、门框上或墙壁上,或是刻着或是贴着。并且许多"福"是倒着的,这是为了取其谐音——"福到了"。

大宅门这一建筑像美丽而悠远的梦,数百年来的文化积淀给了它丰厚的内蕴。清代有句俗语:"天棚鱼缸石榴树,老爷肥狗胖丫头",可以说是大宅门内生活的典型写照。此外,林海音在其《城墙·天桥·四合院儿》一文中也生动地描绘了大宅门内的生活:

> 到了夏天,富户在院子搭起天棚遮阳,院中摆着大金鱼缸,屏风前面是几盆石榴;家中请了教席教孩子,养着肥狗,连供使唤的婢女都吃得胖胖的。这是老样的一副富家生活情景啊![12]

汪曾祺把四合院当做中国的"盒子",就是强调"北京人理想的住家是'独门独院'"[13]。大宅门本身的封闭结构为主人提供了一个与外界隔绝的环境,无论是卸职在家的官僚还是商海脱身的商人,在四合院中都能找到自己精神的寄托,享受繁华城市中难得的清静与悠闲。喜欢读书的,放一张椅子在庭院中,和煦的阳光透过参天的古树投下斑驳的树影,膝上摊开一本闲书,静静地度过宁静的午后,仿佛与尘世隔绝一般。若是老友来访,则可以摆上棋盘,二人对弈,车马象炮,打得不亦乐乎,旁边则是调皮的孙子不停地问这问那,倒也可爱得很。

北京城比较有代表性的大宅门是虎坊桥附近的纪昀故居——阅微草堂。纪昀,字晓岚,是清朝有名的大才子,《四库全书》的主编,他的笔记体小说《阅微草堂笔记》影响也很大。昔日的阅微草堂今天已经成为纪晓岚故居纪念馆。纪晓岚故居为砖木结构,是两进四合院,院子坐北面南,大门则是如意式门楼。前院内有一架紫藤萝,枝干盘曲,绿叶遮天，每到藤萝花花开时浓荫满院，据说这是当年纪晓岚亲手所植，已历经两百年风雨。后院是纪晓岚的书斋"阅微草堂"，有五间房屋，前三间中间为门厅，左右两间各以隔扇相隔为"耳室"。

大宅门作为北京四合院的典型代表，具有丰富的文化意蕴。我们在对大宅门生活的回顾中，可以体会到京味文化的博大精深，了解中国传统的生活方式，感受其魅力。许多文学作品都描写了大宅门内的生活，最为著名的就是《红楼梦》。贾府锦衣玉食、儿孙满堂，讲究封建礼节，但是内里却是早已走上陌路穷途。这是文学作品中的大宅门的生活，现实中的大宅门的命运也确实如此。1949 年以后，社会政治的巨大变化直接导致了所有制的变更，许多昔日为王公贵族所有的大宅门变为国家机关、学校、工厂、医院等公用住房，使用功能的改变使得大宅门最终被人所改造，失去了往日的功能。仍作为住宅用的一部分大宅门随着人口的增加已不再为独家所有，变为多户居住的"大杂院"。昔时那种宁静、温馨、幽雅的生活方式在北京大宅门中已不复存在。曾经灯火辉煌，而今已阑珊，只有那些存留下来的大宅门依旧在静静地诉说着曾经拥有的辉煌，和那院中发生的一段段往事。

（四）市井风貌大杂院

四合院一般是一户一住，但也有不少四合院内有几家、十几家住户，这样的四合院被称为"大杂院"。随着北京危旧房改造力度的加大，也许有一天大杂院会成为历史的遗迹，但是大杂院养育了数代北京人，大杂院里的市井文化已经深深地印在几代北京人的记忆里。

穷人所居住的四合院——大杂院的居民大多是城市贫民，如小贩、洋车车夫、做小买卖的、手艺人等。他们一般收入很少，仅能勉强糊口，因此大杂院也就成了他们最好的住所。大杂院的住户大多只能租得起一两间房，因此一个大杂院住户多的达到十几户人家，他们从事着各种社会最底层的工作，以辛勤的劳作养育着家人。大杂院作为四合院的一种，同样是由院墙和四周居住的房屋组成的封闭的居住空间，但也有其独特之处。大杂院的主要特点如下：

第一，大杂院由于住户众多，没有统一的建筑规划，布局比较杂乱。

房子不够用时，住户常常会盖上一些小屋用来放东西或是堆积杂物，这也造成了大杂院的杂乱。

第二，大杂院的居民从事着不同的职业，许多居民来自外地，多种不同的文化在这里融汇，丰富了北京文化的内涵。北京的市民文化不仅包括大宅门内那种悠闲、典雅、带有贵族气的生活，也包括大杂院所体现出的底层市民文化。

除此之外，大杂院布局杂乱、住户身份多样，这也导致了大杂院中发生的故事千奇百怪，成为许多作家创作的题材。比如老舍的小说《骆驼祥子》里，祥子和虎妞居住的就是大杂院。老舍出身平民，了解平民，始终为反映社会底层平民的命运而写作，他融合自己的亲身经历，为我们描绘了发生在大杂院里的悲欢离合，祥子、虎妞、小福子，一个个鲜活的人物栩栩如生地展现在我们面前。又如刘心武的《钟鼓楼》以钟鼓楼下一座大杂院中九户人家一天的生活为线索，以写实的手法展现了一幅《清明上河图》式的风俗画。小说以薛家的婚宴作为贯穿全书的线索。婚姻喜庆也是北京大杂院居民生活中最重要的事件之一，刘心武就从这一典型事件写起，以京味十足的笔墨，展示了北京丰富的院落文化。

由于居民较为混杂，三教九流无所不有，使得大宅门中那一套封建礼教秩序分崩离析，居民之间的关系是平等的，邻里之间的关系也十分和睦。正如著名话剧演员于是之在《幼学记事》中所说的，大杂院邻里之间和睦相处、互相帮助，虽然大家都不富裕，但是邻里间产生的那种如一家人的感情几十年后依然难以忘记。

大杂院不仅邻里之间充满和谐互助的气氛，其中的生活也充满了趣味。虽然经常被邻里屋内大人小孩儿的吵闹所打搅，映入眼帘的也是那"错落堆积"的瓢盆锅碗，但大杂院的市井风貌也别有一番趣味。它的生活是繁忙而充实的，每天早晨是大杂院最繁忙的时候，天刚亮，各家各户就要打开门窗迎接新的一天。这时候，如果来到大杂院，就能听见各家各户的屋檐下发出噼里啪啦的煎蛋声，闻到刚买来的油条散发出的诱人香味。然后人们忙着叫小孩子起床、吃饭。饭后，老人们三三两两地去外面遛鸟，大人们要忙着去上班，孩子们背起书包上学去。傍晚，孩子们放学回家，大人也下班了，平静了一天的大杂院又喧闹起来，小孩子追逐打闹，大人则忙着做饭。大杂院只有在深夜才能渐渐平息下来，夜色笼罩下的大杂院静静的，安详地注视着劳累了一天的人们，仿佛在说，好好休息吧，明天又是一个新的开始。

虽然大杂院的生活充满了乐趣，但大杂院的局限特别是生活上的不便也非常明显，这是大杂院需要改进的地方。新中国刚成立时，许多四合院成为了机关单位的宿舍，组成了新的大杂院，这些大杂院人口十分拥挤，甚至去个厕所都要排队，这一切都与我们想象中四合院的精致舒适生活相距甚远。许多曾住过大杂院的人甚至表示"谁再说四合院好，我跟谁急！"

但近年来，随着城市建设的迅速发展，北京四合院的数量迅速减少，在越来越多的高楼大厦的包围下，四合院的价值日益明显。四合院不仅是前人探索、实践、遴选而创造出来的优秀建筑形式，更是一种文化，它就像一本厚厚的史书，记载了老北京城几百年来兴衰更替的历史轨迹，也记载了老北京独特文化的点点滴滴。

注　释

1．顾学颉：《元人杂剧选》，人民文学出版社 1998 年版，第 182 页。

2．萧乾：《北京城杂忆》，三联书店 1999 年版，第 23 页。

3．月明人倚：《从八大胡同到琉璃厂》，http://www.china-beijingnet.com。

4．宋铭克：《砖塔胡同：北京的胡同之祖》，《社区》2006 年第 14 期。

5．曹禺：《曹禺文集》（二），中国戏剧出版社 1989 年版，第 447 页。

6．汪曾祺：《汪曾祺全集》（六），北京师范大学出版社 1998 年版，第 19 页。

7．顾嗣立：《元诗选·三集》，中华书局 1987 年版，第 745 页。［元］黎崱《都城》诗云："云开闾阖三千丈，雾安楼台百万家"，"百万家"指的就是北京的四合院。

8．顾军：《北京的四合院与名人故居》，光明日报出版社 2004 年版，第 11 页。

9．转引自周振甫：《周振甫文集·第四卷》，中国青年出版社 1999 年版，第 642 页。

10. 顾军：《北京的四合院与名人故居》，光明日报出版社2004年版，第17页。

11. 郁达夫：《郁达夫全集》，浙江文艺出版社1992年版，第297、198页。

12. 林海音：《城墙·天桥·四合院儿》，http://www.bjculture.cn。

13. 汪曾祺：《汪曾祺全集》（六），北京师范大学出版社1998年版，第19页。

北京的山、水、园

山水、园林文化作为中华传统文化的一脉，与源远流长的中国历史文化有着密不可分的关系。特别是历史文化中的哲学、宗教、文学三个方面，很大程度上影响着人类与自然山水和园林建筑的关系。北京的山、水、园林是中国山水园林文化的一个重要组成部分，它们不但生动地体现着来自历史文化的具体影响，而且还呈现出作为政治文化中心的自然文化景观所具有的独特风韵。从地域分布上来说，北京的山水园林整体上呈现出北方山水较为趋同的粗犷、大气的中原之风;但凭借着政治文化中心的优势地位,北京又能够将秀美精致的江南山水收入囊中,为其所用,形成了北方的自然山水和江南的人工造化相得益彰的局面。因此可以说,天时、地利、人和的多重优势造就了北京的山水园林的独特品格,也使得北京的山水园林艺术成为熔铸北京历史文化的一种重要载体。从某种程度上说,解读北京的山水园林,就是解读北京的历史和文化。本章将从北京山水园林的文化探源和文化特色两个方面入手,以北京著名的"三山、三海、五园"为典型个案,来谈谈北京山水园林文化的独到之美。

一　以天地为师

我国是一个历史悠久、文化灿烂的古老国度。它位于世界的东方,东南濒临浩瀚无际的太平洋,西北则既有高耸入云的雄山峻岭,又有人迹罕至的大漠戈壁,地理环境复杂,山势跌宕,河川纵横。我们的祖先就生活在这样一片山水丛生的自然环境中,他们依赖山水,又敬畏山水,人生的欢乐与悲伤、思想和感情都和这些山山水水有着密切关联。因此,他们的想法、思考以及对人生的态度也就难免会受到山水环境的影响,从而形成了一套具有民族特点的自然审美观。这种反映着中国人思想态度和价值取向的观念在产生和发展的同时,又反过来影响着人们对于山水的看法和对于园林的建造。神话仙境渺不可得,而山水胜景又非朝夕可至,所以人们就把自己对于自然山水的遐想寄托于庭宅林苑之中,赏之不足,则图画之、吟咏之、品题之,直至将其融入到自己的生活和生命中,体现出一种天人合一的自然审美思想。而北京作为千年古都、拥有三千年历史的文化名城和人文荟萃之地,它的山、水、园林艺术依托于传统山水园林艺术,并且富含了更为深刻的文化内涵,我们不妨一一探之。

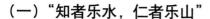

（一）"知者乐水，仁者乐山"

孔子在《论语·雍也》中说："知者乐水，仁者乐山；知者动，仁者静；知者乐，仁者寿。"这句话所蕴涵的正是山水与中国传统哲学的辩证关系。聪明人喜欢水，性情像水一般不断流动；忠厚的人喜欢山，内心如山一样稳重不迁：山水无形中走入了人的心灵，影响着人的思维习惯，同时又被人的思维所塑造，成为了品质和德行的象征。山水、园林与古代哲学正是以这种互相交感、互相渗透的方式建立起了一种奇妙的关系。古代先民们在改造自然山水的过程中，远取诸物，近取诸譬，形成了具有中国特色的朴素唯物主义思想，同时，山水又启发着人们对于玄妙哲理的直观感悟。

相对于雄壮巍峨的高山，柔弱灵动的流水对道家来说更加具有非同寻常的意义。李文初先生曾提出："在中国哲学与山水的交往历史中……水对于哲学的意义远远比山来得悠久、重要。"[1]老子常常以水来阐述其"道"，《老子》第八章说道："上善若水。水善利万物而不争。处众人之所恶，故几于道。"在老子看来，水清虚柔弱、处下不争的特性正与他所认识的"道"是相似的，而且水虽是天下至柔之物，却能驰骋于天下至坚：天下之高山峡谷，无不奔流浩荡而过，泛滥之时更是冲决堤坝、摧毁田舍，任何东西都难以阻拦它前进的势头。庄子作为道家的另一个重要代表人物，对于水的认识更是对后人的山水观有着深远的影响。庄子之"道"的一个重要特点即是无限、至大。他在《秋水》篇中以水作喻，为我们讲述了河伯与北海比美的故事。河伯以为他所拥有的浩荡河水有天下之水不能比拟的美，及至到达北海，才知道自己的渺小，遂望洋兴叹，自愧不如。水的至大无形在庄子的理解中，如同"道"一样，可以超越时间、空间以及其他条件的限制，成为不包括任何具体特性而又包涵一切的统一体，那些拘于一己之见，不能在认识上超越自身局限性的人，如同河伯一样是不能够清楚认识"道"的。

山水不仅于道家而言有如此内涵，在儒家的哲学思想中同样具有重要地位。相传孔子"登东山而小鲁，登泰山而小天下"，雄浑厚重的高山孕育了他博大的胸怀和"仁者爱人"的思想。他经常以山之高峻比喻理想中圣人的品德，并且赋予山以"仁者"的形象。孔子喜欢山，也同样对水具有深厚的情感。他赞美水广博的品质，将"智者"的乐观灵动给予水，并且通过对水的观察，启发了自己对于时间的思考。不过相对于道家而言，儒家的山水观中，道德的意味更重于哲学思考，其中山的道德感更加浓重一些。

中国园林所体现的哲学意味没有山水那么明显，但是细细品来，还是能够寻绎出其中丰富的内涵。首先，中国园林往往透露出一种天人合一的道德观。中国儒家心中的天是具有道德意义的，天道与人的天性相通，天所具有的品质，人本来内心就具有，只要修身内省就可以达到天人合一的境界。北京的皇家园林中，就有很多道德化色彩颇为浓重的景点，传达了一种修身养性、自强自励的道德原则。比如圆明园的主要景区中有一处"澡身浴德"，位于圆明园福海的西南隅。"澡身浴德"一词出于《礼记·儒行》篇，其含义是"沐浴于德，以德自清"，强调的是人们要不断地提高和完善自己的道德修养。因此其主体建筑取名为"澄虚榭"，同时南边有"含清辉"、北边有"涵妙识"诸建筑，都点化和渲染出修身养德的深意，构成了圆明园内一组极具道德感的建筑群。

其次，中国园林艺术中所富含的佛道内涵也一定程度上反映了其较为深厚的哲学底蕴。道家认为天道无为，万物皆应顺应自然，纵情率性，保持自然之态。这种思想可以唤起人们在自然环境中的一种超越人间烦恼的自由感，使人体验到与自然契合无间的境界。以圆明园为例，它最初是康熙皇帝赐给皇四子胤禛的一处花园，胤禛继位后，圆明园随即升级为御园。经过雍正十三年的大规模拓建和乾隆初年的增建，在乾隆九年（1744）最终形成著名的"圆明园四十景"。由于雍正崇佛重道，他的重道思想也在圆明园的建园艺术中得以充分表现和发挥。最典型的如象征道家仙山琼阁的"蓬岛瑶台"和"方壶胜境"，就代表了清帝对道家神仙世界的追慕和向往。再比如圆明园中的"鱼跃鸢飞"、"澹泊宁静"等景致，颐和园内"意在云迟"等景点，取名的寓意也正体现了道家无为澹泊、逍遥自在的心态。此外，佛教中的禅宗在哲学思想方面也有自己的独到之处，它并不否定人世间的一切，而是肯定那些不妨害其宗教基本因素的世俗生活，因此宗教修持功夫成为对待生活的一种积极态度。从这个方面来看，禅宗的哲学思维大大冲淡了其宗教色彩，也体现出一种天人合一的精神。体现在中国的园林艺术中，较为典型的比如苏州园林中的"问梅阁"、"指柏轩"、"印心石屋"等，都取自禅宗公案故事。每当游览至此，游人在观赏到精致的园林美景的同时，也了解到其中所包含的佛教故事，眼界和视野顿时开阔，生出一种对人生和宇宙真谛的追索和想象。

（二）"五岳寻仙不辞远，一生好入名山游"

山水作为大自然的一部分，向来是原始自然宗教中的重要内容。原始人出于生存的需要，产生了对山水的崇拜。对于那些生活在山林中的原始人来说，山林给了他们食物，给了他们栖身之所，更给了他们一种精神上的依赖感，所以山林具有了一种神圣的威力。随着社会的发展，原始人从山林迁居到了平原，沿着河流和湖泊等水源充足、水草丰美之处聚族而居，从事农业生产劳动。这个时期，水又成了人类生存不可或缺的重要因素；但同时，水的泛滥又造成了人类的死亡和财产的损失，让原初之民对其心生畏惧。所以，在江河养育中成长起来的中华民族，对于水也有相当浓厚的崇拜之情。这种原始自然宗教中的山水观，实际上蕴涵着一种人对自然既依赖又敬畏的复杂关系。人类通过祭祀山川表达祈愿和臣服的心态，希望与自然和平相处，并逐渐形成了中华民族所特有的"天人合一"思想，同时也诱发了早期园林艺术的萌芽。《山海经》和《诗经》中记载的"囿"、"台"应该都是古人为了与天地山川沟通，举行原始宗教仪式而建造的建筑。比如北京的天坛、地坛、社稷坛等园林建筑，在明清时期每年都要定期举行祭祀典礼，由皇帝亲自主持，所体现的正是古人祭祀天地山川的这种原始自然宗教精神。

凡是游览过北京圆明园的人，一定会记得这座举世闻名的园林中有一片名为"福海"的湖泊，湖中还根据古代仙家传说，建了三个小岛，名为"蓬岛瑶台"，湾里有汉白玉石座伸入，上面建有宫殿，称作"方壶胜景"。这是由古代著名的海上蓬莱仙山的故事而来，而这一传说所反映出的正是道家的山水观念。蓬莱仙山传说最早见于《山海经》，其中记载："蓬莱山在海中，大人之市在海中。"此处"大人之市"经后人考证即是沿海特有的"海市蜃楼"现象，因此"蓬莱山"成为后人神话

圆明园"福海"

想象的重要内容。此后，随着早期民族向沿海地区东迁，追求不死的观念与东方海上的仙山传说相结合，就诞生了蓬莱仙山上的神人世界以及神人有不老神药的故事。古代齐地（主要在今山东地区）由于具有特殊的自然人文条件，神仙思想和方术得到了迅速发展。大约在战国时期，蓬莱仙山的神话已经发展出了蓬莱三仙山的传说，《史记·封禅书》中就记载了在齐威王、齐宣王和燕昭王的时代，已经有对于三仙山的寻找，而且神仙世界的传说更加丰富动人，动物皆成白色，宫殿俱是金银，外人是不能到达的。此后人们对于仙山的寻找并未停歇，秦皇汉武之时就不乏大规模的求仙活动，为大家所熟知的"徐福出海"的传说，讲的就是始皇派齐地方士徐福带领童男童女去仙山寻求不死之药的故事。远古的仙山传说，后来逐渐成为了方士和道士们求仙修道的依据。尤其是道教徒往往喜欢入山采药，避世隐居，为山川胜景渲染了一层神秘而又清雅的气息；而道家的"洞天福地"之说，不啻于一种早期的山水旅游指南，加深了人们外出游历山水的渴望。唐代李白的《庐山遥寄卢侍御虚舟》一诗中写道："五岳寻仙不辞远，一生好入名山游"，正是此种道教风气影响的生动写照。但仙山毕竟不可得，于是帝王诸侯开始热衷于建造人间的蓬瀛仙境。据《史记》记载，始皇建都长安，建筑了模拟的蓬、瀛仙岛；汉武帝更是扩建上林苑，筑三神山；从而"一池三山"成为中国人造景观传统模式的滥觞。

其实，北京的山水园林中不仅仅蕴涵着道教的气息，东汉时期传入中国的佛教在丰富山水园林的文化意蕴方面亦毫不逊色。佛教在印度发源时，就有在山林石窟中修行的传统。东汉时期传入中国后，逐渐与本土固有的传统文化相结合，把山水作为"证得理体"的手段和凭借。比如魏晋时的名僧支道林，以佛学论《庄子·逍遥游》，强调内心冥寂之人，可以达到外游无穷、无所不适的境界，为佛教徒遁入山林提供了理想的典范。支道林不仅在佛理上注重山林清修，而且更在他的赞佛诗中加入了山水的描写，把佛教的空理与山水自然结合起来，成了山水诗创作的先锋。佛教的山水观在唐代以后逐渐发展成熟，自然山水在文人墨客的眼中显得空灵澄明，具有浓厚的禅风禅趣。如王维晚年奉佛，《终南别业》有"兴来每独往，胜事空自知。行到水穷处，坐看云起时"之句，足为明证。从此，深山藏古寺，寺中多园林，已经成为了中国山水园林的一个重要特色。明清时期北京兴建的大批山水园林，更是极大地继承和发展了这种佛教文化的意蕴。典型的如西山诸寺、玉泉山的寺塔、北海的白塔、颐和园万寿山上的智慧海和排云阁等诸多名胜，都是于青山碧水间营建起了佛家静地，这些建筑或者本身就是佛家的寺庙道场，或者在取名和寓意中包含了佛家追求灵魂净化、静寂无尘的理想，游人在此种清幽之境中游览赏玩，也会在不知不觉中体验到一种对于自身命运的彻悟和灵魂的归宿之感。总之，它们的存在，无不表明佛教文化和北京山水园林艺术的深厚而密切的联系。

（三）以天地为师，以自然为师

古人欣赏自然、崇尚自然之美的观念是有一个缓慢发展过程的，并非古来如此。我国远古以至上古时代，原初之民只是以一种实用的观念来看待自然山水。山水作为一种自然物质资源，为人们提供大量的木材和食物，提供交通运输、灌溉饮用等便利。即使如此，人们还是在崇拜山水的同时，把山水作为一种时刻威胁人类生命的自然力来看待，这一点从人们歌颂大禹治水、愚公移山的故事中可见一斑。因此，人们对于山水还谈不上以悠然平和的心态去游玩欣赏，更多的是以一种恐惧、敬畏的心态来对待。这种心态体现在行为上，就是祭祀天地山川的仪式。进入文明社会以来，人们对于自然山川的认识逐渐有了提高，最主要的是人类有了征服自然界的能力和信心。人们开始从对自然山水的神秘和敬畏中走出来，进而把山水与自己的内在精神世界联系到一起。这实际上还是一种功利主义的倾向，只不过是高级的精神层面罢了。以儒家为代表的山水观以山水的特征来比附君子的道德人格，说到底所关注的并不是山水本身的美，尚不能达到一种纯粹的审美心态和审美境界；道家虽崇尚自然，但他们也是在通过山水来比喻抽象的道理，山水在他们眼里不过是"道"的具体表象。

　　古人的山水审美意识的觉醒出现在魏晋时期，这时人们开始把山水当做纯粹的审美客体，而不仅仅是物质资源和精神象征，他们在山水的审美中获得的更多是精神上的愉悦以及心态上的自由。人在自然中，完全成了自然的一部分，心态澄澈空灵，不再有任何功利目的。伴随着审美观念的觉醒，山水诗和山水画也开始形成和发展，古人在审美精神方面有了一个革命性的飞跃，山水终于摆脱了实用和功利的桎梏，成了审美的主体。自此以后，崇尚自然、师法自然的思想逐渐发展成为具有中华民族特色的审美趣味。南北朝时期的著名文论家刘勰在《文心雕龙》中就有"文不雕饰"、务求自然的思想，唐代李白更有"清水出芙蓉，天然去雕饰"的艺术理论，并出现了谢灵运、孟浩然、王维等一大批描写山水田园的著名诗人。书画艺术也在自然山水观的影响之下，以天地为师，以自然为师，发展和提升到了一个新的境界。而从另一个方面来说，自然虽然具有清新之美，但纯粹的自然在艺术家看来也是有缺陷的。于是为了让自然之美得到更加集中和完美的展现，园林艺术开始走上前台，园林艺术家们让自然走出山水，走进宫苑近郊，成为人们随时可以玩赏亲近并居住于其中的建筑艺术。

冬天的后海

　　北京的园林艺术便是此种观念的集中体现，比如北京园林极为注重利用植物营造"生境"，使之成为自然美的象征。"生境"就是自然境界，即自然所固有之美，它是人对自然的再创造，比自然更集中、更理想，但又宛然天成。各种植物在园林中按照美的规律，配植在一定位置，如窗前月下，一叶芭蕉，几竿修竹，或者沿堤插柳，绕屋栽梅，弱柳临水，曲梅横斜……都是为了营造出一种舒适自然的环境，将人的思绪和感触牵引到广阔的自然世界中去。既然为了"师法自然"，那么所有不自然的花木搭配就要尽量避免。比如颐和园的昆明湖和圆明园的福海之上俱多植柳树，福海诸景中就有"柳浪闻莺"一景，这是因为北方园林面积较大，高柳干云蔽日，柳条迎风拂水，别有风姿，为园林的整体景观生色不少。而南方园林则少见密柳，因为江南园林小巧玲珑，杨柳沿水栽种，叶重枝密，如同帷幕一样遮挡了视野，占据了有限的空间，反而容易弄巧成拙。又如北方适合栽种松柏，取长青不老之意，但也要与山、水、建筑相契合，从西方引种的雪松颇有几分几何造型，但因为与传统的民族审美心理不能协调，反而容易成为败笔。陈从周先生的《说园》一文曾批评过泰山的岱庙种植雪松，就破坏了泰山的自然之美。他说："即以雪松而论，几如药中之有青霉素，可治百病，全国园林几将遍植。'白门（南京）杨柳可藏鸦'，'绿杨城郭是扬州'，今皆柳老不飞絮，户户有雪松了。泰山原以泰山松独步天下，今在岱庙也种上雪松，古建筑居然西装革履，无以名之，名之曰'不伦不类'。"[2] 言语之中，即可见出他对于山水园林要师法自然、讲究和谐的审美理想的追求。

（四）名满九州身一壑，辋川庄遂属王维

唐朝大诗人王维名满天下，却身遭乱世，不事逢迎，所以一生郁郁不得志，中年曾隐居于终南山辋川别业，留下了大量传颂千古的名诗佳篇。王维的诗歌中既有对山水充满禅意的描摹，如"人闲桂花落，夜静春山空"（《鸟鸣涧》），又有对田园生活的生动刻画，如"竹喧归浣女，莲动下渔舟"（《山居秋暝》）。他的诗歌，是自然山水与文学关系密切的明证，留给后人对于山水田园生活无限遐想的空间。

王维诗歌与山水的关系，是自然山水作为文化素材进入文学之林的一个生动例子。在我国历史上，山水作为创作题材，长期为诗人们所青睐，形成了一个源远流长的山水诗派。中国山水诗大概形成于东晋时期。虽然此前在《诗经》、《楚辞》中，山水已经成为了抒情的对象，后来的游仙诗、招隐诗中，更不乏山水景物的描写，但这些诗歌作品还算不上真正的山水诗。严格意义上的山水诗，应该是指东晋以来，主要把山水田园或者园林景物作为描写对象的诗歌。而山水诗在东晋的勃兴，一方面得益于东晋王朝偏安江南一隅的得天独厚的自然环境，另一方面也是魏晋玄学崇尚自然和隐逸之风的必然产物，所以东晋时期的山水诗既有较为纯粹的纪游山水诗，也有杂糅玄理玄趣的山水诗。

及至南朝谢灵运，中国山水诗的发展也进入了一个新的局面。南朝宋初年，谢灵运因为政治上的失意，把自己的生活情趣与山水之美相结合，以清新俊朗的风格取代了沉闷说理的玄言诗，为山水诗的兴起和发展奠定了坚实的基础。如果说此前的玄言山水诗还有较为浓重的玄理说教的色彩，那么在谢灵运的诗歌中，我们可以看到的是他一方面总是能够把大自然的形貌声色细致入微地呈现出来，另一方面又注重构造出极具审美价值的新景观，也就是说他能够真正将山水自然作为审美主

体，并且获得了艺术上的巨大成功。所以，他被誉为"开创山水诗派的第一个诗人"[3]。以其名作《登池上楼》为例：

> 潜虬媚幽姿，飞鸿响远音。薄霄愧云浮，栖川怍渊沉。进德智所拙，退耕力不任。徇禄反穷海，卧疴封空林。衾枕昧节候，褰开暂窥临。倾耳聆波澜，举目眺岖嵚。初景革绪风，新阳改故阴。池塘生春草，园柳变鸣禽。祁祁伤豳歌，萋萋感楚吟。索居易永久，离群难处心。持操岂独古，无闷徵在命。

此诗写在诗人任永嘉太守之时。当时他出任永嘉太守，是受到新贵集团排挤的结果，所以这首诗的情绪比较低沉。全诗可分为三个层次：第一层写他出任永嘉太守的矛盾心情；第二层写他在病中临窗远眺；第三层写他的思归之情。第二层是全诗最精彩的部分。诗人在病榻上度过了一个冬天，现在已是初春时节了。诗人从冬去春回的众多景象中选择了一个细小而典型的镜头：不知不觉间楼外枯草瑟瑟的池塘里竟然春草繁生；小园垂柳丛中禽鸟鸣声也已变换。正是从池塘小园的变化中，久病的诗人突然意识到，外面已是一派浓郁的春意。这里写景，有声有色，远近交错，充满了蓬勃生气，故而"池塘"二句历来为诗论家所称道。以此诗来看，能够细致观察风景、描写物貌，准确真实地把自然山水和园林景色呈现于诗歌当中，是谢灵运山水诗歌的一个基本特征。

到了唐朝，山水诗伴随着国家的统一昌盛以及诗歌创作的整体繁荣，也登上了艺术的巅峰。在唐代诗歌创作的初、盛、中、晚四个时期，山水诗的创作先后吸引了如初唐四杰、张若虚、王维、孟浩然、李白、杜甫、韩愈、杜牧、李商隐等一大批杰出的诗人。他们将自己的心灵世界融入到大自然的景色中，于此间领略生命的本来意义。此时的山水诗不再执著于描摹山水外形，而是注重捕捉山水的神韵，传达幽邃的意境，感悟人生的哲理。韩愈的《山石》就是其中的代表作品。

自唐以后，山水诗绵延发展。宋代的欧阳修、林逋、苏轼、范成大等诗人，更加注重理趣的追求，与唐代着重营造意境呈现出不同风貌。代表作品如苏轼的《题西林壁》。明代的高启、袁宏道，清代的吴伟业、

冬日的北海

　　王士祯、龚自珍等诗人也都有吟咏山水的佳作。除了山水诗之外，自然山水还与文学的其他形式如赋、散文有着密切的关系。如汉代司马相如的汉赋、北宋欧阳修的《醉翁亭记》以及明代徐霞客的游记都是文学史上描写山水的经典之作。

　　与山水在文学中的地位相比，古典园林出现于文学中的时间稍晚，而且也没有产生像自然山水那么巨大的影响。但是，这并不意味着园林在文学中不具有独特而重要的地位。其实，中国古典园林大多是文人、画家和工匠合作的产物，唐代诗人王维、白居易，宋代的苏舜钦、司马光，元代画家倪云林，明代的王世贞，清代的袁枚、李渔等都热衷于造园。同样，造园艺术家们也往往喜欢通过文学题咏园林景观，将文学史上著名文学家的诗文意境融入到园林中去，达到境与文相融合的境界。例如圆明园的坐石临流景区，有一座长方形的敞亭，由于亭中有八根石柱，所以称为"兰亭八柱亭"，取意就是东晋文人们聚会的"兰亭"。再如北京的钓鱼台国宾馆，前身是一处古代的皇家园林，"钓鱼台"的名字据说是因为金代章宗皇帝（1190—1208）完颜璟曾在此处筑台垂钓，后来清代乾隆皇帝（1736—1795）命疏浚玉渊潭并在此修建行宫。其实，钓鱼台这个名称由来已久，早在《庄子·秋水》篇中便提到过庄子濮水钓鱼的故事，说庄子在濮水垂钓，有楚王使者来召他做官，他以神龟为喻，说明自己宁愿做能够自在活在泥中的神龟，也不做死了以后被供在庙堂上用来祭祀占卜的龟壳，表达了远离尘嚣、追求身心自由的意愿。此后流传更广的典故是商周时期著名的政治家姜尚钓鱼于渭水之上，为周文王所征引的故事。

古典园林与文学结缘的另一重要特点是大量中国建筑品题的出现。"品题"一词，原来出自《汉书·许劭传》，是指对人物的品行和才能进行评价，后来泛指对事物进行品评。中国园林建筑中的品题，不仅是指人们对于园林景物的品味和评价，还指将这些评价表现于匾额、楹柱、崖石、砖墙等地方的文字。这些品题，形式不拘，有的采用约定俗成、蕴涵丰富的词句，有的是取自古代那些脍炙人口的山水名篇的佳句，也有的是针对园林景色的直接书写和描摹，其作用都在于能够引发游人的诸多联想，显得典雅深邃，因此成为园林艺术的重要组成部分。比如北京颐和园知鱼桥的对联就写道："月波潋滟金为色；风籁玲琮石有声。"该桥位于谐趣园内，上联写眼中所见的景色是桥下一片波光粼粼的流水；下联写耳中所听到的声音——有风过处，水流潺潺，水石相激而发出玉鸣之音。优雅、静谧的感觉从对联中透出，令人不觉心旷神怡。而以"知鱼"为桥名，又点出《庄子·秋水》篇中庄子与惠子游于濠梁之上，在观鱼时充满哲理的对答，联想先哲趣事，让人神往不已。再比如，颐和园中有一重檐八角阁，位于听鹂馆北的山腰，和万寿山东部的景福阁处在对等的位置。它的东西各有一楼，东名"爱山"，西曰"借秋"，环顾皆美景。它的匾额题为"画中游"，正殿前的石坊横额则引用了《世说新语·言语》中顾长康称赞会稽美景的典故，题曰"山川映发使人应接不暇，身所履历自欣得此奇观"，让人在置身于北方园林的同时，也能自然遥想和比附江南的佳山丽水，从而更丰富了这一园林建筑的文化底蕴。所以说，园林的品题实际上是将园林景物融会于一种特定的文化氛围和文学意境之中，对其进行的一种超于自然层面之上的文化意蕴的开掘，是赋予园林艺术更为丰厚的精神内涵的一种艺术手段，同时，也让我们看到了山水园林艺术和文学的深厚渊源。

二　山水有清音

　　北京是一座历史悠久的城市，在长达三千年的历史长河中，又多次被置为都城，因此它的山水园林中不可避免地带有皇家帝苑的色彩。清王朝入关定都北京之后，多沿用明朝皇城旧制，唯对园林进行了重点建设。这主要是因为满族统治者不习惯北京城夏天的炎热，于是便在京城的西北郊营建起大批园林。康熙、雍正和乾隆祖孙三代，用了大约一百三十多年的时间，相继修建了皇帝长期居住的用于政治活动的"离宫御苑"，如畅春园、圆明园，还有皇帝游玩的"行宫御苑"，如静宜园、静明园、清漪园（即后来的颐和园）等。园林周围还点缀着皇亲国戚、达官贵人的赐园及宅园。最有名的有淑春园（即今北大未名湖畔）、镜春园、鸣鹤园、朗润园、蔚秀园（以上诸园俱并入北大校园），以及近春园（今清华校园内）。清朝鼎盛时期，代表性的园林被总结为"三山五园"，即香山静宜园、玉泉山静明园、万寿山清漪园、畅春园和圆明园。另外，再加上城内的"三海"——北海、中海、南海，共同构成了北京城山水园林一体的综合景观。下面我们将以这"三山、三海、五园"作为范本，来具体讲一讲北京山水园林的历史文化特色。

（一）青山多入御林苑，亭榭皆出卿相家

　　由于有着悠久的建都历史，北京可以说一山一水都沾染着皇家的贵族气息。这一点可以从各处山水园林的建园历史中看到。

　　万寿山的园林建筑，据考证始于明弘治七年（1494），孝宗皇帝的乳母助圣夫人罗氏在山前建了园静寺。清初，这里曾经是宫廷养马的草料场。乾隆十五年（1750），为庆祝皇太后六十寿辰于园静寺旧址建造了大报恩延寿寺。次年，将山改名为万寿山，并将挖掘昆明湖的土方按照原布局的需要堆放在山上，使东西两坡舒缓而对称，成为颐和园的主体。万寿山的建筑群依山而筑，现存的被英法联军烧毁后由慈禧重新建

万寿山

造的。从山脚的"云辉玉宇"牌楼，经排云门、二宫门、排云殿、德辉殿、佛香阁，直至山顶的智慧海，形成一条层层上升的中轴线。

玉泉山在西山东麓、颐和园西。这里清泉密布，水洁如玉，故称玉泉池，山也因泉而得名。玉泉山自辽代就有帝王的行宫；金代在这里建有行宫芙蓉殿，金章宗曾在这里避暑；元代忽必烈在此建昭化寺；明英宗时又增建上下华严寺；清顺治二年（1645）改建为澄心园；康熙十九年（1680）起，在此增添许多园林建筑，三十一年（1692）改称静明园。玉泉山是封建帝王的御园，没有皇帝特别恩赐，即使是朝廷大臣也无法入内。乾隆年间，曾赏赐大学士、尚书等十余人随游玉泉山。胡广作诗："玉泉之山下出泉，泉流树色镜中悬；却带西湖连内苑，直下通津先百川。"朱日藩诗曰："笑指蓬莱石，春桃几树花；仙潭驯白鹿，童子戏金沙；一榻居士室，三车长者家；凭君磨素壁，重过赋青霞。"

较之万寿山和玉泉山，"三山"中香山的传说似乎更多。关于"香

京西玉泉山

山"的得名，目前有两种说法：一说是得名自最高峰的钟乳石，其形似香炉，称为香炉山，简称香山；二说是得名自古时香山的杏花，花开时其香味使得此山成为名副其实的"香山"。金世宗曾在这里建大永安寺（今名香山寺）和行宫。后又增建会景楼和祭星台。元明两代都有扩建。康熙十六年（1677）建香山行宫。乾隆十年（1745）大兴土木，建起了殿堂、台榭、亭阁、塔坊，乾隆亲题二十八景，定名静宜园。

"三海"位于故宫西侧，指的是中海、南海、北海。中海开辟于金元时期，南海创建于明初，清代时把中海、南海与北海统称为西海子，列为禁苑。据说，从前中南海和北海的水是连成一片的，明朝时期才分成三海：万寿堂以南为中海；西苑门内的水闸为中海、南海的分界；承光殿以北、五龙亭以南为北海；北海和中海则以金鳌玉蝀桥为界。人们一般习惯上将中海和南海合称为"中南海"。清朝时期，每年中秋节前，皇室都到中南海校射，皇帝也亲自张弓射箭。到了冬天，还命令八旗禁军在冰上游戏，乾隆曾乘着冰床游湖。同治光绪年间，宫廷曾组织"冰鞋处"，在中南海表演滑冰。中华人民共和国成立后，毛泽东、周恩来等国家领导人均长期住在中南海，中南海就成为中共中央和国务院的办公所在地。北海在1900年八国联军入侵北京时曾一度成为废墟，1902年慈禧再度修复御苑，并将其作为她颐养天年的处所。1925年，北海被辟为公园，开始向公众开放。"三海"之地风景甚佳，包揽了著名的"燕京八景"中的"太液秋风"和"琼岛春阴"两处景致。"太液秋风"碑立于南海的"水云榭"亭内。"太液"之名，源于西汉长安的太液池。太液池也即是"三海"最早的合称。上文提到的金鳌玉蝀桥的桥南东水口方亭即为"水云榭"。这座建在南海水中的凉亭环境相当优美，云光倒映，小亭宛在，好像出水的芙蓉，夏日荷香四溢，可说是人间洞天水国。"琼岛春阴"则位于景色别具一格的北海琼华岛东侧。这里建筑不多，但春景秀丽，树木成荫，苍翠欲滴，景色幽静，别具一格。较早描绘琼岛春景的，是金末元初人邱处机。他曾在游琼岛后写下了《春游》诗二首，诗中云："岛外茫茫春水阔，松间猎猎暖风回"，"十顷方池闲御田，森森松柏罩清烟"，描绘出了琼岛春阴的优美景致。

"五园"之中的圆明园历来都被誉为"万园之园"。它始建于康熙四十八年（1709年），原为康熙皇帝赐给皇四子雍亲王胤禛（即后来的雍正皇帝）的花园。康熙六十一年（1722）春四月，康熙皇帝应胤禛之请来圆明园观赏牡丹花时，在牡丹台首次见到了胤禛十二岁的儿子弘历（即后来的乾隆皇帝），留下祖孙三代皇帝同聚一台的佳话。雍正即位之后，扩建了圆明园。圆明园曾有两块匾额，一块由康熙题写，挂在"九州清宴"的前殿"圆明园殿"；另一块由雍正题写，挂在圆明园的正门大宫门上。乾隆即位之后，再次扩建了圆明园，并按下江南时所见苏、杭园林景物，移植仿建了许多景点。

万寿山的清漪园始建于乾隆十五年（1750），园中主体建筑是位于万寿山前的"大报恩延寿寺"，这是乾隆为庆贺生母崇庆皇太后次年60岁大寿而特建的。光绪十二年（1886），慈禧太后重建清漪园，并将其更名为"颐和园"。颐和园中的万寿山原名金山、瓮山；昆明湖原来是

圆明园大水法

北京西北郊由许多泉水汇成的一处天然湖泊，因其在瓮山旁边，又称"瓮山泊"。从金代开始，完颜亮曾在这里设行宫。明代种植荷花，还修过寺庙。乾隆时，决心整理西郊水道，开浚瓮山泊，提高它的蓄水量，把原来瓮山泊东堤上的一座龙王庙变成了一座小岛，通过十七孔桥系在东岸上。瓮山泊开浚后，改名为昆明湖。之所以取名"昆明湖"，是因为汉武帝为征讨昆明，曾在长安挖昆明湖，操练水军，乾隆仿其意沿用之。万寿山、智慧海、苏州街，总称清漪园。

香山造园历史悠久，辽时中丞阿勒弥即在此建园。金大定二十六年（1186）章宗建香山行宫和大永安寺。元代重修寺庙，并更名为甘露寺。明代在原址上重新建寺，赐名永安禅寺。清康熙年间（1662—1722），以永安禅寺（俗称"香山寺"）为中心建成"香山行宫"。乾隆十年（1745）对"香山行宫"加以扩建，更名为"静宜园"。"静宜园"包括内垣、外垣、别垣三部分，占地约153公顷，园内大小建筑群共五十余处，内有

乾隆皇帝命名题署的"二十八景"，是一座以自然景观为主、具有山林野趣的大型园林。

　　同样是皇家园林重镇的畅春园，始建于康熙二十三年（1684），是清圣祖康熙皇帝在北京西北郊建造的第一座"避喧听政"的皇家园林。它的前身是修建于明代万历年间的"清华园"（与今天清华大学校内的清华园不同）。据明朝相关笔记史料记载，该园占地1200亩左右，被称为"京师第一名园"。明朝灭亡后，园址荒废。1684年，清朝康熙皇帝南巡归来后，利用清华园残存的水脉山石，在其旧址上仿江南山水营建畅春园，作为在郊外避暑听政的离宫。畅春园落成后，康熙每年约有一半时间在园内居住，后来此地成为皇太后们的居所。随着清朝国势转衰，皇室逐渐放弃了对园内建筑的增建和修补，至道光年间，畅春园已趋破败。1860年英法联军攻入北京焚烧圆明园时将其一并烧毁。此后畅春园废址失于保护，园内残存建筑在同治年间被拆用于圆明园复建工程。1900年八国联军占领北京时，畅春园再次遭到附近居民及八旗驻军的洗劫，园内树木山石均被私分殆尽。至民国时期，畅春园遗址已成荒野，仅有恩佑寺及恩慕寺两座琉璃山门残存，昔日盛况早已杳然无踪。

（二）人间莫讶无仙岛，又见蓬莱第几洲

　　浓厚的皇家气象让北京山水园林具有了跟一般山水园林景观不同的风格，这些建筑往往需要移山填水、建造高楼广厦，而且园林整体规模宏大也与之相称，故而非一般私家园林所能比拟。这些楼台亭阁都带有神话和宗教的丰富含义，透出皇家贵族试图通过建造人间仙境，追求长生不老、福禄永享的渴望。

　　以神话传说为主题的建筑，除了我们上文提到过的圆明园福海上的"蓬岛瑶台"之外，还有北海的琼华岛。琼华岛位于北海的东南隅，绕岛一周约900米，高45米。琼华岛虽然经历了数百年的风雨变迁，却一直保持着神海仙山、海市蜃楼的意境。这里在辽代称"瑶屿"。金大定十九年（1179）在此开挖池塘，蓄水成湖，积土为岛。堆成这座山的太湖石，是金兵攻破汴京（开封）后，从御花园里拆下运来的。这些太湖石点缀在琼花岛的前山后山，组成峰峦沟壑，加上变幻莫测的山洞，突

出了仙山楼阁的特点。在岛的东侧有见春亭、古遗堂、峦影亭、看画廊和交翠亭；岛北面有紫翠房、嵌岩室、环碧楼和盘岚精舍等；岛西南则是庙鉴室、酣古堂和写妙石室等。这些亭台楼阁都缀于山石之间，形成了忽峰忽洞、忽广忽狭的别样景致。

中南海里有一座小岛，叫做瀛台。前面介绍了东海有蓬莱、方丈、瀛台三座仙山。瀛台就是依照这一传说而建的，体现了把瀛台仙境搬到人间的想法。明代的时候这里被称为南台。到清顺治、康熙时期，则开始了大规模的修葺，此处成为清代帝王后妃的避暑佳地。光绪二十四年，光绪帝决定实行维新变法，六月十一日宣布变法的那道圣旨就是在这里签发的。变法失败后，慈禧将光绪囚禁在瀛台，关押了十年之久。当时瀛台通往勤政殿的桥面铺着活动的桥板，随用随拆，桥的北端两侧各有五间房，慈禧命令心腹太监日夜在此监守光绪的行踪。光绪的爱妃珍妃也被打入冷宫，光绪只好靠自己的心腹太监冒着生命危险，在夜里拉船偷渡与其会面。

清代皇帝似乎格外偏爱蓬莱三岛的传说，在颐和园中亦有其身影的存在，不过一般不熟悉典故的游人未必能够看出其中的玄机。原来整个昆明湖从空中俯视，被长堤隔成三部分，每一部分中间都有岛屿，相传这就是模仿的神话中的海上仙山蓬莱、方丈和瀛台。

对于长生和福禄的追求，历来是皇家贵戚的永恒主题。这不仅仅表现在建造人间仙境上，还表现于大量寺庙道观的修建上。古人描写南朝佛教建筑的兴盛，咏道："南朝四百八十寺，多少楼台烟雨中。"明清的宗教建筑历经两个朝代、六百年左右的建设，规模更是盛大。

前面我们介绍过颐和园万寿山沿中轴线建立了一系列金壁辉煌的佛寺宫殿，它们体现了万寿山浓厚的宗教色彩。其中尤以排云殿、佛香阁、智慧海等建筑最为著名。智慧海建于乾隆年间，柁、窗全用砖石，外边镶嵌五色琉璃砖，不用木头，俗称"无梁殿"。所谓智慧海，正是取赞扬佛的智慧如海的意思。另外，熟悉北京的人都知道西山的"八大处"，这一带原有很多寺庙，大都是明清时期建造的，现仅存八座寺庙，即长安寺、灵光寺、三山庵、大悲寺、龙王堂、香界寺、宝珠洞和证果寺。

北京山水园林宗教色彩的一个重要特点即多种宗教并存的建筑局

面,这从一个侧面也折射出北京城作为一座皇城帝都在宗教上的包容性和多样性。典型的如圆明园内所建的寺庙就既有佛教寺庙、喇嘛庙、道教寺观、清真寺,又有专供皇家祖宗的家庙,如"慈云普护"、"月地云居"等景点。

清顺治八年(1651),因皇帝相信佛教,特别崇敬西藏喇嘛诺门汗,便根据诺门汗的建议,在琼华岛南麓建白塔寺,这是一座喇嘛庙。乾隆年间改白塔寺为永安寺。山顶建白塔,这是一座藏式佛塔,塔身白色,宝瓶形,最大直径14米。上面承托着伞盖宝顶,底座为方形砖石台基,白塔里还存有忽必烈用过的贮酒玉瓮"渎山大玉海"(现放在北海的团城)和"五山珍御榻"。永安寺内各佛殿从山麓一直排列到白塔前,与寺西的悦心殿和庆霄楼构成白塔山南面的主要建筑群。

在中南海的附近,还有伊斯兰教的礼拜寺,据传这座庙宇还跟香妃有关。香妃乃回族和卓氏女,据说她身上有一种奇异的香气,故得名香妃。她27岁时以和贵人的身份入宫,后受到乾隆宠爱,被封为容妃,常陪乾隆骑马射箭。中南海的正门,现名新华门,前身是宝月楼,创建于乾隆二十三年(1758),上下各七间。造此楼的目的正是为了讨得香妃的欢心。香妃思念故乡,乾隆就又将新疆回民迁来一部,在长安街西建房居住。房子形制依照回民的传统,并建礼拜寺与宝月楼相对。每当香妃思念故土,乾隆就和她登宝月楼南望,见回子营就像见了家乡一样。

山水园林中的宗教色彩也体现出社会上层的精神信仰,影响着他们的日常生活。比如一些重大的宗教活动就成为生活中的一些特殊节日,并且逐渐演化为民俗活动,反过来又为静态的山水园林增添了热闹的动态效果,令园林与人更加亲近,成为人类生活的一部分。上面提到的中南海,与北海在清代统称为西海子,列为禁苑。康熙、雍正、乾隆几代皇帝都对中南海大加拓建。葛晓音先生在对中国名胜古迹的文化和历史进行研究时,曾指出中南海"盛清时,每年都有几次隆重盛大的活动在此举行。如阴历七月十五的'盂兰盆会'。盂兰盆会是一种佛教仪式,每逢夏历七月十五,佛教徒为追念祖先,要作佛事"[4]。中国的盂兰盆会始于梁代,后来除了斋供外,还有拜忏、放焰口等活动。焰口是古印度传说中的一种饿鬼,因身形焦枯、口内燃火、咽细如针而得名;对这种饿鬼施食的经咒和念经仪式，叫做放焰口。至今，"盂兰盆会"还经常在寺庙中举行，并且成为了一种民间的宗教活动。

（三）谁道江南风景佳，移天缩地在君怀

皇家园林的背景让北京的山水园林拥有了凝聚全国各地，特别是江南园林风格的便利条件。自康熙以来，尤其是在乾隆年间，北京的皇家园林开始广泛地吸收江南名园的建筑风格，把这些浓缩了传统造园艺术的名园几乎是直接搬进了北京城。这种在建筑艺术上融会南北、兼收并蓄的精神，让北京的山水园林艺术能够取人所长，补己所短，从而达到了一种融合贯通、相得益彰的艺术效果。这正如清人王闿运在他的《圆明园词》中所写的："谁道江南风景佳，移天缩地在君怀。"

北海的白塔山北坡山脚下，就有一组仿照江南镇江金山寺建造的建筑群，主体建筑为漪澜堂，堂前有碧照楼，左面并排着道宁斋及斋前的远帆阁，前面有60间延楼，依白塔山北坡排成半圆形。延楼外有回廊，围绕着300米长的汉白玉石护栏。延楼尽头两端各有一座古堡式小楼，东名倚晴楼，西名分凉阁，这是漪澜堂的两个入口。这里原是清帝与文人赏玩水色、吟诗作文的地方，后来慈禧在游览散心时常在此用膳。现在，道宁斋内是著名的仿膳饭庄。关于仿膳饭庄的肉末烧饼和小窝头等点心，有不少传说。据说慈禧有一天夜里梦见吃烧饼，第二天早餐桌上果然有肉末烧饼，慈禧高兴有人为她圆梦，重赏了做烧饼的厨师赵永寿，肉末烧饼从此出了名。又传说1900年，八国联军打进北京，慈禧逃亡，回北京后叫厨师给她做窝头。厨师不敢蒸大的，便改成小窝头，里面加了很多糖。这便是小窝头的来历。

颐和园万寿山北坡山脚下的人工河，统称后湖，沿湖两岸是仿江南水乡建成的苏州街，又叫买卖街。后山东麓的谐趣园小巧玲珑，是颐和园的"园中之园"，仿照无锡惠山的寄畅园而建。乾隆于十九年（1755）题《惠山园八景诗》序中说："江南诸名墅，唯惠山秦园最古。我皇祖赐题曰寄畅。辛未春南巡，喜其幽致，携图以归，肖其意于万寿山之东麓，名曰惠山园。一亭一径，足谐奇趣。"北京的惠山园于嘉庆十六年（1811）重修，并改名为谐趣园，正是取乾隆所谓"足谐其趣"之意。此

园也被英法联军烧毁，现在留存的是光绪十八年（1893）重建的。园中央是莲池，四面用太湖石砌岸，环池用游廊连接各座亭轩楼斋，池面上有石桥横跨，接近水面，便于观鱼。园之西北角有仿畅春园八音涧而建的玉琴峡，翠竹茂密，流水淙淙，别有静趣。

　　圆明园在吸收南方园林艺术方面更是令人叹为观止。康熙四十七年（1709），康熙皇帝在明代皇亲国戚故园遗址上重新整修旧园，并题名圆明园。雍正三年（1725），雍正皇帝又大兴土木，增建殿堂、亭榭和楼阁。乾隆在位的六十一年中，圆明园几乎一直在扩建。乾隆六次巡游江南，搜集了天下名胜点缀于园中。整个圆明园中最大的人工湖泊叫福海，四周就是仿照杭州西湖十景建起的"三潭印月"、"平湖秋月"、"断桥残雪"、"柳浪闻莺"、"雷峰夕照"、"南屏晚钟"等景点。十景之中的"曲院风荷"与"平湖秋月"，属于圆明园四十景中独立的二景，其他八景则一般都附属于四十景中的某一景：如"雷峰夕照"是福海东岸"涵虚朗鉴"之正宇；"南屏晚钟"在福海南岸"夹镜鸣琴"之"广育宫"东；"三潭印月"在"方壶胜景"之"蕊珠宫"的西北；"断桥残雪"属"汇芳书院"中之一景等。此外，圆明园四十景之一的"坦坦荡荡"，是模仿杭州西湖著名的"玉泉鱼跃"一景；四十景之一的"上下天光"，则取自湖北的云梦之泽。该景有楼宇二层，登楼人们可以一览湖光山色。对此，乾隆皇帝曾有"凌空俯瞰，一碧万顷，不啻胸吞云梦"之句。

圆明园中的"四宜书屋"，原是雍正时期所建，乾隆二十七年（1762）乾隆皇帝南巡时，游浙江海宁，将明代陈与郊的"隅园"赐名为"安澜园"。回京后，乾隆皇帝便将年久失修的"四宜书屋"加以改建，取名"安澜园"。"圆明三园"之一的长春园内也有很多仿吴中园林的建筑。比如其中的"狮子林"一景，就是仿吴中（今江苏苏州）黄氏的"涉园"而建。乾隆六次下江南，三次来到此园，对精致的假山、小路、林木以及秀丽的曲池小桥都推赞备至，于是令人绘其景色，带回京城，建于长春园。又如"小有天园"一景，则是乾隆十年（1751）乾隆皇帝南巡时，看到西湖边上净慈寺附近的汪氏别墅，为其命名为"小有天园"。几年以后，乾隆皇帝再次南巡来到此地，更加欣赏，于是回京后第二年仿建于长春园内。还有"如园"，也是仿照清代江宁藩司署中的"瞻园"而建的。

北京的山水园林不但能够广泛地吸收全国各地的园林特色，甚至还积极借鉴西方的园林艺术，兼收并蓄，为我所用。上面所提到的"圆明三园"中的长春园建于1749—1751年，在圆明园东面，是乾隆准备退位养老的地方。从1747—1760年，乾隆又在长春园北端，按照瑞士、法国宫苑的式样建成了大水法十景，俗称西洋楼。为了点缀宫殿，这些建筑中有数不清的喷泉，有的样子像野兽格斗，有的像林中猎狗追逐野鹿。最奇妙的是水制的时钟，建筑师把中国十二生肖的动物集中在一个欧式的宫殿前，分列于水池的两边，形成一个时钟，十二只动物轮流值班，每只口中喷水两小时，十二只兽喷一遍，就是一天二十四个小时，喷出的水呈抛物线状注入水池。西洋楼景区还有谐奇趣、线法桥、蓄水楼、养雀笼、万花阵、方外观、五竹亭、海宴堂、线法山、远瀛观等建筑，都是用汉白玉雕刻的巨大宫殿楼台，配以中国的彩色琉璃瓦、砖雕和迭石技术，楼顶是中国的庑殿式，柱头则是罗马式，呈现出中西风格融为一体的风貌。

（四）蓬岛瑶台身外过，青山绿水画中游

相较其他地区的山水园林而言，北京的山水园林还表现出了一个较为突出的特点，即自然山水和人工造园的完美结合。北京的山水园林艺术受到了明清以来山水审美观的影响，善于将造园艺术和天然山水结合起来，借助北京特殊的地理形势和山青水秀、泉林丰茂等自然条件，借景入园，以画入境，使得北京山水园林的结合更为自然和谐，引人入胜。

北京的西郊一带正处于西山山脉与平原的交接处，地多丘陵，地下水源十分充足。元明清时期，这一带多泉多溪，远衬苍翠西山，层峦叠嶂，碧水澄澈，青山秀丽，似江南水乡、塞外绿洲。京城的文人墨客经常到此游玩唱和，留下了大量述说此地风光之美的诗文。明代著名书画家文徵明用"十里青山行画里，双飞白鸟似江南"的诗句来吟颂西郊山水。一代文豪曹雪芹的祖父曾忘情地写下"雁被西风驱遣，人被西山留恋"的佳句。清代学者吴长元在《宸垣识略》一书中描写这一带"流泉满道，或注荒地，或伏草径，或散漫尘沙间。春夏之交，晴云碧树，花香鸟声，秋则乱叶飘丹，冬则积雪凝素"，十分形象地刻画出了景自天成、怡人心神的婀娜风光。正因为如此，这里成为当时京城营造园林的首选之区。

这一地区不仅泉水充沛，而且泉水味甘清冽，玉泉山就是因其泉水而得名。过去，人们常以水之轻重衡量水质，轻者优，重者劣。历代古人多以江西庐山谷帘水或长江金山水为第一，以惠山虎跑泉水为第二。乾隆为了评判天下各泉名水，令内务府制银斗测量，其结果是：济南珍珠泉一两二厘；长江金山水一两三厘；惠山虎跑泉水一两四厘；平山水一两六厘；凉山、白沙、虎邱、碧云寺诸水一两一分；只有玉泉、伊逊两地之水重一两，水轻质甘气美。从此，玉泉水被定为清宫专门饮用之水。乾隆亲题"天下第一泉"碑，并作诗："功惩无双水，名称第一泉。"用玉泉山泉水灌溉的"京西稻"至今仍是名贵大米。元代宰相耶律楚特用玉泉水制墨，名为"玉泉新墨"，是上等佳品。至今"玉泉趵突"还是燕京十景之一。

香山作为西山的山岭之一，后来成为清朝帝王的避暑胜地和游赏佳

所，也一定程度上得益于"香山红叶"这一自然风光。香山遍植黄栌树，叶片圆形，秋来漫山红遍，气象壮观。半山腰有一专门观赏红叶的梯云山馆，从山馆往上，有乾隆御制的"西山晴雪"碑。这是一段开阔地带，冬天大雪初晴，远近景色尽收眼底，是燕京八景之一。从"西山晴雪"再往上爬，即可登至香山玉乳峰。这里本名香炉山，因为乾隆认为山上有玉乳泉，水质甘美，所以改名为玉乳峰；又因山势陡峭，俗称"鬼见愁"。登上此峰，可饱览全山景色。可见香山之美，也是人工和自然共同孕化之功。

同样借助优越的自然条件建构佳园的还有中南海的建筑群。辽代以前，中南海一带曾是一片风光秀丽的自然湖泊，辽国曾在这群自然湖泊上建瑶屿行宫，那时北京的气候比现在湿润得多，燕山山脉森林茂密，坝上草原水草丰美。辽国盛极而衰，金朝取而代之，这块自然湖泊上的宫殿迎来了新的主人。公元1153年，金王朝正式迁都燕京，也就是今天的北京城。新的主人赋予瑶屿行宫以新的名称，以表示其权力和特有的偏好，于是瑶屿行宫更名为"西华潭"。金王朝一声令下，上万民工开始对这一带进行开挖和改造，使之具有更多人为的痕迹。斗转星移，蒙古英雄忽必烈挥师驱兵南下，入主中原，把将灿烂文化引为自豪的汉人置于自己的统治之下，并在燕京建立首都，改名大都。皇宫御苑仍在金朝的老地方，自然又免不了一番整修、几次扩建。这个入主中原的游牧民族、世世代代在干旱的蒙古草原上生活的部落，对水就像生命一样珍惜，认为水就像花园一样美丽。古代蒙语称水为"海"，"海子"意即花园。所以，一长串经过人工拓展的湖泊——积水潭、什刹前海、什刹后海、北海、中海、南海，在元代均被称为"海"，中南海的"海"也源于此。明代又在金元两代的基础上进行了一些扩建。清王朝重新开挖三海，堆土为山，广植林木，山威而海水阔，林秀而宫室幽，成为皇家的洞天福地。这样，西苑三海在其秀美自然风光的基础上，经过辽、金、元、明、清五个王朝七百多年的精心营建，集山、海、岛、桥、亭、阁、廊、榭、宫阙于一园，成为了真正的人间仙境。

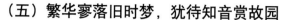

（五）繁华寥落旧时梦，犹待知音赏故园

北京山水园林作为明清两代都城的一部分，还同古老的中国一样经受着风雨的洗礼、侵略的屈辱，曾经有多少巧夺天工的建筑被付之一炬，又有多少价值连城的文物被抢掠一空！圆明园、颐和园等一系列山水佳园已经被逐一写在了中国的近现代史上，它们不仅代表了中华传统园林建筑的典范，同时也记录了列强侵略中国的屈辱历史。如今，繁华落尽，这些名山胜景正等待着今天的人们重新去认识和体察其中丰富的历史文化韵味。

比较有代表性的北京园林如中南海。民国初年，中南海依然是国家的政治中心，袁世凯、黎元洪、曹锟的总统府，张作霖的大元帅府，北洋军阀政府的国务院、摄政内阁都曾设置在这里。北伐战争以后，中南海一度被辟为公园，任人游览。国民党时期，何应钦的"北平军分会"、李宗仁的"北平行辕"也曾设在中南海。

1949年中华人民共和国成立后，毛泽东住进了中南海内丰泽园的菊香书屋，这之前曾是周恩来进京后的临时住处。周恩来比较各处房屋，感觉还是菊香书屋综合条件好些，便请毛泽东入住，自己搬到西花厅。丰泽园建于清康熙年间，门外原有稻田数亩、桑树数十株，为清王室每年仲春演耕之处。这里的房屋是一座相对独立的建筑群，由许多小院落组成。进入丰泽园庭院，迎面为颐年堂，之后为澄怀堂，再后为遐嘱楼。穿过颐年堂东侧，有走廊通往东面一座四合院，即著名的"菊香书屋"。康熙题联曰："庭松不改青葱色；盆菊仍靠清净香。"如果说丰泽园古朴敦厚，不尚华丽，那么"菊香书屋"则更显清幽雅致。有幸走进挂着"菊香书屋"匾额房子的人会发现，这只是一个过厅，穿过它才是一所院落。从这个意义上讲，如果把菊香书屋改称"菊香书院"，似乎更为合适。通过菊香书屋过厅走到院内，可以看出这院子是南北向的长方形结构，是北京标准的旧式四合院的建筑形式，有北房、南房和东、西厢房。北房五间呈一明两暗的形式，挂有"紫云轩"匾额的房子是这五间的当中一间，是个过厅。东侧的两间是通间，是毛泽东的起居室，呈东西向的长方形。如今的中南海，仍旧是党中央和国务院的办公所在地。1977—1985中南海的部分景点如丰泽园、瀛台等曾对公众开放过，之后便没有再对外开放。

玉泉山的自然景观非常美丽，加之历代帝王投下巨资修筑，景势更加壮观。解放后，玉泉山成为旅游胜地，其中最著名的静明园，楼、阁、亭、馆都是依山而建，泉壑、山岩、林木交相辉映，甚是和谐，堪称造园艺术的成功典范。只是这些建筑艺术大都毁于英法联军和八国联军入侵北京时的兵火中。今天我们再游玉泉山，当以妙高峰的华藏塔、玉峰塔、裂帛湖、华严洞、玉龙洞、香岩寺、圣缘寺等最为著名。此外，玉泉山上的参天古树，如老柏、老桧等，都是金、元以来的古木，浓荫四覆，蔚然成林，在北京众多园林建筑中实属难得。

同样以自然景观取胜的还有香山。香山曾两次——清咸丰十年(1860)和光绪二十六年(1900)遭到英法联军和八国联军的野蛮破坏，大部分古迹都被焚毁。其中的静宜园除见心斋和昭庙之外荡然无存。虽屡遭浩劫，但香山的山石林泉等自然景观仍有可圈可点之处：春天繁花似锦、莺飞燕舞；夏天树木葱茏、泉涌水流；秋天红叶满山、层林尽染；冬天雪后银装素裹，美不胜收。尤其是每逢秋季，满山遍野都是灿若火焰的黄栌树叶。这些黄栌树大都是清乾隆年间种植的，距今已有两百余年的历史，并逐渐形成了约94000株的黄栌林区。"香山红叶"这一著名景观也由此得名。解放后，人民政府对香山进行全面整修，恢复了一些古迹建筑，如玉华山庄、鬼见愁、双清别墅等，并将其辟为公园，供公众游览。如今，香山已然成为大众健身、郊游和玩赏的好去处。

圆明园曾经遭到过两次灾难性的浩劫，现在已经是一片废墟。第一次是1860年第二次鸦片战争期间，英法联军迫使清政府彻底投降，派两万人的军队从大沽、天津直趋北京。后来占领海淀，进入圆明园，大肆抢劫之后，又各处放火，大火烧到附近各园以及万寿山清漪园、玉泉山静明园和香山静宜园，致使从海淀到香山二十多里范围内的宫苑惨遭破坏。这次军官和士兵有计划地结伙抢劫，有价值的东西几乎都被抢光，现在英国伦敦大英博物馆、法国巴黎国家图书馆里还保存着当年抢去的重要文物。另外圆明园内的图书馆——文源阁也被全烧光了。后来慈禧太后想在此废墟上重建，动员王公大臣捐款，又拆掉万寿山、玉泉山和香山上的旧材料来修建，但是进度缓慢。不幸的是，1900年圆明园又遭受到八国联军的第二次洗劫，再加上八旗兵和恶霸的趁乱抢劫，所剩无几。现仅存西洋楼中远瀛观南端的大水法残迹，以及极少数古建筑（如万春园的正堂寺）的破壁残墙。

颐和园在乾隆时总称清漪园，后来在英法联军火烧圆明园时也遭到了严重破坏，万寿山的寺庙和苏州街都被烧光，智慧海里四万多件珍贵的陈设被抢劫一空。光绪十四年（1888），慈禧挪用海军军费重建后改名颐和园。1900年，颐和园又遭八国联军抢劫，园中建筑尽被焚烧，珍贵文物又被抢走。慈禧从西安回到北京，又用巨款修建残破的颐和园。此后，她余生的大部分时间都在这里度过。1949年建国后，颐和园的山形水系、园林建筑、名木古树、收藏文物和园外的借景环境，都受到了充分的重视和保护。这座中国现存最完整、规模最大的皇家园林，自对外开放以来，每年接待中外游客达数百万人，现已成为中国最著名的旅游参观热点之一。1998年，颐和园被联合国教科文组织正式列入《世界遗产名录》。

畅春园是英法联军在1860年焚毁圆明园之后，对其周边的皇家园林进行大肆抢掠和破坏的又一个重要对象。旦夕之间，一代皇家名园被殖民主义强盗焚毁殆尽，令人扼腕痛惜。今日畅春园遗址上的古迹，仅存畅春园东北界桩和恩佑寺、恩慕寺两座山门。恩佑寺建于雍正元年，是雍正皇帝为供奉康熙皇帝的遗像而建造的，因而建得肃穆庄严。乾隆四十二年，乾隆皇帝为了纪念其母，便在恩佑寺的南侧建了恩慕寺，正殿供奉药师佛。恩慕寺的建筑规格与恩佑寺相同。今遗留的恩慕寺山门额为"敕建恩慕寺"，为乾隆皇帝所书。这两座山门于1984年6月被列为海淀区文物保护单位，并于第二年进行了修缮。

注 释

1. 李文初等：《中国山水文化》，广东人民出版社1996年版，第70页。
2. 陈从周：《惟有园林》，百花文艺出版社1997年版，第12—13页。

3．游国恩等主编：《中国文学史》（一），人民文学出版社1963年版，第314页。

4．葛晓音：《中国名胜与历史文化》，北京大学出版社1999年版，第19—20页。

寺院与教堂

　　这一讲我们来谈谈北京的寺院与教堂。北京长期以来作为中国的政治、文化中心,广泛吸纳了中华56个民族及外国的宗教文化。北京不仅拥有佛寺、道观,还建有基督教堂和伊斯兰教堂,各种寺院和教堂的相容相生,带来了北京文化的丰富和多元。这在古今中外的城市中也许并不多见。不仅如此,北京的寺院、教堂历史悠久,源远流长,数量繁多,分布密集,规模宏大,文化遗产极其丰厚。

　　在北京文化发展的漫长历史中,上

至皇宫贵族，下至平民百姓，都与寺院和教堂保持着相当密切的关系。宗教文化通过北京寺院、教堂几乎将其哲学思想、伦理道德、建筑艺术、音乐、绘画等渗透到社会的各个领域和人们生活的各个方面。宗教文化是北京历史文化一个十分重要的部分，它从北京文化中摄取了丰厚的营养，又以厚重的历史内涵和丰富的文化意蕴滋养了北京文化，赋予了北京文化以神秘与深邃，为北京文化增添了无尽的魅力。

一 "庙系天下"的圣地

北京寺院的历史源远流长，距今已有近1700年的历史，基本上伴随了中国佛教发展的全部进程，同时交织着北京和中国社会的历史变迁。从文化容留角度来看，北京寺院虽然有其独特的成分，但更多地反映出的是中国社会、文化的印记，它是北京乃至中国历史文化的缩影。如寺院建筑在其发展过程中，不断地摄取了北京文化乃至中国文化的元素；而在寺院绘画与雕塑中，更有着深厚的民族文化的残留。北京寺院孕育、润泽、影响了北京文化，反过来，北京的特殊地位、历史变化和文化特点又推动、制约了北京宗教和寺院的发展。

(一) 先有潭柘寺，后有北京城

让我们先从潭柘寺讲起吧。北京民间有一种说法——"先有潭柘寺，后有北京城"，还有一种说法即"先有潭柘，后有幽州"。这里的潭柘，指京西古刹潭柘寺；幽州，是北京城的前身。潭柘寺被称为北京最古老的寺庙，可以上溯到西晋(256—316)，距今已有近1700年的历史。

潭柘寺正名为岫云寺，位于京城西部潭拓山麓，因寺后有龙潭、庙前有柘树而得名。提起潭柘寺的来历，有一个古老而动人的传说。据《潭拓山岫云寺志·梵刹原宗》记载，潭拓寺基址本为"青龙潭"，此潭是个海眼，潭底直通东海。这个青龙潭里住着一条老龙。高僧华严禅师天天到青龙潭边讲经布道，青龙潭里的老龙每天恭听华严禅师讲经。日子一长，老龙为佛法感化，得知华严禅师打算在青龙潭潭基上建一座大

潭柘寺

庙，"龙即让宅"，搬到别的地方去住。一天晚上，老龙呼风唤雨，瞬间狂风暴雨，电闪雷鸣，老龙借着连天的风雨，腾云驾雾飞走了。到天亮的时候，风停雨住，龙潭一夜间化为平地。阳光照耀之下，那平地上还慢慢拱出一对鸱吻（这鸱吻古来传说就是龙生九子之一，属水，克火，以其形象安放屋脊，可镇免火灾，传说当初康熙皇帝来潭柘寺时，远远看见鸱吻跃跃欲动，大有腾空而去之势，于是命人打造金链，将其锁住）。华严禅师当下大兴土木，在这块平地上建成了大雄宝殿，并将两个鸱吻安置在大雄宝殿的殿顶两端。闻名遐迩的潭柘寺，就这样建成了。据寺志所言，这座寺"开创于晋"[1]。

这是传说，当然不可确信，"潭柘寺始建于晋代"之说，较可靠的系出自明代以后的一些史籍。如《春明梦余录》中记载："潭柘寺，晋曰嘉福寺，唐名龙泉寺……燕人谚曰：先有潭柘，后有幽州。此寺之最古者也。"[2]不过，据今人考证，也有认为是唐代始建的。不论始于晋还是唐，潭柘寺系千年古刹这一事实不变。即便是建于唐代，若以元世祖忽必烈在北京建都的年代算起，约晚于此寺五百多年，故民谚所谓"先有潭柘寺，后有北京城"的说法依然成立。千百年以来，潭柘寺一直以其悠久的历史、雄伟的建筑、丰厚的文化和优美的风景而倍受历代统治者的青睐。

金代是潭柘寺的昌盛期。从金代熙宗皇帝之后，各个朝代都有帝王后妃到潭柘寺来进香朝拜，赏赐财物，《帝京景物略》中有"元至正间，顺帝赐雪铜酒，皇妹致膳"的记载[3]，表明元朝统治者对潭柘寺格外垂青。不仅如此，还大加资助，拨出款项整修和扩建寺院。王公大臣们也纷纷捐资布施，民间的善男信女与潭柘寺结有善缘的更是成千上万，他们长年向潭柘寺布施、斋僧，并且自发地组织了数十个民间香会，集资购买土地田产，捐献给寺院。明代时又多次大兴土木整修寺院，潭柘寺香火长盛不衰。到了清代，潭柘寺在寺院规模、土地财产、宗教地位、政治影响等方面都达到了鼎盛时代。康熙皇帝曾三次游幸潭柘寺，并赐金重修潭柘寺，把潭柘寺定为"敕建"，更名为"岫云寺"。康熙皇帝的推崇，使其成为了北京地区规模最大的一座皇家寺院，奠定了潭柘寺在清代数百年间政治上、宗教上的显要地位，也对佛教寺院的扩建和振兴起了不可低估的作用。由于明清两代朝廷的"恩赐"和佛徒们的"施赠"，潭柘寺汇聚了巨大的资产，寺院规模庞大，再加上具有强大的政治势力，在佛门享有崇高的地位，故而享有"京都第一寺"的美誉。

从潭柘寺的发展来看，潭柘寺的历史是与北京历史文化紧紧联系在一起的。一方面它开启了北京历史文化的先河，孕育、滋养和推动了北京的文化，成为北京传统文化不可分割的重要组成部分；另一方面它的兴建、兴盛借助了皇家贵族的直接支持，因而交织着中国社会的历史变迁，见证了北京历史发展的风风雨雨，和北京的历史文化的发展融为一体。今天的潭柘寺殿宇巍峨、庭院清幽，假山叠翠与曲水流觞相映成趣，红墙碧瓦与青松翠柏遥相辉映，以其得天独厚的自然环境和人文景观而名扬天下。中国佛教协会会长赵朴初先生写联赞曰："气摄太行半；地辟幽州先。"

（二）怀柔扶远，治国定边

其实，作为一个最突出的代表，潭柘寺只不过是集中体现了北京寺院的共同特征和相似的历史过程。北京作为五朝帝都，居于全国的政治中心，朝代更迭，战乱不断，内部权力斗争又复杂多变，出于宗教信仰更为了统治需要，历朝历代统治者对宗教都非常重视，纷纷在这里兴建寺院，皇族、官宦、权贵都与寺院保持着密切的关系，从而使北京寺院具有了浓重的政治色彩，体现出"庙系天下"的特点。

众所周知，辽代以后，由于政治原因，北京地区基本上成为全国的佛教中心，从而也使得北京寺庙道观与天下兴衰关系甚密。辽代时北京许多寺院是在皇家直接支持下兴建、兴盛起来的，如云居寺、戒台寺、独乐寺、感化寺、悯忠寺等。到了金代熙宗、世宗时，寺院的修复和兴建掀起了两次高潮，所建寺院规模更是宏大，如世宗大定年间新建的永安寺上下两院，不但耗资巨大，而且建成之后又大量赏赐田地、米粟和金钱。

元代起，北京成了国都。自忽必烈始，直至元末顺帝，历代皇帝都把宗教作为巩固其统治的一个途径；而且，元代诸帝崇信佛教，皆对佛教大加扶持，所以佛教继唐代之后再度中兴。据说，元代的每个新皇帝即位都要新修一座庙。如忽必烈建大圣寿万安寺，成宗建大天寿万宁寺，武宗建大崇恩福元寺和大承华普庆寺，仁宗建新华普庆寺，文宗建大承天护国寺。特别值得一提的是，英宗至治元年（1261）所造的寿安山寺，开山凿石的工程相当浩大，诏令"治铜五十万，做寿安山寺佛像"（今北京西山卧佛寺的卧像），所铸佛像之巨大，空前绝后。于是，寺庙在北京更加兴盛。可惜的是，因为战乱或天灾，有些寺庙逐渐破败，有的今天只剩遗址，有的甚至已无迹可寻。

明朝上至皇帝、皇太后，下至太监、士庶建寺造庙成风。据《大明会典》统计，自太祖立国，至宪宗成化十七年（1481）前，仅"京城内外敕赐寺观已至六百三十九所"[4]。北京寺院的发展，没有皇帝后妃的直接支持是不可想象的，但同时，与宦官的扶持也密不可分。明代自成祖朱棣重用宦官，致使其权势显赫，像王振、魏忠贤等人，利用其权势，广建佛寺，不仅为了求得来世荣华富贵、儿孙满堂、光宗耀祖，更为自己修建了颐养天年之所。明代自永乐迁都后，在北京共建佛寺一千余所，其中大多是宦官所建，如智化寺、真空寺、成寿寺、大慧寺等。正如明人王廷相《西山行》诗中所说："西山三百七十寺，正德年中内臣作。"现有案可查、有史可考的一百多所明代寺庙中，有七十一所是宦官兴建的。

清代初年，出于统治需要，对佛教一方面尊崇，一方面严加控制。自顺治帝定鼎北京，历经康熙、雍正、乾隆三朝，随着国力的日益强盛，佛教和寺院再度复兴与发展，二十多年间，以北京为中心的直隶各省兴建新寺和修复旧寺的数量甚至超过了明代的全盛期。清朝历代皇帝不但尊崇汉传佛教，而且扶植藏传佛教，通过修建喇嘛庙达到"怀柔抚远"的政治功能。乾隆皇帝在《喇嘛说》一文中明确表示，清廷兴黄教的目的是为了安抚蒙古诸部。乾隆皇帝把佛教看做"治国定边，安众蒙藏"之法宝，他将雍和宫改建为藏传佛教寺也决非偶然，与他信奉佛教，意欲通过发展喇嘛教，加强蒙藏地区的安定有极大的关系。

雍和宫是北京最大、最著名、保存最完好的喇嘛寺院。它原本不是寺院，而是康熙赐给四子胤禛的府宅，称"祯贝勒府"。康熙四十八年（1709），允禛被晋封为"和硕雍亲王"，贝勒府随之正式改称为"雍亲王府"。雍正继位后的第三年（1725）将其改为行宫，赐名"雍和宫"。雍正十三年(1735)雍正"驾崩"，曾于此停放灵枢，因此，雍和宫主要殿堂原来装饰的绿色琉璃瓦全部改换为黄色琉璃瓦，自此再升一格，与紫禁城皇宫同一等级。由于乾隆皇帝诞生于此，雍和宫出了两位皇帝，世称"龙潜福地"。乾隆九年（1744），雍和宫被改建为藏传佛教寺庙，始成为北京城最大的喇嘛寺院和清政府管理全国喇嘛教事务的中心。

纵观历史，由宫改寺后，雍和宫确实发挥了维护国家统一、加强民族和睦、安定西藏的纽带作用。其中最值得一提的是，为了加强清朝中央政府对蒙藏地区宗教的管理，乾隆五十八年(1792)，乾隆对活佛转世制度进行了改革，建立了金瓶掣签制度，分别在北京雍和宫和西藏大昭寺设立"金奔巴"（奔巴，藏语"瓶"）制度，主要用于掣签确定活佛的转世灵童。提起掣签确定活佛，还有一个插曲。藏传佛教有一个别于其他宗教和佛教其他支派的最为独特的特点，就是活佛转世制度。活佛转世礼制有其独特的神秘方式，其中很重要的一点就是要进行灵童的确认。在灵童的确认方面，可以说机会是均等的。凡信奉佛教家庭出生的儿童，不论民族，不论贫富，不论男孩、女孩，凡符合选拔条件的均可

雍和宫

入选灵童。灵童转世礼制是为避免传承争夺、防止教区和寺院的权力垄断在某个家族手中而采取的特殊手段。灵童转世礼制含有偶像崇拜的神秘性，必须适于佛法预示的条件。转世灵童的寻访通常要遵循以下几种仪轨：遗嘱、降神、问卜、观湖等。这些认定活佛的方法，在过去一定时期内显示出了良好的效果，然而后来渐渐暴露出其弱点。有时会出现这样的情况，即同时觅得条件相似的几名婴儿，这时就要通过抽签、抓面丸来确定。个别贵族收买降神者，降神者受嘱妄加指定转世灵童。

　　为减少寻访灵童过程中的流弊，避免在灵童寻访问题上受少数人所左右，造成僵局和纠纷，乾隆对活佛转世制度进行了改革，建立了金瓶掣签制度，在不改变活佛转世制度的前提下，由驻藏大臣监督，三大寺主要活佛主持，高僧及地方官员共同参与金瓶掣签，保持公道，防止舞弊。为此，在乾隆五十七年（1792），清朝特制两个掣签金瓶，一个存放于西藏大昭寺，决定达赖、班禅的转世；而另一个存放于北京雍和宫，决定北京地区和内蒙古地区活佛喇嘛的转世。金瓶掣签时须事前呈报朝廷，然后由驻藏大臣在大昭寺或由理藩院大臣在雍和宫监督下实施。在掣签仪式中，"将所寻访到的数名灵童的名字、出生年月用满、汉、藏三种文字写于象牙作的签牌上，放入金瓶内，选派真正有学问的活佛，祈祷七日，然后由各呼图克图和驻藏大臣在大昭寺释迦佛像前正式认定。假若找到的灵童仅只一名，亦须将这一儿童名字的牙签，和一没有名字的牙签，共同放进瓶内，假若抽出没有名字的牙签，就不能认定已寻到的儿童，而要另外寻找"⁵。直至抽到有名字的签牌，才能确认为真正的灵童，进而确定为前世大活佛的转世，成为合法的继承人。金瓶掣签后，驻藏大臣、寻访灵童负责人要将掣签所得灵童的情况报告中央政府，经中央政府批准后才能举行坐床典礼。自此，清政府把确立达赖、班禅活佛转世的权力从地方上层转到清朝中央政府手中。金瓶掣签制度的建立，完善了藏传佛教活佛转世制度，合理地解决了宗教首领继承权问题，而且进一步增强了清政府对蒙藏地区的有效管理，安定了蒙藏地区的社会秩序。

（三）藏经纳宝之地，祈福迎祥之所

北京不仅是全国政治、文化和宗教中心，而且具有特殊的地理位置，成为北方少数民族与中原文化相融合的交汇区域。多民族的文化融合十分突出，构成了北京文化的民族多元化特征，致使北京寺院不仅历史悠久，政治地位重要，而且宗派齐全、类型繁多、数量众多、分布密集。

就北京佛寺来讲，从宗派上可以分为两大类，即汉传佛教和藏传佛教。这两派所包含的一些宗教派别，如禅宗、净土宗、律宗、密宗、三论宗、唯实宗、天台宗、华严宗大乘八宗和成实、毗昙等小乘各派，以及藏传佛教的萨迦、噶举和格鲁三派，在北京都有寺庙弘传。北京建寺院早，历朝历代又不断兴建，高潮迭起，累计起来有上千座之多，"一座城市建有如此多的寺院，在中国城市的历史上恐怕是独一无二的"⁶。北京的寺院，比较著名的有大方家胡同的智化寺，广安门内大街的报国寺，南横西街的法源寺，新街口南街的护国寺，西直门的五塔寺、真觉寺，南池子大街的普渡寺，北京西山的卧佛寺，北京三环的大钟寺，北

大觉寺

京远郊的戒台寺、云居寺、红螺寺，西便门外的天宁寺，西山八大处等等，不胜枚举。而且，北京寺院文化遗产相当丰厚。由于北京寺院多为帝王和一些达官贵人资助所建，建成后又多成为他们的香火庙和家庙，常常得到他们的施助和眷顾，所以寺院建筑一般都规模宏大、结构严整、装饰华丽，并收藏着许多举世罕见的精美的文物瑰宝；这些文物都蕴藏着丰富的历史内涵，讲述着许多故事传说和民情风俗，成为研究寺院和北京文化的宝贵财富。寺院还是人们祈福还愿的重要场所，千百年来，寺院文化通过游俗、节祭等活动渗入民间，与人们的日常生活和民俗融为一体，深远地影响了北京文化。

1．"天下第一坛"

在京郊门头沟的马鞍山麓，有一座久负盛名的大戒台（坛）和因其得名的千年古刹戒台寺。戒台寺又名戒坛寺，也是一座年代久远的佛教寺院，始建于隋代开皇年间（581—600），距今已有1300多年的历史。

戒台是僧人受戒的坛台，也叫戒坛。戒台也是佛教寺院向信徒传授戒律的地方，只有大的庙宇才有。戒台寺的戒台是世界现存最大的戒台，与泉州开元寺、杭州昭庆寺的戒台并称中国三大戒台，其规模又居三座戒台之首，自古以来即被教徒们誉为"天下第一坛"[7]。

戒台位于寺西北的戒殿内，为明代建造，正方形，汉白玉砌筑，分三层，高约3.5米，底层宽23米，台四周雕有莲瓣、祥云等图案，刻工精美。台的周围原有数百个戒神，其中24个身高约一米，身披铠甲，神态威武。殿堂内有十把明代雕花沉香木椅，是当年传戒时三师七证的座位。

提起戒台和戒台寺，可以说历经风雨，几度辉煌。隋朝的开国皇帝隋文帝杨坚崇信佛教，因而促进了佛教在中国的传播和发展。他在当时的幽州(今北京地区)也兴建了几座佛寺，戒台寺就是其中之一。不过当初规模不大，也没有什么名气，名叫慧聚寺。辽代咸雍年间(1065)，著名的佛教律宗大师法均和尚来到了慧聚寺，决心重振业已倾废的寺庙，便带领僧众广募资财，大兴土木，用了一年多的时间，对慧聚寺进行了大规模的整修和扩建，并在寺内建造了一座菩萨戒台。戒台建成后，法均和尚"开坛演戒"广度四众，"自春至秋，凡半载，日度数千辈"[8]，戒台寺因此名传天下。元代至明代，又多次修建，到明末时，戒台寺基本具备了今天的宏大规模。

戒台寺

2．"北京敦煌"云居寺

云居寺始建于隋末唐初，地处北京西南房山区境内的白带山下，东接上方山，西俯拒马河。山中"藏石经者，千年矣，始曰石经山，至今也"[9]，石经山海拔450公尺，山腰有9个藏经洞，珍藏着浩瀚的石经、纸经、木板经，号称三绝。最为著名的是《房山石经》，为中国唯一的石刻大藏经，是一部自隋唐以来绵延千年的佛教经典。赵朴初居士甚至誉之为"国之重宝"。它不仅在佛教研究、政治历史、社会经济、文化艺术等各方面蕴藏着极为丰富的历史资料，而且在书法艺术上也有着重要的文化价值和艺术价值。

石经始刻于隋大业年间(605)，由僧人静琬最早拉开刻经于石的序幕。说起此事，历史上还有一段痛苦的记忆。据史料记载，"北齐南岳惠思大师，虑东土藏教有毁灭时，发愿刻石藏，闭封岩壑中，以度人劫"[10]。原来，中国佛教史上曾经历了"三武一宗"法难[11]。惠思就处于由北魏太武帝制造的第一次灭佛法难刚刚过去的时代，短短五六年中，佛经、佛像以及土、木宫塔"莫不毕毁"。鉴于此，惠思深恐历史悲剧重演，方发此宏愿。但宏愿未酬，在经历了北周武帝酿成的第二次法难后，饮憾而寂。面对历史劫难和前辈大师的意愿，静琬发誓以自己毕生精力镌刻大藏经于石，以便"永留石宝，劫火不焚"。刻经事业在静琬和后继者僧俗的努力下，历经隋、唐、辽、金、元、明六个朝代，绵延千年之久，据现在挖掘出的14278块石经统计，共镌刻佛经1122部、3452卷。像这样大规模刊刻、历史如此长久的，的确是世界文化史上的壮举。20世纪50年代，印度总理尼赫鲁访华时，曾向周恩来总理提出，以一两黄金换一两石经的价格购买云居寺部分石经，周总理婉言谢绝道："黄金有价，石经无价呀！"[12]

云居寺也因为寺内珍藏着浩瀚而珍贵的石经、纸经、木版经而享有"北京敦煌"的美誉，并被称为人类古代文化长城。

3．"寺钟大过人"的大钟寺

过去北京有一个俗语叫做"人过大钟寺，寺钟大过人"，不但言简意赅地将大钟寺以钟见长的特点表现了出来，而且充满了幽默诙谐的情趣。这个俗语还有一个传说，相传乾隆皇帝曾出对联考大学士纪晓岚，上联为"客上天然居，居然天上客"。纪晓岚一筹莫展，后经过大钟寺时灵感一闪，对出下联"人过大钟寺，寺钟大过人"。

大钟寺原名觉生寺，建于清雍正十一年(1733)，因寺内大钟殿悬有一口大铜钟，俗称大钟寺，而真名反被人们淡忘了。这个大铜钟造于明永乐元年（1403）。当时，明成祖朱棣刚刚登基，第一道诏书就是从南京迁都北京，而故宫、天坛和永乐大钟是营建京师的三大工程。明成祖称帝迁都后，忙着铸造大钟，主要原因据说是由于在争夺天下时杀了太多的人，整日感到恐惧不安，希冀用钟声忏悔自己的罪责，同时以此宣扬皇权至尊、勋功伟业。

大钟通高6.75米，钟口最大直径3.3米，重46.5吨。铸好后，先放在汉经厂，万历年间移置万寿寺，雍正年间移至觉生寺。这样重的大钟迁移三次、悬挂两回，在没有现代起重设备的二百多年前，其难度可想而知。相传原来大钟铸好后，先每隔500米挖一口井，再沿路挖沟，待到冬天，泼水结冰，形成冰道，将大钟放在冰上滑行，然后在觉生寺钟楼的台基上堆起一座小土山，也泼水结冰，将大钟滑至小土山上，尔后建钟楼，挂钟于楼顶，待春暖解冻后取土而钟悬。

大钟寺古钟博物馆

大钟寺古钟

永乐大钟造型古朴、精美、雄伟，是罕见的艺术珍品，堪称中国"钟王"。据专家概括，永乐大钟具有五绝：一绝：在世界大钟之林中，铸造年代最久，迄今已有560年的历史。二绝：是世界上铭文字最多的佛钟。据统计，钟上刻有汉文经典八部、汉文咒语八项，此外还有梵文经咒17种，总计23万多字，字体端庄典雅，将佛教文化与书法艺术完美地结合起来，堪称举世无双。三绝：钟声传播最远。钟声宏扬激越，穿透性强，轻击圆润悦耳，重击圆阔宏亮，声传15公里之外。四绝：具有精巧卓绝的力学结构。五绝：具有高超的铸造工艺。国之瑰宝永乐大钟不愧为中华民族悠久历史文化和聪敏智慧的象征。

元旦闻钟是寺内一项大受欢迎的活动。"自明清两代起，每年辞旧迎新之际，人们伴随古老大钟的浩荡之声进入新的一年。"[13]据说击钟讲究"百八钟"，即敲击一百零八下。关于其原因，有两种说法：其一是说因为一年有十二个月，二十四个节气，七十二个候，合计共为一百零八；其二是说佛教称人有一百零八个烦恼，佛教《敲钟偈》曰："闻钟声，烦恼轻。"所以，敲击"百八钟"能消除烦恼。近年来每到新年，有不少中外游客以及我国其他地区的游人就是为闻钟声而特地赶到大钟寺的。

4. "仙风道骨"白云观

北京不仅拥有大量的佛教寺院,还存留着众多的道教宫观。截止到1948年,北京共有道教宫观65所,比较有代表性的如东帝庙、白云观、玉虚宫、五道庙、五顶庙、岫云观、三官庙、秀峰寺、静福寺、元圣宫、吕祖庙、吕祖宫、慈善寺、蟠桃宫、关帝庙、火德真君庙、文昌帝君庙、药王庙、一亩园娘娘庙、关岳庙等。其中,有两个最为著名,其一是位于朝外大街的东帝庙,为东汉时道教创始人张道陵(天师)第三十八代后裔张留孙筹资兴建。自元代延佑六年(1319)始建,至治三年(1323)竣工,赐名东岳仁圣宫,作为东岳大帝之行宫。东岳庙由正院、东院和西院三部分组成,道光年间东岳庙第十七代道士马官麟再行扩建东、西两院,因而现存建筑均是清代遗构。东岳庙是中国道教两大派系之一的正一派(又称清微派)在华北地区的第一大道观,有殿宇六百余间。虽经清代重建,但中轴建筑的格局及庑殿斗拱和替木仍保留着元代建筑的形制和特点。

另一个著名的道观则是白云观。白云观位于广安门北滨河路,是北京最大的道观建筑,也是中国著名的道观之一。作为北京最大的道教庙宇和现在中国道教协会所在地的白云观,原是为埋葬道教全真派始祖丘处机遗蜕而建。丘处机字通密,号长春子,今山东栖霞县人,生于金熙宗皇统八年(1148)。他19岁时,在宁海拜全真教始祖王重阳为师,出家为全真道士。据说"重阳真人一见大器之"[14]。王重阳病故之后,丘处机隐居于今陕西省宝鸡市东南的蟠溪龙门山苦修八年,创建了"全真道龙门派",以苦修和善交闻名于世,并由此引出了他与元太祖成吉思汗的一段佳话。

据史书记载,南宋宁宗嘉定十二年(1219)元太祖成吉思汗领兵征于西域,久闻丘处机盛名,命人邀聘之。此时丘处机已经72岁,但他"慨然应允",率领十八弟子,经过长途跋涉,历时近两年半,"谒见元太祖成吉思于大雪山之阳(今阿富汗)"。"太祖时方西征,日事攻战,丘进言曰:'欲一天下者,必在乎不嗜杀人。'及问为治之方,则对以'天爱民为本'。问长生道,则告以'清心寡欲为要'。"[15]丘处机打动了成吉思汗，成吉思汗用"神仙"一词来赞叹长春子的仙风道骨，并授命他"掌管天下道教"。[16]他归燕京后住太极宫（后更名为长春宫），竭力传播全真教，从而使道教盛极一时。

元太祖二十二年（1227），成吉思汗和丘处机同年去世。元世祖忽必烈追封丘处机为"长春全德神化明应主教真君"。其弟子尹志平买了长春观东侧的附属观宇，用《庄子·天地》篇中"乘波白云，至于帝乡"句，名此道院为"白云观"。第二年，在观内建处顺堂，作为埋葬丘真人遗骨之地，故后世全真龙门派道士尊北京白云观为"祖庭"。元代末年战火频仍，而白云观独存。

5．香火绵绵的寺院庙会

上述寺院仅仅是众多北京寺院的代表，它们都是在长期发展过程中积淀下的文化遗产，与民族的文化传统相融合，打上了传统文化的印记，凝聚着中华民族的聪明才智和文化精神，是对我们民族文化的巨大贡献。就其本身来看，已经纳入了北京文化的血液之中，成了北京文化的一部分，离开了它们，辉煌灿烂的北京文化也会黯然失色。从另一方面来看，如此悠久、众多、丰厚的寺院文化，对于北京文化的影响又是巨大、广泛的，也是无法估量和难以一一辨析的。

经过千百年漫长岁月的浸润，宗教文化已经潜移默化地融入中国哲学、文学、书法、绘画、音乐、舞蹈、雕塑、园林以及建筑艺术等诸方面。传说明朝初年修建紫禁城时，就是仿照潭柘寺而建的。在文学方面，从古到今，许多文人墨客如汤显祖、孔尚任、袁宏道、郑板桥等都在北京的寺院中留下了诗篇并传播开来。而现代文学史上，朱自清写过《潭柘寺戒坛寺》，钟敬文写过《碧云寺的秋色》，林语堂在他的小说《京华烟云》中也以白云寺作为人物活动的一个重要场景。李敖描写清朝末年维新变法的小说题目就叫做《北京法源寺》，并把小说故事主要发生地放了这里。再从民俗和日常生活角度看，一些佛道教寺观定期举行的旨在祈求福祉、消灾免祸的礼仪活动，后来发展成为定期的集市（庙会），从而形成了北京赶集、看会的习俗。庙会的起源绝大部分源自寺庙的宗教祭祀。寺庙在做宗教祭祀典礼的时候，开放寺院，百姓云集，逐渐地，商人们也来此设摊售货，民间艺人表演各种技艺，久而久之，就形成了庙会。显然，中国庙会是从古代严肃的宗庙祭祀和社祭及民间信仰中孕育诞生并逐渐发展，融宗教祭祀、民俗娱乐、商业活动为一体，成为人们经济生活、精神生活和文化生活的重要组成部分。

北京寺院年代久远，庙会的历史自然也非常悠久。据《北京庙会》一书记载，北京地区的庙会起源于辽代，从元末明初开始发展，兴盛于明清两代。康熙年间开始有了名声的五大庙会——隆福寺、护国寺、白塔寺、火神庙、土地庙中，前三处是佛教寺庙，后两处是道教寺院。从上世纪30年代后，香火渐次断绝，后因战火，衰败于抗日战争时期。上世纪80年代中后期又陆续恢复发展。近几年来，随着旅游事业的发展、人民生活的丰富多彩，为了弘扬民族文化，发展民族经济，北京地区恢复了春节庙会活动，这项中断了数十年的民间活动得以复苏。仅就以进香敬神为主和借佛游春的庙会来讲，比较有名的有吕祖阁庙会、东岳庙庙会、大钟寺庙会、白云观庙会、蟠桃宫庙会等。

大钟寺每年农历正月初一至十五开庙半月，是京城的八大传统庙会之一。旧时香火很盛，善男信女来烧香拜佛，祈福还愿者络绎不绝，来逛庙会看热闹者也大有人在。很多商贩都来设摊售货，各种曲艺杂耍艺人也在此设场演唱。城乡各处的民间花会、踩高跷、划旱船、耍狮子等也在庙内外表演。庙内香烟缭绕，钟磬齐鸣，人头攒动，比肩继踵。庙外幡旗招展，锣鼓喧天，人声鼎沸，热闹非凡。

大钟寺庙会上有一项最引人注目的活动，就是北京人所说的"打金钱眼"。所谓"金钱眼"，是指永乐大钟顶部那个碗口大的洞眼，本是为保护钟体而特地做的。也不知从什么时候开始，民间盛传那钟眼是一个"金钱眼"，若能把钱从眼内投进去，来年必定大吉大利，万事如意，掷进的越多就越吉利。"打金钱眼"已作为一种有趣的民俗活动保留下来，在每年庙会期间，凡是登梯看大钟的人都要往"金钱眼"中掷几枚硬币，希望投中，祈求来年一切顺利、诸事如意。这一民俗，在白云观也同样可以看到。

白云观的庙会向来以开放时间最长、香火最旺盛、最具宗教特色享誉京城。据史料记载，白云观庙会兴起于元末，成形于明代，明末及清代最盛。最初时规模较小，仅在庙门外有小规模的表演，还掺杂各种活动，如摆摊算命、变戏法。从明代开始，庙内外均有庙会活动。每年正月初一至十九日开放庙会，为期十八天半，是北京地区开放时间最长的春节庙会。白云观庙会的最大特点是结合道教节日的祭祀活动。除了"打金钱眼"外，还有正月初九的玉皇大帝诞辰，以及正月十三至十七的"灯节"（俗称"上元节"）等，都有相关的祭祀活动。特别是正月十八日的"神仙会"，可以说是白云观庙会最有趣、最热闹的一天。传说正月十九日是丘处机的生日，在十八日晚，"必有神仙下凡，为丘祖祝寿"[17]。这一天如能会见神仙，即可增福添寿、发财致富，甚至可以长生不老、羽化成仙。在第二天——丘处机的诞辰日，还要举行隆重祝诞活动，这是庙会的高潮。这一天车马喧闹，游人络绎，熙来攘去，拥挤不堪。

多少个世纪过去了，风云变幻，沧海桑田，可是，庙会的风俗却被一代一代传承下来。之所以如此，最主要就在于寺院作为祈福迎祥之所，寄予了人们无限美好的企盼与心愿。而宗教文化或寺院文化则通过僧人的传经布道和祈福迎祥的人们的游俗、节祭等活动，渗透到日常生活的各个领域，涵化为民间习俗，润泽着人们的精神世界，滋养和影响了北京的文化。其实岂止是庙会，生活中的很多节庆、忌禁、习俗都深受寺院文化的影响，"寺庙风俗涉及的范围极广，诸如年节祭会、信仰祭祀、巫卜禁忌、寿诞丧葬、婚姻生育、服饰饮食、礼仪交际、组织制度、建筑居住、交易赈济、游艺收藏、器用工艺等等"[18]。可以说，寺院文化与北京文化、与北京人的生活息息相关，绵绵不断。

二　"西学东渐"的福音

基督教为奉耶稣基督为救世主之各教派的统称，包括天主教（亦称"罗马公教"、"旧教"）、东正教（亦称"正教"）、新教（亦称"基督教"、"耶稣教"）和其他一些较小教派。和佛教一样，基督教是世界三大宗教之一。但与佛教和伊斯兰教相比，基督教是世界上传播范围最广、影响最大的宗教。教堂是基督教文化的具体体现，是举行宗教仪式的建筑物，又称为礼拜堂。教堂一词源于希腊文，意思是"主的住所"。基督教很早就传入北京。从唐朝景教传入、建寺立碑开始，到明朝时期天主教再度传入建堂传教算起，已经有长达一千多年的历史。至今在北京还留存许多基督教教堂，教堂的历史就是中外文化交流的历史写照，教堂在传播基督教、西方科学、文化、艺术方面发挥了重要作用。同时，教堂文化极大地丰富了北京文化，成为北京传统文化不可分割的一部分。

（一）"外来的和尚难念经"

　　基督教在北京上千年的发展过程中历经沧桑，走了一条坎坷曲折的道路。它的兴衰沉浮叠映着中国社会的历史风云，包含着与北京文化融合的艰难的"中国化"历程。

　　北京最早的教堂，是位于房山区三盆山的景教十字寺，"是北京地区有据可考的最早的教堂"[19]。景教是中国唐朝时对基督教的称谓，教堂为景寺，教众为景众，教会为景门。景教自唐贞观年间传入中国，流行达210年之久，至唐武宗时崇道禁佛，景教也遭禁绝。北京房山景教十字寺，就是唐朝景教传播的历史遗迹。房山景教十字寺因为年代久远，长期失修，经不住历史长河的洗礼，整个建筑已荡然无存了。

　　基督教再度兴起是在元朝。元朝称基督教为"也里可温教"，又名"十字教"。由于元朝对各种宗教采取非常宽容的政策，基督教得以在中国广泛传播。北京房山景教十字寺在元代就曾重修过，至今遗存的两座石碑的碑文记载了当年重修的历史。由于基督教在元朝的传播主要是依附于元朝统治者，信徒多为蒙古贵族，所以随着元朝的覆灭，基督教在北京的发展再度受到冲击而绝迹。当年在北京修建的教堂，除了远郊的北京房山景教十字寺外都随之一同毁灭。

　　明末清初，基督教得到了较大的发展。而对这个时期基督教在中国流传起的作用最大、影响最深的传教士，当属意大利籍传教士利玛窦，正是他使基督教东传的历史进入了一个新阶段。利玛窦先后在澳门、广州、肇庆、韶州、南昌、杭州和南京等地活动，历经多次失败后，结合中国的具体情况，制定了新的传教政策，即"合儒"、"补儒"、"超儒"，也就是顺应中国文化，在顺应中传播基督教思想。为了在中国顺利开展布道活动，他努力学习汉语，研究中国古典名著，同时还研究中国的风俗习惯，身着僧装和中式服装，以望远镜、自鸣钟、地球仪、洋琴等"奇器"以及火炮和地图等为馈赠物品，送给万历皇帝和上层人士，并专门与中国的士大夫知识分子打交道，赢得了中国人的好感，取得了传教的合法性。

由于崇祯、顺治、康熙等皇帝启用有科学专长的传教士，再加上传教士们遵循利玛窦创立的传教方法，使基督教适应中国国情，并注意在介绍欧洲科学文化知识过程中传教，所以，此时基督教在中国发展较快，教徒较多。但从康熙晚期至道光中期清政府采取了禁教政策，基督教的活动基本停止了。到了近代，随着帝国主义的坚船利炮，传教士又纷纷来华，基督教信仰在北京地区逐渐流行，基督教教堂也就陆续在市区和郊区兴建起来了。

北京现存的教堂多为明清时期所建。其中最古老、最有名的教堂当数宣武门内的天主堂（亦称南堂），是无玷始胎圣母堂，原为意大利著名传教士利玛窦到北京后的住处，建于明万历三十八年（1610）。

到了清顺治七年（1650），顺治皇帝将宣武门内的原天主堂旁一块空地赐给德国传教士汤若望，准许他重新修建新教堂。因为汤若望精通天文历法，主持钦天监工作成绩显著，所以，顺治帝对他非常器重，不仅赐地，还赐银一千万两为建堂之用。[20]汤若望设计的新教堂古朴、庄重、壮美、典雅，富有中国的建筑风格。大堂落成后，顺治皇帝亲赐"钦崇天道"匾额。1690年起成为北京主教座堂。汤若望凭借着广博的知识及与皇帝的特殊关系，经常出入皇宫，谈天说地，顺治帝也不时来堂中与之交谈。据史料记载，1656—1657年两年间，顺治皇帝曾亲自拜访汤若望达二十四次之多。汤若望入宫朝觐皇帝的次数难以统计。但在1664年顺治皇帝去世三年后，汤若望被人参劾而入狱，获释出狱后不久在南堂去世。南堂也因此一度被毁。

康熙亲政后，重审汤若望案件，并为他平反昭雪。康熙四十二年（1703），康熙皇帝特赐国库银十万两，"饬工部重建大堂"[21]。南堂重建后，康熙皇帝还亲自题写了长联："无始无终，先作形声真主宰；宣仁宣义，聿昭拯济大权衡。"但是，乾隆四十年（1775）南堂失火，御书之匾额及对联全部被烧毁。乾隆皇帝又赐库银一万两，饬令重建天主堂。所有匾额和对联又都由乾隆帝亲笔御题，完全恢复旧观。

但是，到了道光十八年（1838），南堂却被关闭。道光二十四年（1844），迫于外强的压力，道光皇帝才废除了对基督教的禁令。1860年重新开堂，但主教座堂迁至北堂。南堂在1900年的义和团运动中受到了冲击，又遭焚毁。不久，外国传教士用庚子赔款重新修建了南堂，光绪三十年（1904）重新建成，现在的南堂就是当年修建的。建国以前，南堂有若瑟院和仁爱会管理的万生医院等慈善机构。建国后，人民政府几次修葺南堂，1958年起又成为北京主教座堂。1966—1976年的十年"文化大革命"时期，南堂虽然被移交改为玩具加工厂使用，但幸运的是教堂没有遭到破坏，完整地保存下来。1978年正式开放，恢复了正常的宗教活动，成为全国最早对外开放的教堂。如今这座古老的南堂，不仅成为北京天主教信徒自己的教堂，而且作为中外友好交往的重要场所，每年接待外国来宾达17000多人。

南堂的历史，体现的是整个北京教堂的历史，浓缩了北京教堂文化与中国社会、文化融合的艰难历程。北京至今仍然进行宗教活动的天主教教堂共17处，市内6处，郊区11处，基督教（新教）教堂8处，市内5处，郊区3处，分布在城的东西南北。除南堂外，历史悠久、影响较大的天主教堂还有西安门内天主堂(亦称北堂)、王府井的天主堂(亦称东堂)和西直门的天主堂（亦称西堂）。四堂的设立时间，以南、东、北、西为顺序，历史最长的已超过350年，最短的也有280多年了。此外，北京的教堂还有北京基督教会的崇文门教堂、缸瓦市教堂、东直门内东正教圣尼拉教堂（即北馆，今改为俄罗斯驻华大使馆）以及崇文门内东交民巷的奉献节教堂（即南馆）。此外，还有马市大街路东的救世军教堂以及西市缸瓦市、米市大街、崇文门内东城根、朝阳门内、交道口、灯市口史家胡同等地的基督教教堂。这些由基督教不同派别所建的形形色色的教堂，在与中国传统文化的融合过程中，逐渐形成了独具特色的北京教堂文化，已构成北京传统文化中重要的人文景观。

南堂

（二）美轮美奂的教堂建筑艺术

　　基督教在北京上千年的发展过程中确实充满着艰难坎坷，但是，尽管如此，一座座罗马式的教堂还是顽强地在北京这座东方文明古城里相继落户，于是，宏伟辉煌、美轮美奂的教堂建筑艺术也随之传入了北京。在北京，教堂的数量远远不及佛教和道教的寺院宫观，但大多是建筑精美的历史建筑，有着很高的历史价值和艺术价值。20世纪30年代北京教堂全盛时期，全城有教堂逾80座。教堂是老北京建筑具有独特风味的一个组成部分。

　　在教徒们看来，教堂是建立在现实世界的神圣空间，是神在人间的居所，应该像天国一样尽善尽美。它体现了人们对上帝的理解与感受，以及对精神世界的追求。正是由于人们的理解及追求的不同，所以形成了教堂建筑的不同风格。例如罗马式与哥特式的教堂在建筑风格上很不相同。罗马式教堂建筑采用典型的罗马式半圆形券、拱结构，用内部空间来象征宇宙，体现一种静态的安宁与凝重。它的外形像封建领主的城堡，外墙厚实，窗户较小，教堂内光线幽暗，给人一种神秘的宗教气氛和肃穆感。教堂内部装饰主要使用壁画和雕塑，教堂外表的正面墙和内部柱头多用浮雕装饰，这些雕塑形象都与建筑结构浑然一体。罗马式教堂的典型代表为意大利的比萨大教堂和法国的普瓦蒂埃圣母堂等。

南堂的建筑风格就属于庄严凝重的罗马式。大堂是拱券形建筑，柱顶有木刻浮雕镏金花纹，教堂用彩色玻璃镶嵌门窗，正面有精致的砖雕和雕像。它有三层院子，中式的主入口内的第一进院里以圣母山为主，东院为教堂，西跨院是住房。此外还有天文台、藏书楼等。教堂正立面朝南，室内则采用了罗马式的手法。三个雄伟而不失细腻的拱门将入口装点得很有特点，比较典型地体现了罗马式教堂风格。

而北堂则是一座高耸挺拔的哥特式建筑。哥特式教堂建筑是从罗马式教堂基础上发展起来的，它摆脱了罗马式教堂的沉重感而向轻巧、雅致甚至矫饰的方向发展，特点是以细长的柱子代替厚墙，外部有许多造型挺秀、高耸入云的尖塔。哥特式教堂使人可从外观上来领悟、体会其玄奥、空灵之妙景。这些向无穷高处上升的尖顶，引导着人们的心灵尽可能地摆脱一切现实的羁绊，向着精神的天国而去。哥特式建筑代表着欧洲中世纪文化的最高成就。著名的哥特式教堂有巴黎圣母院、夏特尔教堂等。作为哥特式教堂风格的体现者，北堂显得华丽壮观。外形高耸轻盈，内部是镶嵌画和彩色玻璃画，大窗子，辉煌而神秘。线条轻快的尖拱券，造型挺秀的小尖塔，钟楼塔尖高约31米；四个高高的尖塔，挺拔向上。轻盈通透的飞扶壁，修长的高柱或簇柱，造成一种向上升华、令人神往的神秘幻觉。整个教堂通体洁白，给人以庄严肃穆之感。教堂的顶端镶嵌着护守天神，三个尖拱券入口及主跨正中圆形的玫瑰花窗，塑造出端庄而绮丽的立面，在青松翠柏环绕之中越发显得洁白挺拔。正门旁边的墙壁上镶嵌的是基督耶稣的四位门徒圣保禄、圣伯多禄、圣玛窦和圣若望的雕像。大堂内有主祭台、苦难堂和唱经楼。堂内的300根巨柱撑起的金色拱顶和80扇镶彩玻璃的花窗总能让人联想到巴黎圣母院。

北堂

北堂原名为救世堂，取天主教耶稣救赎之义，因其位于北京西什库大街的南端，所以京城的百姓称之为西什库教堂。说起北堂的历史，还有一个花絮。康熙三十二年（1693），康熙皇帝身患疟疾，吃御医中药数剂无效，在京的传教士张诚、白晋闻之，立即献上奎宁（又名金鸡纳霜），康熙食之痊愈，于是大悦，对传教士大加赏赐，并把西安门内蚕池口前辅政大臣苏克萨哈旧府赐给他们以示酬谢，同时还赐白银数万两，用以建堂。他们先是修建了一座小礼拜堂。康熙三十八年，他们又得到康熙皇帝的允许，扩建新的教堂。四年后，于康熙四十二年建成，赐名曰"救世主堂"。落成时康熙帝还亲笔撰书"万有真原"匾额赐赠。传教士们非常欢喜，他们"花了四年时间建造教堂及装潢，终于建成了东方最美，活动最频繁的大教堂"[22]。

康熙皇帝晚年因礼仪之争而实行禁教，雍正皇帝继位后，严厉地执行了父皇的禁教命令。此后经乾隆、嘉庆、道光三朝，直到鸦片战争爆发，一直实行禁教政策。此堂因长久无外国传教士居住而基本废置，圣像、圣龛尽遭焚毁。道光十八年（1838）皇帝又下令将教堂拆除。

鸦片战争后，咸丰十年（1860）传教士们在英法联军的支持下，由法国公使出面强迫清政府查还天主教南、北、东、西四堂。同治五年（1866）教会在旧地址上再次重修教堂，是为今日的北堂。

其实，北堂以及北京教堂的历史也表明了北京教堂建筑风格的形成是经历了一个漫长的发展过程。早期教堂很注重本土化，例如，南堂在建设之初是一座中式四合院，仅仅在一些主要建筑上装饰有十字架等宗教标志；王府井的东堂最初也是由民房改建的，在建筑风格上与周围的中国传统建筑毫无差异。从清顺治年间开始，才开始在北京大规模兴建西式教堂。顺治七年，德国传教士汤若望改建南堂，采用当时欧洲流行的巴洛克风格，高大宏伟，与中国传统建筑风格完全不同。此后东堂改建为罗马穹顶风格的建筑，新建的北堂和西堂则均采用哥特式风格，与北京其他的建筑形成极其鲜明的反差。这些教堂建筑在一些细节处理上又充分吸收了中国传统建筑的一些风格，实现了一定的中西结合。比如北堂的建筑由一圈汉白玉石栏围绕，两座古朴的中式建筑——黄亭耸立在教堂的两旁，金黄色的玻璃瓦覆盖着双顶十二柱四角亭亭顶，两座石雕巨狮威严地矗立在教堂石阶的两旁，与基督教圣像和谐共处。

（三）上帝的福音

基督教文化是具有深厚底蕴的宗教文化，表现在文学、美术、音乐及建筑等方面，北京教堂文化丰富了北京传统文化的宝库，同时对北京的社会文化生活乃至政治、经济等方面产生了广泛而深刻的影响，极大地推动了北京文化的发展，促进了中外文化的交流。

明清以来，北京日益成为中西文化交流的基地。科学技术的传入与基督教的传入是联为一体的，随着传教士在北京建堂传教，传教士将西方的天文学、地理学、数学、医学、水利学等一一带入北京，揭开了北京文化新的篇章，推动了北京科学技术的发展。而且，他们重视观察和实测的科学精神，对徐光启、李之藻、王徵、梅文鼎、薛凤祚、何国宗和明安图等一大批人都产生了深刻影响。这些人在天文历法、数学、光学等方面受传教士汤若望、南怀仁等人的影响，撰写出一大批有关的学术著作，如梅文鼎的《浑盖通宪图说补订》、薛凤祚的《天学会通》、何国宗的《历象考成》、明安图的《割图密率捷法》等。

在地理学和地图学方面，由于传教士的介绍，中国知识界开始对地球的形状、陆地和海上情况等有了初步确切的概念和一定的了解。此外，康熙皇帝对地图非常感兴趣，他曾亲自在北京郊区参加地理实测工作，还让传教士雷孝思、张诚、白晋等人分赴各省测绘，完成后以铜版刻印成《皇舆全览图》。这在当时是世界上最先进的地图之一，并曾在中国和欧洲多次翻印，不但极大地丰富了人们的地理知识，而且成为此后直到近代中国地理学和地图学的依据。乾隆时期又在此基础上，由传教士蒋友仁等与中国学者合作再一次绘制了全国地图。

与此同时，传教士还把耶稣和圣母玛丽亚等的画像带到北京。西方绘画艺术的传入，促进了中国绘画艺术的发展，特别是意大利传教士郎世宁的绘画中西结合、别具一格，闻名于清朝画坛，为中西绘画艺术的融合起了重要的作用。

除此之外，西洋乐器及音乐也随着传教士的到来而传入北京。基督教徒在教堂做弥撒时，多以音乐伴奏唱诗，随之西洋乐理、五线谱的制作也都陆续传入北京。西洋音乐的传入，使中国音乐、尤其是宫廷音乐的内容更加丰富多彩。

再者，在兴建教堂的同时，欧式建筑风格也传入北京，教堂建筑风格给中国传统的建筑设计注入了新的成分。清代圆明园中的西洋楼建筑群就是深受欧式建筑影响的宏大工程，既具有意大利的巴洛克风格，又具有中国建筑的特色，是中西合璧的产物。

应当说，教堂对北京文化的影响是多方面的，对北京人宗教信仰或精神的影响也是深刻的。现代著名作家老舍先生就曾深受其影响。早在青年时代，老舍就受洗加入过基督教，并在教会里任过职，撰写过文章，宣传"华人自办教会"，主张自培自立。在1924年出版的《中华基督教会年鉴》第七期，有一篇署名"舒舍予"的《北京缸瓦市伦敦会改建中华教会经过纪略》，篇首还有一段《著者小记》："舒舍予，以字行，年二十六，北京人，民国十一年领洗，隶北京缸瓦市中华基督教会，曾任京师北郊劝学员、南开中学教员、北京地方服务团干事。现任京师第一中学教员，缸瓦市中华基督教主日学主任。"由此可知，老舍是于1922

年在北京缸瓦寺教堂加入基督教会的。他领洗入教时更名"舒舍予"（原名是舒庆春）。

老舍加入基督教源于他在教会开办的夜校学英语并结识了北京缸瓦寺教堂的中国牧师宝广林。当时，宝广林牧师刚从英国伦敦大学留学归来，他积极主张把北京缸瓦寺基督教从英国伦敦教会手中夺过来，自养自立办教会，"这件事引起了老舍自幼孕育的民族自尊心的共鸣，使他对宝广林牧师刮目相看"²⁴。从此，老舍加入了宝广林牧师组织的"率真会"和"青年服务部"，协助他做了许多对教会有益的事。按老舍年谱的说法，他之所以获得到英国任教的机缘，也是因为得到了缸瓦寺基督教会主持、北京基督教联合会会长宝广林牧师等的推荐。教堂和基督教对老舍的影响也是深刻的和长久的。老舍曾在一次公开演讲中说，为了民主政治，为了国民的共同福利，每个人须负起两个十字架。为破坏、铲除旧的恶习、积弊，与像大烟瘾那样有毒的文化斗争，每个人须预备牺牲，负起一架十字架；同时，为创造新的社会与文化，每个人也须准备牺牲，再负起一架十字架。这可以看做是老舍的信仰宣言，基督教的精神影响了他的一生。"老舍有很深的基督教情结，这在他的著作中明显地表现出来，在《四世同堂》和《正红旗下》中，他对笃信耶稣的丁约翰、虔诚的牛牧师了解得那么深，把基督教的气氛写得那么浓厚！尤其在《四世同堂》中，老舍赞扬老诗人钱默吟不屈不挠地同日本侵略者斗争，把他誉为'又是一个自动的上十字架的战士'，称颂他有基督的献身精神。"²⁵据老舍夫人胡絜青回忆，老舍从来不到教堂做礼拜，吃饭也不祷告，他只是崇尚基督与人为善和献身救世的精神，不受宗教仪式的束缚。老舍最后为抗议凶暴，慷慨赴死，恐怕也和基督教精神有关。

在今天，随着社会不断进步，人们的思想更加开放，宗教信仰也更加自由，基督教和教堂的影响力也就越来越大。首先是信教的人逐年增加。其次是基督教和教堂文化与我们日常生活的关系也越来越紧密。很多年轻人把到教堂举行婚礼仪式视为一种时尚和神圣的事情，也有很多年轻人、特别是大学生和白领等更是过起了"洋节"，喜欢在圣诞或新年之夜到教堂听钟声祈福迎祥。

三　"开天古教"的殿堂

北京自元代以来就是全国伊斯兰教的中心。随着伊斯兰教的传入，穆斯林在北京定居建寺的同时，清真寺文化也随之产生。"清真寺"，又称"礼拜寺"，是穆斯林用来礼拜的场所。据传，"清真寺"的称谓始于元代，"元延佑二年（公元1315年），咸阳王赛典赤·瞻思丁奉敕重修陕西长安寺，奏请赐名'清真'，以称颂清净无染的真主。至此，中国始有清真寺之名，习惯上并以此作为伊斯兰教寺院的统称"26。清真寺是穆斯林虔诚礼拜和敬事真主的圣殿，是伊斯兰文化的物化表现。伊斯兰精神是以清真寺为媒介渗入到穆斯林心灵的，也正是通过清真寺，伊斯兰文化才在北京这块古老的土地上扎根开花、枝繁叶茂。北京清真寺文化不仅以其丰富的内容和独特的魅力，成为博大精深的北京文化的重要组成部分，而且在科学、文化、艺术等方面的传播上，给北京文化以深远的影响。

（一）千年清真寺

伊斯兰教究竟何时传入北京？目前尚无确切的文字记载。人们只知道北京最早的清真寺是牛街礼拜寺。

牛街礼拜寺的历史，是北京伊斯兰教形成与发展的历史见证，同时也是北京清真寺文化形成的写照。可是，牛街礼拜寺始于何时？潘梦阳《伊斯兰与穆斯林》一书中说："牛街礼拜寺是北京市规模最大、历史最悠久的一座清真寺。它建于辽统和十四年（北宋至道二年、公元996年）。明正统七年（公元1442年）重修。"27按此说法，牛街礼拜寺至今已有一千多年的历史。不过，对此学术界尚有不同的看法和意见。有的学者认为牛街礼拜寺的历史不足千年，其始建于元朝；也有的学者认为它始建于明朝；还有的认为始建于宋代。南京工业学院刘敦桢教授经过考证鉴定，认为牛街礼拜寺"礼拜殿的后窑殿藻井彩绘，系出自北宋年间建筑画家，可作该寺始建年代的佐证，也是伊斯兰教传入之时"28。因此，一部分学者认为伊斯兰教在宋辽时期始传入北京地区，并且修建了清真寺。尽管学术界对牛街礼拜寺始建年代说法不一，但是牛街礼拜寺是北京地区最古老、最大、最著名的清真寺却是一种共识。

从史料记载来看，伊斯兰教在北京地区的发展时期是元朝。在元代，北京是多种来源的穆斯林云集、落籍或中转之地。在蒙古中统四年（1263）的户口统计中，中都（即后来的元大都）就"已有回回人约三千户，多为富商大贾、势要兼并之家"[29]。另据《秋涧先生全集》卷八十八记载："为在都（即元大都）回回入户，自壬子年元籍，并中统四年（公元1259年）续抄，计两千九百五十三户。"[30]有人统计："按每户五人计算，共达一万五千人，约占元大都总人口的十分之一还多。当时已有清真寺三十五座。"[31]这些记载表明元代北京穆斯林人口很多，而且清真寺也不少。到了明朝，由于明永乐皇帝大举营建北京城，致使元代修建的清真寺所剩无几。但是，由于明朝政府对"保国有功的回回"始终以"敬礼勋臣"相待，重修了许多清真寺，北京的伊斯兰教又逐渐恢复了全国伊斯兰教中心的地位。可以说，北京地区众多古老的清真寺大部分是明朝时期修建的。明朝，是北京清真寺文化的重要发展时期。

清初，伊斯兰教在清朝政府高压政策下，开始由北京的内城向外城和近郊地区拓展。于是，北京郊区的清真寺也就成倍地增加起来。动荡的民国时期，北京地区的伊斯兰教发展非常缓慢，修建的清真寺也很少，仅有鼓楼、天桥和米市三座清真寺为民国时期所建。新中国成立以后，北京地区的伊斯兰教也随之迅速地发展起来。居住在北京地区的穆斯林人口之多居全国各大城市之首，全国信仰伊斯兰教的10个少数民族都有穆斯林在北京地区居住。北京地区的穆斯林主要以回族为主。回民穆斯林数量在新中国诞生后的发展变化是很快的。截止到20世纪末，北京地区的穆斯林已经达到二十多万。现在，北京地区的清真寺已达68所之多，比较著名的有牛街礼拜寺、东四清真寺、花市清真寺、阜外三里河清真寺、马甸清真寺、朝外八里庄清真礼拜寺、东直门外二里庄清真寺、海淀清真寺、通州清真大寺等。

"每一座清真寺都是一轴历史的长卷，不但向人们展述着其独特的建筑风貌，而且还在向世人叙述着伊斯兰教与北京清真寺文化形成与发展的历史过程。"[32]牛街礼拜寺就是一轴规模最宏丽、历史最悠久的文化长卷。虽说这座寺庙比起北京的其他寺庙，无论从规模上还是精致程度上都无法

牛街礼拜寺

名列前茅，但却进入了世界伊斯兰建筑经典的行列，其中最主要的原因是这座清真寺几乎完全采用了北京当地的建筑风格，以中式建筑为基础，掺入满、蒙、回的建筑元素。寺院坐东朝西，殿堂楼亭主次分明地排列在一条中轴线上，是中国古典宫殿和阿拉伯式清真寺两种建筑风格相结合的一组独具特色的中国式伊斯兰古建筑群，是我国伊斯兰文物宝库之一。全寺总建筑面积1500平方米，主体建筑有望月楼、礼拜大殿、邦克楼、讲堂、碑亭、对亭和沐浴室等。正门前有四柱三楼悬山顶牌坊，檐下额书"达天俊路"，坊对面有庑殿顶砖影壁；进门迎面为望月楼，平面呈六角形，重檐攒尖顶，构件装饰带有浓厚的伊斯兰教风格，正面额书"敕赐礼拜寺"。寺内还藏有明代古瓷香炉、纪事石碑和已保存三百多年的《古兰经》阿波文对照手抄本、木刻和明清香炉等珍贵历史文物。

寺内还保存着"圣旨"竖额一块，那是清康熙三十三年(1694)皇帝颁发的恩纶(皇帝的手谕)。传说在每年的伊斯兰教斋月中，牛街礼拜寺夜夜灯火通明，前来礼拜的穆斯林络绎不绝。有人为此向康熙虚报说：

回民夜聚明散，图谋造反。皇帝为了了解真情，微服入寺，查明了信奉伊斯兰教的回民遵从主圣，敬慎守法，毫无造反之意。回宫后，即颁发圣旨："通晓各省，如官民因小忿，借端虚报回教谋反者，职司官先斩后奏。天下回民各守清真，不可违命。勿负朕恩有爱道之意也。"[33]20世纪前期，建筑大师梁思成在考察古寺时，到过牛街礼拜寺。当时正任教长的李宗庆大阿訇和牛街回族著名学者尹伯清先生接待了他，问到梁思成为什么不去唐代建造的法源寺考察时，他说，在北京史书文献中记述法源寺的资料非常多，所以不用去了，而记载牛街礼拜寺的历史资料太少了，所以很早就希望来寺里参观。梁思成走进窑殿内，惊奇地发现，这里居然还保存着宋代的作品！他所指的是窑殿进门处回首梁上的彩画，共有六幅。为了保持此画宋代原样，回族先辈们代代叮嘱在维修大殿时一定不要重绘油饰此画，所以这些宋画至今保持着古老的风貌。

（二）中西合璧的清真寺建筑

清真寺是伊斯兰文化的载体，每一座清真寺都积淀着丰富的文化内涵。正如有的学者所说，清真寺"是深嵌在时代文化框架之中，包含着有关穆斯林民族深刻历史与宗教哲学意境的一种宗教艺术"[34]。北京清真寺是伊斯兰文化与北京文化相互交流与融合的产物，是穆斯林文化和智慧的结晶，在千年漫长的历史中形成了特有的建筑风格。

北京清真寺多为外中内阿的合璧式的建筑。"从建筑外观上看，北京地区清真寺其整体建筑布局对称严谨，有明显中轴线，富丽堂皇、具有皇家的气派。从建筑形制看，庭院数进、宽敞明亮，大门、礼拜大殿、主要配殿、邦克楼和碑亭都是大木起脊、用斗拱飞檐的中国宫殿式建筑。从礼拜大殿内装饰来看，则采用了中阿合璧、丰富多彩的装饰艺术，将精细的阿拉伯装饰艺术风格与中国传统建筑装饰手法融会贯通，并且突出了伊斯兰教的宗教内涵，形成了独具中国特色的北京清真寺文化。"[35]这些特点在北京现存的众多伊斯兰清真寺中都有不同程度的体现，其中，花市清真寺具有一定的代表性。

花市清真寺创建于明代永乐年间，至今已有五百余年的历史，是北京著名的清真古寺，也是北京伊斯兰文物宝库之一。它从外表上看不像寺院，实则内部宏伟，殿宇宽敞，历史深远，不愧为北京原有敕建四大清真名寺之一（按，北京原有敕建四大名寺之说，"四大清真名寺"还包括牛街礼拜寺、安内二条普寿寺和锦什坊街法明寺）。

关于花市清真寺的历史，花市穆民中广泛地流传着为明朝开国元勋常遇春(回族)所建。"建此寺大殿时，其地基尺寸系由常遇春持弓射箭，自常所立处起始，至箭落处为止……"，也就是说，花市清真寺建寺时的大致范围是由常遇春射箭的距离所定，这就是"常遇春一箭定寺基"的传说。还有一种说法是，花市清真寺最初为常遇春府邸，后改为清真寺。另有传说为回族将领胡大海把自家宅地捐为寺地，并在此基础上建为清真寺。

历史上花市清真寺曾经历过多次修缮。据该寺残存碑碣记载，明清两代曾多次修缮，记有：明朝永乐十三年正月一次；崇祯元年秋一次；清康熙四十一年春一次；雍正七年帝赐御碑建亭一座；乾隆三十二年附近失火波及本寺，又集资修建一次；光绪二十五年重修一次。解放后，每年都对清真寺进行维修，使这座历史悠久的古寺得到了较好的保护。

现存花市清真寺为清式建筑，主建筑礼拜大殿位于寺院西面，大殿前廊宽阔，檐角微翘，黄琉璃瓦、绿卷棚屋顶，再配上清石台阶，使大殿显得精美华丽、庄严肃穆。前廊的南北墙上刻有阿拉伯经文，组成巨大的圆形图案。进入大殿内，有八角亭用于采光，光照充足明亮。亭的下面是宣讲台，一年一度的开斋节都要由有名望的阿訇登台朗诵经文。大殿两旁各有五个小型拱门，可供单人礼拜。大殿内雕梁画栋，特别是"窑殿"顶上的藻井彩绘更是富丽堂皇。殿内彩绘与建筑属中国传统的宫廷式，但殿内装饰却是阿拉伯式风格。

花市清真寺大殿内有两架柁是由孔雀木制成。据寺里的人讲，孔雀木异常珍贵，材质又极其沉重，并且还能发出一种奇特的幽香，这种香味可以使一切飞虫敬而远之，不飞入殿内。所以，数百年来没有鸟在殿里筑巢。有人曾经捉住一只麻雀放进殿内，后发现麻雀的两个翅膀均已无力飞行。这两柁已被铁箍箍上，不过并不是年久损坏所致，原来这里面还有个小插曲。据说康熙四十二年（1703）朝廷修缮皇宫，当时花市清真寺也在维修，朝廷就想借重修寺庙的机会，以其他木料换之，将花市清真寺孔雀木挪进宫里用以修缮宫殿。寺中的人听到这个消息后，找来工匠将铁箍围钉在两柁的前、后、中三个部位，表示此木头并非完好的木料。后来，有宫中大臣被派来与寺中执事商谈此事，看见这种残旧不堪的样子，回奏给皇帝，不再征用。在我们现有的古建筑中，使用孔雀木为原料的已经寥寥无几，这也是花市清真寺又一珍贵之处。

（三）伊斯兰文化的"丝绸之路"

北京清真寺文化经过一千多年的演进与发展形成了独立的文化体系。通过北京清真寺，伊斯兰教的天文学、数学、医学、建筑、文学、艺术等等得以广泛地传播，并对北京文化产生了深远的影响。

伊斯兰天文学自古以来就自成体系。据史料记载，元朝初年伊斯兰天文学就已经传入北京。元朝政府得到了伊斯兰的《万年历》后曾予以颁行。明朝历代统治者对伊斯兰历法都非常重视，中央设有回回钦天监等天文机构。伊斯兰天文学在促进中国天文学发展的同时，也极大地丰富了北京传统文化的知识宝库，使伊斯兰天文学在北京、特别是北京的穆斯林中普及和代代相传。伊斯兰历法至今在北京清真寺中仍被使用着。

阿拉伯的数学也是比较先进的，随着伊斯兰天文学在北京的传播，阿拉伯的数学也传到了北京。特别是阿拉伯数码以及六十进位制的计时法对我国的影响是不可估量的。穆斯林学者还把欧几里德的《几何原理》、《几何学》等数学著作介绍到北京，不但填补了我国数学研究领域的空白，也促进了北京科学技术的发展。

除此之外，医学、兵器制造、建筑科学以及文学、音乐、书法、绘画等艺术，也随着伊斯兰教的传入，通过清真寺扩散传播开来，其影响是深远的，对北京历史文化的发展起了相当大的推动作用。

北京清真寺文化博大精深、历史悠久，文化内涵特别丰厚，包括宗教信仰、科技成果、建筑艺术、文物古迹、书法艺术和经堂教育以及生活习俗、饮食文化等等。北京地区的清真寺本身就是一座艺术的殿堂，是展示中外文化的博物馆。而且，北京清真寺都建在穆斯林聚居区，与每一个穆斯林的生活息息相关、紧密相连，直接影响了这些民族的宗教信仰、道德规范、经济活动、生活习俗、饮食文化等方面。这一特点，很容易使伊斯兰文化进一步扩散，辐射和渗透到本区域或周边地区，潜移默化地影响非穆斯林人的精神生活、经济活动和生活习俗等。据统计，20世纪末，北京地区的穆斯林已经达到20万(按1990年第四次全国人口普查)，现有清真寺六十八所。伊斯兰教影响了众多北京人的日常生活。

当今世界，随着社会经济和科学技术的高速发展，宗教与社会的政治、经济、思想、文化等各方面的联系越来越紧，与人类的关系越来越密。在全世界60亿总人口中，信奉各种宗教的人就有48亿，占世界总人口的80%。佛教、基督教、伊斯兰教三大教在漫长的发展过程中，不断吸收人类文明，许多古老的文化和艺术又通过宗教这个载体传承至今。北京佛教寺院、基督教堂和清真寺等宗教活动场所都是宗教文化遗产的物质部分，是人类文化的宝藏，都可以为构建社会主义和谐社会提供精神财富。

寺院和教堂文化是历久而弥新的课题。随着时代的进一步发展、人类社会的不断进步，寺院和教堂及宗教文化作为人类的文化遗产和精神财富，将与人类社会和人类文明相伴相生，继续在人类文明的进程中发挥其特殊的作用和深刻的影响力。

注　释

1．佟洵：《佛教与北京寺庙文化》，中央民族大学出版社1997年版，第38页。

2．同上书，第39页。

3．同上书，第41页。

4．同上书，第26页。

5．中国社会科学院世界宗教研究所佛教研究室编：《佛教文化面面观》，齐鲁书社1989年版，第222页。

6．黄春和：《广济寺·序》，华文出版社2003年版，第11页。

7．罗哲文：《中国名胜——寺塔桥亭》，机械工业出版社2006年版，第86页。

8．佟洵：《佛教与北京寺庙文化》，中央民族大学出版社1997年版，第59页。

9．[明]刘侗、于奕正：《帝京景物略》，北京古籍出版社1983年版，第76页。

10．佟洵：《佛教与北京寺庙文化》，中央民族大学出版社1997年版，第311页。

11. 毁灭佛法事件，佛教徒称之为"法难"。在中国佛教史上曾经发生四次较大的灭佛事件，即北魏太武帝灭佛、北周武帝灭佛、唐武宗灭佛、后周世宗灭佛，佛教史上统称为"三武一宗"灭佛事件。

12. 黄春和：《云居寺》，华文出版社2003年版，第199页。

13. 佟洵：《佛教与北京寺庙文化》，中央民族大学出版社1997年版，第141页。

14. 李养成：《新编北京白云观志》，宗教文化出版社2003年版，第10页。

15. 中国社会科学院世界宗教研究所佛教研究室编：《佛教文化面面观》，齐鲁书社1989年版，第41页。

16. 李养成：《新编北京白云观志》，宗教文化出版社2003年版，第11页。

17. 林岩、范纬：《老北京的庙会》，文物出版社2004年版，第127页。

18. 段玉明：《中国寺庙文化》，上海人民出版社1994年版，第291页。

19. 佟洵：《基督教与北京教堂文化》，中央民族大学出版社1999年版，第266页。

20. 《基督教》，中国大百科全书出版社1990年版，第165页。

21. 姜立勋：《北京的宗教》，天津古籍出版社1995年版，第328页。

22. 朱静编译：《洋教士看中国朝廷》，上海人民出版社1995年版，第51页。

23. 中国史学会：《义和团》，《中国近代史资料丛刊》（四），上海人民出版社、上海书店出版社2000年版，第438页。

24. 刘小枫：《基督教文化评论》，贵州人民出版社1994年版，第267页。

25. 李圻：《老舍与基督教》，2003年6月4日《深圳特区报》。

26. 马贤、马忠杰主编：《伊斯兰教基础知识》，东方出版中心1997年版，第368页。

27. 潘梦阳：《伊斯兰与穆斯林》，宁夏人民出版社1993年版，第41页。

28. 彭年：《北京的回族与伊斯兰教史料汇编》1996年版，第252页。

29. 韩儒林：《元朝史》，人民出版社1986年版，第349页。

30. 佟洵：《伊斯兰教与北京清真寺文化》，中央民族大学出版社2003年版，第17页。

31. 刘致平：《中国伊斯兰教建筑》，新疆人民出版社1985年版，第4页。

32. 佟洵：《伊斯兰教与北京清真寺文化》，中央民族大学出版社2003年版，第19页。

33. 佟洵：《伊斯兰教与北京清真寺文化》，中央民族大学出版社2003年版，第228页。

34. 《中国穆斯林》2002年第2期，第7页。

35. 佟洵：《伊斯兰教与北京清真寺文化》，中央民族大学出版社2003年版，第20页。

雕塑、门礅与牌楼

　　北京的雕塑几乎遍布全城，北京的门礅更是大大小小胡同中的四合院前随处可见，北京的牌楼不仅数量可观，而且名闻天下。雕塑、门礅和牌楼虽然是北京城市建设的装饰性建筑，但它们以悠久的历史和丰富的内涵构成了北京历史文化结构的重要层面。我们来到北京，当然首先看见的是高楼大厦和车水马龙，但如果仅仅看到这些外表形象，还远远谈不上了解北京文化。要真正了解北京文化，特别是了解北京的历史文化，必须深入到雕塑、门礅和牌楼这些有着悠久历史文化内涵的物象中。雕塑、门礅和牌楼的意义并不完全在于其实用的建筑功能,而主要在于它们对主体建筑和整个城市建设的装饰性的美学功能上,它们构成了北京城市建设和各种主体建筑不可分割的有机组成部分,也成为北京历史文化的典型标志和象征性的文化符号。这是因为,从历史发展、数量和质量、美学风格、文化含量等方面看,北京的雕塑、门礅与牌楼都是为全国其他城市所望尘莫及的。虽然是附属性建筑构件,但它们在长期的发展中实际上已经成为独立的北京城市文化的标志和符号,因而为大众所喜闻乐见。我们在观赏中能够吟味出北京文化的丰富性,能够感觉到北京文化的厚重度,能够领略到北京文化的多样化风格,能够欣赏到其中说不尽的美。

在最近几年兴起的怀恋老北京文化的风潮中,已经有相当多的人怀念着、述说着、欣赏着雕塑、门礅和牌楼。这些物质性的文化遗产有的正在消失或趋于消失如门礅,因而引起了怀恋;有的仍然屹立在北京各处如古代的雕塑和牌楼,以其历史文化内涵吸引着人们;有的则属于现代的文化成果如新的雕塑和新建牌楼,同样引人注目且不免有各种评价。在此,我们从历史文化的角度对北京的雕塑、门礅与牌楼进行介绍,既有整体的"面"的说明,也选择几个"点"给以较为细致的描述,这样点面结合,可以对北京的门礅、雕塑和牌楼有比较整体的把握。

一　映现北京面相的雕塑

雕塑是美术的一大门类,是用可雕可塑的物质材料雕塑出具有一定的实在体积、占有三度空间的造型艺术作品。雕塑既然占有空间而具有实体形象,那么就是空间艺术、视觉艺术和触觉艺术。雕塑的物质材料可以是泥、陶、石、木、铜,雕塑的手段由物质材料决定,软质材料可塑,采用塑造技术造型,硬质材料可雕,采用雕刻技术造型。由此雕塑可分为泥塑、瓷塑、木雕、石雕、铜雕、陶雕等。按照环境、用途、放置位置,雕塑又可分为城市雕塑、园林雕塑、室内雕塑、室外雕塑、案头雕塑、架上雕塑等。我们这里所介绍的是北京的城市雕塑，即用以装饰北京城、美化北京城市环境的雕塑，它们放置于城市广场上、街衢之间、马路之边、花坛之侧、喷池之旁并广建于市民生活空间之中。城市雕塑有别于宗教雕塑、寺庙雕塑、陵寝雕塑、以及一般的民间手工雕塑。城市雕塑作为一种公共艺术，是城市的灵魂，是城市的地域标志，是城市的精神象征。就北京城而言，在浩大的城市建设过程中，伴随着城市雕塑的勃兴，各种或雄伟壮观或艳丽多姿的雕塑点缀在各个建筑物中间，仿佛一颗颗明珠镶嵌在北京城中，构成了北京城美丽的人文景观。当然也有一些不堪入目、审美趣味低下的劣质雕塑破坏着城市环境的美。没有雕塑的城市就如同一具没有灵魂的躯体，虽然形体可观，但缺乏生气，因而令人望而却步、敬而远之。雕塑在建筑的空间分割和空间构成中与建筑共建了城市的空间美，而且使得北京城蕴涵着中国文化、北京文化的精魂，体现着具有历史感和时代感的人文精神美，特别体现了沟通自然空间和建筑空间的和谐美。

城市的雕塑实际上在雕塑着城市，北京的雕塑也就参与着对北京城的建设和塑造。北京的雕塑应该说源远流长，几乎与北京城诞生同时就出现了雕塑。北京历史上的雕塑主要集中在故宫、颐和园、圆明园、明十三陵及各宗教寺庙等古建筑群落中，从严格意义上讲还算不上是城市雕塑，只是皇城建筑、园林建筑、陵墓建筑和寺庙建筑的点缀和装饰，不是一种公共艺术。作为公共艺术的真正现代意义的北京城市雕塑应该是从建国后、特别是改革开放以后随着北京城市的大规模建设而勃兴的。

北京城市现代雕塑的标志性开端是天安门广场的人民英雄纪念碑上的大型浮雕。为了纪念1840—1949年百年里牺牲的中国革命英雄，1949年中国人民政治协商会议第一次会议作出决议，在天安门广场建立人民英雄纪念碑。纪念碑于1952年动工，1958年落成。纪念碑正面镶嵌着毛泽东题写的"人民英雄永垂不朽"八个金色大字，背面是周恩来书写的碑文，周围镶嵌着十块巨大的浮雕，每一块浮雕表现中国近现代革命史上一个的重大历史事件，共同展现了中国革命的历程。

这十块浮雕为：东面两块，第一块是《虎门销烟》，表现的是林则徐领导下的在虎门销毁鸦片的情景，其壮观的场面显示了中国人民反抗英帝国殖民主义的决心，由此引发了揭开中国近代史序幕的鸦片战争，中国从此进入到了悲壮的近代史。第二块是《金田起义》，表现的是洪秀全领导的广西金田农民起义的情景，显示出了农民反抗封建专制统治的侧面，揭示了作为近代史上规模最大的农民起义的太平天国运动的开端，预示了中国革命的主体力量主要还是劳苦大众。南面三块，第一块是《武昌起义》，表现的是 1911 年 10 月 10 日武昌起义的情景，作为辛亥革命的首义，由此推翻了统治中国几百年的清王朝的统治，完成了民族革命的任务，特别是推翻了统治中国几千年的封建专制制度，意义十分重大。第二块是《五四运动》，表现的是 1919 年北京的学生爱国运动，作为中国现代文化和现代社会起点的新文化运动的直接产物，是新民主主义革命的开端，在中国革命史上的意义尤其重大。第三块是《五卅运动》，表现的是 1925 年上海日本纱厂因为枪杀共产党员顾正红而爆发的示威运动，直接体现的是新民主主义革命反对帝国主义的目标，奠定了现代革命基本任务的基础。西面两块，第一块是《八一南昌起义》，表现的是大革命失败后中国共产党在南昌领导的武装起义，打响了武装反对国民党反动政权的第一枪，创建了由中国共产党独立领导的革命武装力量，揭开了土地革命战争的序幕，这一天也成为中国人民解放军的建军节。第二块是《游击战》，表现的是中国共产党领导下的人民武装在革命战争和民族战争中运用灵活机动的游击战术有效地消灭敌人的情景，特别是抗日战争中通过游击战一方面保存了革命的有生力量，另一方面有效地消灭了敌人。看到这块浮雕我们自然联系起了"地雷战"、"地道战"等著名的人民游击战的战例。北面即正面三块，第一块是《胜利渡长江，解放全中国》，表现的是 1949 年 4 月百万雄师横渡长江，推翻国民党统治的情景，壮观场面体现了人民解放军不怕牺牲的精神，为了解放全中国，他们冒着敌人的枪林弹雨奋勇前进，直捣国民党老巢南京，标志着人民解放战争即将取得胜利和全中国的解放。第二块是《支援前线》，表现的是人民大众支援革命战争的情景，显示了中国共产党领导的革命是真正为了人民的革命，革命战争也是人民的战争，因而获得了广大人民的热诚而坚决的支持，是人民用独轮车把革命推向胜利的。第三块是《欢迎人民解放军》，表现的是解放战争取得最后的伟大

人民英雄纪念碑上面的大型浮雕

胜利，全国人民翻身解放，欢天喜地、热烈欢迎人民解放军的情景。这让我们想起当时全国各地敲锣打鼓、扭着秧歌欢迎解放军的场面，寄托了人民得到解放后的喜悦心情。正如毛泽东同志在庆祝中华人民共和国成立的开国大典上所宣布的，中国人民从此站起来了！

可以说，这十幅浮雕所表现的历史事件具有连续性，乃是选取了中国革命史上最为典型的重大的革命事例来表现整个中国革命的历程，从虎门销烟到金田起义，概括了满清末期中国人民从遭受帝国主义入侵的屈辱到中国人民奋起反抗帝国主义和腐败的清政府的过程；从武昌起义到五四运动，概括了中国革命从旧民主主义革命到新民主主义革命艰辛而曲折的发展历程；从五卅运动到八一南昌起义乃至游击战，概括了中国共产党领导的人民革命为完成反帝反封建的民主革命任务，放手发动群众，建立人民武装，取得反对国民党军事围剿和抗日战争胜利的历程；最后三块浮雕所表现的在人民支援下横渡长江、解放全中国和人民欢迎解放军的情景，概括了全国解放战争的历程和中国革命的最后胜利。同时，十幅浮雕又有相对的独立性，每一幅都可以单独欣赏，在欣赏中可以见出每一次革命的厚重内容和伟大的历史意义。十幅浮雕以高度抽象的雕塑具象手段展现了中国革命的百年历程，在时间的长河中选取十个片段，仿佛特写镜头，定格在特定的空间中，而以空间艺术的雕塑形式凝固了时间性的历史内容，时间（历史）性内容和空间性表现完美地结合起来。十幅浮雕的空间组合，以其跌宕起伏的节奏给人一种韵律美，一如中国革命历史的波澜壮阔和可歌可泣，拼搏于其中的前赴后继的革命烈士和人民英雄，值得我们永远缅怀！可以说，人民英雄纪念碑及其浮雕，屹立在天安门广场这一北京的中心，以其雄伟壮观的身姿，成为北京城的鲜明标志。而其浮雕更是北京城市雕塑的开创之作，引导着其后北京雕塑的方向。人民英雄纪念碑的浮雕主要是纪念性雕塑，主要表现革命传统和爱国主义精神，属于这种纪念性雕塑的还有军事博物馆的雕塑和中国人民抗日战争纪念雕塑园的雕塑。

人民英雄纪念碑的雕塑是浮雕，而与浮雕相对的雕塑类型是圆雕。浮雕是指在平面雕出形象浮凸的雕塑，只能从一个方向欣赏，背面依附于建筑或器物以美化、装饰、衬托建筑或器物。而圆雕则是指不依附于任何背景，适于多角度欣赏的完全立体的雕塑。实际上，北京的雕塑大部分还是圆雕，这在1980年代以后的雕塑建设中鲜明地体现了出来。

具有圆雕特色的北京雕塑特别体现在几处群体性大型雕塑上，典型的有中国人民抗日战争雕塑园、北京城市雕塑公园和长安街城市雕塑。从雕塑类型上看，大致分为四种，一是体现民族精神和时代意义的纪念性雕塑，如长安街上新建成的雕塑"中国风"、"马踏飞燕"、"龙"、"蒸蒸日上"、"东方神韵"、"书"、"和飞"、"南极石"等，东城区的"一二九纪念碑"、抗战馆的"抗战群雕"、"铜墙铁壁"、国家体委的"奥运精神"、海淀区的"腾龙升空"、丰台区的"光彩纪念碑"、密云的"拓荒牛"、顺义的"焦庄户像墙"、崇文区的"五女传信"等。二是反映历史和区域文化特征的标志性雕塑，如宣武区的"蓟城纪念柱"、密云的"京华水源头"、大兴的"绿海田园"等。三是已故党和国家领导人、著名历史人物和当代英模人物雕塑，如毛泽东、鲁迅、李大钊、孙中山等。四是美化环境的园林艺术性雕塑，如通州的同心花园、西城区人定湖公园、石景山区的雕塑公园，还有"和平"、"海豚与人"、"青春"、"四季长安"、"祖国的春天"、"腾飞"等位于街道、道路、广场的艺术雕塑。这些雕塑通过凝固的形式，展现出丰富的思想内涵，成为精神文明建设的立体教科书，对于增强首都的历史文化内涵，提高城市的文化品位，教育和启迪广大人民群众，都发挥了积极的作用。

历史人物的纪念性雕塑是城市雕塑的重要内容，能够集中成为可观的群像的是中国现代文学馆的现代作家雕塑。我们走进现代文学馆大门，首先映入眼帘的是熊秉明所塑鲁迅铜像，正如我们翻开现代文学史看到的第一个作家就是鲁迅一样。作为现代文学的一座大型博物馆，把鲁迅的雕塑放在第一位当属最好的布局。从鲁迅雕塑进入现代文学馆院落，我们会陆续看到现代文学的一个个大家。叶圣陶和老舍面对面坐着倾心交谈；后面立着戏剧大家曹禺正凝神倾听；茅盾西装革履凝望着天空；巴金在自己所提倡建立的文学馆里背着手低头沉思；郭沫若举着双手仰天长啸；冰心是一个温柔的少女托腮憧憬着爱的人间；艾青手举烟卷含笑注视着；朱自清文质彬彬更现君子风度；丁玲一身戎装豪情满怀地奔赴战场。令人忍俊不禁的是农民作家赵树理，一副正宗农民打扮正弯腰驼背向前走着，后面跟着骑毛驴的三仙姑，只是毛驴的腿太细了，想必雕塑家未生在农村，我们不禁担心这样的细腿能否承受一贯养尊处优的三仙姑。这些雕塑，形象不同，神态各异，应该说捕捉到了每个作家的主要特征，惟妙惟肖地把这些作家的形象神态传达了出来。中国现代文学馆的现代作家雕塑可谓北京城市雕塑的一大亮点。

"中国人民抗日战争纪念雕塑园"秉承了人民英雄纪念碑的主旨，属于革命纪念和进行爱国主义教育的大型雕塑园。纪念园建在宛平城南侧，园内《中国人民抗日战争纪念碑》由丁洁茵、郝立海设计，为反映抗日战争期间重大历史事件内容的群雕(38尊)，由中央美术学院雕塑系创作。2000年7月7日举行了隆重的落成典礼。雕塑群区占地22500平方米，按中国人民抗日战争历史过程，分为"日寇侵凌"、"奋起救亡"、"抗日烽火"、"正义必胜"四个部分，摆放38尊直径2米、高4.3米的柱形雕塑，青铜铸造，均重6吨。群雕以《国歌》为主题，以中国传统碑林形式布阵，借鉴中国传统雕塑形式创作。青铜柱上近千个人物形象慷慨激昂、浴血奋战，形成一部凝结在青铜中的宏伟史诗，再现了半个多世纪前全体中国人民前赴后继、惨烈悲壮的历史场景。著名作家魏明伦为雕塑园作赋云："……三十八尊铜塑，四万万人缩影。抗战历历在目，群英栩栩如生……民族存亡，匹夫有责；国家灾难，妇孺捐躯。中华有大敌当前，延安以大局为重。促两党并肩，轩辕子孙同祭黄帝陵；联亿民携手，女娲后代共补华夏天。东西南北中，工农商学兵。人流汇成汪洋大海，血肉筑成铁壁铜墙……"抗日战争纪念雕塑放在北京宛平，可谓深得其所。抗日战争的全面爆发正是以此为起点的，"七七"卢沟桥事变和宛平驻军吉星文团的奋起抗战，拉开了全国人民全面抗战的序幕。从白山黑水到云南边陲，从太行山脉到沿海内外，从正规军队到游击战士，特别是中国共产党领导下的全国人民的全面抗战，经过八年艰苦卓绝的战斗，终于取得了抗日战争的胜利。八年中，中国人民作出了巨大的牺牲，更谱写了一曲曲壮丽的抗战之歌，表现出了伟大的民族英雄主义气概和精神。遭受日寇侵凌的惨烈和悲壮，奋起救亡的决绝和勇气，抗日烽火中的战斗和牺牲，正义必胜的信念和取得最后胜利的欢欣，所有这些都形象地凝结在这38座雕塑中。这是一部青铜史诗，慷慨激昂的旋律奏响的是中

中国现代文学馆的雕塑（从左到右为叶圣陶、曹禺、老舍）

华民族最伟大、最高亢、最有力的乐章，这是自1840年反抗帝国主义入侵以来中国人民最扬眉吐气的时候。走进抗日战争雕塑园，意味着我们走进了历史，走进了伟大的抗战史，更走进了中华民族伟大的抗战精神史。勿忘历史，勿忘抗战的历史，当是我们永远的责任。这一座抗战纪念群雕随时在提醒着我们，更标示出了我们中华民族的顽强精神。

　　人民英雄纪念碑浮雕和中国人民抗日战争纪念雕塑园的所有雕塑，从内容上说体现了鲜明的爱国主义和革命历史教育的主题，如果把两处雕塑看做一个整体，正是以点带面，概括了中国近现代史的全部历程。像这样的纪念性雕塑我们以为还是太少了，因为这些雕塑表现了中国因为落后而背负的屈辱历史，表现了全国人民为了国家独立、富强而奋斗的历史，所以既可以警醒广大民众，又可以作为我们发展国家的动力。历史不仅仅用文字记录，也可以采用如雕塑这样既形象又大众化的形式表现。并不是人人每天都去看历史书，但当我们采用雕塑这样的形式时，那么走过雕塑面前的每个人都可以看见和重温历史，记住历史、特别是如抗日战争这样的历史，对我们的民族不再重蹈覆辙具有重要的作用。包括我们民族的文化名人，特别是革命先烈，如果要深入人心，发

人民英雄纪念碑浮雕之"五四运动"

挥应该有的教育和鼓舞作用，在城市中雕为塑像，当是最好的形式。

正是因为中国人民的艰苦奋斗，中国才走上了独立和追求富强的现代化发展道路。历史是指向未来的，而现在的北京同样是在长期的历史发展中谱写出现代化建设的凯歌。现代化的城市建设必然伴随着美化城市环境的城市雕塑的发展。具有现代气息的北京城市雕塑遍布北京城各主要大街，特别突出的是北京中心大街——长安街的雕塑，它们以特有的文化内涵和艺术风格，格外引人注目，构成了北京独特的城市景观。长安街的雕塑表现了北京作为文化中心的功能。1999年，国庆五十周年，长安街建设了一批新雕塑，这批雕塑定位在表现民族传统、地方特色和时代精神的主题上，从民间、民俗文化中提取创作素材，基本不建台座，更加贴近民众，有助于营造环境。突出的雕塑作品有：1.《中国风》，位于长安大戏院广场。雕塑以京剧脸谱为素材，运用中国传统艺术创作的虚实、概括、夸张手法，使雕塑生动、大气、空间变化丰富，给人以无穷的回味和遐想。这具雕塑鲜明地体现了中国文化的传统特色，因为京剧是中国的"国粹"，是长期提炼出的中国艺术精华，最能够代表中国、特别是北京的文化。2.《蒸蒸日上》，位于西单文化广场。雕塑取材于老北京传统风筝"沙燕"的造型。根据广场环境采用了概括和夸张的艺术手法，又以明快的色调渲染，使人们体味到现代生活的气息。

西单文化广场是中国第一个城市休闲广场。3.《龙》，位于北京国际金融大厦。雕塑以书法为造型基础，利用雕塑的立体三维特点，增强了雕塑的空间视觉形象，有极强的艺术感染力，可以见出中国和北京的文化特色。4.《和风》，位于建国门"和风"广场。雕塑由四组象征"风调雨顺"的风车组成，随风旋转，既质朴又亮丽，既庄重又欢快，极具欣赏趣味，为长安街增色不少。5.《书》，位于西单图书大厦前面。雕塑以层叠的书为造型，高4米，呈阶梯状，象征着书籍是人类进步的阶梯，厚重深远，与高大的图书大厦建筑相得益彰，更和庞大的读者群融为一体。此外，还有王府井商业街雕塑，定位于"历史性、艺术性、趣味性、融合性"。其中南口的《王府井牌匾》、《王府井井盖》、新东安市场门前的一组《逝去的记忆——理发、说书、拉车》等城市雕塑，没有台座，没有围栏，全开放，和市民零距离接触，更见出现代性中的平民化，达到了雕塑与市场的结合、雕塑美和商业性的统一。可以说，长安街的雕塑基本上融于大众的日常生活中，体现了现代社会审美大众化的特征，毕竟，广大民众需要美。长安大街以及其他大街上的雕塑不仅美化了城市环境，尤其达到了和大众审美零距离的目的。

北京城市建设的现代化进程同时伴随着国际化，北京市正日益成为国际化的大都市。其中表现在城市雕塑方面，也正在走向世界，和世界的雕塑艺术"接轨"。当然，首先是以开放的态势接纳世界雕塑艺术。2002年7—10月，由北京市人民政府主办了"国际城市雕塑艺术展"，从62个国家的2400多件作品中选择了40个国家的240多件雕塑作品进行了展览。此后，在北京市长安街西延长线玉泉营路口西南侧建成了北京国际雕塑公园，这是一个国家级的雕塑文化艺术园区，已成为北京市最大的雕塑主题公园，更是具有"人文奥运"理念的一幅鲜活生动的图画。北京国际雕塑公园以收藏、展示国内外雕塑艺术品为主，是一处集雕塑艺术欣赏、研究、普及和休闲、娱乐、旅游等功能为一体的综合性园林。现已有200余件来自40多个国家和地区的优秀雕塑、壁画作品收藏于园中。园中雕塑作品，以现代、精粹、互动、发展为主题，在设计、建设、管理的过程中，秉承"在创造自然生态景观的同时，将浓厚的雕塑艺术内涵赋予到绿色生命之中"的原则。2004年6月，瑞典最著名的雕塑艺大师卡尔·米勒斯最具代表性的原件雕塑作品《人与飞马》、《天之骄子》在北京国际雕塑公园西园落成。其中《人与飞马》的造型是神话中带翅膀的飞马和一个人飞升到天空中的景象，表现了向往自由的理想。《天之骄子》是一只巨大的手用拇指和食指托起一个高达3米的男子，据说这是卡尔·米勒斯在梦中获得的灵感。北京国际雕塑公园将绿色的园林生态型公园与高雅的雕塑艺术相融合，以自然环境为本，以人为本，逐渐成为了一个具有国际水平的雕塑主题公园，一个为社会各界所青睐的高品位、国际化的文化休闲场所，一个北京市标志性的新景观。

北京城市雕塑最大的特征是丰富的历史文化遗产和同样丰富的现代艺术雕塑交相辉映，具有鲜明民族风格的雕塑和多样化的体现世界艺术风格的作品融为一体，既有传统性和现代性的统一，又有民族化和世界化的融合。除上述现代雕塑外，北京作为文化古都，自然富有民族文化传统的古典雕塑。在此重点介绍一下北京的石狮子雕塑。顾名思义，石狮子就是用石头雕刻出来的狮子，是中国传统建筑大量使用的装饰物，宫殿、寺庙、佛塔、桥梁、府邸、园林、陵墓、衙门以及一般大户人家的门前都常见石刻狮子。人常说百狮百态、百狮百饰，或立、或坐、或

北京创意雕塑之一

北京创意雕塑之二

走、或卧，或塌腰、或拱腰、或转腰、或抬腰，或发饰、或背饰、或爪饰、或尾饰，或玩绣球、或披绶带、或摇缨铃、或互嬉戏，真是异彩纷呈，引人入胜。北京的石狮子雕塑更可以说是无处不在，触目可见。最为著名的是天安门前的石狮子和卢沟桥石雕护栏上的石狮子。天安门前、金水桥南的两个石狮子和天安门一样，无论是历史还是建筑特色上均天下闻名。如天安门的巍峨一样，石狮子也很是壮观。它们是北京最大的石狮子，高3.41米，重15吨，雕刻于明代成化年间。作为天安门的装饰品，这对石狮子已经是天安门不可分割的组成部分，很难想象没有石狮子的天安门会是什么样子的。这对石狮子仿佛是天安门的守护神，以其庄严、震慑的神态象征了昔日帝王的权威和皇宫的威严。有意思的是，石狮子的肚子上有枪扎的一道深坑，据说是李自成的"杰作"。1644年4月25日李闯王打进北京城，明朝最后一个皇帝崇祯吊死在景山树上，留守的太监们打开城门，迎接李闯王。但守城大将李国桢不肯投降，激战之后他一个人逃跑了，于是李自成顺利地进了前门，进了"大明门"，看见了天安门（原名承天门）。丞相牛金星告诉李自成，皇帝的圣旨就是从这里传出去的。李闯王一听，怒发冲冠，举箭就射，一箭射在了承天门的"天"字上面，然后取下钢枪，挺枪催马，冲向天安门。正好到石狮子跟前时，有人高喊："石狮子动弹了！"李闯王闻听，提枪就刺，刺

卢沟桥的石狮子(1)

向东面的石狮子，在肚子上留下一个枪坑。这时一个人影向西奔去，李自成又一枪刺向西面的石狮子，也在肚子上留了一个枪坑。这时士兵们围住石狮子，从狮子后面抓住了一个人，正是要逃跑的李国帧。从此，天安门前的这两个石狮子肚子上面就有了两个枪坑。[1]不言不动的石狮子实际上也在经历着中国的历史变革，无声地看着皇城中心所发生的一切。自然，它们也迎来了新生，看见了新中国的诞生，看见了北京城的巨变。

　　而同样见证过中国历史的是卢沟桥的石狮子，"七七事变"就发生于此。石狮子们虽然无言，但泣血于日本帝国主义的残暴入侵，正是在这里中国打响了全面抗战的第一枪。桥始建于金代，1189年建成，1444年重修，后毁于洪水，于1698年康熙年间重建。桥全长266.5米，宽7.5米，下有11个涵孔，桥身左右两侧石雕护栏共有望柱281根。民间素有"卢沟桥的狮子——数不清"的说法，所以关于石狮子的数目有各种说法，过去的数字都小于实际数字。据准确统计，卢沟桥共有狮子501头，包括望柱的上端都雕有狮子。这几百头狮子，形态各异，栩栩如生：有的昂首挺胸，有的双目凝神，有的庄严威武，有的平静安详，有的又在嬉戏耍闹，或卧或坐或伏或蹲，大狮子稳居桥上安如泰山，小狮子任情适性，交头接耳，似在喁喁私语，而它们大都或蹲在大狮子脚下，或伏在大狮子背上，或钻在大狮子怀中，见出顽皮可爱。大概也正是因为这些小狮子的形态表现，才使人们在计数石狮子数目时，往往被它们的顽皮搅乱。卢沟桥的石狮子尽管多到曾经让人们数不清，但还不是最多的，石狮子最多的是

卢沟桥的石狮子(2)

颐和园内的十七孔桥。桥横跨昆明湖，长150米，桥边望栏上面共雕刻石狮子544头。但其雕刻远远晚于卢沟桥，自然不如卢沟桥石狮子闻名遐迩了。

我们通过选取几种代表性的雕塑或雕塑群大概观照了北京的城市雕塑，由此也可以基本领略北京城市雕塑的美，并进一步体味作为北京城精神文化象征的雕塑的内在意蕴。

但毋庸讳言，目前北京的城市雕塑并不尽如人意。雄伟壮观、精美绝伦的雕塑和具有深厚历史文化内涵的雕塑当然占据主流，但同时在一些地方也充斥着平庸乏味、格调低下、庸俗不堪、粗糙粗疏、重复单调、不合时宜的雕塑，既不能给人以美感，又破坏整体环境的和谐。这样的雕塑和这种雕塑现象，与作为文化古都的北京和作为现代化大都市的北京实在不相称，是北京城市建设的一大问题，需要市政建设规划和雕塑专家的努力来解决，也需要广大民众群策群力，以共同建设更加美观的雕塑和更加美好的北京。

二　展示北京意韵的门礅

如果说雕塑不仅是传统建筑和建筑的装饰物，而且可以是现代建筑和建筑的装饰物，那么北京的门礅则基本上属于传统的建筑构件。随着

现代化高楼大厦的勃兴以及传统胡同和四合院的消亡，门礅也正处于消亡的边缘，北京城市的现代居住格局已经不再给门礅存在的空间。本质上，门礅属于胡同、属于小巷、属于四合院。门礅既有实用的建筑构件功能，又有美化的建筑装饰功能。当实用的建筑功能日益弱化，其美化的装饰功能则逐渐为人所注重，作为老北京文化重要组成部分的门礅，在这几年受到人们的亲睐自是情理中事。因为消失了的和正在消失的文化遗产，无论是物质的还是非物质的，均因其不可再生性而显得格外宝贵，北京的门礅就属于这样的物质文化遗产。

门礅是北京四合院中用以支撑正门或中门的门框、门槛和门扇的石头，这样的门枕石一部分在门内以承托大门，一部分在门外，往往雕以鸟兽花石和各种装饰物，是为抱鼓石，有方有圆，更有各种造型。从四合院的门的建构上可以看出门墩的实用功能，其门是把门槛嵌入门枕石的沟槽中，再把门框嵌于门槛中，门框、门楣互相连接，与门墩、门槛吻合在一起，这样就把门牢牢地固定起来，门就不会倒下去了。门扇的上面有旋转轴，下面插入门枕石内侧开凿的孔洞中，这样牢固的门就可以灵活自如地开启了。这样，门礅就成为四合院大门建筑不可分割的组成部分，担当着相当重要的功能。而伸出大门外的精美石刻和造型图

老北京的门墩

案，既包含了丰厚的历史文化内涵，又表现出了精美的石刻艺术，不仅装饰大门，而且显示门第，尤其在无形中以历史文化的内容美化着北京的胡同。每当人们走进北京胡同，首先看到的就是一座座大门，正如看一个人自然要看他的全体、特别要看他的鞋一样，看到大门的同时也会观赏那一座座门礅。倘若只有高门楼子和朱漆大门而没有门礅，就好像一个人盛装之下没有穿鞋一样，不仅给人头重脚轻之感，更让人感觉到建筑的浅陋和乏味，一句话，就是"没有文化"。而厚重敦实的门礅实际上支撑起了人的美感，与高门楼、朱漆门共同构成四合院的"门面"。

　　门礅除了建筑的实用功能和装饰的审美功能外，还有很重要的民俗功能。在北京的胡同里面，虽然四合院是封闭的，但胡同里的居民事实上有比较密切的人情往来。当各家走出大门，在胡同里和其他人家交往、交流和交谈时，门礅周边就成为人群的集散地。一个老太太出门后可能首先就会坐在自家的门礅上，随后就有其他的老太太或各家主妇们围过来，一边做家庭手工活计，一边聊天，而围绕着她们的则是跑来跑去玩闹的孩子们，这形成了北京胡同里独特的人情氛围。或者孩子出来，也可能先坐在门礅上面玩，旁边有大人逗弄，也是一幅趣味横生的图景，所以北京广为流传着这样的儿歌："小小子儿，坐门礅儿，哭着喊着要媳妇儿……"这给了北京人非常美好的童年记忆。假如没有门礅儿，也就不会有"人堆儿"，不会形成胡同里这种独到的人情氛围了。应该说，门礅对北京胡同文化和民俗文化的形成起着重要的作用。

　　门礅的起源较早，确切时间不可考，但作为四合院的建筑构件应该和四合院的起源是同步的。门枕石早在汉代四合院形成时期就开始使用了，门礅也就是从这种门枕石逐步演化过来的。在门枕石外侧雕刻饰物也很早就出现了，例如有人提到北魏文成帝（452—465年在位）皇后陵墓的石券门，其门枕石外侧就呈现虎头的模样；还有南朝梁代的一座古墓，石柱下面放有一个高18厘米的门礅，是和柱子分开的。这些虽然是陵墓建筑，也可见当时已经有了门礅。宋代编写的《营造法式》中有对早期门礅的记载。北京门礅的起源和发展，于润琦在《北京的门礅》一书的序言中说，乃与蓟州的建置有关。北京现存最早的门礅是中山公园社稷坛门前的一对门礅，有人认为是隋唐时的遗物。以后还有唐

石狮子门墩

代的翼兽（存五塔寺）、辽金时的石虎（存五塔寺）、元代的石狮（存妙
应白塔寺）。北京门墩的发展与辽中都、元大都的兴建有密切关系，到
明清两代则是门墩的繁盛期了。实际上，当北京成为都城后，自然会大
兴土木。王公贵族集中在北京，其居所崇尚独立的四合院落，这样，随
着大量作为王府贵胄住所的四合院的繁盛，门墩自然就十分丰富多彩了
——只要有四合院，就肯定有门墩。不仅王府、贵族院落，就连普通百
姓的住所都设置了门墩。所以北京的门墩大概是最多的，尽管毁坏和消
亡很多，但目前尚存的门墩估计也在万件以上。据于润琦先生实地考
察，门墩保存较好的胡同有：东城区安定门地区的交道口北头条、二条、
三条，方家胡同，国子监，土儿胡同，香饵胡同；东四地区的东四头条
到十四条胡同；西城区福绥境地区西四北头条到八条胡同；二龙路地区
的手帕胡同、察院胡同、文华胡同、西铁匠胡同；崇文区前门地区的草
厂胡同头条到十条。应该说，门墩曾经遍布老北京城的胡同、小巷中的
四合院，俗谓老北京"有名的胡同三千九，无名的小巷赛牛毛"[2]，可以
想见过去这无数的胡同和小巷中该有多少院落，又该有多少门墩啊！

北京门墩的形状主要有狮兽形门墩、抱鼓形门墩、箱体形门墩。狮兽
形门墩雕刻的是中国传统文化的瑞兽如狮子、麒麟、大象、虎、鹿、鹤等，
有单体型（即不与大门门柱连接，单独放在大门前面的门墩）和连体型（即

与大门相连，与大门构成一个有机整体的门礅）。单体兽型礅多放置在皇宫、殿宇、王府、宫邸、庙宇的门前，是最高等级的门礅，是地位和权势的象征。如十三陵神路上的石人石兽实际上是皇家陵寝的"门礅"。当然这类门礅作为连体礅时，也标明了所在院落主人的身份和地位：不是一般的人家，往往是王公贵胄。如美术馆东街25号四合院的垂花门下有狮子礅，此宅院早年为西太后侄女所住，抗战后由杜聿明将军居住。狮子礅中有一种九狮礅，级别也很高，如广亮大门前的九狮礅，为循郡王府，位于安定门内方家胡同。循郡王名永璋，为乾隆皇帝第三子。清末名妓赛金花和其夫洪均曾经住此宅。其门礅为青石抱鼓形九狮礅，九狮是由两只大狮子和七只小狮子组成，形态各异，生动逼真。兽体礅的另一种突出类型是麒麟礅。麒麟是古代传说中的瑞兽，与龙、凤、龟并称"四灵"，麒麟为"四灵"之首，麒为雄，麟为雌。麒麟是美德祥瑞的象征，历代帝王把麒麟看做国家太平吉祥的象征。麒麟雕刻于门礅上，更是体现了宅院的等级——专属王公贵族和达官显宦了。雕刻有麒麟的门礅宅院如东城区西堂子胡同原为左宗棠府第，东四十三条为清代某蒙古驸马府第，东城帽儿胡同为文煜府第，西城富国街为祖大寿府第。还有一种"麒麟吐玉书"门礅，

雍和宫门墩

179

如东城区东四十七条东口某宅院门前门礅的图案就是"麒麟吐玉书",传说与孔子的出生有关。据晋代文人王嘉《拾遗记》载,孔子出生前,有一只麒麟现身于曲阜,吐出一块玉版,上面刻着"木精之子,系衰周而素王,征在贤明",人们非常惊讶,在麟角上面挽了一条丝带为记号,但几天后麒麟就失踪了,随后孔子出生。传说孔子为麒麟转世,门礅雕刻"麒麟吐玉书"图案也就是祈福家出"圣人"吧。

门礅中更多的是抱鼓形和箱体形,即便如上所说兽体礅也多是在这两种体状上面雕刻的。

鼓形礅是最为常见的,所以门礅又叫抱鼓石。这种鼓形礅的主体部分的造型和真正的皮鼓一样,鼓背上也刻有一圈鼓钉,鼓面上则刻着精美的图案。据说,门礅取鼓形与元人有关。蒙古人作为游牧民族,擅长骑射,英勇善战,因而横扫中原,战胜了软弱的宋王朝,建立了元朝并定都北京。元人定鼎中原,特别是从游牧民族定居于大都后,就大肆建房,把庆祝胜利的皮鼓雕刻为门礅作为胜利的象征,放在家门口,以示炫耀,永久保留。所以,门礅在元代多雕为鼓形,是为鼓形门礅起源之一说。

而另一种长方柱体的箱体形门礅,则与文人有关。举子进京赶考,要携带书籍和笔墨纸砚,这些东西就放在一个很大的书箱里面,或挑或背而赶到北京。一旦考中及第,书箱自然功不可没,把书箱刻为门礅,放在门外,以示及第,在夸耀,也意为纪念,于是就有了箱体门礅。这与鼓形门礅的起源相映成趣。

"抱鼓石是为武官的宅院大门而设,箱体礅则为文臣院门所有"[3],一属武将,一属文臣,小小门礅,凝缩着国家治理的两大基石,承载着个人奋斗和国家奠基的整个历史,表现着传统中国人建功立业和光宗耀祖的深层文化心理。

所以,门礅是一种文化,而且不仅是单纯的民俗文化,且从其所雕刻的图案看包含了大量的正统文化和雅文化的内容,或者说,门礅的雕刻图案是把雅文化的内容民间化了。门礅的形状既有了象征的意义,那么其雕刻的图案更是体现了或象征了各种各样的文化含义:既有精英文化含义的,又有民间文化含义的;既体现雅文化,又体现俗文化;既有传统儒家思想的,也有传统道家文化的,还有传统佛家文化的。

作为帝王之都的北京的建筑本来就处处体现了封建等级制思想，即如作为典型代表的民居四合院，固然表现了中国传统的崇尚整齐对称的美学取向，但更突出表现的是等级特征。门礅的建置实际上也是等级制的表现。如配以朱门的四合院的门礅等级地位相应也高了，其图案往往刻以麒麟、狮子等瑞兽。凡有雕刻麒麟、狮子等的门礅的基本上是王公贵胄的府邸。

而门礅所雕刻的图案作为一种文化符号，大多寄托着人们祈福求安、长寿多子、合家和睦、吉庆有余、官运亨通等美好祝愿，如：雕九个狮子图案的九狮礅，取"狮"与"世"谐音，寓"九世同居"之意，象征合家团聚、和睦同堂；雕一朵莲花和一条鱼，取谐音象征"连年有余"；雕鲤鱼跳跃于两座山间的流水中，表示鲤鱼跳龙门，象征官运亨通；最常见的狮子绣球礅，"狮"与"事"、"嗣"谐音，双狮并行表示事事如意，狮佩绶带表示好事不断，雌狮伴幼狮表示子嗣昌盛，狮子咬绣球表示有喜事临门；雕一个佛手柑、一个仙桃、一个石榴，组合在一起，取谐音象征多福多寿多子；雕五只蝙蝠，象征五福临门；雕两个柿子、一支如意，象征事事如意；雕三只绵羊，象征三阳开泰，等等。这些已经成为民间约定俗成的文化符号，很多也成为门礅的构图内容。

还有表现民间传说故事的门礅，更是生动有趣。如"白猿偷桃"的门礅雕刻，讲的是云蒙山中的一只白猿偷桃子给它母亲吃的故事。白猿的母亲生病了，特别想吃桃子。白猿特别孝顺母亲，看到母亲生病，非常着急。当它知道母亲想吃桃子而且桃子能够治好母亲的病，就潜进仙桃园为母亲偷摘仙桃，被看守桃园的孙真人抓获。白猿讲明原因，苦苦哀求，其孝心终于感动了孙真人，孙真人就把它放了。白猿把桃子拿回去，其母吃了桃子后病就痊愈了。为了感谢孙真人，白猿之母通过白猿把一套兵书送给了孙真人。门礅雕刻此传说，表达了儿女的孝心和祝愿老人长寿的愿望，同时也说明好心总会有好报，包含了十分鲜明的道德教训意味，传达的是儒家的伦理思想。还有如西城西松树胡同45号院的门礅图案"刘海戏金蝉"，在汉白玉石鼓形礅的鼓面上，刘海脚踏金蝉，挥袖撒钱，所撒之钱在头上呈现半圆弧状，这表现了一个有趣的故事。据于润琦《北京的门礅》所述，刘海，广陵人，号海蝉子，16岁登科，50岁至相位，事燕王刘守光。有一天，一个道人来拜访他，索要鸡子10枚和钱10枚，"累卵如钱，如浮图"，刘海惊呼"危哉！"道人却说："人居荣乐之场，其危有其甚如此者。"意思是说人在名利享乐场所，其危险比这些叠起来的鸡蛋还要危险，随时会掉下来。道人讲完后，扔下鸡蛋，飘然而去。刘海由是觉悟，换了衣服跟随道人而去，历游名山。刘海出家时当为老者，但在民间他却返老还童，成了活泼可爱的胖小子，所以有的门礅雕刻形象为胖小子，甚至还有女娃儿形象的。刘海撒钱，或以此祈祝财源茂盛，但殊不知本义是丢开金钱、净身而去的意思。老头儿演变成为小孩儿，抛却功名利禄变成了祈祝财源不断，可见人们还是忘不了名利，对自己的未来始终充满希望。

门礅雕刻道家和佛家文化内容著名的有"暗八仙"和"八宝吉祥"图案。"八仙"是道教传说中的八个神仙，指铁拐李、汉钟离、张果老、何仙姑、蓝采和、吕洞宾、韩湘子、曹国舅。"暗八仙"是指他们随身携带的器物，分别是葫芦、宝扇、渔鼓、莲花、玉笛、宝剑、花篮、阴阳板。这八位神仙扬善惩恶、劫富济贫，自由自在，不受玉帝节制，其形象和作为在中国家喻户晓，人们不仅喜爱他们，而且喜欢他们的器物。于是，在门礅的雕刻中没有雕刻八仙自身的形象，而是雕画他们的器物，睹物可以思仙，所雕器物就是"暗八仙"。这些门礅在礼士胡同、干面胡同、东四各胡同都可以看到。至于"八宝吉祥"则属于佛教文化内容，"八宝"是指僧侣祈祷时所供奉的八件吉祥物，即法螺、法轮、宝伞、宝瓶、莲花、盘长、金鱼、宝盖，藏区僧人认为八宝是释迦佛的化身，代表了佛的八种器官。北京雍和宫法物册解释道："法螺"——佛说具菩萨果妙音吉祥之谓；"法轮"——佛说大法圆转万劫不息之谓；"宝伞"——佛说张弛自如曲覆众生之谓；"宝盖"——佛说遍覆三千净一切药之谓；"莲花"——佛说出五浊世无所染着之谓；"宝瓶"——佛说福智圆满具完无漏之谓；"金鱼"——佛说坚固活泼解脱坏劫之谓；"盘长"——佛说回环贯彻一切通明之谓。那么"暗八宝"雕在门礅上面就表达了深刻的佛教含义，也可以见出佛教对北京民间文化的影响。

北京的门礅雕刻图案丰富多彩，自可以此作为一个角度对门礅作出分类。如于润琦《北京的门礅》一书即分类翻印了大量精美的门礅，从中可见如四艺礅（琴棋书画）、花卉礅、人物图案礅、文字纹饰礅等，其中都包含了传统文化、北京文化、民俗文化的意味。

最后，参考《北京的门礅》一书介绍三种特殊的北京门礅。一是北京最大的门礅，存于西城西直门内大街，其宅院为清末某贝勒府。此门礅高90厘米。一是北京最小的门礅，存东城区菊儿胡同内。此门礅直径只有15厘米。一是或为留存最为精美的门礅之一，其为鼓形礅，上面蹲踞着狮子，从基座到石鼓到狮子都雕刻有花纹图案，线条柔和，曲折有致，造型美观，所雕狮子栩栩如生，而且保存完好，几乎没有损伤。这座精美的门礅属于清和亲王府，该王府先为康熙第九子允禟所住，后由雍正第五子弘昼封为和亲王后占据，清末改由贵胄学堂；民国初年此处为袁世凯的总统府，后为段祺瑞执政府。这门礅可是见证了几百年的政坛风云、社会变革和北京历史。

三　似楼非楼，非楼亦楼

北京文化从建筑角度看，可圈可点处甚多，最为独特的如皇宫、王府、园林、庙宇、胡同、四合院等，其中不可遗漏的一种重要建筑物是牌楼。北京的牌楼之多、之美、之历史悠久、之文化厚重，是全国乃至全世界都少见的，或者可以说，北京牌楼本身已经成为北京都市文化的一个鲜明的标志。

北京著名的西单、西四、东单、东四，实际上原名都是得于牌楼，本来是叫西单牌楼、西四牌楼、东单牌楼、东四牌楼的。刘心武描写北京市井文化的小说名为《四牌楼》，就是以牌楼取名的。老北京城的牌楼随处可见，许多牌楼雄伟壮观，牌楼几乎是北京城的标志性建筑。虽然一些经典的牌楼已经拆除，但我们可以凭借现存的牌楼想见北京牌楼的整体风貌，进一步感受北京古都建筑的美。古典的建筑美正被现代的高楼大厦吞噬，过去高大壮观的牌楼在高楼大厦的掩盖下难现往日的雄姿了，但留存下来的牌楼的绰约丰姿仍然熠熠生辉，以其所包含的深厚的文化意韵和美丽形象继续装点着现代的北京城，并永远给我们独特的艺术享受和文化感怀。

牌楼又名牌坊,《中国大百科全书》定义为:"牌坊又称牌楼,是一种只有单排立柱,起划分控制空间的建筑。"这是一种独体建筑,建于街道、庙宇、陵墓、祠堂、衙署、桥头、园林及商家店铺前面,以木、砖、石、琉璃等材料建成,装饰有精美的图案、彩绘以及书法。这种建筑,"似门非门,非门亦门",只有楼柱没有墙,像门框而没有门,有牌有匾。牌楼和牌坊的称呼虽然相通,但还是有区别,那就是,有楼的为牌楼,无楼的曰牌坊,牌楼是从牌坊演变来的,是牌坊的复杂化。牌楼是中国传统建筑中的独特建制,是古代伟大的建筑艺术和人文精神的结晶。《中国大百科全书》认为:"牌坊起源于汉代坊墙上的坊门,门上榜书坊名为标记,宋以后随着里坊制的瓦解,坊门的原有功能消失,但坊门仍然以脱离坊墙的形式独立存在,成为象征性的门,即为牌坊,立于大街、桥梁的显要位置。牌坊在南宋已经出现,至明则为常制。牌坊还有表彰性的意义,起源于汉时的'榜其闾里',经唐宋之'树阙门闾',至元明清已改用'旌表建坊'的做法。"其实早在春秋战国时期就有了牌坊的雏形,《诗经》在,《陈风》中有诗《衡门》:"衡门之下,可以栖迟",其中的"衡门"即后来的坊门。

牌楼的起源和它的功能密不可分,最初所谓"阙"、"表"、"坊"等经过演变,到元时的北京成为固定化的牌坊和牌楼,其功能也日益扩大。"阙"或"表"本来是用来在民众的管理中接受民众的意见或建议,演变为后来的"华表";用以表彰或纪念本地区出现的有功德的人或事,演变为后来的功德牌坊;以坊划分街区以便于管理的所谓"有城必有阙,有街必有坊",是作为街巷区域的分界标志;而当牌坊演变为牌楼后,主要是作为主体建筑的装饰物,以增加主体建筑的气势和美化环境。

北京的牌楼天下闻名,有人称"北京是个巨大的牌楼博物馆"。可

前门大街牌楼

考可知的牌楼有三百多座，现存明清时期的牌楼大约有六十多座。北京
牌楼的建筑当然与元定都北京有关，到明清时牌楼建筑达到高潮。老北
京的建置过程即以坊划分，分外城、内城和皇城，其坊门的设置可见牌
楼的建制。老北京的外城有八坊，内城有二十坊，皇城有六坊，每坊都
有坊门，也就是牌坊，有楼时为牌楼。实际上，著名的天安门（原名承
天门）作为皇城的正门，即有牌坊的作用。北京的牌楼与都城建造时划
分街区的坊门分不开，只是后来的牌楼更增加了装饰性和街头标志的功
能，而且建造结构愈趋复杂、造型愈趋美观、装饰愈趋富丽堂皇。不仅
如此，当作为坊门的牌坊成为牌楼后，其门的作用愈益弱化乃至消失，
而建置地点多样化的同时其功能也更加丰富化了。

　　北京著名的西单、西四、东单和东四四座牌楼，位于北京最繁华的
商业街道，其地理位置就在四个主要的街口。这四座牌楼都是三间四柱
七楼式的木制彩牌楼。它们起过划分街道的坊门的作用。清人朱一新的
《京师坊巷志稿》写道："东大市街有坊四：东曰履仁，西曰行义，南、
北曰大市街。俗称东四牌楼大街。""西大市街坊四：东曰行仁，西曰履
义，南北曰大市街，俗称西四牌楼大街。南接瞻云大街，东有旃檀寺，

北海琉璃牌楼

西有关帝、真武二庙，街心有观音庵，俗称当街庙。"所以有"西四牌楼当街庙"的说法。1950年代北京城的大规模改造中，这些牌楼很多被拆除。牌楼不存，但发生在牌楼下的历史却不会从人们的记忆中消失。

谁曾想到，今天繁华的西四牌楼，元代却是贩人的市场，而明代更是一个杀人的刑场。

先说作为贩人市场的西四牌楼。蒙古人横扫中原、定都北京、建立元朝后，随着政治的稳定，大力推行商品贸易，元大都也成为了著名的商业城市。当时的市场主要有两处，其中一处就是羊角市即西四一带，主要进行牲畜买卖，同时设有人市，进行奴隶的买卖。《京师坊巷志稿》记载："人市在羊角市，市至今楼子尚存。此是至元后有司禁约，姑存此以为鉴戒。"所贩卖的主要是战俘，被称为"驱口"，蒙古人在长期征战过程中所俘获的明代士兵和百姓，大量地被卖为奴隶，在人市上进行交易，更有人贩子从中渔利。不仅战俘，还有犯人及其家属亦被卖为奴隶，甚至包括妇女，有诗歌描写妇女命运："肌肤玉雪发云雾，罗列人肆真可怜。"可见其悲惨情景。直到大规模战争基本结束，到元世祖末期，人市才被废除。

人市被废了，到明代时西四牌楼又成为了人被"弃于市"的地方，变成处决犯人的刑场。明朝末年杨士聪撰写的《甲申核真略》中记载："西四牌楼者，乃历朝行刑之地，所谓戮人于市者也。"《旧京遗事》和《明季北略》两书同样记载了西四牌楼行刑时的一些情况。这段历史，自明成祖迁都北京后，直至明亡，约略有二百余年的时间。清朝入京后，内城成为八旗驻守的天下，将刑场移到外城"菜市口"。明代西四处决犯人，分杀和剐两种方式，被杀的在西边牌楼下执行，被剐的在东边牌楼下执行，要求身首异处，头要挂在木桩上示众。如《旧京遗事》记载："西市在西安门外四牌坊，凡刑人于市，有锦衣卫、理刑官、刑部主事、监察御史及宛大两县正官，处决之后，大兴县领身投漏泽园，宛平县领首贮库，所谓会官处决也。"这是处心积虑地不许全尸了。自然，作为刑场，牌楼之下杀了无数人。其中有罪有应得、死有余辜的，如明武宗时专权的大太监刘瑾，被人揭发谋反而在西四牌楼被处以剐刑，行刑时，人人欢欣鼓舞，妇女儿童以砖瓦石头痛击，"争买其肉啖之"。也不乏忠臣烈士冤屈而死的，突出的是明正统十四年（1449）"土木堡之变"后奋力抗击瓦剌军、誓死保卫北京的兵部侍郎于谦，被在"土木堡之变"中被俘而释放回来的明英宗于1457年杀害于西四。史载，"公被刑之日，阴霾翳天，京郊妇孺，无不洒泣"。有民众甚至带着酒和纸钱到刑场祭奠恸哭，以怀念这位恩人。同样被害的还有嘉靖年间不畏权奸上疏弹劾严嵩父子的杨继盛，他临刑前赋诗明志："浩气还太虚，丹心照千古。生平未报恩，留作忠魂补。"算是视死如归了。更为冤屈的则是明末抗金将领袁崇焕。1626年，蓟辽总督袁崇焕大败后金大军，打伤努尔哈赤，取得宁远大捷。三年后，皇太极绕开袁崇焕重兵，包围了北京城。袁崇焕回援北京，带领部队杀退皇太极，又取得北京保卫战的胜利。皇太极在战场不能取胜，欲除袁崇焕，于是使用"反间计"，崇帧上当而将袁定罪处以极刑。北京市民不明真相，误以为袁崇焕真正通敌叛国，以至行刑之时，"时百姓怨恨，争啖其肉，皮骨已尽，心肺之声叫声不绝，半日而止"，甚至"将银钱买肉一块，如手指大，啖之，食时必骂一声，须臾，崇焕肉悉卖尽"。这千古冤案，直到乾隆朝修明史才公布了内幕。袁崇焕死后，一个余姓亲兵深信他被冤屈，冒死把其残尸埋葬并世世代代为他守墓。从于谦到杨国盛再到袁崇焕，都屈死于明朝时的西四牌楼，这些已经消失了的牌楼自然也见证了昏庸的明王朝的灭亡。

北京的牌楼有多种形式,可以从不同的角度作出分类。按照建筑材料分,有木牌楼如颐和园排云殿前的牌楼和白云观牌楼,石牌楼如明十三陵石牌楼和香山碧云寺金刚宝座塔石坊,琉璃牌楼如香山卧佛寺牌坊和小西天牌坊,彩牌楼如大部分木牌楼和琉璃牌楼都是浓墨重彩而成的彩牌楼,还有水泥牌楼则多数是现代所建的牌楼。按照建筑结构分,有一间二柱一楼式、一间二柱二楼式、三间四柱三楼式、三间四柱七楼式、三间四柱九楼式、五间六柱五楼式、五间六柱十一楼式等。我们可以从建筑地点和功能角度来看看北京主要的和著名的牌楼。

第一类是街巷道路牌楼。这主要是由最初划分街道里巷的坊门而形成的牌坊牌楼,大部分为木牌楼,同时也有绘制精美图画的彩牌楼。随着街区划分功能的消退,这类牌楼逐渐成为了开敞式的街道装饰物和标志性建筑,同时日益赋予了其他的功能。最为典型的街道牌楼当为著名的东四牌楼,东、西长安街牌楼,正阳门五牌楼,还有横跨羊市大街(今阜成门内大街)的两座景德街牌楼。这两座牌楼为三间四柱七楼式、全木结构的木牌楼,也是雕饰精美的彩牌楼,被誉为"牌楼的杰作"。

第二类是坛庙寺观牌楼。这些牌楼位于北京各坛庙寺观内,作为其装饰和点缀,使得主体建筑更为壮观,而这些牌楼本身也非常精美,极为可观。这样的牌楼构成了坛庙寺观不可分割的组成部分。一般坛的四周都有牌坊,有的坛如天坛每面都有三列牌坊,煞是壮观。天坛、地坛、日坛、月坛、社稷坛内都有牌楼牌坊。天坛祈年殿前的四柱三间七楼木牌楼,高大雄伟,位于路中,衬托着祈年殿。寺观庙宇里面的牌楼同样很多,代表性的如雍和宫前面的三座牌楼,北海天王殿、西山卧佛寺、香山昭庙的琉璃牌楼,都十分艳丽精美。其中天坛公园内的两座牌楼和戒台寺的石牌坊最为典型。

第三类是陵墓祠堂牌楼。明十三陵的石牌坊可为这类牌坊的典型代表。这座石牌坊是陵区的陵门,是入口的标志,为六柱五间十一楼的彩绘巨石牌楼,面宽29米,高14米多,是北京最大的石牌坊。全部用整块汉白玉构件,与精美的石雕工艺相得益彰,不仅形象巍峨壮观,而且画面丰美绚丽,历经几百年而仍然保有其伟美风采。

第四类是桥梁津渡牌楼。位于桥头，既指示桥梁所在，又衬托桥梁。如北海大桥两头的"金鳌"、"玉蝀"牌楼和北海团城后面的"堆云"、"积翠"牌楼，都为三间四柱三楼的木牌楼，雄伟壮观。这类牌楼主要起到标志性作用，给过桥人们以醒目的提示，同时美化桥梁，起到装饰性功能。[5]

如果说第一类牌楼还有划分街区的作用，那么后三类牌楼基本上是以装饰为主。当然，牌楼还有很突出的一种，那就是专门用以表彰和纪念的功德牌楼，包括在中国到处可见的贞节牌楼。有些历史人物在生前自以为已经功德无量了，值得纪念和表彰，不等后人评价，自己就树立牌楼进行自我表彰，比如袁世凯，1915年9月为筹备登基，在西交民巷东口建了一座"振武"牌楼，在东交民巷西口建了一座"敷文"牌楼，甚至为他的小老婆立过一座牌楼。当然，这些牌楼随着袁世凯的遗臭万年也不复存在了。功德牌楼不是什么人都可以立的，无功无德之人立功德牌楼，本身就是极其滑稽、荒唐、可笑的事。说到这里，不能不提现位于中山公园的一座石牌坊，现名叫"保卫和平"石坊。这座牌坊原来在东单总布胡同的西口，原名"克林德碑"，这就是著名的为克林德立的"婊子牌坊"。克林德是清末德国驻中国的公使，1900年八国联军攻占了北京，激起北京守城官兵、义和团和北京市民的抗击。克林德在乘车往总理衙门时，在西总布胡同西口和巡逻的清兵发生冲突，被虎神营士兵恩海击毙。后来《辛丑条约》签定时，德国要求清政府在克林德毙命处修建"克林德碑"以纪念，并写入了条约中。1903年1月18日克林德碑建成，置于西总布胡同西口，为汉白玉四柱三间七楼体，蓝色琉璃瓦楼顶的石坊，匾额上还刻有文字。牌坊完工典礼时，清政府还特派醇亲王载沣去致祭，使得国人颜面扫尽。而之所以后来称"克林德碑"为"婊子牌坊"，与当时的名妓赛金花有关，是她通过瓦德西认识了克林德老婆，向克林德老婆建议要求皇上给立个牌坊的。另有一说为，当时克林德被杀以后，克林德老婆气势汹汹地鼓动瓦德西对中国进行报复和制裁，而赛金华出于息事宁人的考虑，告诉克林德老婆，在中国最荣耀的就是有皇帝给立个牌坊，可以流芳百世。于是克林德老婆接受了这个建议而没有扩大事态。这样看来，赛金花在这件事上还是立了一功的。但中国人一方面痛恨帝国主义，另一方面鄙视娼妓，所以名之为"婊子牌坊"。第一次世界大战结束后，中国属于战胜国，而德国成了战败国，于是国人扬眉吐气，捣毁了这座让中国耻辱的克林德碑，因为当时宣扬一战胜利是"公理战胜"，于是把这座牌坊搬迁到中央公园，改名为"公理战胜"牌坊。1952年，北京召开了亚洲太平洋地区和平友好会议，会议决定把"公理战胜"碑改名为"保卫和平"牌坊，由郭沫若为牌坊题字。[6]从克林德牌坊到"公理战胜"牌坊再到"保卫和平"牌坊，一座牌坊记录了一部中国近现代史。

虽然北京是一座牌楼的博物馆，但较之历史上的牌楼数量，现存的牌楼毕竟已经不多。尤其是一些大型的、精美的、著名的牌楼的亡失非常可惜。牌楼的消失有自然原因，如年久失修，但更多的是人为的拆除。当然，北京牌楼在以后的发展和建筑中实用的功能会愈来愈弱，更多的是纪念功能、美化环境功能和观赏功能。而在当今北京城的现代化建设过程中，继续保留牌楼实际是在保存一种历史和文化，每座牌楼都是历史的见证和标本，如门礅、雕塑以及其他北京的物质和非物质文化遗产一样，都可见出其中的历史文化含量。所以，新建牌楼的同时还要着力保存旧有牌楼。

注 释

1. 金受申：《北京的传说》，北京出版社2003年版，第94页。

2. 于润琦：《北京的门礅》，北京美术摄影出版社2002年版，第12页。

3. 同上书，第13页。

4. 转引自韩昌凯：《北京的牌楼》，学苑出版社2002年版，第12页。

5. 罗哲文：《北京的牌楼》，《京华古迹寻踪》，北京燕山出版社1996年版，第290—291页。

6. 韩昌凯：《北京的牌楼》，学苑出版社2002年版，第140—141页。

历代帝王陵

　　从风水学上讲，北京是一块风水宝地，一个充满王气的地方。北京地处华北大平原北端、燕山山脉南麓，东南部为平原，西部和北部群山环抱。北京水系属海河水系，主要有潮白河、永定河、温榆河、泃河、拒马河五大河流。战国至辽代，北京都是军事重镇。金代以来，一些朝代把北京作为都城，与此相应，北京及其周边地区相继出现了不少帝王陵墓。尤其是金、明、清时期，这里形成了庞大的帝王陵墓群，有房山金陵、昌平明十三陵、遵化清东陵、易县清西陵。这些地下宫殿不只是帝王们生前生活的再现，实际上也是当时社会的一个缩影，每座陵墓都蕴藏着诸多悲喜故事，见证了北京历史发展的沧桑变化；其恢宏的气势、壮观的设计、精巧的工艺也折射出了北京文化乃至中华文明的璀璨光芒。

一 明前帝王陵：社稷江山尽消磨

早在商代时，北京地区已有小国存在。周武王灭纣后，封召公于北京地区，称为燕国[1]，都邑设在今房山区琉璃河董家林一带。汉代以来，北京一带帝王陵墓逐渐增多，著名的有汉代燕王陵、五代北平王陵、金代帝王陵区等。根据1973年开始进行的考古工作发现，这里有三百余座墓葬。其中有一座规模较大，发掘出一座拥有24匹马的车马坑，还附葬了大量的青铜礼器、酒器、兵器等。从其墓葬的规模、形制来看，有学者推断这应该是古燕王的陵墓。

（一）"黄肠题凑"燕王陵

汉代燕地国王几度易换，以致在此后相当长的一段时间里，人们对他们的陵墓都不太知情。郦道元《水经注》说："景明（公元500年—公元503年）中，造浮图建刹穷泉，掘得此道，王府所禁，莫有寻者。通城西北大陵，而是二坟，基址磐固，犹自高壮，竟不知何王陵也。"[2]关于这两座陵墓，《北齐书》认为是燕昭王冢[3]，《旧五代史》认为是燕太子丹墓[4]。直到金代，海陵王为迁都而扩建蓟城时，人们才把两座王陵的主人搞清楚：蔡珪主持迁墓事宜，挖墓开馆之后才知道，一座是汉高祖刘邦之子燕灵王刘建之墓，一座是燕康王刘嘉之墓。

在汉代王陵中，1974年北京丰台区大葆台汉墓的发掘具有重要意义。此前，考古工作者仅知道有"黄肠题凑"这种墓葬方式。"黄肠题凑"一词出自《汉书》，《汉书·霍光传》载："（霍）光薨，上及皇太后亲临光丧。太中大夫任宣与侍御史五人持节护丧事。中二千石治莫府冢上。赐金钱、缯絮、绣被百领，衣五十箧，璧珠玑玉衣，梓宫、便房、

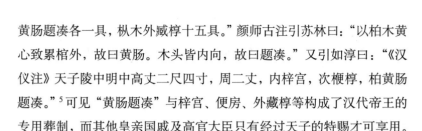

黄肠题凑各一具，枞木外藏椁十五具。"颜师古注引苏林曰："以柏木黄心致累棺外，故曰黄肠。木头皆内向，故曰题凑。"又引如淳曰："《汉仪注》天子陵中明中高丈二尺四寸，周二丈，内梓宫，次楩椁，柏黄肠题凑。"[5]可见"黄肠题凑"与梓宫、便房、外藏椁等构成了汉代帝王的专用葬制，而其他皇亲国戚及高官大臣只有经过天子的特赐才可享用。

真正的"黄肠题凑"到底是什么样子的，此前谁也说不清楚。大葆台汉墓的发掘为我们揭开了这一谜团。陵墓地宫规模宏大，结构特殊，由几百方柏木、楠木等珍贵木材构筑而成，南北长 23.2 米，东西宽 18 米，距地表 4.7 米。用 15000 多根柏木椽叠垒成的宏大题凑，高达 3 米，直抵墓室顶部，其内设有回廊及前、后室，结构上更具独立性。与后来发现的石家庄汉墓、长沙汉墓的"黄肠题凑"相比，大葆台汉墓显得更加成熟，更具考古研究价值。

大葆台汉墓内还有随葬的 3 辆车和 11 匹马，车马为专供皇太子及诸侯王乘坐的"朱斑轮青盖车"。墓中共出土文物千余件，有铜器、铁器、玉器、漆器、玛瑙器、金箔、陶器及丝织品等。关于墓主，有学者推断是燕刺王刘旦。因为刘旦在燕地统治长达几十年，且意图篡夺皇位，完全有可能为自己建造这样一个豪华的僭越天子之制的陵墓。陵墓地宫遗址及车马遗迹是目前国内唯一在原址保存最完好的大型汉墓遗址，是研究汉代历史文化及北京历史的珍贵实物资料，现已建有博物馆。

（二）千古流芳北平王陵

唐朝末年至五代十国时，藩镇割据，围绕北京进行的争夺战争不断。后唐时，北京有个"北平王"赵德均。赵德均与后晋高祖石敬瑭同时代，曾同为后唐的封疆大吏。石敬瑭是后唐明宗李嗣源的女婿，为河东节度使，驻兵太原；赵德均为幽州节度使，坐镇北京，因战功被封为"北平王"。他们的历史名声却大有区别：石敬瑭为了当皇帝，情愿向少数民族的首领俯首称臣，甘当"儿皇帝"，落下千古骂名；而赵德均则是一代名将、抗辽英雄。

传说赵德均在石敬瑭勾结契丹谋反后唐时，也曾暗中联络契丹联合灭后唐，欲自立为帝。当时，石敬瑭在太原拥兵自重，引起后唐末帝李从珂的不满并欲出兵讨伐。石敬瑭于是修书给契丹首领耶律德光，请求援助。修书中明确写道："愿执子礼，父事可汗，借兵向南，以惩叛逆。报捷之日，割卢龙一道，雁门以北之地以为谢。"随后，耶律德光亲自率领5万骑兵南下。可战事并不顺利，中途又遇到后唐大将赵德均、赵延寿父子的顽强抵抗。赵德均与石敬瑭一样，也想自立为帝，私下里用重金贿赂耶律德光，希望得到帮助，并表示愿与契丹永为兄弟之邦。耶律德光因战事受阻，准备接受赵德均的条件。石敬瑭闻讯十分恐慌，于是急派使者求见耶律德光，自晨至暮跪求于耶律德光帐蓬之前，耶律德光才不改立石敬瑭为帝的初衷，拒绝了赵德均的请求。随后，赵德均战败被俘，逾年而卒。就这样，公元936年，耶律德光立石敬瑭为皇帝，建国号为"晋"，史称"后晋"，幽云十六州也到了契丹人的手上。历史的真实情况到底怎样呢？我们不得而知。但据《册府元龟》卷三百三十六载："（后唐清泰）三年，末帝亲征太原，行在怀州，（马）胤孙自洛都来朝献。时大寨被围，息耗断绝，赵德均父子已怀异志，惟范延光尽心而援。"[6]《旧五代史》卷七十五也记载："已酉，唐末帝率亲军步骑三万出次河桥。辛亥，末帝诏枢密使赵延寿（赵德均之子）分众二万为北面招讨使，又诏魏博节度使范延光统本军二万人屯辽州。十月，幽州节度使赵德均领所部万余人自上党吴儿谷合延寿兵屯团柏谷，与敬唐寨相去百里，弥月竟不能相通。"[7]从两则史料看，有关赵德均的传说也并非没有根据。

赵德均的陵墓于1956年在北京南郊洋桥被发现。墓志上刻有"故卢龙节度使太师中书令北平王赠齐王天水赵公"等字样。其墓葬规模之大，堪称北京地区王陵之最。墓分为三进，共有九室，为砖石结构。每个墓室的墙壁上都画满了彩图，其中有一幅描绘了墓主及其属下正在欣赏凤凰图的场面，人物形态自然，画面逼真。墓中左后室有一个大型仓库，虽遭盗窃，仍存有数量庞大的古钱币，盛钱的木箱以及穿钱的草绳痕迹依稀可见。经盘点，除残损的外，完整的铜钱币就有七万多枚。考古工作者在其墓中还发现了一件叫"观凤鸟"的饰件，铜质鎏金，人首鸟身，欲展翅飞翔。据《大汉原陵秘葬经》，"观凤鸟"为天子、亲王墓中所独有，与头长双角、鼓目呲牙、满脸凶相的方相神是并列的。而在北京地区其他帝王陵墓中，却未发现有此珍品。

（三）风风雨雨金帝陵

金朝崛起于"白山、黑水"之间，自1115年完颜阿骨打称帝，至1234年完颜承麟为乱兵所杀，百余年间数度迁都，其中以中都燕京时间最长，这里的金帝王陵墓也最为集中。要谈金代的帝王陵，还得先从海陵王弑君篡位、迁都燕京说起。

海陵王完颜亮，少有大志，曾作诗曰"自古车书一混同，南人何事费车工，提兵百万临江上，立马吴山第一峰"[8]，并多次随其叔父完颜宗弼（金兀术）攻打南宋。金熙宗完颜亶即位后，做事犹豫，生性猜忌，滥杀无辜，朝中帝后、君臣之间矛盾愈演愈烈。完颜亮借机会同自己的亲信，联合近侍大兴国等杀死金熙宗，自立为帝。登上皇位是完颜亮的一个目标，却不是他的最终目标，他还想统一全中国。为了远离自己的对立面，加强对金占领区的统治，更加便于进攻南宋，完颜亮于贞元元年（1153）下诏迁都燕京[9]。迁都之后，上京会宁一带的王公大臣理应一起随迁而来，但有些以会宁乃祖陵所在为由，拒绝搬迁。为了消减反对派实力，加强对女真内部的控制力，完颜亮决定迁陵。

据清代《钦定重订大金国志》卷三十三记载："国初，祖宗止葬于护国林之东。逮海陵徙燕，始令司天台卜地于燕山之四围。岁余，方得良乡县西五十里大洪谷曰龙城寺，峰峦秀出，林木隐映，遂迁祖宗于此。"[10]可见，金陵陵址的选定和陵墓的安迁是很有讲究的。金陵坐落于今北京西南的大房山中。大房山是一座历史名山，主峰有猫耳山、连泉顶、云峰山等，海拔都在1300米以上。山脉西来北折，雄亘于京城西南，支派蔓延，腾云作雨，如群龙出世，是这一带少有的形胜之地。云峰山更是高入云霄、雄伟挺拔，由九条支脉组成；这九山如九条龙，群龙起舞，奔腾而下，因此云峰山又称作九龙山。山脚下原有一座寺庙，《三朝北盟会编》称作"龙衔寺"，形象地体现出寺庙的地理位置。此处风水为完颜亮相中之后，开始毁庙建陵。

根据《金史》记载，海陵王时期第一批迁入房山陵区的有太祖阿骨打、太宗吴乞买。随后是以下十帝：始祖、德帝、安帝、献祖、昭祖、景祖、世祖、肃宗、穆宗、康宗。熙宗遭弑杀后，被海陵王降为东婚王，葬于上京皇后裴满氏墓中。大房山金陵建成后，又改葬于蓼香甸诸王茔域。金世宗时期，追谥熙宗为武灵皇帝，庙号闵宗，后又改为熙宗。熙宗陵墓称思陵，从蓼香甸迁葬于大房山峨眉谷。

自海陵王毁寺建陵后，经过几十年的发展，大房山金陵已经规模盛大。陵区内不仅有众多的皇帝陵、祖宗陵、诸王陵、嫔妃陵，还包括各陵前修建的享殿、碑亭、明楼以及神道两侧放置的众多石像，以及附近修造的佛寺、道观等建筑。各处相得益彰，和谐壮观。元朝灭金后，房山金陵得到了应有的保护，成为大都周围的著名景点、文人墨客游览的圣地。元代冯子振在《鹦鹉曲》中所咏叹的燕南八景就有"道陵苍茫"，其曲曰："卢沟清绝霜晨住，步落月问倚阑父。蓟门东直下金台，仰看楼台飞雨。道陵前夕照苍茫，叠翠望居庸去。玉泉边一派西山，太液畔秋风紧处。"[11]

在元代直到明代中叶，金陵享受较高规格的祭祀之礼。但在明末天启年间，金陵遭到了毁灭性的打击。明代晚期，女真人后裔满族人崛起于东北，建立后金政权，在与明朝军队的交战中屡次获胜。于是有人蛊惑明朝的统治者说，这是满人的祖陵大房山王气太盛的缘故。明朝的军队先是把地面建筑全部毁坏，然后又挖开地宫，并把石像、碑刻等推进地宫和墓道。不仅如此，他们还把金太祖完颜阿骨打睿陵所依托的九龙山（云峰山）主脉山脊即龙头位置砍掉半拉，叫做"砍龙头"；又在稍下的咽喉部位挖个大洞，填上鹅卵石，叫做"刺咽喉"；后来又在金陵毁后的原基上修建了关帝庙、牛皋塔，以破坏、镇压女真人的王气。然而这一拙劣、愚昧的行为并没有阻止明朝的溃亡和清军的节节胜利。

其实，清朝的统治者并非如康熙碑文所说："从来国运之兴衰，关乎主德之善否。上天降鉴，惟德是与。有德者昌，无德者亡，与山陵风水原无关涉。"他们对国运兴衰与山陵风水也相当重视。在未入关之前，他们就多次派人前往房山陵墓拜祭。顺治于北京登基之后不久，便开始对被毁坏的金陵进行修复。经过顺治、康熙、乾隆时期几度修葺，房山金陵，其中主要是金太祖睿陵和金世宗兴陵得到了部分修复。清亡后，金陵遭到了盗掘，园区也被垦荒，破坏严重。如今的金陵已得到有效保护。

（四）蒙元帝陵今何在

1206年，铁木真统一蒙古各部，建立大蒙古国。此后，蒙古势力不断强大，1227年灭西夏，1234年灭金，1271年建国号为元，定都大都，1276年灭南宋。随着内政改革、经济发展和对外的侵伐，蒙元帝国迅速强大、空前统一，成为横跨亚欧大陆的大帝国。

蒙古族的丧葬方式有土葬、火葬、野葬等，其中采用土葬较早也很普遍。他们认为死亡是由此世渡到彼世，因此不论贫富都要尽力为死者穿戴好，让死者到彼世有好的生活。这种土葬一般采用土中深葬的方式。一般平民秘密地选择一处合适的空地，挖一地穴，将死者置一墓帐中，埋葬于地下。随葬品有一匹母马、一匹小马、一匹供死者骑乘的马，以满足死者在另一个世界的需求。如果死者是官僚、贵族，则安葬时就更加秘密了。蒙古大汗、元代皇帝死后的葬地是极秘密的，不让任何人知道确切的葬地。前往墓地时，遇行路之人即杀之。若干年后参加送葬之人一死，再也无人知道葬地的确切位置了。因此长期以来，蒙古可汗、元朝皇帝葬地的确切地点一直无人知晓。

二 明十三陵：繁华消尽话当年

明十三陵坐落在北京西北郊昌平境内的燕山山麓，是世界上保存较为完整和埋藏皇帝最多的墓葬群，也是驰名中外的名胜古迹之一。这里属燕山余脉，由西向东，山峰耸立，支脉逶迤，如群龙腾跃，气势雄伟。十三陵自永乐七年（1409）开始修建，至崇祯十七年（1644）明朝灭亡，历经两百余年，工程未曾间断，先后修建了13座金碧辉煌的帝王陵墓、7座妃子墓、1座太监墓，共埋葬了13位皇帝、23位皇后、2位太子、30余位妃嫔、1位太监，总面积120多平方公里，规模庞大。成祖朱棣的长陵，仁宗朱高炽的献陵，宣宗朱瞻基的景陵，英宗朱祁镇的裕陵，宪宗朱见深的茂陵，孝宗朱祐樘的泰陵，武宗朱厚照的康陵，世宗朱厚熜的永陵，穆宗朱载垕的昭陵，神宗朱翊钧的定陵，光宗朱常洛的庆陵，熹宗朱由校的德陵，思宗朱由检的思陵，错落地分布在这里。

（一）千年吉地，规制全备

朱元璋建立明朝，定都南京，在位31年，死后葬于南京，称作孝陵。由于太子早卒，皇太孙朱允炆即位，称为建文帝。朱允炆继位后，为加强中央集权，接受了大臣齐秦、黄子澄的"削藩"建议。建文元年七月在齐秦、黄子澄等的协助下削废五王。随后，燕王朱棣在姚广孝等人的游说下，打着"清君侧"的旗号起兵，向南京进攻，从而拉开了长达四年的叔侄之战，史称"靖难之役"。1402年朱棣攻下南京，即皇帝位，年号永乐。

建文帝的结局到底怎样，众说纷纭，莫衷一是，成为明史第一谜案。因为建文帝在太祖严苛统治之后，力行宽政，所以他的遭遇引起了无数人的同情，他的下落也就格外引人好奇，在各种野史、戏剧里可以看到人们无尽的猜测和演绎。一是自焚说。《太宗实录》中记载，燕王进入金川门后，建文帝也想出来迎接燕王，然而又自叹道："我何面目相见耶。"于是与皇后一起闭宫自焚。朱棣看到宫中火起，急忙命人前去抢救，可惜没来得及。从灰烬中找到建文帝烧焦的尸体，燕王朱棣不胜悲戚，抚尸痛哭，说他只是前来帮助皇帝学善，他又何必自寻死路呢？事后，朱棣备礼以葬建文帝，遣官致祭，辍朝三日。近人孟森等学者持建文帝自焚说。二是出亡说。明成祖朱棣曾经三次修改《太祖实录》，其可靠性为人们所质疑。由于永乐朝的高压政治，关于建文帝出亡之事没有留下记载。明朝中后期，严峻的政治环境有所好转，关于建文帝出亡说的史料开始多起来，谈论建文帝出亡已经不再是禁忌话题。万历二年十月，12岁的神宗曾向张居正问及建文帝下落一事，张居正回答："国史不载此事，但先朝故者相传，言建文皇帝当靖难师入城，即削发披缁，从间道走出，后云游四方，人无知者。"可见首辅张居正也倾向于建文帝出亡之说。谷应泰《明史纪事本末》中的记载最具有代表性，他认为建文帝并没有自焚，而是在大臣的保护下由密道逃出南京。现在，随着对建文帝出亡问题研究的不断深入，掌握的史料不断增多，认为建文帝未自焚而是出亡的人越来越多。

朱棣即位后，面对都城南京复杂的政治环境，加上其为燕王时对北京的战略位置的深刻认识，决定迁都。在营造北京城期间，其皇后徐氏（明朝开国元勋徐达的女儿）去世，于是明成祖朱棣派礼部尚书赵羾和江西术士廖均卿等人去北京寻找"千年吉壤"。据说，他们跋山涉水足足跑了两年多，终于找到了几处风水宝地。起先选定在口外的屠家营，但因皇帝姓朱，与"猪"谐音，猪要是进了屠夫家则免不了被宰杀的命运，犯忌讳而不能用。后来又看中了昌平西南羊山脚下的一块地，却又因其后有个村庄叫"狼儿峪"，猪旁有狼也很危险，于是也废而不用。又选中了京西的"燕家台"，可是"燕家"与"晏驾"（帝王之死）谐音，不吉利，也不能用。后来他们又来到潭柘寺，这里风水景色都相当不错，但是地处深山，方圆狭窄，没有子孙发展的空间，也不能用。直到永乐七年，他们才找到今十三陵所在的地区，并请朱棣亲自察看。这里三面环山，势如屏障，若封似闭，地域宽广，景色秀美，实乃一处风水胜地。朱棣于是下令圈地八十余里为陵区禁地，将原来的黄土山改名天寿山，

明十三陵

开始修建长陵。从明成祖朱棣这一年开始营造长陵起，到明思宗朱由检（崇祯帝）止，除明代宗朱祁钰（景泰帝）葬于京西金山外，明代十三个皇帝都埋葬于此，形成了明代帝王的陵区，后来统称十三陵。

十三陵整体建筑规划周密，布局合理，气势恢弘。共用的神道从石碑坊起，蜿蜒曲折长达二十余里，两边建筑多而齐整、装饰繁而不乱。陵区正门是一座高大的石坊，过了石牌坊不远处便是陵园的大门——大宫门，这里是以前"祭陵"必经之道。门前两侧各有下马碑，刻有"官员人等至此下马"，不论帝后、大臣等，到此必须下马步行进入陵区。按照明朝皇陵的管理规定，擅入山陵者杖一百，私入陵地拾柴折树者受鞭刑，取土取石者则会被问斩，凡车马及守陵官民入陵百步外即应下马，否则以大不敬罪论处，体现出皇权的崇高与尊严。这个大宫门的设计也是很有说头的。古来不论阴宅、阳宅都讲究"左青龙，右白虎"，即左有曲水环绕，右有山阜守护。大宫门东面一座小山，名叫蟒山，温榆河从西北蜿蜒流来，西边一座小山，名叫虎峪山，大宫门正居两山之中。蟒山、温榆河象征青龙，虎峪是为白虎，青龙、白虎像守门的将军分列左右，守卫着陵寝的大门。可见大宫门的位置也是经过缜密选择的。

自大宫门起，沿山川地势，原有绕陵垣墙一道，长约四十公里，并设有十数个关口，各口设置敌楼，派重兵把守，既守护陵区，又作为保卫首都的前哨，抵御北方游牧民族的入侵。如今这些建筑大部分都已经倒塌了，但从其断垣残壁还可窥见当初陵墙的规模是相当宏大的。

进了大宫门，有一座巨大石碑，高约三丈余，是明仁宗朱高炽为明成祖朱棣立的，上题"大明长陵神功圣德碑"，碑文长达3500多字。背面刻有清代乾隆皇帝诗《哀明陵三十韵》，两侧还记录了乾隆、嘉庆年间维修明陵时所花费用等内容。陵前立碑，一般是歌功颂德的，而十三陵各陵门前的石碑却都是些无字碑。究其原因，各说不一。有的说是因为皇帝"功德"太大了，无法书写；有的说是皇帝一生的言行都不足以刻成碑文。《帝陵图说》曾提到明太祖朱元璋的话："皇陵碑记皆儒臣粉饰之文，恐不足为后世子孙戒。"这使得臣子不敢为皇帝书写陵前碑记。《世宗实录》记载，十三陵的长、献、景、裕、茂、泰、康七陵，是嘉靖十五年才开始立碑的。当时的权臣严嵩请嘉靖皇帝撰写碑文，可这位

十三陵神路

贪图酒色又梦想长生不老的皇帝，哪里有心思写碑文呢，因此就空了下来。嘉靖以后各陵石碑，更因祖宗碑上无字，也不刻写文字了。

过了"神功圣德碑"往前走，在神道两旁置有大量的石兽、石人等，计有狮子4只、獬豸4只、石象4只、麒麟4只、石马4只，还有4位武臣、4位文臣、4位勋臣，形象逼真、栩栩如生。这组石雕体积庞大，姿态生动，都是整块石材雕成，件件都是巧夺天工的艺术品，象征着皇帝的威严。石像的后面是"棂星门"，也叫"龙凤门"。沿神道再往北穿过温榆河上的七孔石桥，可直达长陵。神道名义上虽属长陵，但其他陵墓坐落在长陵两侧，都与这条神道相通，为陵区所共有，这也是十三陵的特点之一。

十三陵，既是一个统一的陵区，各陵墓又自成一体，择山而建。陵墓的规制虽不一样，但建筑形式大同小异。每个陵都称作"宫"，外部用一道红色宫墙围起来。进入宫门，便是祾恩门，有的三间，有的五间。穿过祾恩门，便是祾恩殿，有的七间，有的九间。祾恩殿后，便是宝城，用来埋葬皇帝及其后妃的棺椁，其实就是一个巨大的黄土堆并由砖石围起。宝城之前建有明楼并立石碑，刻有皇帝的谥号。楼的前面有香炉一个，烛台、花瓶各两个，称作五供。各陵都有监、园、卫等机构，专门负责陵宫的管理、后勤和保卫工作。今天的昌平区内，还有长陵卫、献陵卫、景陵卫等地名。

（二）帝王风流，百姓血泪

明代帝王陵与其历史关联密切。谈明代的历史，往往要提起"一役"、"两变"和"三案"。"一役"指的是靖难之役。朱元璋死后，由于太子早卒，皇位由皇太孙朱允炆继承，即建文帝。朱棣作为燕王坐镇北京，手握重兵。当建文帝宣布实行"削藩"后，朱棣作为皇叔便联合其他藩王，以"清君侧"为名，开始"靖难"。经过四年的战争，朱棣最终攻入南京，夺取了帝位，并决定迁都北京。明成祖朱棣算是位有为的皇帝，南征北战，为明王朝的巩固和发展立下了汗马功劳，其长陵也是十三陵中最早和最大的陵墓。长陵坐落在天寿山下，天寿山原叫黄土山，据《嘉靖实录》记载，当年成祖皇帝生日，在此山上饮酒，百官前来祝寿，为了讨朱棣的欢心，改称此山为天寿山。

"两变"指的是土木之变和夺门之变。宣宗死后，太子朱祁镇继位，即英宗。正统十四年蒙古族的瓦剌部进攻明朝，大同告急，北京受到严重威胁。英宗不顾群臣劝阻，接受宠信太监王振的建议，仓促应战，御驾亲征。明军连战连败，后被围困于土木堡，英宗被俘，这便是"土木之变"。消息传到京城后，英宗的弟弟朱祁钰即位，年号景泰。在兵部尚书于谦的指挥下，经过京城军民的团结奋战，北京之围得解。次年，蒙古瓦剌把英宗送回。英宗被尊为"太上皇"，实际上却被软禁起来。随后，英宗之子朱见深的太子之位也被废掉，英宗朱祁镇和景泰帝朱祁钰间的矛盾越积越深。景泰八年，趁景泰帝病重之时，在大臣石亨、徐有贞的策划下，英宗得以复位，这就是"夺门之变"。英宗复辟之后，处死景泰帝并取消了其帝号，而且还废掉了景泰帝生前所营建的陵墓，仅仅以王礼安葬于玉泉山北的金山口。这就是明成祖后明朝共有十四位皇帝，而十三陵却只有十三座帝王陵墓的原因。

"三案"指梃击案、红丸案和移宫案，这三个事件牵涉到神宗（万历）、光宗（泰昌）、熹宗（天启）三代皇帝，但都以光宗朱常洛为轴心人物。"梃击案"梃击的就是太子朱常洛，"红丸案"吃了红丸的也是朱常洛，"移宫案"则是朱常洛的宠妃李选侍占据乾清宫。万历皇帝朱翊钧死后，朱常洛以太子继位，即光宗。可这位光宗皇帝即位后没一个月便病死了，还没有来得及为自己营建陵墓，于是把废弃多年的景泰帝的陵墓整修一下，草草埋葬，称为庆陵。

在陵墓的营建过程中，最荒唐的莫过于神宗万历皇帝。万历皇帝亲政后，首先抄没自己的老师首辅大臣张居正的家产，削其官爵、夺其封赠，以报复张居正为太傅之时的严厉管教。随后亲自来到昌平陵区为自己挑选墓地，征调全国十数万工匠、民伏为他修建陵寝，并日夜督促。六年后，耗费近千万两白银的定陵宣告完工，万历皇帝带着文武百官前来查验。看到地面建筑巍峨华灿，地下宫殿宽阔雄伟而且异常坚固，万历皇帝龙颜大悦，当即下令在地宫内举办酒席，与群臣饮酒作乐。

十三陵中规模最小的要数崇祯皇帝的思陵了。崇祯即位后，兢兢业业，颇有治世雄心，虽励精图治却也无法挽救明王朝的衰微之势。加上他刚愎自用、生性多疑、刻薄寡恩，造成群臣离心离德。崇祯十七年，北京城终为李自成率领的农民军所攻破，崇祯在煤山上自缢而亡。崇祯

万历帝王陵中之宝座

生前也曾在昌平陵区为自己寻找墓地，却没有找到合适的地方。他曾看上了河北遵化马兰峪的一处地方（即后来的清东陵），却因内忧外患，无暇为自己修建陵墓。崇祯自缢后，李自成命人将崇祯的尸体连同自缢在宫中的周皇后的尸体一起送往昌平，埋葬于崇祯最宠爱的田贵妃墓中。田妃墓当时尚未建地上享殿，清军入关之后，为笼络人心，下令以帝后之礼重新为崇祯帝后安葬，并改田妃墓为思陵，还修建了园寝建筑。于是，田妃墓升格为帝陵，成为明十三陵的最后一陵。

十三陵的陵墓建筑保存得较为完整，是我国古代文化的重要遗产，表现出很高的艺术价值，体现了古代劳动人民的辛勤汗水和聪明才智。十三陵建筑所用木材都是香楠木，而这种楠木绝大部分产自云、贵、川诸省，生长在深山大谷之中。明代曾经派有专人从事采伐，作为殿堂、陵墓之用，称作"皇木"。为了寻找"皇木"，人们往往要成群结队，背负粮米，冒着生命危险，克服虎狼猛兽、瘴疠之气，钻进深山老林之中。每条皇木的采伐，都不知有多少人为之送命，所以蜀民有"入山二千，出山五百"的民谚。大木采伐之后，还需等到雨季到来，靠山涧洪水的力量，将木材漂流出山，然后再导入江河，结筏而运。在木材的运输过程中，又不知送掉了多少人的生命。要经过五六年的时间，采伐的皇木才能运抵北京，加上沿途损失，到达北京后仅剩十之一二了。

营建十三陵所用的砖，都是五十来斤重的专用砖，砖上印有"寿工"二字，称作"寿工砖"。嘉靖以前由各府州县贡纳，嘉靖后大部分由山东临清烧制。工部派专人督办，每年要缴纳"寿工砖"一百万块。对砖的质地要求十分严格，要细致而坚实，验收时每块砖要敲之有声、断之无隙。因此砖上都刻印了制作年月、委官姓氏、窑户姓名等资料，以备查对。在庆陵的修建过程中，曾有这样一个传说：皇陵宫殿顶部都要用黄色琉璃瓦，可是为庆陵所烧的琉璃瓦总是发红。皇帝很生气，杀了不少窑户和工匠，可烧出来的瓦还是发红。皇帝更加生气，吩咐将烧瓦工匠叫来问罪。聪明的工匠说："你杀吧！把我杀了，你的瓦就永远别想烧成黄色的了。"皇帝忙问为什么，工匠说："因为你杀人太多了，琉璃瓦发红，是我们工匠的鲜血染的。"从此，皇帝再也不敢杀工匠了。这虽然是一个传说，但却说明十三陵的营建渗透了千百万劳动人民的血汗。

营建十三陵所使用的石材更是令人惊心触目。十三陵神道两侧的石象生，陵园内高大的石碑、龟趺、明楼等，石材巨大，大都为整石雕刻。定陵地宫大门由整块汉白玉雕刻而成，这种汉白玉洁白如雪、细腻如玉，适于雕琢。定陵地宫后殿地面是用平整的花斑石铺砌而成，这种花斑石质地坚硬，磨平后显出各种花纹，奇形怪状，光彩照人，十分美丽。铺陈道路、垒砌墙基、建造桥梁、营建殿堂等用的大型石材，主要来自京郊诸山。在当时的条件下，不管是开采还是运输都是极其困难的。当时的搬运方法是利用寒冬天气，先在沿途每隔一里地挖一口井，在地面上泼水结冰，然后将巨石放在特制的木架上，成千上百人在冰面上前拉后推。据《冬宫纪事》记载，明朝时从房山运送一块长三丈、宽一丈、厚五尺的白石抵京城，需调用顺天等八府民伕2万，历时28天，耗费白银11万两。再从京城运往昌平还需十数天。巨石运抵后刻成石碑，约有十几米高，在当时条件下，又是用什么方法将碑立到龟背上的呢？日本刻本《文海披沙》中记载：当初明成祖朱棣为他父亲朱元璋建碑时，因龟趺太高，石碑怎么也立不上去。这可把负责这项工程的人急坏了。一天，他梦见神人对他说："想立此碑，必须使龟看不见碑，碑看不见龟。"醒后，经过仔细考虑，他明白了其中的道理。到工地后，他叫人往龟背上盖土，把龟埋起来，然后顺着土坡将碑拉上去，待碑立起后，再将土去掉。这个故事虽带有传奇色彩，却是合乎道理的，十三陵的大碑也许就是这样立起来的。这种"堆土法"，是古代劳动人民智慧的结晶。为统治者歌功颂德的"神功圣德碑"竖立起来了，却不知有多少人在皇帝的"功德"下倒在冰天雪地里。

（三）挖与不挖的争论

封建帝王在营建自己的陵墓时总是想越坚固越好，越隐秘越好，尤其地下宫殿的营造更是极为秘密。而他们死后，其陵墓盛大的地下宫殿总是被偷窃、盗掘，或是被公开、合法地发掘，呈现在世人面前。揭开皇陵地宫之谜，一直是考古工作者的重大课题之一；但受探测、发掘以及文物保护水平等多方面条件的制约，他们对陵墓发掘的态度往往非常谨慎。定陵是迄今为止唯一一座按照国家计划进行考古发掘的帝王陵墓。围绕这一工程，当年还有不小的争论。

1955年10月，当时的中国科学院院长郭沫若、文化部部长沈雁冰（茅盾）、北京市副市长吴晗、《人民日报》社社长邓拓、中国科学院历史研究所所长范文澜等联名上书国务院，建议发掘十三陵中的长陵。他们认为：长陵是十三陵中规模最大的，地面建筑也是最完整的，埋藏在地下的宫殿规模肯定相当宏大。假如能够使其重见天日，开放为地下博物馆，供人参观，将会成为具有世界意义的名胜。

消息传开后，时任文化部文物局局长的郑振铎、中科院考古所副所长的夏鼐立刻表示反对。他们认为当时的技术水平还难以承担如此大规模陵墓的挖掘工作，在保存、复原出土古物方面的技术也不过关。吴晗则反驳说，新中国成立后人力和物力都有条件胜任这项巨大工程。郭沫若、邓拓等赞成挖掘的人也通过不同方式加紧宣传攻势。据说官司最后打到了周恩来那里，并得到了毛泽东首肯，"长陵发掘委员会"随之成立。

长陵作为十三陵的首陵，陵园规模最大，发掘工作复杂而艰巨，久久不能决定从何入手。于是考古工作者开始对其他陵墓进行考察，先行发掘，以便为发掘长陵积累经验。考古工作人员在试掘勘察过程中，发现定陵宝城东南侧的砌砖有几层塌陷下来，形成一个缺口，露出了里面砖砌的券门。后来，又在宝城内侧发现了"隧道门"、"金墙前皮"、"左道"、"右道"等字迹。这些发现为发掘工作提供了十分重要的线索，根据这一线索，发掘工作者就选定了定陵进行试点发掘。

1956年5月，发掘定陵的工作正式开始。先在宝城内侧正对着券门的位置上开了第一条宽3.5米、长20米的探沟。挖掘工作进行了两个月，发现下面有一条用城砖砌的隧道，很可能是通往地宫的隧道。按照隧道的走向，又在明楼后边开了第二条探沟，当挖到7.5米深处时，发现了一块小石碑，上刻"此石至金刚墙前皮十六丈深三丈五尺"字样。这一意外的收获，有人把它比作打开地宫的"钥匙"，有人说它是指路碑。因为定陵建成之时距离万历皇帝去世还有三十多年，地宫自然先要用土封起来；为了将来用陵时能迅速找到地宫，不误吉时，在地下留个标记是不足为奇的。顺着小石碑所指的方向，考古工作者们准确地找到了地宫的中心位置。地宫是由前、中、后、左、右五座高大宽敞的殿堂连接组成的，被七道大型石门隔开。地宫中殿有三个汉白玉石宝座，成品字形。座前各有一座黄色琉璃五供，还设有青花云龙纹大瓷缸各一口，缸内装着香油，统治者称其为长明灯。从灯和油的情况看，当时长明灯真的点燃过，可能因地宫封闭后里边缺乏氧气才熄灭了。左右配殿形制相同，都是空的，就连用汉白玉镶边的棺床上也没有放任何物件。后殿称玄堂，是地宫的主要部分。正面棺床上停放着三口棺椁，中间的特别大，是万历皇帝的灵柩，左右两边是孝端和孝靖两个皇后，周围有26只陪葬的箱子以及玉石、青花瓷瓶等。开棺前，考古人员曾做过蜡尸的准备，就是用蜡将尸体封住。但揭开棺盖一看，朱翊钧早已是一架骷髅了，只有头发还保存得较好。

地宫里的随葬品种类繁多，考古工作者花了很长时间才清理完毕，数量达三千多件。其中绚丽多彩的织品、服装，小巧玲珑的镶宝金制首饰，世间罕见的金器、玉器、瓷器等，震惊了世界，成为研究明代工艺和历史的珍品。然而夏鼐等人的反对意见不幸言中，出土的艳丽的丝绸很快变得类似树皮，大量文物未能保存下来，万历皇帝的尸骨后来更是被红卫兵焚毁。这也促使部分考古工作者和国家领导人对定陵的发掘与文物保护进行反思。

发掘定陵之后，郭沫若又申请发掘长陵、汉陵、唐陵、清陵等。郭沫若特别关注武则天的乾陵，多次表示希望生前能看一看一代女皇的陵寝到底是个什么样子，盼望有生之年能亲眼目睹传说中保存在乾陵地宫内的书圣王羲之的《兰亭序》手迹。这些计划均被中央坚决予以否决。郭沫若失落之余，写下了"待到幽宫重启日，延期翻案续新篇"的诗句。

直至今天，仍有不少学者和考古工作者吵着要对古帝王陵墓进行发掘。事实上，发掘本身就是一种破坏，它与保护是一对矛盾。不具备充分条件下的考古发掘，是在保护名义下的合法破坏，从某种意义上讲与盗墓贼没有本质的区别。对于这种不可再生的文化资源，众多学者希望能够完完整整地留给子孙后代。

三　清帝陵：前朝往事随风逝

清军入关以前，清朝的皇陵设在东北地区，有永陵（在今辽宁新宾）、福陵（在今沈阳东）、昭陵（在今沈阳北）等。入关后，为了适应统治的需要，清朝先后在京东的遵化和京西的易州开辟了陵区，形成了清东陵和清西陵。

（一）清东陵：京华烟云，盛世荣衰

清东陵位于今河北遵化市西北30公里处，距北京125公里，是中国现存规模最宏大、体系最完整、布局最得体的帝王陵墓建筑群。清东陵沿燕山余脉而建，北有昌瑞山做后靠如锦屏翠帐，南有金星山做前朝如持笏朝揖，中间有影壁山做书案可凭可依，东有鹰飞倒仰山如青龙盘卧，西有黄花山似白虎雄踞，东西由马兰河和西大河环绕夹流似两条玉带，格局辽阔，雍容不迫，真可谓地臻全美，景物天成。清东陵陵址在明代就已成为统治者注目的风水优胜之地。明王朝准备有朝一日昌平陵区葬满之后，便把它辟为皇家的墓葬区。可是这个计划还没来得及实施，明朝就灭亡了。

清东陵自1661年开始营建，历时247年才告结束。其建筑恢弘、壮观而精美。在占地80平方公里的15座陵寝中，共葬有5位皇帝、15位皇后、136位妃嫔、2位公主、3位阿哥，共计161人。每一座陵寝都记载着清朝辉煌或衰败的历史，每一座陵寝都传承着动人或神秘的故事。入关第一帝顺治，开创康乾盛世的康熙大帝，文武兼备的十全老人乾隆，辅佐圣、世二祖的杰出女政治家孝庄文皇后，两度垂帘听政的慈安、慈禧太后，扑朔迷离的香妃，还有短命帝王咸丰、同治……这些曾主宰过国家命运，在清王朝政治舞台上扮演过极为重要角色的人物，如今都长眠于此，任由自然洗礼、历史评说。

孝陵是顺治皇帝爱新觉罗·福临的陵墓，在昌瑞山主峰下。福临6岁登基，在位十八年，病死于故宫养心殿[12]。据《五灯全书·茆溪传》等材料记载，顺治帝是火化入葬的，与清代通行的土葬之风不相符合。其实，火葬是满族在关外时的习俗。雍正十三年的一道谕旨中也提到：

"本朝肇迹关东，以师兵为营卫，迁徙无常。遇父母之丧，弃之不忍，携之不能，故火化以便随身捧持，聊以遂其不忍相离之愿，非得已也。自定鼎以来，八旗、蒙古各有安居，祖宗墟墓悉隶乡土，葬丧可依古以尽礼。朕思人子事亲送死，最为大事，岂可不因定制而痛自猛省乎？死后除远乡贫人不能扶柩回里，不得已携骨归葬者，姑听不禁外，其一概不准火葬。"看来，清朝入关后的一段时间里，火葬与土葬还是并存的。而且顺治皇帝是非常崇信佛教的，自认为是佛门弟子，而佛门弟子圆寂后是要求火葬的。

顺治帝葬入昌瑞山后，清政府为了保护这处"万年吉穴"，在陵区四周修起了长达四十多里的风水墙。然而却有一座陵墓孤零零立于风水墙之外，这便是孝庄文皇后的昭西陵。孝庄文皇后，蒙古人，姓博尔济吉特氏，是顺治帝的生母。她入宫六十二年，先后辅佐过皇太极、顺治、康熙三朝皇帝，曾独自劝降洪承畴，多次消弭满族内乱，为了保住顺治的皇位，她甚至下嫁多尔衮，为清朝的巩固与发展立下了赫赫功绩。孝庄死后，怎样解决她的安葬问题，使得康熙帝非常为难。按常理，孝庄的棺椁应该运回沈阳，与皇太极合葬。而她自己却不想这样，她在临终前对康熙说："太宗（皇太极）奉安久，不可为我轻动，况我心恋汝父子，当于孝陵近地安厝，我心始无憾。"[13] 雄才大略的康熙皇帝在内政、外交、军事上可谓八面威风，而在其祖母的安葬问题上却没有想出解决的办法，只好在东陵建"暂安奉殿"为祖母停灵。直到雍正二年，雍正才为她选定陵址建设陵园，并在碑文中解释说："念太宗山陵已久，卑不动尊；惟世祖之兆域非遥，母宜从子。"夫在从夫，夫死从子，这符合封建时代的伦理道德。

景陵是康熙的陵墓，位于孝陵以东稍南，建成于康熙二十年，规模仅次于孝陵。景陵内葬有六人，除了康熙外，有四位皇后和一位贵妃。按清朝的帝王安葬惯例，皇帝没死而皇后先死不能入葬主陵，主陵内只安葬皇帝和皇后，不安葬皇妃，景陵在好多方面都打破了这些惯例。乾隆继位后，本想跟随父亲雍正帝在西陵选择陵址，但考虑到若后世子孙都效仿他，那么东陵就只有孝、景二陵，香火冷落。为了兼顾二陵，他在东陵圣水峪为自己择定了陵穴。这也成为清代的"兆葬之制"。乾隆继承了康熙、雍正时形成的盛世局面，在他统治的六十余年间[14]，清朝达到了强盛的顶点。籍此，乾隆皇帝夸耀本朝是"十全武功"，称自己为"十全老人"。嘉庆四年(1799)，乾隆去世，这个活了89岁的统治者，成为清代也是中国皇帝中实际执政时间最长的人。乾隆死后葬于东陵胜水峪，称为裕陵。

但此后的各帝并没有严格地遵守乾隆的谕旨，道光与其父嘉庆都葬于西陵，同治与其父咸丰都葬在东陵。位于清东陵最西端平安峪的是咸丰皇帝的定陵。1851—1861年，咸丰在位的十一年间，是清政府行将崩溃的前夕，太平天国革命和第二次鸦片战争都在这时发生，清政府签订了大量的屈辱条约，北京城和号称"万园之园"的圆明园也遭到了洗劫和焚毁。咸丰十一年，咸丰帝在诚惶诚恐之下，年仅31岁便死于承德避暑山庄。定陵地宫中附葬的是孝德显皇后。咸丰的后陵有两处，一处是慈安太后的普祥峪定东陵，另一处是慈禧太后的普陀峪定东陵。母以子贵，咸丰死后，慈禧所生的载淳继承了皇位，号同治，她因此由原来的贵妃升为太后。她又串通恭亲王奕䜣发动政变，消灭了政敌肃顺等人，实行垂帘听政。从此，她成为同治、光绪两朝不挂名的女皇，统治中国长达半个世纪。她死后三年，清王朝就在辛亥革命的熊熊战火中灭亡了。

清东陵还有一位皇帝的陵寝，就是同治皇帝的惠陵。其在位的十三年中，清政府对内镇压了太平天国等多次农民起义，对外与列强修复了关系，甚至还收复了西北的一些失地，因此号称"同治中兴"。实际上，同治6岁登基，至19岁去世，一直活在慈禧太后的威严之下。同治皇帝不仅大权旁落，连选择陵墓的权利也没有。按乾隆所定的"兆葬之制"，同治本应葬于西陵，而慈禧太后却非要把他葬在东陵的双山峪。从出生到入土，同治生活在这样一位母亲的阴影之下，注定了他悲剧的一生。

（二）清西陵：扑朔迷离，往事如风

清西陵位于河北省易县城西的永宁山下，占地约8300公顷。大自然赋予了陵区周围的山川河流一份特殊的灵气，清朝末年泰宁镇总兵陈增荣在笔书余暇，雅爱山川秀丽，定出了西陵八景，那就是"荆关紫气"、

"拒马奔涛"、"云蒙叠翠"、"奇峰夕照"、"峨嵋晚钟"、"福山捧日"、"华盖烟岚"、"易水寒流"。

我国古代实行的是子随父葬的"昭穆之制"，清军入关之后，已在遵化建有陵区，为何又在这里另择陵区，分成东、西二陵呢？原来是雍正破坏了"昭穆之制"这一制度。

雍正是康熙的第四子，传说他为了争夺皇位，在康熙病重时，以进参汤为名，毒死了康熙；又将康熙生前放在乾清宫"正大光明"匾额背后写着"传位十四子"的遗诏改为"传位于四子"，这样夺得了皇位。由于心中有鬼，怕和康熙葬在一起后受到康熙的责备和惩罚，因而把陵址选在远离东陵数百里之外。这虽是传说，但雍正杀死兄弟、大臣则是事实。雍正为了避免和康熙葬在一起，找了种种借口。据原始档案记载，他登基后先命人在东陵的孝陵、景陵之旁"卜择吉地"，推说这里没有合适的地方，又选择离孝陵、景陵不远的九凤朝阳山，找来精通勘舆的人测看，结论是"形局未全，穴中之土又带砂石，实不可用"：以在东陵找不到"理想"的建陵之地为由，避免葬在祖陵。怡亲王胤祥和大理寺卿高其倬深知雍正之意，竭力向雍正推荐易州境内泰宁山天平峪发现的"万年吉地"，并在奏章中称颂这里是"乾坤聚秀之区，为阴阳和会之所，龙穴砂水，无美不收"。雍正览奏非常满意。可是，这明显违背了子随父葬的制度，雍正不便马上表示同意，便假意说地方虽美，只是距父亲的景陵和祖父的孝陵"相去数百里，朕心不忍"，又故意让大臣们考证另辟陵区是否与古帝王规制典礼有不合之处。善于揣摩上意的大臣们，早知雍正会演出这番虚伪的孝子剧作，于是引经据典，为雍正皇帝另择陵区辩证，举出：夏禹葬在浙江会稽，而自启以下，葬在山西夏县，其间相距何止千里；商汤葬在河南偃师，太甲在山东历城，太戊在彰德府内黄，武丁在陈州西华，相去各有五六百里；汉代的高祖、文帝、景帝、武帝分别葬在咸阳、长安、高陵、兴平等地；唐代的高祖、太宗、高宗分别葬在三原、醴泉、乾县，其间相去也在几百里。可见历代帝王父子的陵墓是可以不建在一起的，何况易州、遵化与京师联系紧密，同为京师畿辅，两地距离也很近，与古制并无不合。经过大臣们一番劝说，雍正才表示"朕心始安"，并下令在泰宁山动工修建泰陵，首辟西陵陵区。雍正开辟西陵后，除了为他自己建陵之外，还想叫嗣皇帝也追随他葬入西陵。但他的儿子乾隆却违背父意，创立了"兆葬之制"。

西陵的布局和东陵大致相同，雍正的泰陵就居于永宁山下的中心位置，其他诸陵分别置于它的两侧。泰陵以西二里，是嘉庆皇帝的昌陵，葬着嘉庆和他的孝淑皇后喜塔腊氏。嘉庆是个循规蹈矩的守成皇帝，除了查抄和珅之外，政治上毫无作为。在他统治期间，清政府的腐败越来越为严重，三省苗族大起义、川楚白莲教起义等，清廷用了十二年才镇压下去，甚至有一次林清领导的起义军直接攻入了皇宫。虽然如此，嘉庆帝对自己的陵寝一点也不马虎，其地上建筑、地宫规模都非常宏大、耗费巨资，光一个神功圣德碑的采办费就达白银几百万两。根据存留下来的图纸，昌陵地宫是四门九券，满布佛像、经文、石刻，装饰规模不在乾隆皇帝的裕陵之下。

慕陵建筑在昌陵西南的龙泉峪，埋葬着道光帝和他的孝穆成皇后、孝全成皇后。慕陵在东西陵的帝陵中规模最小，没有方城明楼，地宫之上只有石圈。按照乾隆皇帝定下的规矩，道光陵最初选在清东陵，后因发现地宫浸水，便改在西陵择址重建。道光皇帝是个极其节俭的皇帝，据说他的龙袍都经过了多次缝补，他的后妃也多年不准添置新衣。在重建自己的陵寝时，道光也是力求节俭。而实际上，他的陵寝的修建花费比清代其他皇陵都多。道光认为，地宫浸水，可能是群龙钻穴，龙口吐水所致，如果把龙都移到天花板上去，就不会在地宫里吐水了。于是便在西陵中用金丝楠木雕成许许多多的龙，布满天花藻井，造成"万龙聚会、龙口喷香"的气势。地上建筑裁减了碑楼、华表、石像生、明楼、方城等，地宫也裁撤了起脊黄琉璃砖头、金券内的经文佛像等。慕陵在整体规划上确实比其他陵墓显得简单、节约，但由于其建筑形式、材质结构都独具一格、精美别致，再加上东拆西建，结果耗费更高，成为对一生追求节俭的道光帝的最好讽刺。

泰陵的东面是光绪皇帝的崇陵。在清代东西陵中，崇陵修建最晚，宣统元年(1909)动工，民国四年(1915)完成，是现存帝陵中最新的一座。一般来说，皇帝都是在自己生前预选陵址、开工建设，但光绪皇帝却没有这个能力。慑于慈禧太后的淫威，慈禧太后不主动拨款建陵，没人敢谏言。光绪帝和慈禧太后去世后，清廷才派人为光绪帝择址建陵。崇陵修建的第二年，发生了辛亥革命，清帝退位，崇陵被迫停建。1913年，根据《关于大清皇帝辞位之后优待之条件》，得到国民政府的拨款，崇陵得以继续修建。

清朝末代皇帝溥仪也曾在清西陵为自己选择陵址。溥仪逊位之后，根据优待清室条件，仍居住在紫禁城里，皇帝尊号不变，中华民国待以外国君主之礼，每年供给逊清皇室白银四百万两。1915年，即溥仪逊位后的第三年，清皇室"内务府"请风水先生前往西陵勘查陵址，选中靠近泰东陵的旺隆村（俗称狐仙楼）的一块四面环山、方圆三里的"万年吉地"。修建陵墓的工程进行了一年多，由于纷乱的国内形势和清皇室经费紧张，被迫搁浅并逐渐荒废。溥仪也因疲于复辟、流亡、蹲监、改造等，没有闲暇和精力考虑重建事宜，当然历史条件也不准许他那么做。1967年，溥仪死后葬于八宝山革命公墓。然而，历史事件的发生总是出乎常人的意料。1994年，海外华商张世义在易县崇陵西北兴建了一座华龙皇家陵园。为了提高陵园知名度，张世义经过不懈努力，劝动了李淑贤（1962年与溥仪结婚），将溥仪的骨灰迁葬西陵。安放仪式于1995年1月26日举行，一个简单的仪式之后，陵园工作人员将骨灰盒放入水泥筑的"椁"内，盖上"椁"盖，最后浇铸混凝土。中国封建社会的最后一个皇帝的骨灰就这样安葬了。

（三）清陵被盗案解密：淫威一世，奈何身后

辛亥革命后，中国一直处于战乱之中，清陵的管理在相当长的时期内也处于混乱状态，盗墓之风逐渐盛行。前清遗留下来的皇陵守陵人员，本来以吃俸禄为生，此时生活已无保证，也开始监守自盗。地上建筑中的文物基本上被盗窃一空，就连陵区的林木也被砍伐得所剩无几，并相继发生了一系列皇陵被盗案。

1928年6月，奉系军阀岳兆麟属下的马福田率兵偷偷地进入马兰峪，另一派军阀孙殿英乘机打起剿匪的旗号，令谭温江带领一团兵力发动了突然袭击，将马福田赶跑。谭温江在取得胜利之后，并不回营地，而是直奔东陵，声称要在东陵搞军事演习。谭温江进入东陵地区后，孙

殿英命令部下到处张贴"护陵"告示，麻痹人们的注意，并以军事演习为名禁止行人入内。深夜，他们派工兵炸开慈禧的定东陵明楼下洞门里的金刚墙，打开进入地宫的通路，撞开石门，进入墓室，打开慈禧的棺椁。慈禧尸体周围的大件器物如翡翠西瓜、蝈蝈白菜、玉石莲花、珊瑚树等等被首先拿走，压在慈禧尸下的珠宝也被一一取尽。慈禧尸体被抬上棺盖，龙袍、衣鞋均被扒下，周身珠宝被搜索精光，连慈禧的牙也被撬开，取走了含在口中的稀世明珠。棺下金井里面的慈禧生前喜爱的珠宝也被尽行掏去。在谭温江部盗陵的同时，孙殿英部的一名旅长韩大保则率领队伍直奔乾隆皇帝的裕陵。他们炸开进入裕陵地宫的入口，撞开明堂券的四道石门，闯进金券。乾隆皇帝和他的两个皇后、三个皇贵妃的棺椁全被撬开，棺内的珍宝都被搜刮尽空，尸骨也被随便抛在地宫内。盗陵是在孙殿英亲自指挥下进行的，这次盗陵所造成的损失是无法估计的。经过这场洗劫，两陵所剩殉葬品几无所存，慈禧地宫里除了一口残破的棺材之外，几乎什么也没有了。乾隆皇帝、慈禧太后生前是何等不可一世，为自己修建的地下世界是何等豪华与富有，然而正因如此导致死后也得不到安宁，造化是何等弄人！

东陵被盗案曝光后，震惊了中外。清朝遗老遗少们更是暴跳如雷，退了位的溥仪向蒋介石、阎锡山及国民党中央发出通电，要求严惩首犯孙殿英，社会各阶层反应也非常强烈。然而孙殿英却一直逍遥法外。孙殿英是河南永城县人，外号孙大麻子，曾在清军中充当伙夫，后来当上特务长，后任安徽省主席、国民革命十二军军长。据说为了摆平盗陵一事，他把乾隆颈项上朝珠中最大的两颗送给戴笠，把一柄上嵌宝石的九龙宝剑送给蒋介石，把慈禧枕边的翡翠西瓜送给了宋子文，把慈禧口里所含夜明珠送给了宋美龄。

其他诸陵也未能免遭被盗的命运。1938年，一伙军人打扮的盗匪闯入崇陵，他们非常娴熟地凿开地下城砖，很容易就进入到地宫隧道中。他们没有像孙殿英那样遇见阻碍便使用炸药，而是像今天的考古发掘一样，用木片拨开石门后的自来石，进入金券。他们在光绪帝的棺椁上凿个大洞，把光绪帝的尸体托出，然后盗走棺内的物品；把隆裕太后的棺椁上盖启开，取走了随葬品。整个过程速度非常之快，令人称奇。据说，这些人把盗得的文物卖给了北京八国教会。至今，人们一直也没有弄清楚这些盗墓贼的来头。

　　1945年，日本战败投降后，蒋介石又欲发动内战，时局动荡，东陵基本处于无人管理的境地。盗匪们趁火打劫，东陵多处陵墓惨遭盗掘。康熙的景陵、咸丰的定陵、同治的惠陵以及不少后妃的陵寝地宫都被打开，其中以惠陵遭到的破坏最为严重。惠陵地宫被打开之后，不仅随葬的奇珍异宝被抢掠一空，同治皇帝和皇后的尸体也被抛出棺外。因为传说皇后是吞金而死，盗匪们竟将她的衣服剥光，剖开肚腹寻找宝物。据目睹这一惨剧的人说，当时阿鲁特皇后的尸体保存完好，皮肉还有弹性，肚子被剖开后，肠水流了一地。可怜的阿鲁特皇后，生前遭受慈禧太后的折磨，死时经受吞金的剧痛，死后竟然也受到如此羞辱。

　　清代东西二陵中仍有部分得到较为完整的保存，如顺治皇帝的孝陵。由于顺治皇帝出家的传说，又有孝陵神功圣德碑文记载"皇考遗命，山陵不崇饰，不藏金玉宝器"，所以传闻孝陵是座空墓，地宫内仅葬有一把扇子和一双鞋。可能正是因为这些传闻，才使得孝陵得以完整地保存，没有遭到盗掘。传说是否属实，只能等待有朝一日我们对孝陵进行考古发掘之后才能求证了。

注　释

1. 《史记·燕召公世家》记载："周武王之灭纣，封召公于北燕。""北燕"是相对南燕而言的，《史记集解》引宋忠注曰："有南燕，故云北燕"，"南燕姞姓也"，而北燕为姬姓，与周王同宗。

2. ［北魏］郦道元：《水经注》卷十三，岳麓书社1995年版。

3. 《北齐书·范阳王绍义传》载亡命突厥的北齐范阳王高绍义率军南围蓟城，"登燕昭王冢，乘高期远，部分兵众"。

4. 《旧五代史·庄宗纪》载李存勖（后唐庄宗）攻刘守光于蓟城，"登燕丹冢以观之"。

5. 《汉书》卷六十八，中华书局出版社1962年版，第2948页。

6. 《册府元龟》卷三百三十六，影印文渊阁四库全书本，台湾商务出版社1986

年版。

7. ［宋］薛居正：《旧五代史》卷七十五，中华书局 1987 年版，第 985 页。

8. 《钦定重订大金国志》卷十四，文渊阁四库全书本。

9. 此前金都在会宁（今黑龙江阿城市），迁都燕京之后，燕京称为中都，会宁称为上都。

10.《金史·海陵本纪》不作"龙城寺"或"龙衔寺"，仅记载曰："贞元三年（1155）三月乙卯，命以大房山云峰寺为山陵，建行宫其麓。"

11. 隋树森：《全元散曲》，中华书局 1964 年版，第 340 页。

12.也有一种说法认为顺治帝没有病死，而是到五台山出家当和尚去了。

13.赵尔巽等：《清史稿》卷二十四，中华书局 1977 年版，第 8903 页。

14.乾隆在位六十年后，禅位给嘉庆，又当了三年多的太上皇。

名人故居与会馆

　　遍布京城大小胡同、市井深处的名
人故居和会馆是北京城市风貌的一大景
观，它们记载了历史的风风雨雨，见证了
岁月的沧桑——看见它们，时光仿佛又
回溯到当时，令人浮想联翩——已成为
北京城璀璨的历史文化遗产。正如舒乙
所说，这些"房子表面看似很破、很旧，
但它是宝。掸去灰尘，它会闪出耀眼的金
光"[1]。

　　北京名人故居和会馆以宣武区最多，
以会馆、名人故居为代表的会馆宅邸文

化是宣南文化的一大特色。"宣南"是一个逐渐发展起来的地域概念，源于明代的"宣南坊"。明嘉靖三十二年（1553），北京外城扩建，划为八坊。宣南坊为八坊之一，其范围大约在今北京骡马市大街至右安门一带。外城中的正西坊、正南坊（大部分）、宣北坊、宣南坊、白纸坊都在今宣武区境内，泛称"宣南"。清代顺治年间，清政府在京师实行满汉分居、旗民分治的特殊政策，造成众多的汉族士人聚居于外城的宣武门外，这也是"宣南"多名人故居和会馆的原因。

一　故居：散落京城的"珍珠"

北京名人故居不仅是中国历史文化资源的重要组成部分，也是世界历史文化资源的主要组成部分，是呈现给世人的一张"北京文化名片"乃至"中国文化名片"。摊开北京地图，那星罗棋布的名人故居构成了这座古老城市最珍贵的记忆之一。曹雪芹、鲁迅、齐白石、陈师曾、徐悲鸿、梅兰芳……每一个名字本身就是一种诱惑。当年，龙盘虎踞的京师帝都诱惑着他们；而今天，身处京城甚或京城之外的人们则往往被这一个个厚重的名字所诱惑。怀着敬仰之心，我们不由得猜测：站在同一片土地上，几十年前甚至几百年前的他们内心所思所想与今天的我们有多大的不同？纵使我们无缘拜访那些以自己独到的方式传承中华文化的先贤，幸运的是，我们还拥有他们留下的一所所老房子，我们可以在清晨或者黄昏漫步经过他们的门前，用心去感受他们走过的每一条路，欣赏他们看过的每一道风景，也许就在那么一瞬间，我们会惊喜而又感恩地发现：哦，原来他们一直与我们同在。

北京的名人故居为数众多，若将它们一一道来，将是一项颇为浩大的工程。因此，我们只能忍痛割爱，选取文学艺术领域的七位大家——纪晓岚、曹雪芹、鲁迅、齐白石、徐悲鸿、梅兰芳以及老舍的故居，沿着他们的足迹，开始我们的故居之旅。

（一）纪晓岚故居：风流总被雨打风吹去

除了《四库全书总目提要》外，纪晓岚影响最大、流传最广的著作莫过于他的《阅微草堂笔记》了，所以纪晓岚故居又称阅微草堂，位于北京宣武区珠市口西大街241号。几经坎坷，纪晓岚故居于2006年10月得以修复。现在看到的纪晓岚故居已经历经了二三百年的风风雨雨。

纪晓岚故居为清式砖木结构，坐北朝南，临街大门为硬山顶吉祥如意式门楼，位于整个住宅的东南角。现存两进四合院，最后一间房挂着著名书法家启功先生所书"阅微草堂旧址"匾。

现存的纪晓岚故居中还有两样当年的旧物：一是前院的古藤，二是后院的老海棠树。前院内有一架藤萝，虽历经两百余年，仍枝蔓盘绕，绿叶遮天。老舍先生曾用"庭前十丈紫藤花"的诗句来赞美这虬枝盘空、绿荫匝地、花开时紫盖如云的藤萝。海棠原为两株，是纪大学士亲手所植，今仅存东侧一株，仍枝干粗壮，花发似锦。海棠树旁新立的"海棠碑记"，记载着纪晓岚少年时与婢女文鸾的一段凄凉的爱情故事。据说纪晓岚四叔家婢女文鸾聪明伶俐，温柔貌美，自幼与纪晓岚青梅竹马，两小无猜，长大后，二人在家乡的海棠树下私订终身。但文鸾的哥哥向

纪晓岚故居

纪家索要的彩礼太高，硬生生将两人拆散，文鸾忧伤过度，不久香消玉殒。后来纪晓岚纳了一妾，名叫明棠，长相酷似文鸾。纪晓岚把她在其宅内种下两株海棠，一棵纪念文鸾，一棵比作明棠。在 48 岁那年，纪晓岚做了一个梦，在梦中与文鸾又见了面。醒来后，纪晓岚站在海棠树下伫立良久，不禁万般感慨，写了一首诗："憔悴幽花剧可怜，斜阳院落晚秋天。词人老大风情减，犹对残花一怅然。"海棠树留下了纪大学士的一段情话，只可惜其中一棵在"文革"改造老房时被砍掉了。

北京的王府也好，大宅门也罢，由于主人功名的兴衰，易主或分割的情况非常普遍，纪晓岚故居也未能幸免。20 世纪 30 年代起，纪晓岚故居多次易主，梅兰芳、余叔岩曾在此设立国剧传习所，后又为著名的"富连成"京剧科班社址，许多著名京剧表演艺术家曾在此学习和生活；1958 年，纪晓岚故居改建为晋阳饭庄。饱经两百余年风雨沧桑的纪晓岚故居，为后人留下了深厚的历史烙印和文化积淀。

（二）曹雪芹故居：一把辛酸泪

"满纸荒唐言，一把辛酸泪。都云作者痴，谁解其中味。"没有人能够确切地知道二百多年前，经历了家族衰败、无数人情冷暖的曹雪芹提笔写下这四句诗时的心情。雍正六年（1728），亲眼目睹了全家被抄的惨状之后，年仅十三四岁的曹雪芹跟随家人重返北京，居住于"崇文门外蒜市口地方十七间半"[2]，这是曹雪芹在北京的第一处故居，可惜旧址已不可寻。若干年后，好不容易有了短暂复苏的曹家又再次遭遇变故，从此家破人散。当时，曾经的懵懂少年已经成长为成熟青年，家族的第二次破败对他而言无疑是一次更为沉痛的打击，所有的"辛酸泪"，所有对于宦海沉浮、人生无常的思索化为了《红楼梦》的种子，在他的心中日益滋生孕育。曹雪芹生命中的这两次重大变故，对曹家而言是大不幸，但是对曹雪芹甚至对整个中国文学史、文化史而言却是大幸，他从此埋首"悼红轩"中，"披阅十载，增删五次"，为后人谱写了一曲悲金悼玉的《红楼梦》。自从年少时跟随家人返京直到去世，曹雪芹的大部分时光都是在北京度过的。他的传世之作《红楼梦》也与北京息息相关，不仅精心描绘了北京的许多风俗人情，还灵活运用了当时诸多北京官

曹雪芹纪念馆

话，形成了浓厚的"京味"特色。

　　曹雪芹在北京曾先后有过几处故居，然而历经两百多年的风雨之后，至今已踪迹难考。今天，在北京香山的植物园内伫立着一座曹雪芹纪念馆，有人认为曹家第二次被抄之后曹雪芹及其家人曾在那儿住过（香山正白旗村 39 号），但也有学者持反对意见。尽管如此，如今正白旗村一带仍流传着不少与曹雪芹有关的轶闻趣事。

　　据说曹雪芹不仅聪明正直，而且乐于助人。有一回，两个盲人在一家酒馆里被两个旗人无赖子弟欺负了，委屈地向曹雪芹诉苦。曹雪芹说："这好办，你们把西营的愣二哥找来，如此这般……"原来这愣二哥既会两套拳脚功夫，又好打抱不平。第二天，两个无赖又来到小酒馆大喊："这儿有对虾（瞎）吗？来两斤。"盲人依计行事："这是谁呀，这么无礼！"两个无赖回答："咱家旗（骑）人老爷，哪个不知道！"陪着盲人的愣二哥一听立即火了："你个混帐小子，骑马骑驴还不成，你还敢骑人，我让你骑人，我让你骑人！"一边骂一边揪住打，直到把两个无赖打出酒馆，为平时敢怒不敢言的人出了气。[3]

（三）鲁迅故居："补树书屋"与"老虎尾巴"

"S会馆里有三间屋,相传是往昔曾在院子里的槐树上缢死过一个女人的,现在槐树已经高不可攀了,而这屋还没有人住;许多年,我便寓在这屋里钞古碑。客中少有人来,古碑中也遇不到什么问题和主义,而我的生命却居然暗暗的消去了,这也就是我惟一的愿望。夏夜,蚊子多了,便摇着蒲扇坐在槐树下,从密叶缝里看那一点一点的青天,晚出的槐蚕又每每冰冷的落在头颈上。"[4]鲁迅在《呐喊·自序》中所提及的这所"S会馆"即位于北京宣武门外南半截胡同的绍兴会馆,是鲁迅1912年5月跟随南京临时政府教育部北迁后的第一处居所。绍兴会馆共有四个院落,鲁迅刚搬进来时住在北院,北院正房廊柱上有副对联云:"深紫浓香三百朵,露红凝艳数千枝",因为房子东侧有棵盘根错节的老紫藤树,夏天开花时芳香四溢,所以北院被称为"藤花别馆"。后来,由于邻居经常半夜吵闹,影响了鲁迅的读书和睡眠,于是他便搬到了南院,传说南院以前有株高大的楝树,有一年被风刮倒后,人们便补种了一棵槐树,因此南院被命名为"补树书屋"。"缢死过一个女人"的院子即"补树书屋",学过医的鲁迅不惧鬼神,在那儿埋首钞古碑,抬头望青天,对中国的前途命运不抱热情的幻想,任凭生命年复一年清冷地耗去。直到有一天,他的老朋友钱玄同为了说服他走出沉默,专程到访并与他进行了一场近乎针锋相对的谈话:

"你钞了这些有什么用?"

"没有什么用。"

"那么,你钞他是什么意思呢?"

"没有什么意思。"

"我想,你可以做点文章……"

"假如一间铁屋子,是绝无窗户而万难破毁的,里面有许多熟睡的人们,不久都要闷死了,然而是从昏睡入死灭,并不感到就死的悲哀。现在你大嚷起来,惊起了较为清醒的几个人,使这不幸的少数者来受无可挽救的临终的苦楚,你倒以为对得起他们么?"

"然而几个人既然起来,你不能说决没有毁坏这铁屋的希望。"[5]

当时钱玄同正积极投身新文化运动,并且参与编辑《新青年》,他那"毁坏铁屋的希望"对于鲁迅封闭了许久的内心而言无疑是一次强有力的撞击。吃人的封建礼教，麻木的国人灵魂，黑暗中依旧不惮前驱的人们……所有的一切在鲁迅的脑海中纷至沓来，促使他不得不再次深深地思索自己对于国家的责任，重新选择前行的道路。所幸的是，不久之后，中国现代文学史上第一篇白话文小说《狂人日记》诞生了，曾经沉默的周树人从此变成了摇旗呐喊的鲁迅，"补树书屋"也由鲁迅的避世场所变成了其以笔为枪的阵地。在那里，继《狂人日记》之后又诞生了《孔乙己》等小说名篇以及诸多随感、评论。在这所几十年前祖父周介孚曾经居住过的绍兴会馆，鲁迅终于决心选择"在沉默中爆发"，做一名"不惮于前驱"的勇士，直到生命的最后一刻。

从 1912 年 5 月抵达北京到 1926 年 8 月离京南下，鲁迅在北京整整生活了十四年。除了绍兴会馆之外，他还先后居住过新街口八道湾 11 号、西四砖塔胡同 61 号以及阜成门西三条 21 号。

1919 年 11 月，在绍兴会馆住了七年多的鲁迅先偕二弟周作人夫妇搬入新街口八道湾 11 号，随后又亲自回绍兴，将母亲、朱安以及三弟

如今的八道湾
11 号正门

周建人一家接来同住。八道湾 11 号是一座具有"三进"四个院落的大宅院，宽敞舒适，独自客居多年的鲁迅在北京终于拥有了真正属于自己的家，看着母亲、兄弟熟悉的笑脸，鲁迅感到很欣慰，在觅址、购房、整修的过程中所付出的辛劳都算不了什么，因为在亲情的温暖中，他将不再寂寞。

1919 年，正值五四运动与文学革命轰轰烈烈开展的年代，鲁迅与周作人兄弟携手，成为耀眼的文坛"双星"。在八道湾 11 号，鲁迅除了每天到教育部办公之外，利用业余时间创作了《阿Q正传》、《故乡》、《社戏》等小说，出版了第一部小说集《呐喊》，编写了《中国小说史略》上卷，并且翻译了俄国盲诗人爱罗先珂的多篇童话作品。爱罗先珂于 1922 年春天应邀到北京大学讲授世界语，住在鲁迅家中。爱罗先珂虽然失明，但仍旧非常热爱生活，并且童心未泯。他买来十几只小蝌蚪放在院子中央的荷花池里，期待早日听到小青蛙的叫声，当得知蝌蚪们生了脚后，他十分开心。后来他又买了几只可爱的小鸭，结果淘气的小鸭把荷池里的蝌蚪全吃光了，当孩子们向他报告时，他难过得直叹气。盲诗人的这些事后来被鲁迅写进《鸭的喜剧》一文中。盲诗人与周氏兄弟建立了深厚的友谊，他回国之前曾在院子里亲手种下一株杏树作为留念。而鲁迅在译介盲诗人的作品时，高度评价他的作品能够"传播被虐待者的苦痛的呼声和激发国人对于强权者的憎恶和愤怒"[6]，周作人也写了《送爱罗先珂君》等怀念文章。

在八道湾 11 号，鲁迅与周作人兄弟怡怡，一起积极写作，一起参加进步社团及各种有益的社会活动，为新文化运动的发展贡献力量。八道湾11号也因此逐渐成为各界人士到访之地，蔡元培、胡适、李大钊、毛泽东、许寿裳、钱玄同、孙伏园、沈尹默、刘半农等人都曾在这里留下足迹，有的还是这里的常客，足见周氏兄弟在当时的影响力。

　　然而好景不长，1923年7月，由于家庭的缘故，周氏兄弟旦夕之间竟然沦为了陌路人。同年8月2日，鲁迅再也忍受不了周作人的冷漠和羽太信子的刻薄，离开了八道湾。

　　当年的八道湾11号，"前院很开阔，大门里的正前方有一座影壁，其后有一排前罩房，坐南朝北共九间，每三间一套，罩房东侧有一间是连通中院的通道。中院正中有坐北朝南的三间大北房，东西两侧各有三间厢房。后院有坐北朝南的九间后罩房，每三间一套。后院西侧有一后跨院，有西、北向房六间"[7]。如今的八道湾11号尽管勉强保持着原有的建筑格局，但是已经成为杂乱的民居。

　　鲁迅离开八道湾后，搬进了西四砖塔胡同61号，当时陪在他身边的只有与他"相敬如冰"的妻子朱安，他又重新陷入了无边的寂寞。同八道湾相比，砖塔胡同的住所显得过分拥挤与喧哗，使鲁迅的写作和思

位于西城区阜城门西三条胡同的鲁迅故居

考受到很大的影响,再加上经济拮据尤其是家庭变故给他带来的精神折磨,鲁迅终于病倒,发烧、咳嗽、吐血,整夜整夜地失眠。尽管贫病交加,鲁迅仍然坚持外出讲课,笔耕不辍,同时又开始着手买房。

鲁迅在砖塔胡同住了不到一年,咬着牙撑过了一个又一个艰难的日子,在九个多月的短暂时光里,他编写了《中国小说史略》下卷,并创作了《祝福》、《肥皂》、《在酒楼上》以及《幸福的家庭》等小说。我们可以想象,遭遇兄弟失和之痛的鲁迅在不眠之夜提笔写下"幸福的家庭"这五个字时,心里该是何等的辛酸!

在朋友的帮助下,鲁迅终于买下了一座只有一进院落的小四合院,于1924年5月同母亲和朱安搬了进去,地址为阜城门西三条21号,这也是鲁迅在北京的最后一处寓所。这座小四合院内东西房各两间,南北房各三间。南房作为会客室和藏书室,屋内放着一排排鲁迅亲自编了号的樟木书箱。三间北房由母亲和朱安各住一间,剩下的中间的堂屋则作为吃饭和活动的地方。在堂屋的北面接出去一间平顶小屋,作为鲁迅的卧室兼书房,由于这间小屋看起来像四合院的"尾巴",所以被人戏称为"老虎尾巴"。正是在这条小小的"老虎尾巴"里,鲁迅写出了总计

"老虎尾巴"内的书桌和藤椅

两百多篇文章，毫不犹豫地继续担当战斗者的角色，使得反动军阀及其走狗文人大骂他是"学匪"、"土匪"，而他也因此索性把"老虎尾巴"称为"绿林书屋"。也正是在这条小小的"老虎尾巴"里，鲁迅与许广平共同揭开了"两地书"的扉页，迟来的爱情使他的生命重新绽放出了青春的光彩，而我们也因此在斗士的形象之外，见到了一个更加真实、血肉分明的鲁迅。

1926年8月26日，鲁迅与许广平一起离京南下，鲁迅到厦门大学任教，许广平则到广州。1929年5月、1932年11月鲁迅曾先后两次回京探亲，仍然住在"老虎尾巴"里；此后他与许广平长住上海，直到1936年10月19日逝世再也没有回过北京的住处。

如今，阜城门西三条21号已成为鲁迅博物馆，"老虎尾巴"里的陈设一如当年，书桌前的一把旧藤椅微微向外拉着，仿佛它的主人只是刚刚出去了一小会儿，很快就会回来，继续不惮地前行。

（四）齐白石故居："官不入"

只要对20世纪中国画坛略有所知的人，都不会对"齐白石"这个名字感到陌生。这位从湖南湘潭贫苦农民家庭走出来的画家，凭着自己的努力以及勇于创新的精神，虽大器晚成却名垂画史。齐白石初到北京谋生时已年过五旬，靠卖画篆刻为生，由于画作少有人认可，生活十分惨淡，没有固定住处，只好寓居寺庙，南城法源寺、龙泉寺、宣内石灯庵、象坊桥观音寺等地都曾是他的栖身之所。直到1926年，成了名、有了一定积蓄的他才购置了西城区跨车胡同13号院，一住就是三十多年。

跨车胡同13号院为木结构砖房四合院，大门坐西朝东，原本有房十五间，齐白石搬进来后，由于自己的需要加盖了一间储藏室和正房东边的小耳房，其他基本没变。三间北房是当年的"白石画屋"，因屋前安有铁栅栏，又称铁栅屋。近几年来，由于危旧房改造，这座宁静的四合院像被现代建筑的海洋包围的一座"孤岛"，周边的人文和地理环境已遭到了严重破坏，曾经的静谧幽雅如今已难寻觅。

在这座宅院的一间屋子里，当年曾经存放过齐白石专门为自己准备的一口黑漆棺材，也许是因为之前久寓寺庙受了影响，年事已高、历经

位于西城区跨车胡同的齐白石故居

沧桑的齐白石对于死亡抱有一种平和的心态，不惧怕，也不回避。他曾经自己刻了一枚图章"四不怕"，并在边款上特地说明"四"与"死"谐音，"四不怕"也就是"死不怕"。成名之后的齐白石在抗战期间拒绝向敌伪头目出售自己的画作，即体现了一种令人敬佩的"不怕死"的精神。为了生计，在抗战期间齐白石不得不继续卖画，但是他在小院门上贴了一张张字条，诸如"画不卖与官家，窃恐不祥"，"中外官长，要买白石之画者，用代表人可矣，不必亲驾到门。从来官不入民家，官入民家，主人不利。谨此告知。恕不接见"等。像这样的字条在当时极有可能惹祸上身，但齐白石仍坚持自己的原则。后来，不堪忍受敌伪骚扰的齐白石终于下决心宣布"停止卖画"，并且写下了"寿高不死羞为贼，不丑长安作饿饕"的诗句以自勉。

谈到齐白石的成名，就不能不提到被梁启超誉为"现代美术界第一人"[8]的陈师曾。当年，在北京画坛已颇有名气的陈师曾在琉璃厂南纸铺见到齐白石所刻印章之后，大为欣赏，专门到法源寺寻访齐白石，两人遂成莫逆之交，此后经常在一起谈画论世。有一回，齐白石取出自己的画请陈师曾鉴赏，陈师曾认为齐白石的画格很高，但是画法显得拘谨，不够独特，于是赋诗一首，劝他自创风格，不必对世俗有太多顾虑，诗曰："曩于刻印知齐君，今复见画如篆文。束纸丛蚕写行脚，脚底山川生乱云。齐君印工而画拙，皆有妙处难区分。但恐世人不识画，能似不能非所闻。正如论书喜姿媚，无怪退之讥右军。画吾自画自合古，何必低首求同群？"[9]齐白石虚心接受了建议，一改从八大山人那儿学来的冷逸画风，尝试在画中融入鲜活的民间情趣，自创"红花墨叶"一派，终于获得了成功。陈师曾不仅促成了齐白石的"衰年变法"，而且利用各种机会向画界介绍齐白石的作品。例如1922年春，陈师曾应邀携作品赴日参加中日联合绘画展览，他同时也将齐白石的数幅花卉、山水画带去出售，结果大获成功，齐白石的作品以高价销售一空，据说法国人在东京还选了陈、齐二人的作品参加巴黎艺术展览会。日本展览之后，齐白石的声誉日增，请他作画的人也越来越多了。齐白石与陈师曾之间的那份珍贵的友情，也成了中国近代美术史上的佳话。可惜1923年陈师曾不幸早逝。齐白石伤心不已，含着泪水写下了这样的诗句："君我两个人，结交重相畏。胸中俱能事，不以皮毛贵。牛鬼与蛇神，常从腕底会。君无我不进，我无君则退，我言君自知，九原勿相昧。"[10]

（五）徐悲鸿故居："杖藜扶梦"之访处

徐悲鸿在北京曾先后有过多处居所，如东裱胡同22号、小椿树胡同9号、东受禄街16号，可惜这些故居早已不复存在。如今，幸好还有位于西城区新街口北大街53号的徐悲鸿纪念馆，让我们拥有与大师亲近的机会。徐悲鸿1953年逝世后，由周恩来总理建议，将他位于东城区受禄街的故居作为纪念地对外开放，并亲自题写了"悲鸿故居"四个字。可惜后来由于种种原因，受禄街的徐悲鸿故居被拆除了，直到1970年代才再次在周总理的关心下于西城区新街口北大街重建，1983年1月重新开放。因为毕竟不是原故居了，所以改名为"徐悲鸿纪念馆"。纪念馆是一座典雅的灰绿色二层楼房，拥有7个展室和1个序厅，主要展示徐悲鸿先生的生平、作品及收藏，纪念馆里所珍藏的《田横五百士》、《风雨鸡鸣》、《徯我后》等作品，都体现出了画家自强不息、感时忧国的高贵精神。

　　1929年9月，由于蔡元培的推荐，徐悲鸿受聘担任北平艺术学院院长。当时的北平艺术学院里顽固守旧势力强大，但徐悲鸿拒绝随波逐流，冒着被免职的危险，大胆地进行革新。他认定齐白石在中国画方面具有高深造诣，便三次前往跨车胡同力邀他担任北平艺术学院教授。当时在北平处境孤立的齐白石原本婉言辞谢，最后被徐悲鸿的诚意所感动，坦言相告："我不是不愿意，是因为我从来没有进过洋学堂，更没有在学堂里教过书。连小学、中学都没有教过，如何能教大学呢？遇上学生调皮捣乱，我这样大岁数了，摔一个跟头就爬不起来啦！"徐悲鸿当即保证："我一定在旁边陪着你上课。冬天，给你生只小炉子，夏天，给你安一台电扇，不会使你感到不舒服。"第二天，徐悲鸿亲自坐马车到跨车胡同接齐白石，陪着他圆满地上完课后，又亲自送他回家。下了马车，白石老人激动地说："徐先生，你真好，没有骗我，我以后可以在大学里教书了。我应当拜谢你。"话音未落便欲下拜。徐悲鸿慌忙扶住他，泪水也涌上了眼眶。从那时起，这份信任便一直珍藏在白石老人的心中。然而好景不长，由于北平艺术学院的保守派势力太强大，孤掌

位于新街口北大街的
徐悲鸿纪念馆

难鸣的徐悲鸿只好选择离京南下。临行前，白石老人黯然神伤，提笔画了一幅《月下寻归图》送给友人，并且题了两首诗，其一曰："草庐三顾不容辞，何况雕虫老画师。海上清风明月满，杖藜扶梦访徐熙。"[11]徐熙是我国南唐诗人，擅长画花木草虫，才气过人，白石老人借他的名字来指徐悲鸿。

（六）梅兰芳故居：剧坛春秋之见证

梅兰芳一生中的大部分时光都是在北京度过的，他在北京曾先后有过七处住所，其中最出名的莫过于东城无量大人胡同24号（今红星胡同61号）。1920年，梅兰芳为感激祖母的养育之恩，在无量大人胡同购买了一处大宅子，一直住到抗战前夕。宅子由七个互通的院落组成，修有荷花池、长廊、假山花园等，还盖有一座西式的二层楼。20世纪20年代中期，梅兰芳在位于无量大人胡同的梅宅编排了《霸王别姬》、《洛神》、《西施》、《春灯谜》等新剧，客厅"缀玉轩"堪称"京城艺术沙龙"，曾接待过意大利、美国、西班牙、瑞典等国的大使及夫人，以及奥地利小提琴家费里茨·克莱斯勒、英国作家毛姆、美国总统威尔逊、英国哲学家罗素等。那时来京访问的外宾必看的内容一为故宫，二是梅剧，并一一拜访梅兰芳。据说梅兰芳居住无量大人胡同期间（1920—1932年）曾先后在缀玉轩举办过上百次茶会，接待过的宾客达六七千人次，以致当时梅家女仆张妈有一回忍不住对梅夫人说："梅大爷每次要花那么多钱开茶会招待洋人，我看早晚要让他们给吃穷了！"[12]其实出身贫寒的梅兰芳并非讲排场、好奢华之人，为了弘扬中华文化，推广中国戏剧，提升中国戏曲演员的地位，他曾经冒着破产的危险，借款15万美元赴美演出，而他十几年来坚持举办茶会，与国际友人交往，也正是出于同样的目的。

抗战爆发后，为了摆脱敌伪的骚扰，梅兰芳借演出之机避难于香港，谁知1941年太平洋战争爆发，香港亦随后沦陷。为了维护中国人的尊严，梅兰芳坚决蓄须以抵制为日本人登台演出，直到抗战胜利，他才将唇髭剃去，重返舞台。新中国成立后，梅兰芳回到北京，居住于西城区护国寺甲1号（如今为9号），这也是他在北京的最后一处居所。梅

护国寺梅兰芳纪念馆

兰芳逝世后，在护国寺故居的基础上建成了梅兰芳纪念馆，邓小平亲自题写了馆名。纪念馆内至今还收藏着梅兰芳当年蓄须明志的照片，向后人诠释着什么是崇高的民族气节。

（七）老舍故居："丹柿小院"

20世纪80年代以后，电视剧《四世同堂》的播出使得北京的小羊圈胡同忽然变得赫赫有名。著名作家老舍就出生在小羊圈胡同8号北房三间中东头的一间，出生时按农历算恰是腊月二十三，也就是民间传说灶王爷上天的日子，所以家人给他起了一个喜庆的名字——庆春。

小羊圈胡同狭小、简陋，入口处只有一米多宽，胡同不直，接连拐过几个弯后才看到一个开阔的小空场，空场周围分布着七八户人家。老舍的童年是在小羊圈胡同度过的，所以对它怀有难以割舍的感情。在《四世同堂》中，老舍这样描写童年时生活过的那条胡同：

　　说不定，这个地方在当初或者真是个羊圈，因为它不像一般北平的胡同那样直直的，或略微有一个两个弯儿，而是颇像一个葫芦。通到西大街去的是葫芦的嘴和脖子，很细很长，而且很脏。葫芦的嘴是那么窄小，人们若不留心细找，或向邮差打听，便很容易忽略过去。进了葫芦脖子，看见了墙根堆着的垃圾，你才敢放胆往里面走，像哥伦布看到海上漂浮着的东西才敢向前进那样。走了几十步，忽然眼前一明，你看见了葫芦的胸：一个东西有四十步，南北有三十步长的圆圈，中间有两棵大槐树，四周有六七家人家。再往前走，又是一个小巷——葫芦的腰。穿过"腰"又是一块空地，比"胸"大着两倍，这便是葫芦的肚了。"胸"和"肚"大概就是羊圈吧！[13]

　　如今的小羊圈胡同已改叫小杨家胡同了，但基本还保持着老舍所描写的样子，尤其是那窄小的"葫芦嘴"，想一下子就找到还真不容易。

　　1950年，老舍在经历了山东岁月和美国风雨后回到北京，购买了一处房子，在今天的西城区丰富胡同19号。老舍在这个小院中栽下了两棵柿树，每到秋天树上便挂满了沉甸甸的柿子，夫人胡絜青女士美其名曰："丹柿小院"。老舍在这里度过了他生命中的最后十六年，写下了建国后的全部作品——话剧《龙须沟》、《茶馆》以及未完成的自传体小说《正红旗下》等。小院是典型的北京二进三合院风格，大门坐西朝东。一进二门有一块很少见的五彩小木影壁，院中正房（北房）三间，明间和西次间为客厅，东次间是胡絜青的卧室兼画室，西耳房是老舍的卧室兼书房。

　　在故居的陈列室里，可以看到《四世同堂》在国内外的各种版本以及1936年《骆驼祥子》的手写稿复印件，还能看到北京市人民政府1950年颁发给老舍先生的"人民艺术家"的奖状，是繁体字、竖排版。老舍正是用自己的笔，以自己对北京的无比热爱，描绘出北京城生动而丰富的人文景观的。

　　在古老的北京城里，遍布着大大小小的文化名人故居，除了上述提到的以外，还有胡适、蔡元培、沈从文、梁思成等等，无数的文化名人

位于西城区丰富胡同的"丹柿小院"

都曾经在北京城里留下他们的足迹,每一处故居都尘封着一段段鲜活的历史,潜隐着一个个硕大的想象空间,等到我们去追溯和回忆。它们是定格在北京乃至中国文化地图上的一批呼之欲出的鲜活图标,镌刻着一个民族千百年积累的记忆,又延续着历史文脉。

二 会馆:培育精英的"容器"

明清时期,帝都北京会馆林立,来自各地的文人试子、达官显贵、富商巨贾往来其中,成为京师独特的人文景观。几百年后的今天,有幸保存下来的会馆依旧是京城一道道亮丽的文化风景线。

(一) 会馆的起源与衰落

北京的会馆起源于明朝科举制的推行以及商品经济的发展。明永乐十三年(1415),政府决定将三年一次的科举考试地点由南京迁往北京,当年,各省赴京参加会试的举子总人数多达五六千人。虽然政府给来京的举子提供了一定的车马费,但是食宿仍然是一个难题,尤其对于那些

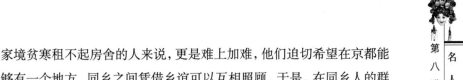

家境贫寒租不起房舍的人来说，更是难上加难，他们迫切希望在京都能够有一个地方，同乡之间凭借乡谊可以互相照顾。于是，在同乡人的群策群力之下，主要为赴京的同乡举子提供食宿之便的会馆便应运而生了。这类会馆一般称为文人试馆。除此以外，会馆还有商业会馆、行业会馆和殡仪会馆之分：明清以来，由于经济的发展，由商人设立的专门服务于商业贸易活动的商业会馆也逐渐兴起；此外，还有以行业为基础设立的行业会馆，以及为客死北京的同乡家属在食宿、办理善后事宜上提供方便的殡葬仪馆。但这类会馆在会馆总数中所占比例非常小。

　　明清时期，北京的会馆如雨后春笋般繁荣增长。据文献记载，清朝乾隆、嘉庆年间（1736—1820年）是各省州府郡县兴建会馆速度最快的时期。当时各省州府郡县争相建馆，无论大县小县，只要有能力就不例外，甚至出现了两县合建、三县合建、一县多建等现象。到光绪年间，在京兴建的各省会馆竟达到了五百多个。[14]1949年11月15日公布的《北京市人民政府民政局会馆调查工作报告》统计，"全市共有会馆三九一处"，其中明代建有33处，清代建有341处，民国只建有17处，明清两代兴建的会馆占总数的95%以上。[15]在各类会馆中，文人试馆占了绝大多数。文人试馆最初是为了给进京的同乡举人解决食宿问题，明末时期逐渐演化为在京同乡的聚会场所，同时还供应试后听候分配到外省上任的新官暂时居住。[16]

　　19世纪中期以后，会馆开始衰落。其外因主要是由于科举制度的废除，占大多数的文人试馆逐渐式微，功能也发生转变，不再服务于科举了。内因是会馆的经营者墨守成规，不能学习效仿近代的经营运作模式，丧失了发展的机遇。工商会馆和行业会馆也逐渐衰落。如今的北京会馆，有些已演变为地方的驻京办事处，如三晋会馆。但作为旧时文人的聚集地，这类会馆始终是北京历史文化的见证者，是各地地域文化在北京展示的窗口和物化标志，凭借自身的饮食文化、建筑文化等在北京形成了独特的人文景观。

（二）知名会馆掠影

北京会馆主要集中在今天的宣武区，宣南共有17个省设有会馆，占在北京设立会馆的21个省份的85.95%。其中浙江省是设立会馆最多的省份，达17处，占宣南会馆的17.71%。[17] 保存至今的会馆，或因历史人物而知名，或因建筑特色如戏台、房厦而知名。每一个会馆，都住过该省进京的举子，都出过进士，都有许多故事。

1．湖广会馆

位于北京虎坊桥西南的湖广会馆，嘉庆十二年（1807）由湖南、湖北两省乡贤官商集资兴建而成，是一座"联省会馆"，也是目前北京仅存的少数几个建有戏楼的著名会馆之一。主要建筑有乡贤祠、文昌阁、宝善堂、风雨怀人馆、假山、戏楼和子午井等。当年的戏楼极有影响，从大戏台上的那幅楹联，我们依稀可以想见会馆当年的盛景："魏阙共朝宗，气象万千，宛在洞庭云梦；康衢偕舞蹈，宫商一片，依然阳春白雪。"

当年湖广会馆初建成时，地方狭小，布局不尽如人意，在清朝经过了三次大修，进行扩建和重整布局。第一次是在道光十年（1830）正月，由时任左副都御史的蒋祥墀和顺天府尹何凌汉倡议主持，建造了最有影响的建筑——戏楼。第二次是在道光二十九年（1849），由湖南湘乡人、时任礼部侍郎的曾国藩等人倡议重修，相传风雨怀人馆和假山都是当时所增建，使得该馆颇具庭园风趣。同治九年（1870），曾国藩还在那里举办了六十诞辰的寿筵，接受百官祝贺。第三次大修在光绪十八年（1892），主持人是重兵在握的闽浙总督谭钟麟，湖广会馆的规模及总体格局也在那次大修时得到了最后确定。[18]

1990年代初，北京市委、市政府决定全面修复湖广会馆。在社会各界人士的关心支持下，湖广会馆在上世纪1990年代中期修缮一新，并作为北京市第一家戏曲博物馆对外开放。博物馆内收藏了许多宝贵的戏曲史料和具有纪念价值的实物，例如著名京剧艺术家梅兰芳、王瑶卿等六人拜师的"瘦云轩受贺图"以及为四大名旦制作的中国"四大名琴"等。

湖广会馆中最珍贵的建筑当数大戏楼了，它是中国现存最早的室内

位于宣武区虎坊桥的北京湖广会馆

剧场之一。当年谭鑫培、梅兰芳、程砚秋等京剧名角都曾在这里演出过。大戏楼修复之后，湖广会馆即与北京京剧院签订了合同，现在人们每天都可以在这里听到原汁原味的京剧，许多外国友人也纷纷慕名前来感受老北京的文化氛围。例如法国总统希拉克的夫人、吉尔吉斯斯坦共和国总统阿卡耶夫、白俄罗斯和阿尔巴尼亚外长等人都曾到这里观看戏曲演出。除了专业的演出之外，湖广会馆大戏楼每个周末还有名家名角和戏迷们举行的名为"赓扬集"的京剧联谊活动，这项活动坚持了多年，受到戏迷们的热烈欢迎。

在湖广会馆的院子里，还有一口神奇的子午井。相传每天子时、午时井水甘甜如饴，其他时候则又苦又涩。曾经在湖广会馆旧宅住过的纪晓岚在《阅微草堂笔记》中记载："子午二时汲则甘，余时则否，其理莫明，或曰阴起午中，阳生子半，与地气应也。"可惜井水早已干涸，后人已无福享受那份奇妙的感觉了。

值得一提的是，湖广会馆在两百多年的沧桑岁月里，并不都是"宫商一片"、"阳春白雪"，这里也曾留下了革命志士奋斗的足迹。1912年

8月25日至9月15日，孙中山先后五次莅临湖广会馆，并于8月25日下午在这里主持召开国民党成立大会，湖广会馆见证了中国近代史上那重要的一刻。孙中山曾临时办公的风雨怀人楼，现已被辟为"孙中山纪念室"。

如今，湖广会馆已成为弘扬民族文化、振兴戏曲艺术的舞台，也是促进中外文化交流的平台，为那些喜爱民族文化、喜爱中国戏曲的人们打开了一扇丰富多彩的文艺之窗。

2. 绍兴会馆

位于宣武门南半截胡同的绍兴会馆也是北京著名的会馆之一，因为在那里曾经居住过中国近现代史上的两位名人：徐锡麟和鲁迅。

绍兴会馆原名"山会邑馆"，"山"、"会"指的是当时同属绍兴府管辖的山阴和会稽。后来山阴、会稽两县合二为一，会馆遂改名为"绍兴会馆"。会馆的前厅是供奉绍兴先贤的仰蕺堂，后厅则是供奉文昌魁星的晞贤阁，据说会馆内曾经有11块清代绍兴历年应试中举名匾，可惜在"文革"中遭到了毁坏。

1906年夏天，秋瑾烈士的战友徐锡麟到北京来筹备武装、准备皖浙两省起义时，曾经住在绍兴会馆（当时还叫"山会邑馆"），还慷慨解囊资助会馆修缮，他的名字也因此被刻在会馆内的《重修县馆》石碑上。遗憾的是这块石碑如今早已不知去向。1907年，徐锡麟和秋瑾约定7月19日在皖浙两省配合发动起义，然而由于叛徒告密，起义失败，徐锡麟在安徽受伤被捕，当晚不幸就义。在起义中被击毙的安徽巡抚恩铭的妻妾还指使卫兵剜出徐锡麟的心脏煮食，可谓残忍至极！几年以后，鲁迅也来到了绍兴会馆，怀着难以言说的心情在他的第一篇白话小说《狂人日记》里写下了这样的字句："从盘古辟天以后，一直吃到易牙的儿子，从易牙的儿子，一直吃到徐锡麟。"以表达心中对于"吃人"社会的深切愤恨。

鲁迅是1912年5月应蔡元培之邀由南京辗转天津抵达北京，到教育部任职的。抵京当晚住在骡马市大街的一个小客栈里，第二天就搬进了绍兴会馆，一住就是七年多。鲁迅起初住在馆内西北侧的"藤花馆"，后来因藤花馆较为喧哗，便迁到了"补树书屋"，由于在院中的树上曾经缢死过一个女人，所以补树书屋始终没有人敢住，不怕鬼的鲁迅也因此有了一个僻静之所，可以不受打扰地做自己想做的事。然而过分的幽静也时常令他感到沉闷与孤寂，想到自己孤身一人客居京城，想到封建制度长久的禁锢，想到动乱之中风雨飘摇的祖国……苦闷彷徨之中，唯有埋头抄古碑，或者到琉璃厂旧书肆淘古书，或者到会馆附近的"广和居"叫盘小菜喝点酒，或者到南城的陶然亭默念"待到菊黄家酿熟，与君一醉一陶然"。然而鲁迅最终走出了铁屋子，绍兴会馆有幸见证了周树人变成"鲁迅"的过程，见证了鲁迅生命中的一处极为重要的起点。

3. 安徽会馆

在北京的会馆中，位于宣武门外大街后孙公园胡同25号的安徽会馆是建成较晚、规模却最大的一个，并且它当年只接待一定级别的官员，具有浓厚的政治色彩。

后孙公园胡同的前身是清末明初著名学者孙承泽的花园别墅"孙公园"的一部分。在孙承泽之后，还有不少名人在那里住过，例如乾隆内阁大学士、书法家、金石学家翁方纲，道光年间的藏书家、篆刻家刘位坦等。而康熙年间著名剧作家洪升也是在孙公园大戏楼因演出《长生殿》遭人弹劾而获罪的，当时有人作诗感叹："可怜一出《长生殿》，断送功名到白头。"后来由于房主的分割租赁，孙公园被分割为前孙公园和后孙公园。[19]

安徽会馆为同治七年（1868）由李鸿章倡导，淮军诸将以及皖籍官僚共同捐赠万金，历时两年修建而成。在京城建立一座省级会馆，一直是李鸿章父亲李文安的心愿，然而直到他去世这个心愿都没能达成，李鸿章积极创建安徽会馆，目的之一是为了完成父亲的遗愿。同时，建立安徽会馆，也有利于李鸿章巩固淮系集团的在京势力。会馆竣工后，李鸿章亲自巡视一番，心情愉快地写下了一篇《新建安徽会馆记》，详细记录了与修建会馆相关的事项。然而十九年后（1889）的一场突如其来的大火，将这座长期繁荣兴盛的馆舍化为了灰烬。李鸿章心痛之余，又再次号召同乡捐资重建会馆。经过将近一年的施工，会馆终于重建成功，李鸿章高兴之余，又欣然写下一篇《重修安徽会馆记》以示纪念。

由于种种复杂的历史原因，如今的安徽会馆已成为民居，曾经的辉煌气派不再，我们只能凭借一百多年前李鸿章所留下的那篇《新建安徽会馆记》来竭力想象它当初的宏伟壮丽："中正室，奉闵、朱二子，岁时展祀。前则杰阁，飞瓦，噍峣耸擢，为征歌张宴之所。又前曰文聚堂，闳伟壮丽。东偏若思敬堂，藤间吟屋，宽闲深靓，可以觞宾。其后曰龙光燕誉，则以侍外吏之朝觐税驾者也。迤北有园，广数亩，叠石为山，捎沟为池，花竹扶疏，嘉树延荫，亭馆廊榭，位置帖妥。凡馆之中，屋数百楹，庖湢悉备。"[20]

4．南海会馆

提到戊戌变法，就不能不提到康有为；提到康有为，就不能不提到位于宣武门外米市胡同43号大院的南海会馆。那里，曾经是康有为、梁启超等一批维新志士叱咤风云的场所。如今，物是人非，所有的历史风烟都已散去，唯有那一砖一墙、一草一木，还记取着昨日的惊心动魄。

南海会馆始建于清道光四年（1824），会馆的东北部因种有七棵古槐而被称为"七树堂"。康有为于光绪八年（1882）、二十一年（1895）两次进京应试时就住在那里。他所住的屋子在七树堂西面，因为北边紧靠"老便宜坊"的那座二层小楼，从七树堂北望，仿佛一艘画舫，康有为把南海会馆想象成一片大海，而自己的屋子也像是一舫，在海中无拘无束地漫游，于是，他便把自己在七树堂居住的屋子命名为"汗漫舫"。

康有为第二次入住南海会馆"汗漫舫"期间，正值清政府在甲午战争中惨败，被迫与日本签订丧权辱国的《马关条约》。义愤填膺的康有为在梁启超等人的协助下，起草了洋洋洒洒上万言的《上清帝第二书》，痛心疾首地呼吁"割地之事小，亡国之事大，社稷安危，在此一举"，并且提出解决危机的主张，于1895年5月2日联合赴京参加会试的各省举人游行至都察院，发动了声势浩大的"公车上书"。这次请愿活动虽然无果而终，但为日后康、梁等人进行维新变法打下了一定基础。

"公车上书"之后，康、梁等人创立了维新派的第一个政治团体——强学会，将《万国公报》（后改名为《中外纪闻》）作为机关报发行，宣传维新主张，培养维新志士，以拯救危难重重的中国。由于康有为的政治活动基本上在其居所南海会馆里进行，因此那里成为维新派重要的活动中心。

截至 1898 年 3 月，康有为前后一共向光绪皇帝上书七次，最后他的主张终于被光绪所接纳。同年 6 月 11 日，光绪帝颁布"明定国是"诏，起用维新派人士，中国近代史上轰轰烈烈的戊戌变法运动正式拉开了序幕。康有为迎来了他生命中最为辉煌的 103 天，南海会馆也达到了其建馆以来最鼎盛的时期。然而好景不长，戊戌变法运动最终还是在以慈禧为首的封建顽固势力的镇压下宣告失败，光绪也遭到囚禁。当时，慈禧命心腹率兵包围南海会馆，所幸康有为早已得到光绪秘诏成功出逃，然而他的弟弟康广仁却不幸被捕，不久与谭嗣同等人血洒菜市口，史称"戊戌六君子"事件。

康有为晚年曾经重游北京，在学生梁启超、女儿康同璧的陪伴下到菜市口凭吊六君子，之后又回到南海会馆，物是人非事事休，感慨万分，忍不住老泪纵横。时为 1926 年，距离他生命中的百日辉煌已经过去了二十八个春秋。

与康、梁等人同时参加维新运动的还有一位著名人物，那就是"戊戌六君子"之一的谭嗣同。戊戌变法期间，他就住在菜市口西侧北半截胡同的浏阳会馆，与南海会馆仅一条胡同之隔，与他杀身成仁之地菜市口也仅有百米之遥。

5．浏阳会馆

浏阳会馆建于清同治十一年（1872），会馆的门匾为谭嗣同父亲谭继洵亲笔题写，馆内的"莽苍苍斋"即为谭嗣同的居所。据说当时那里植有一松一柏，莽莽苍苍，气势雄魄，谭嗣同遂将其命名为"莽苍苍斋"。1898 年戊戌变法期间，谭嗣同受到光绪帝召见并授以四品"军机章京"，与杨锐、林旭、刘光弟并称"军机四卿"，"莽苍苍斋"也成了维新派另一重要活动场所。在那里，谭嗣同经常与志同道合的友人聚会，共同商讨维新变法的方案。

当年戊戌运动陷入困境之时，谭嗣同曾经连夜赶到法华寺走访袁世凯，希望他能够支持变法，然而袁世凯当时答应，事后出尔反尔，在关键时刻投靠慈禧，加剧了维新变法的失败。慈禧发动宫廷政变，囚禁光绪，搜捕新党。当南海会馆遭到重重包围的时候，谭嗣同正和梁启超在浏阳会馆商议对策，消息传来，两人都明白大势已去，无可挽回。梁启超再三劝说谭嗣同与自己一起尽快离开北京避难,镖局的好友王五也闻讯赶来力劝,并且愿意一路护送。然而谭嗣同坚决不肯逃命,大义凛然地表示:"各国变法,无不从流血而成,今中国未闻有因变法而流血者,此之所以不昌者也;有之,请自嗣同始!"决心以自己的鲜血换取后人的觉醒。无奈之下,梁启超只好独自离去,亡命海外。

一心以死报国的谭嗣同留在了浏阳会馆,从容地打点后事。他还写下一封信放在显眼的地方,在信中表明自己与父亲是殊途之人,从而避免了老父受到牵连。几天之后,谭嗣同在浏阳会馆被捕。

被囚期间,谭嗣同在狱中墙上写下了一首名垂青史的诗:"望门投止思张俭,忍死须臾待杜根。我自横刀向天笑,去留肝胆两昆仑。"体现了他的铮铮铁骨与拳拳赤子之心。1898年9月28日,年仅33岁的谭嗣同与杨锐、林旭、刘光弟、杨深秀、康广仁被押解至菜市口刑场。临刑前谭嗣同大声疾呼:"有心杀贼,无力回天,死得其所,快哉快哉!"随后慷慨就义。浏阳会馆与菜市口,从此也成为后人凭吊这位热血男儿之地。

北京的会馆,从兴盛到衰微,经过了漫长的岁月洗礼,也承载了厚重的历史风尘,各类会馆对北京的政治、经济、文化的发展都起到了不可忽视的积极作用。尤其重要的是,进京的文人、商人,将家乡的文化风俗带进了北京,当他们离开之后,又将北京文化传播到神州各地,正是会馆这一极具地方特色的建筑的存在,促进了地域文化与北京文化长期的交流与融合。乡土观念向来为中国人所重视,会馆可以说是外乡人在北京建筑的故乡缩影,在那一片片缩影中,活跃着各省最出色的人才,正是他们的存在,共同影响了北京乃至中国的命运。正如有学者所云:"会馆是乡土中国最为典型的一种文化植被,无论何种程度的城市化都拔不尽滞重的土性所培育的这些庄稼。当每个中国人走向高一级的文明生态圈时,他们都忘不了用胸口揣着的那把泥土,在都市里建造只有一所房子的村庄……会馆的都市建置使它成为每个区域文化的精英的容器,并由低级向高级进行能量传递(县——省城——京城),因而,北京的会馆,不论它操何方口音,就有可能聚集这个区域最大能量的灵杰之气。"21

北京的名人故居和会馆，展示了帝都古老而又深厚的历史文化积淀。漫步在北京胡同，于静谧的小巷中寻找已被岁月尘沙湮没的先贤足迹，于摇曳的槐荫下品味这残留无多的旧都遗韵，北京名人故居和会馆所给人的那种感受，是在中国其他任何地方都无法体会的，它们为北京城涂抹了浓重的历史色彩。

注 释

1. 舒乙：《名人故居与会馆·序二》，参见北京市政协文史资料委员会编著：《名人故居与会馆》，陕西师范大学出版社 2004 年版，第 5 页。

2. 《江宁织造曹家档案史料》，参见曹保泉：《曹雪芹与北京》，中国妇女出版社 1993 年版，第 49 页。

3. 参见耿承山：《名人故居热起来（续）》，《旅游》2002 年第 11 期，第 10—11 页。

4. 鲁迅：《呐喊·自序》，《鲁迅全集》第 1 卷，人民文学出版社 1981 年版，第 418 页。

5. 同上书，第 418—419 页。

6. 鲁迅：《坟·杂忆》，《鲁迅全集》第 1 卷，人民文学出版社 1981 年版，第 224 页。

7. 江小蕙：《鲁迅、周作人：八道湾 11 号》，北京市政协文史资料委员会编著：《名人与老房子》，陕西师范大学出版社 2004 年版，第 192—193 页。

8. 梁启超：《在师曾先生追悼会上的演说》，参见朱万章：《陈师曾》，河北教育出版社 2003 年版，第 159 页。

9. 齐白石等：《白石老人自述》，岳麓书社 1986 年版，第 70—71 页。

10. 齐良迟：《白石老人艺术生涯片断》，同上书，第 163 页。

11. 参见廖静文：《徐悲鸿一生——我的回忆》，中国青年出版社 1982 年版，第 100—103 页。

12. 屠珍：《梅兰芳：无量大人胡同 24 号与护国寺 9 号》，北京市政协文史资料委员会编：《名人与老房子》，北京出版社 2004 年版，第 252 页。

13. 老舍：《四世同堂》，百花文艺出版社 1985 年版，第 10 页。

14. 王熹、杨帆：《会馆》，北京出版社 2006 年版，第 10 页。

15.北京市档案馆编：《北京会馆档案史料》，北京出版社1997年版，第1066、1073页。

16.白鹤群：《北京的会馆》，《地图》2002年第4期，第39页。

17.白杰：《宣南文脉———一个街道主任眼中的城市性格》，中国商业出版社2005年版，第90页。

18.王熹、杨帆：《会馆》，北京出版社2006年版，第76页。

19.耿承山：《北京会馆游之安徽会馆》，《旅游》2003年第6期，第46页。

20.北京市档案馆编：《北京会馆档案史料》，北京出版社1997年版，第1332页。

21.彭晓丰、舒建华：《"S会馆"与五四新文学的起源》，湖南教育出版社1997年版，第3页。

庙会与节庆

　　张中行曾在《北平的庙会》中说，要想真正了解北京，"就要钻入她的内心，靠城根租一所房子，住上三四年，你然后才有时间去厂甸、去鬼市、逛庙会、吃爆肚、喝豆汁儿等等。不然，你走马看花，专追名胜，那她只有给你一幅残破相"[1]。的确，北京的好处更多地需要在平淡的生活中发现，去感受凡俗背后的华美，而庙会和节庆正是在平凡细微中展现了北京历史文化的深刻与厚重。

一　庙会：游人何处不相将

北京的庙会显示着古都的风韵，像一张发黄的老照片，永远透着一份咂摸不透的味儿。只有穿越历史的烟尘，才能感受她那古朴生新、雅俗共赏的永恒魅力。

（一）庙会说古

紫禁城中的薄暮、昆明湖上的朝晖，再加上曲折幽深的胡同儿、温馨亲切的四合院，你会不自觉地意识到这是在说北京了，更不必提那什刹海的荷花、钓鱼台的柳影、香山的红叶之类。然而，对于一个土生土长的北京人来说，这些最多只是北京的形和影罢了，那庙会上的糖葫芦、小泥人，还有雍和宫中看"打鬼"、白云观里"会神仙"的欢乐，在他们心里才真正够得上是北京的神儿、北京的味儿，让他们梦萦魂牵，日夜思念。其中承载着记忆，承载着历史，承载着古都儿女的苦乐悲欢，所以这味儿便显得隽永，来得悠长。北京庙会这种传统的民俗文化源远流长，它产生于炎黄沃土，根植于人民心田，凝聚着我们民族的精神和气质，广大的群众与之感情相融、心心相通。千百年来，庙会习俗成为旧京儿女记忆中挥之不去的印痕。海内赤子，即使远走天涯，一旦听到那喧天的锣鼓声，看到那熟悉的杂耍，总能勾起内心深处的过往，因为，在我们心中，那些庙会上摆列的风物什件不仅仅是一种民俗景观，更深层次上是一种对逝去岁月的追忆和怀念，一个属于华夏儿女的精神家园。

说起庙会与庙会文化，可谓源远流长。《诗经·周颂·清庙》中记载："於穆清庙，肃雍显相。济济多士，秉文之德。对越在天，骏奔走在庙。不显不承，以射于人斯！"[2]意思是说在祭祀祖先时，民众云集郊庙，举行祭祀典礼，歌咏祖德，舞之蹈之。这已颇具庙会形制，可以看做是庙会的最初源头。其后随着中国历史上宗教活动的几度繁盛，庙会活动也与宗教活动结下了不解之缘。其中最为显著的特点就是过去的庙会一般在寺庙里或其附近举行，如《妙香室丛话》记载："京师隆福寺，每月九日，百货云集，谓之庙会。"可见早期庙会的出现很大程度上有赖于庙宇的兴建。据现有的史料考证发现，北京至今尚存最古的宗教寺庙是门头沟区的潭柘寺，始建于晋代，民间素有"先有潭柘，后有幽州"之说。该寺是否出现了早期的庙会活动，目前还有待确定。

相传金辽时期，北京出现了一种游春踏青的民俗活动。每当暮春三月，百姓结伴出游，去寺院进香问卜，有些商贩也会在寺庙门前售卖祭祀用品，古称这种活动为"上巳春游"。现在看来，这种进香游春的活动应该算是北京庙会的源头。

有准确记载的北京庙会是元代白云观的"燕九节"。白云观始建于唐代，元代成为道教全真派的府庭。所谓"燕九"，也称"宴丘"，是道教信徒纪念其创始人丘处机诞辰的一项宗教活动。由于丘处机的诞辰是正月十九日，所以白云观也于当天开庙，接待游人香客，纵情宴玩，俗称"燕九节"。后来由于道教信徒日众，"燕九节"渐渐成为一项影响广泛的民俗活动。元代后期，朝阳门外建起了供奉道教东岳大帝的东岳庙，每年三月二十八日（传说为东岳大帝的诞辰日）开庙，届时，前来进香还愿的达官显贵和平民百姓络绎不绝，香纸花果、饭食点心、小儿玩具不计其数，还有众多的民间杂技表演，人山人海，热闹非凡。

明永乐以后，北平改为北京，成为众心所归的天朝帝都，同时也成了宗教发展的胜地，佛教、道教的发展远胜前代。其中隆福寺、万寿寺、卧佛寺等庙会香火鼎盛，火神庙、药王庙也逐渐发展繁荣起来，其时"尘风汗气，四十里一道相属。舆者、骑者、步者、步以拜者、张旗幢鸣鼓金者……群从游闲，数唱吹弹以乐之"[3]。当时的隆福寺是朝廷的香火院，更是热闹非凡，据说景泰帝也曾打算亲临寺内进香，但遭到太学生的反对而作罢。当时的庙会，娱乐节目众多，夜间常有灯会，各式各样的花灯五彩缤纷，光耀映天。当时北京著名的灯市在东华门外，长二里，白天是市场，夜晚张灯结火。闽粤海外的珍异、三代六朝的古董、四季穿着的服饰、老少皆喜的食品，真所谓"日市开场，货随类分"。入夜，张灯结彩，齐奏鼓乐，施放焰火，火树银花，灿若白昼。正如宋代辛弃疾咏元宵灯节的名词《青玉案》所记的那样，"东风夜放花千树，更吹落，星如雨。宝马雕车香满路，凤箫声动，玉壶光转，一夜鱼龙舞"。躬逢如此盛世年景，当时的宰相张居正也写诗记述灯市的盛况，表达自己的喜悦之情："禁城迢迢通长衢，九门万户灯光里。弦管纷纷夹道旁，游人何处不相将。"可见当时庙会已经繁盛起来。

明亡清兴，百年间北京庙会臻于鼎盛。清初，慈仁寺（现名报国寺，位于宣武区广安门内大街路北）的庙会很有名，许多文人学者也常去游庙会，逛书摊。康熙年间大诗人王士禛有一段轶事。当时，王士禛名重海内，有人求见他，几次往访不遇，便去问他的好友徐乾学。徐乾学说，这好办，每月十五日，你去慈仁寺的书摊上等候，必能相见。那人按徐乾学的话，果然见了王士禛。《桃花扇》作者孔尚任的《燕台杂兴诗》云："弹铗归来抱膝吟，侯门今似海门深。御车扫径皆多事，只向慈仁寺里寻。"此诗所说就是寻访王士禛的故事。清朝康乾盛世，京城庙会日益繁盛。最著名的是东城隆福寺和西城护国寺，称东西两庙。有诗曰："东西两庙货真全，一日能消百万钱。多少贵人闲至此，衣香犹带御炉烟。"足见当时交易的繁盛。而且两庙逢会期间，百艺杂技者结队前往，献艺敬神，歌舞升平。史书有载："百戏之难驯者，莫如南十番。其余装演大头和尚，扮稻秧歌，九曲黄花灯，打十不闲，盘杠子、跑竹马、击太平鼓、车中弦管、木架诙谐……不可胜计也。"[4]可见当时庙会上娱乐节目的丰富多彩。尤为值得一提的是精彩绝伦的口技表演，艺人们不用乐器道具，只凭一人巧弄喉舌，学世间各种声响，惟妙惟肖。其中有《庙市》一出，表演从店主启门、顾客评货、划价、成交至群贩叫卖，发生争执、私人讲和、官人调停，至平息为止，惟妙惟肖，让人叹为观止。当时除了东西两庙，比较著名的庙会举办场所还有位于宣武城南的厂甸地区，这里以经营古玩、书籍为主，因而成为文人雅士搜求古书玉器的必到之所。乾隆时许多文人名士群居于厂甸附近，如戴震、钱大昕、王鸣盛、纪晓岚、朱筠、翁方纲、周永年、李文藻等。他们中的许多人奉旨纂修《四库全书》，入值大内，回家时经常去琉璃厂附近的书肆搜觅和阅览图书，查对资料，作为纂修《四库全书》的参考，把这里当成了公共图书馆。而每逢庙会之期，更是往来于书肆之间，尽日方归。

近代北京的庙会文化在政治、经济、文化多方面因素的影响下，总体规模趋向衰落，但是它的商贸文娱功能却日益增强，琳琅满目的商品物件、丰富多彩的民间游艺，点缀了民众的日常生活，成为人们消闲游乐的绝好去处。这中间还有许多耐人寻味的逸闻趣事呢！过去庙会上有许多窃技超群的小偷，据说民国初年，有一前清王爷去逛隆福寺，他所戴的金丝水晶茶镜居然被扒手从眼眶上窃走。后来由于巡捕追得紧，扒手通过巡捕转告王爷说，下次王爷逛庙会时归还。数日后，王爷果然带数名护从来到隆福寺，左右环顾不见归还茶镜之人，正疑惑间，有一老者将一口痰无意唾到了王爷的靴子上，王爷正要发怒，老者马上下跪向王爷请安，并用自己的袖子将靴上所唾的痰擦去，王爷这才息怒而去。待王爷回至府中，正在堂上纳闷庙会上为什么无人归还所失之物时，忽有家人呈上一便笺。王爷打开一看，上面有草书八个字："完璧归赵，王爷恕罪。"问送笺者何人，家人回说是一小童，早已去了。待王爷脱靴之时，发现茶镜乃别在靴壁之上，此时王爷才恍然大悟，原来那个唾痰的老者便是扒手。

民国以来，在剧烈的社会动荡中，佛教、道教等文化呈江河日下之势。到20世纪40年代后期，政局动荡，民生凋敝，宗教文化更趋衰败。除少数古刹名寺香火延绵外，寺庙大多断壁颓垣，荆棘丛生。京城庙会在时代动荡的烟尘中日益黯淡，不过像隆福寺、护国寺、白塔寺、白云观、厂甸这些地方仍然会不定期地举办庙会，在动荡不安的年代，给人们沉闷压抑的生活勉强涂上点色彩。

1949年以后，庙会这种形式由于带有不少宗教色彩，甚至宣扬封建迷信，因而缺乏人民政府的大力支持；而且在社会主义改造过程中，政府将庙会上的摊贩组织起来，实行公私合营，庙会的举办地建起了国营商场，这样小商贩的市场交易被纳入国营商业的主渠道之中，传统庙会活动开始销声匿迹；到"文革"时期，所有庙会都已停办，逛庙会成了人们心中甜美而又怅惘的回忆。百年回首，古庙虽在，旧会已无。然而昔日喧嚣繁华，却如饮香茗，氤氲之气，系之不绝。对久居北京的人来说，那些关于庙会的回忆是与他们的祖辈、他们的童年联系在一起的，他们关于庙会的回忆就是一座城市、一部历史。

（二）庙会谈今

改革开放以来，随着经济的腾飞，盛世民情也在不断地催生着庙会文化的复兴和繁荣。自1984年首届龙潭湖庙会之后，这种具有浓郁传统风韵的大型民俗活动如雨后春笋，在京城各地蓬勃发展起来。截至本世纪初全市出现了数十家庙会，形成规模的有地坛庙会、东岳庙庙会、白云观庙会、厂甸庙会、妙峰山庙会、红楼庙会、朝阳公园洋庙会等等。总体来说，当代的这些庙会又可以粗略地分为两类，一类是传统庙会的复兴，比如厂甸庙会、妙峰山庙会等，这些地方以前就是庙会的举办场所；另一类属于新兴庙会，比如朝阳公园洋庙会、大观园红楼庙会等，这些地方以前并没有举办过庙会，只是借助于庙会的形式来举办一种颇具创意色彩的文化娱乐活动，属于创新型庙会。后者比较多，日益成为当今庙会的主流。

在目前的庙会活动中，地坛庙会无疑是比较有人气的。2007年，在北京市文化局等单位联合主办的"迎奥运，我最喜欢的北京春节庙会"活动评选中，地坛春节文化庙会被评为"市民最喜欢的北京春节庙会"之一。作为传统庙会在当代的复兴，地坛庙会始终以注重民族、民间、民俗特色和文化品位独树一帜。地坛庙会上最具有历史文化意味的是仿清祭地表演。这项表演于1990年首次举办，演出所用陈设和服饰均严格按照史籍记载制作，音乐和舞蹈也按照古曲编排，那庄严肃穆的音乐、庞大的队伍、繁琐的仪式，逼真地再现了皇家祭祀的恢弘气象。这项活动吸引了大量游客，因而成为地坛庙会每年的保留项目。2007年，地坛庙会还举办了"白领万人相亲大会"活动，着实让庙会当了一回红娘，体现出传统庙会的现代气息。

比较有特色的传统庙会，还有位于朝阳区朝外大街北侧的东岳庙庙会。东岳庙建于元末，当时属于道教正一派，距今已有六百多年历史。东岳庙庙会也是北京最古老的庙会之一，从上世纪90年代开始恢复，已经连续举办至今。买福牌、挂福牌、带福还家是东岳庙庙会的招牌活动。一般老百姓买一套福牌进庙。这一套福牌由两面木制福牌组成，一面写上名字挂在庙里，另一面带回家，寓指带五福。俗话说："福禄寿喜财，统统带回家里来。"春节期间，很多居民都会虔诚地赶往东岳庙将五福

地坛春节庙会

带回家，为的是一年到头图个吉利。而且，每年的东岳庙庙会上还有很多民间的花会表演，如高跷秧歌、五虎少林棍、中幡、吵子会等。据介绍，吵子会就是由16个人拿16对大镲组成，分别击打，热闹非凡。北京其他著名的传统庙会还有厂甸庙会、妙峰山庙会、白云观庙会等等，它们有着更为深厚的历史文化积淀；作为过去比较有影响的庙会，它们更能体现北京历史文化的无穷魅力。关于它们的情况将在下面具体介绍。

　　尽管说现在的传统庙会都有着悠久的历史，但是很显然，它们已经不是古代庙会的单纯的延续和复兴，而更多地是从当代审美情趣出发，在充分发挥自身历史文化方面优势的同时，也不断地发掘一些具有时代感的文化创意，以便使活动办得更加有声有色。对于那些"没有庙"的庙会举办者来说，感触时代脉搏、引领大众娱乐，在创新中求生存更是他们的办会理念。这方面如朝阳公园的洋庙会、大观园的红楼庙会等，都是比较成功的例子。

朝阳公园位于北京市朝阳区中部，总面积为300公顷左右，是北京市内面积最大的一座都市公园。作为一座现代公园，与传统的庙会活动确实离得比较远。但是从2001年首次举办洋庙会至今，朝阳公园的洋庙会已经成为众多市民春节逛庙会的首选。所谓朝阳公园的洋庙会又叫"北京朝阳国际风情节"，在庙会上，来自英国、法国、希腊、瑞典、俄罗斯等众多国家的表演团体和艺术家们各有拿手好戏。比如充满异域特色的狂欢游行表演队，他们乘着花车，看似即兴地表演着各种风格的舞蹈，让人们在愉快的视听享受中，感受到异国的情调与风味，着实成为现今庙会文化的又一亮点。2007年北京朝阳国际风情节上，朝阳公园还举办了"寻找这个城市最美的笑脸"活动。组织者从北京市民中遴选出了2008张笑脸，制作成一个高6米、长30多米的笑脸墙，在公园内竖起，该活动得到了市民的普遍赞誉。

大观园是北京市第一个人造的主题公园，是上世纪80年代依据古典文学名著《红楼梦》中关于大观园的描写设计建造的。公园整个山水布局、园林建筑、花木配置乃至楹联匾额都力求体现《红楼梦》中的意境。为我们大家所熟知的1987年版的电视剧《红楼梦》不少场景就是在这里摄制完成的。上世纪90年代中期，大观园经营业绩开始走下坡路。那时，北京的庙会正举办得红火，很多公园都在办庙会。大观园的红楼文化庙会也是在这一时期诞生的。顾名思义，红楼庙会正是以《红楼梦》的故事为主题的庙会。庙会上比较有特色的活动是"元妃省亲"盛装游行表演。由上百人参加的游行队伍每人都穿着古装，有人手举执扇，有人鸣锣开道，还有人抬着轿子，浩浩荡荡走出大观园，来到大街上。庙会上，游人络绎不绝，纷纷驻足观看，如置身于红楼故事当中。在2007年的红楼庙会中，举办者还首次向中外游客展现了为服务社会而开发的传统寿筵大典"贾母贺寿"的热闹场景，这既是一次创新，又为北京的庙会增添了一道亮丽的风景线。

现在北京的庙会，宗教色彩越来越淡化，只偶有娱乐性的仿祭祀活动表演，更多的是有会无庙，公园、体育场、商场等都成了庙会的举办场所。庙会的复兴既促进了商品贸易活动，又丰富了人们的文化娱乐生活，但与过去最大的不同是现在的庙会一般只在春节期间举行，而且几乎各大公园都有自己的庙会。逛庙会几乎已成为北京人春节期间最重要的娱乐活动。人们现在常说逛庙会、看庙会，"逛"、"看"充分反映了大多数人去庙会只是寻求热闹，而失去了过去的那种虔诚，"娱神"的盛典真正走向了"娱人"的节日。在庙会的当儿，人们走上街头，体味的是那份在节庆中休闲的轻松与欢乐，在这种愉悦的氛围中，朋友相聚、全家同游、同事相随、恋人相依，在无形中增近了人与人之间感情的交流，于喧嚣浮华中体验一种充实而亲切的生活。也许正如张中行在《北平的庙会》中所说："就按我自己来说，是非常爱庙会的，每次都是高高兴兴地去，我想旁人也应该这样。人生任有多少幻想，也终不免于过小家日子，这是快乐的事，也是严肃的事，而庙会正包含这两种情调，所以我爱它，爱每一个去庙会的人。"⁵

然而，庙会的昨天毕竟成了不能回转的过去。曾经的辉煌照进多彩的现实，在无限欣喜的同时，我们也看到了现代庙会举办上的某些隐忧。比如如何抓好庙会上小吃的卫生，如何更好地在传统的基础上进一步创新等等，都值得人们认真地思考。

"酒旗戏鼓天桥市，多少游人不忆家。"古老的北京庙会从岁月的深处走来，将传统习俗淋漓展现的同时，现代和时尚的气息也飘香远溢。我们有理由相信北京庙会——这一幅韵味深厚、绚丽多姿的民俗风情画一定会永不褪色。

（三）特色庙会掠影

白云观里摸石猴，东岳庙中接五福，厂甸街上听吆喝，红螺寺下赏梅竹，老北京的庙会花样繁多、种类齐全，熔铸了皇朝帝都世俗儿女的日常欢欣。那独有的韵致一如大碗茶般平淡，又有京腔京韵的无穷韵味，寄托着最世俗的理想；而唯其有这种平淡的世俗性，才给了它最悠长的生命力。因为这庙会，天子脚下的老百姓在喧闹里找到了各自平凡而精致的生活，在充满神秘色彩的各种仪式里寄托着朴素而极富想象力的理想，送走悠悠岁月，迎来岁岁年华。

和上海的城隍庙会、南京的夫子庙会、山东曲阜的孔子庙会一样，北京的庙会也以其悠久的历史、独特的风格名闻遐迩。特别是一些传统庙会，最能够体现北京历史文化的风神气度。

1. 厂甸庙会

厂甸是北京宣武区和平门外南新华街路东的一条小胡同，与毗邻的琉璃厂等地连成一片，成为著名的琉璃厂厂甸集市地区。《礼记》云"都外曰郊、郊外曰甸"，这里的"甸"字就是我们今天所说的废弃不用的坑坑洼洼的地方。元代这里曾是烧制官窑瓦件的旧址，因此得名厂甸。

厂甸庙会始于明代嘉靖年间，而后盛衰相易，距今已有四百多年历史，经历过由祭祀到灯市、转而书市以及渐成贸易集市的演变过程，以雅俗相济、商娱相融而著称于世。它以历史悠久、内涵深厚、基础广泛、影响深远和特色鲜明成为与南京夫子庙、上海城隍庙、成都青羊宫并称的中国四大庙会。厂甸庙会有两大特征：

一是书肆。明代中后期，属于厂甸地区的宣武门外原是各省会馆集中之地，各省考生常居于此，闲暇时多愿到琉璃厂一逛，对促进琉璃厂书肆和文物、南纸店铺的发达起到了一定的作用。尤其到了清朝乾隆年间以后，琉璃厂厂甸集市日渐繁华，店铺林立，以经营古董珍玩、图书字画为特色，成为享誉京城的书市。从此，售卖各种书籍成为厂甸庙会的一大特色。清朝乾隆年间，官方编撰《四库全书》，四方书籍或为官方征集，或为书商采购，天下典籍潮水般汇聚京城，涌向琉璃厂。许多古书，售价非常昂贵，而在庙会举办期间，价格或可松动，因此很多书生不辞劳苦赶来搜求。此一时期，琉璃厂由书市进一步发展成为京城赫赫有名的文化街市。当时的书法家、金石学家翁方纲在其所著《复初斋文集》中写道："乾隆癸巳，开四库馆……每日清晨，诸臣入（翰林）院，设大厨供茶饭，午后归寓，各以所校某书应考某典，详列书目，至琉璃厂书肆访之。是时浙江书贾奔辕辇下，书坊以五柳居、文萃堂为最。"[6] 翰林院的四库编修们到琉璃厂书店寻检书籍、字画、文物等，成了那时一个特殊的街景。其后百余年，及至清末时的京城官员们在退朝后或休息日里，仍然到琉璃厂寻书搜宝，竟日方归。甚至还有人寻得好书，苦于一时囊中羞涩，竟典当随身衣物买书。嘉庆年间潘际云《清芬堂集·琉璃厂》诗云："细雨无尘架小车，厂桥东畔晚行徐。奚童私向舆夫语，莫典春衣又买书。"生动地记述了书童与车夫的耳语：今天车上那主儿

厂甸春节庙会

别为了买书，又把春衣典给当铺。数不清的专家学者、社会名人，都曾经穿过琉璃厂狭小而幽深的街道，在那些古朴的店铺里寻书访宝。此可谓厂甸之美谈。

厂甸庙会上特色书肆的出现，与居住在其附近的文化学者是分不开的，这也是厂甸庙会与其他传统庙会相比更具有文化感的重要因素。

二是大糖葫芦与风车。说起厂甸的"霸王鞭"，那可不是一种兵器，而是厂甸庙会上的特色物件——大糖葫芦。因为这种糖葫芦特别大，所以被夸张地说成是"霸王鞭"。前人厂甸竹枝词云："游人毕竟难忘俗，糖蘸葫芦一丈长。"又云："三尺动摇风欲折，葫芦一串蘸冰糖。"据说，这种大糖葫芦最初是京西西山上农民的创造，用长竹签将大红山楂串起来，串成三四尺长的一大串，上面抹上糖稀，顶端再插上一面彩色的小纸旗。厂甸庙会上这种大糖葫芦尤其常见，但是这种糖葫芦一般来说是不能吃的，因为做这种糖葫芦的人只是为了图个喜庆，制作过程也不是很卫生。在庙会上，还是会有很多人争相购买，但只不过是为了好玩罢了。

与大糖葫芦一样，风车也是厂甸的象征。厂甸的风车都是北京近郊的农民扎制的，完全是地道的风土艺术品。风车一般都有一个"日"字、"田"字或"品"字形的架子，像"品"字形的架子大约可装三十个风轮，每个风轮还有一个小鼓，当风轮转动，小鼓则会发出一串咚咚的鼓声。庙会上，卖风车的小贩一般都集中在海王村前门附近。逛厂甸时，游人一走近海王村，便是一片洋洋噪耳的风车声。

大糖葫芦和风车，都是庙会上玩的物件。其实，厂甸庙会集中了老北京庙会上玩具的精华，像风筝、步步登、纸燕等等各种材料做成的上百种玩具，多是平时难以看到的，别有风趣。

2. 妙峰山庙会

妙峰山，古称妙高峰，地处北京西郊，属北京市门头沟区管辖。妙峰山传统庙会始于明朝，距今已有三百余年的历史。妙峰山上有碧霞元君庙，明清两代，每年农历四月初一至十八妙峰山开山半月余，是时举办进香庙会，日以万计的香客络绎于途，有的一步一揖，三步一叩首，有的竟以背鞍、滚砖、耳箭、悬灯等方式进香以示虔诚。各种民间香会边走边练，幡旗飘扬，鼓磬齐鸣，观者如潮。妙峰山庙会期间，京都万人空巷，其规模堪称华北之首。据《旧都文物略》记载：妙峰山庙会"香火之盛，闻于遐迩。环畿三百里间，奔走络绎，方轨迭迹，日夜不止。好事者沿路支棚结彩，盛供张之具，以待行人少息，辄牟厚利。车夫脚子，竟日奔驰，得佣值倍他日。而乡社子弟又结队扮演灯火杂剧，藉娱神为名，歌舞于途，谓之赶会。会期之前，近畿各乡城镇皆有香会之集团首事者，制本会之旗，绣某社名称。旗后则金漆彩绘之笼，以数人担之而行，笼上缀彩旗銮铃，导以鼓锣。担者扎黄巾，衣黄色褂，喧然过市。凡在会之户，闻声纳香烛茶资如例，首事则簿记之。至期香客入山，各认所隶之旗，趋入队中，一切瞻拜、休息、饮食、住所，由首事者指导招待，诚敬将事，从无欺蒙之弊，故旗字均标明某某老会云。凡祭赛事毕，先后散于庙内外肆摊购绒绫花朵，插帽而归，谓之'带福'。遥望人群，则炫烂缤纷，招飐于青峰翠柏相间，其风物真堪入画也"[7]。这段描述绘声绘色，把当年妙峰山庙会的盛况生动具体地再现于我们的眼前。这实际上是广大民众把春游、娱乐、贸易、宗教活动结合在一起，庙会成为他们盛大而欢乐的节日。妙峰山庙会有两大特点：

一是天仙玉女碧霞元君信仰。妙峰山庙会的出现与当地的碧霞元君信仰是密不可分的。碧霞元君，是长久以来华北地区民众普遍信仰的一个道教神灵。传说她是泰山东岳大帝的女儿。宋真宗朝泰山时，封其为"天仙玉女碧霞元君"，民间俗称泰山娘娘。当地流传着很多关于泰山娘娘的动人传说。

相传很早以前西边大云寺有一个老佛爷，这个妙峰山盖起来之后，老佛爷就连忙占住了。佛爷先把自己的地毯铺好，然后就出去找水喝。就在他找水的功夫，老娘娘来了，她看这个地方实在不错，就拔下金簪，把地毯掀起来扔到底下。老佛爷回来一看，坏了，老娘娘在院子里坐着呢，心想这下不妙。不过还是理直气壮地对老娘娘说："你来晚了，这地方我已经占下了。"老娘娘不慌不忙地反问道："你占下了？我先占的啊。"老佛爷说："我有地毯为证啊。"老娘娘就说："你有地毯为证，我还有金簪为证呢，你看看底下有没有东西？"老佛爷掀开一看，嗬，可不是吗，那里头有金簪。老佛爷也知道女人有点娇性，卷起地毯就闷闷地走了。当时他托着金钵，金钵里盛满了水，拖到山门殿外这么一抢，水就围着妙峰山这么一圈，高着低着，左左右右，都变成了泉水，而且这些泉水也特别好喝。

又传说泰山娘娘神通广大，大慈大悲，护国佑民，尤其保佑香客多子多福，对香客的请求有求必应，十分灵验。妙峰山娘娘殿下面有一个连心亭。此亭立在悬崖之上，周围青松挺立，玫瑰飘香。其旁边的悬崖叫做舍身崖。"舍身崖"的由来源于一个民间传说。相传京郊大地的村庄里住着一户贫苦的三口之家：老公公、儿子和媳妇。由于生活所迫，儿子只好四处奔波，一年回不了几次家。儿媳善良贤惠，因冬夜寒冷，公公年迈，难御风寒，儿媳就用自己的身子把被窝暖热后，才照顾公公睡下，而她还要忙这忙那到深夜。没有不透风的墙，时间长了，就有不三不四的中伤，小媳妇非常伤心，不论怎样解释，村里不明真相的人也不理睬。她多次偷偷掉泪，两眼哭得红肿，村上的长舌妇仍在喋喋不休。她万念俱灰，便来到妙峰山上，向远处的家和丈夫离去的方向深深鞠了个躬，然后走到悬崖上，面对苍天向娘娘许愿："如果我是清白的，当我从悬崖上跳下去的时候，就请娘娘显灵吧，帮我把污言洗净，还我清白。"她双目紧闭，纵身跳下悬崖。过了许久，当她睁开眼睛竟发现自己正坐在自己家的炕头上纳鞋底呢。原来她跳下悬崖后并没有落地，一股清风把她送回了家。从此以后，那些长舌妇再也不敢胡言乱语了。村里人对小媳妇的为人十分敬佩，对泰山娘娘也更加信奉了。人们为了纪念娘娘显灵救小媳妇，便把小媳妇跳崖的地方取名"舍身崖"。

随着众多关于泰山娘娘神奇灵验故事的流传，信奉她的香客也就越来越多。每当人们进香朝拜的日子，盛大的庙会也得以举行。据《燕京岁时记》载："每届四月，自初一开庙，半月香火极盛。""人烟辐辏，车马喧阗，夜间灯火之繁，灿如列宿，以各路之人计之，共约有数十万……香火之盛，实可甲于天下。"[8]可见当时的热闹场面。

二是妙峰山上香会多。香会又叫善会，北京最早在明朝就已出现，既指旧时民间为朝山进香而组织的团体，也指民间朝山进香的盛大活动。妙峰山庙会上朝顶进香历来有"三多"，其中之一就是香会多；而每年妙峰山庙会最大的看头也是香会进香。这些进香的香会一般分为三拨。第一拨是修道会、清道会等香会，提前一个星期左右开始进山工作，修理道路，清理卫生。第二拨是庙内服务的香会，如掸尘老会、献供会、糊棚会、鲜花会等，提前两三天进庙工作，扫除灰尘，修补窗户、顶棚，将面贡、水果、鲜花等贡品放好。第三拨是各种茶会、粥会，提前两天左右开始在香道沿线设点，对进山的香客免费舍茶舍粥舍馒头，提供服务。其中，香会又分为行香走会和坐棚香会。行香走会由会头带领，手拿三角会旗，敲锣打鼓，边走边表演。遇到路边摆棚设点的坐棚香会，就必须停止表演并打知，也就是打招呼，交换名帖。一般是见门参门，见会参会，见茶棚参茶棚。同时，上山进香的香会遇到下山的香会时，上完香的要让进香的。到了山下一里处的灵官殿，香会必须报号，才能进山。规矩很多。

这些香会组织提供的表演和服务，既方便了香客们的进香朝拜活动，又让他们在愉悦中感受到了神灵的慈悲与法力，增强了妙峰山上那种虔诚、热烈和神秘的宗教气氛。

妙峰山庙会在抗战和"文革"期间中断了数十年。1990年京城老香会"秘密"到妙峰山朝顶进香，酬山赛会。1993年政府正式批准妙峰山举办首届春香庙会,古老的妙峰山庙会文化又焕发出新的生机。如今的妙峰山庙会除完整保留了明清时期香客朝顶,香会酬山,施粥、布茶、舍馒头等传统形式外,还增加了商品交易、民俗展示、文艺演出等新内容,并举办诸如妙峰山秋山登高祈福、西山民俗文化展、古香道寻幽探险等活动,成为京城百姓郊游观览的绝好去处。

3. 白云观庙会

白云观创建于唐玄宗开元二十七年(739),初名天长观。金代更名为太极宫。到元代成吉思汗十九年(1224),道教全真龙门派创始人丘处机在太极宫掌管天下道教,广收弟子,开坛演戒,使这里发展为道教在北方的中心。丘处机去世后,这里出现了纪念其诞辰的宗教节日"燕九节",即是北京早期的庙会活动;同时,太极宫也更名为白云观,一直沿用至今。

白云观殿宇恢弘壮观,玄风流衍,冠绝燕京。从早期的"燕九节"开始,白云观庙会就成为京城百姓民俗生活中的重要内容。白云观历年来正月初一至十九开庙,从初八顺星游人开始多起来,十八日夜间会神仙,游人最多。庙会以宗教活动为主,如"会神仙"、"顺星"、"打金钱眼"、"摸石猴"等等。目前白云观是中国道教协会所在地,恢复了宗教活动,并对外开放。因此庙会也以多种多样的宗教活动显示出自身的特色。每逢新春,人们乐于通过这种具有民俗色彩的娱乐性活动,讨个吉利,增加喜庆。此外,庙会上也有各类民间小吃、传统手工艺品、古都民俗风情画展以及现代的大型游乐项目等。观内众多的商贩也广设席棚,其中以卖各种食品和儿童玩具者最多。会期还有各处民间花会表演,锣鼓喧天,热闹异常。其中,"打金钱眼"、"顺星"和"会神仙"等民俗活动最有意思。

在白云观山门以内的正中位置有一座石桥,叫做窝风桥。此桥取名"窝风"还是源于一个关于丘祖的故事。据说,有个僧侣与道家斗法,自命西风和尚,取"西风吹散白云飞"之意。西风和尚在白云观以西修建了一座庙,命名为"西风寺"。于是,丘真人立即在观内修建一座窝风桥,以破其计。后来,白云观香火越来越旺,西风寺则烟消雾散。这座窝风桥就是白云观"打金钱眼"的地方。人们在桥洞的东西两端各悬一直径约为两尺、厚为三寸的纸胎，上面糊以金纸的大金钱。金钱是用红绳从南北两端绷紧的，中孔内系一小钢铃。在东西两侧桥畔，人们用现钞兑换制钱，即于两侧桥面上向距五米开外的金钱孔上的小铜铃投掷。谁能把铜铃打中打响，这一年就会顺顺当当，事事如意。

"顺星"也是白云观重要的活动，传说正月初八诸星下界，是民间顺星的日子。白云观内有元辰殿，殿内供奉着六十尊星宿像，像上标有天干地支以及属相。初八的时候，香客找到属于自己的本命星宿，烧香礼拜，祈求万事如意。顺星之后再去算上一卦，预卜吉凶，以便趋利避害。

"会神仙"有个传说。正月十九是全真道派丘祖的诞辰，相传正月十八夜间丘祖将会降临观中度化有缘人，但是丘祖降临却不现真身，或是化为道士、或是化为游人，而且时男时女、时老时幼，总之必须有缘才能得见。游人即使不能见到神仙，无意间碰到也能够祛病延年，因此，这一晚游客总是怀着激动与期待的心情，希望能够和神仙结缘。善男信女们留宿观中，四处游荡，彻夜不眠，等待着与神仙相会。观中灯火通明，人来人往。有人故意躲在黑暗角落，装模作样地说一些不明不白的高深话来愚弄人，游人们误把他们当做神仙，对于他们的求乞或者化缘虔诚无比、有求必应。《京都竹枝词》中说道："才过元宵未数天，白云观里会神仙。沿途多少真人降，个个真人只要钱。"卖食品的小贩也来参加会神仙，通宵达旦卖食品，生意异常火爆，也算是沾了神仙的光。会神仙是北京庙会历史上延续时间最长的一项活动，从1227年丘祖病死，一共延续了七百多年。到底有没有人遇见神仙，我们无从得知，但是白云观里的神仙会却永远留在了人们的心中。

二　节庆：岁时风华情悠悠

北京的节庆构成一年四季的风物轮替：从预报春天来临的立春到夏日密密的葡萄架下的七夕，从瓜果飘香的八月节到一声爆竹响带来的除夕，可以说，节庆已经融进了北京人的生活方式甚至是信仰中，成为他们生命中不可割舍的部分。在老一代的北京人看来，过年、过节不仅仅热闹和喜气，也传达了北京城独有的风情和韵味，使古老而又现代的北京散发出迷人的魅力。

（一）北京节庆的特征：兼容并蓄

中国人非常注重过节，每到一个重大的节日，几乎都全民参与。谈到节日的起源，一般有这样几种说法：一是起源于历法节气。中国传统上是一个农业国家，农业生产带有很强的季节性特点，这些特点经过总结发展出了历法，也带来了一些节日的产生，如立春、夏至、立秋、冬至等等。二是原始崇拜。中国原始先民有龙图腾崇拜。比如在南方，尤其是湖南湖北江浙一带，人们每年农历五月初五端午节都要举行"龙舟竞渡"，现在我们一般把它看做是为纪念爱国诗人屈原而举行的活动之一，其实它最古老的渊源是对龙的崇拜。三是禁忌和迷信。中国很多传统节日都与迷信禁忌有关。如最重要的传统节日春节，放爆竹据说是为了恐吓叫做"年"的恶鬼，家家户户贴门神是为了防止鬼进门。还有一些地方讲究在除夕之夜不能扫地，是为了避免财气出门。鲁迅在散文《阿长与〈山海经〉》中，记载了自己的保姆阿长在大年初一要鲁迅做的第一件事就是说"恭喜恭喜"，还要给他吃一瓣所谓的福橘，念叨了"一年顺顺流流"之后才放他下床。传统的一些禁忌随着时代的发展变成了人们生活中要遵守的规矩，其实是反映了人们趋吉避祸的心态。第四个来源是祭祀。如阴历七月十五的中元节就是以祭祀为源头的。另外，宗教对中国节日的影响也是很大的。许多本是各类宗教的节日渐渐为普通百姓所接受，如四月八日浴佛节、七月十五盂兰盆节，还有与道教有关的一月十九燕九节等等。当然，中国传统的多神信仰也是其原因之一。

中国漫长的历史加重加强了各种节日，在人们心灵中安置了浓重的节日情结，而且随着时代的发展，出现了庆祝节日的一些固有仪式，这就形成了具有中国特色的节庆民俗。

因为地处北方，北京的节庆类型基本上是和中原的传统节庆差不多的。但是由于北京在历史上有许多少数民族的进入，"元代时，大都是元代多民族国家的缩影，除契丹、女真、渤海等民族久同汉民混杂而外，作为统治阶级，大批蒙古人入居京都，也与汉人相错而居"[9]，到了清代，满族又入主北京，因此，北方少数民族的游牧文化因子是北京节庆习俗形成的一个不可忽视的因素。而且北京从辽代开始就成为都城，明清以来更成为全国政治、经济、文化的中心，大批南方人被吸引到这里来，于是南方节庆的一些色彩也融入北京的节庆中。可以说，中原的传统文化、北方的游牧文化、南方的农耕文化在北京这个城市中创造了和谐，使得北京的节庆具有了多元化的特点，体现了南北民族融合的风情。

北京从元代开始，就成为中国最大的商业中心；明清以来，一直是中国最大的消费城市，而且是城市化成熟的代表。正如明代人张翰在《松窗梦语》中所说："余尝数游燕中，睹百货充溢，宝藏丰盈，服御鲜华，器用精巧，宫室壮丽，此皆百工所呈能而献技，巨室所罗致而取盈。盖四方之货，不产于燕，而毕聚于燕。"[10]经济、商业的发展，文化的昌盛，帝都生活的相对稳定等，这些都使得北京的节庆更带有娱乐性和礼仪性，其中也体现出明显的社会阶层区分和贫富分化。以宫廷、贵族、士大夫为代表的上层人家充分利用节庆来满足自己的奢侈和享乐，而以广大市民为主的下层百姓因为生活艰难，很难尽情地欢度节日。据说每到中秋节，慈禧太后就在颐和园大搞祭月仪式，其规模之大，达到了空前的程度。上祭的食品中有特制的直径达数尺的大月饼，月饼上印有广寒宫、桂树、嫦娥等精细图案。祭品中还有"莲花团圆瓜"，就是把大西瓜切成数瓣，瓣瓣相互绽开，但瓣底仍与瓜蒂相连不断，形似一朵大莲花。这样的奢华是普通百姓所不敢想象的。再如，到了清代，老百姓家门上贴的门神已经是秦叔宝和尉迟恭，而贵族家的门神还是神荼和郁垒。

宗教文化是节庆起源的因素之一，而就北京的节庆来说，受到的宗教影响更加明显，也更加复杂。可以说，许多宗教都可以在北京的节庆中找到影子。辽代开始盛行的佛教，元代的全真教、喇嘛教，还有基督教、伊斯兰教、天主教等，都在北京彰显着自己的特色，为历代朝廷所接受。仅以佛教为例，成为北京民间传统节日的就有农历四月初八的佛诞日，在这一天，老北京人要舍缘豆。北京信仰佛教的人家，必定在佛诞日前一天夜间煮一盆大豆，名曰"舍缘豆"，第二天于自家门前或胡同口街巷口赠送行人，每人一二瓷勺，赠时必说"有缘儿！有缘儿！"而盂兰盆节因为与农历七月十五祭祀祖先的中元节重合，所以到了这一天，不仅紫禁城中要设道场举办盂兰盆会，民间也要为祭祀祖先举行佛教仪式，燃放河灯，焚烧法船。农历十二月初八是民间的腊八节，也是佛教的"佛成道节"，有僧人和百姓都熬腊八粥的习俗。

（二）北京年节民俗：岁时风情

北京节庆的种类很多，密布在每个季节、月份中，迎接春天来临的春节，播种之前的"打春"、"咬春"，四月清明节，五月端午节，六月各家各户要晒衣服、晒书籍，七月初七要"乞巧"，八月要过隆重的"八月节"……每个节庆随着历史的发展，形成了固定的仪式，表现出独特的民俗。北京人正是从这些仪式和民俗中品咂生活的滋味、时间的推移、历史的变迁和文化的传衍。

1．春节风景

从北京的节庆来看，最重要、最有代表性的就是春节了。应该说，春节不仅仅是汉族的节日，也是我国很多少数民族的重要节日。从世界范围看，由于历史影响，春节也是朝鲜、韩国和日本等亚洲国家的重要节日。

据史书记载，秦朝时以每年农历十月一日为岁首，到汉武帝时改行太初历，即以正月初一为岁首，于是"大年初一过年"这个风俗一直从汉代延续到今天。北京春节的跨度很长，一般是从腊月(即农历十二月)起，跨越来年的整个正月，直到二月初二。为了这个盛大的节日，一进腊月以后，家家户户就开始了繁忙的准备，过年的气氛、过年的气息就弥漫在大街小巷了。

年前的准备　北京的春节时间长，正日子是从除夕开始，但是在除夕前，每家每户进入腊月就开始为过年做准备了。在将近一个月的准备中，比较重要的是腊八和祭灶两个活动。

腊八在北京春节序曲中是比较重要的一个活动。虽然腊八粥是全国大多数地方在这一天都要吃的，但是北京的腊八粥吃得隆重、气派，尤其是皇宫里讲究更多。据史料记载，清代皇宫里吃的腊八粥历来由雍和宫的喇嘛熬制。《光绪顺天府志》记:"腊八粥一名八宝粥,雍和宫熬粥,定制派大臣监视,盖供上用焉。"雍和宫熬皇室吃的腊八粥的仪式相当隆重,过程也十分复杂:"腊月初一开始领料,初二到初五陆续由皇宫运到雍和宫。初六日过秤分料,每锅粥要用各种米、豆等共十二石,大枣等干果各百余斤,初七日上午淘米,泡干果,下午点火熬粥。"[11]持续八天的活动显示了皇家的威仪。

相比较,民间熬粥就质朴多了,不会有那样烦琐的手续、用那样长的时间,但是用料也不得随便。清人富察敦崇撰写的《燕京岁时记》中记载了百姓吃腊八粥的情景:"腊八粥者,用黄米、白米、江米、小米、菱角米、栗子、红豇豆、去皮枣泥等,合水煮熟。外用染红桃仁、杏仁、瓜子、花生、榛穰、松子,及白糖、红糖、琐琐葡萄,以作点染。切不可用莲子、扁豆、薏米、桂圆,用则伤味。每至腊七日,则剥果涤器,终夜经营,至天明时则粥熟矣。除祀先供佛外,分馈亲友,不得过午。"[12]从这段记录来看,百姓的腊八粥也是够讲究的。正像老舍在《北京的春节》一文中写道:"在腊八那天,人家里,寺观里,都熬腊八粥。这种特制的粥是祭祖祭神的,可是细一想,它倒是农业社会的一种自傲的表现——这种粥是用所有的各种的米,各种的豆,与各种的干果(杏仁、核桃仁、瓜子、荔枝肉、莲子、花生米、葡萄干、菱角米……)熬成的。这不是粥,而是小型的农业展览会。"[13]

在腊八这天,老北京人,尤其是旗人,还讲究泡腊八蒜。就是把蒜瓣在这天放到装满醋的瓶子、罐子甚至是大红缸里(容器大小视家中人口而定),封起来,一直到除夕才开封,这时蒜泡得色如翡翠而有甜味,而醋也有了些辣味,腊八蒜、腊八醋用来配着饺子吃,非常美味。现在,北方及中原一带很少能看到特意在腊八这天泡蒜了,人们改为了随吃随泡。物质生活的提高,省略了一些仪式和讲究,但是也少了些欣喜和韵味。

祭灶的活动在腊月二十三举行。祭灶,就是祭祀灶王爷。老北京有"男不拜月,女不祭灶"的说法,所以仪式由家中的男子,也就是一家之主主持。祭祀的仪式比较简单,就是供上灶王爷的像,祭品非常质朴,是一些关东糖、糖瓜、南糖,还有清水一碗和草料一碟。如此简单的祭品既显示了住户和灶王爷的亲密关系,也让人感到其实百姓并不太把灶王爷当回事。在向灶王爷祷告了"好话多说,不好话少说"之后把一块碎糖投向灶内,称作粘粘灶王爷的嘴。最后全家把糖吃掉。鲁迅在20岁时曾作过一首五绝《庚子送灶即事》:"只鸡胶牙糖,典衣供瓣香。家中无长物,岂独少黄羊。"[14]由此,我们可以看到,祭灶这种风俗是南北都有的,它一方面预示了春节即将到来,另一方面也让我们看到节庆活动对于百姓来讲,更容易引发生活艰难的辛酸之感。

祭灶这一天,在北京称为"小年",中原基本上也是这个说法。过去,"小年"是一个期限,在外的人都要赶在这天以前回家过年。

祭灶一过,年味儿就越来越浓了。于是,孩子们便唱起了童谣:"二十三,糖瓜粘;二十四,扫房子;二十五,冻豆腐;二十六,去买肉;二十七,宰公鸡;二十八,把面发;二十九,蒸馒头;三十晚上熬一宿;初一、初二满街走。"这首童谣历数了北京人预备年事的程序,每天干什么都有定规,慢慢地就形成了一种仪式。做年菜、收拾房子、给自己洗澡、买年画、鞭炮等,在忙乱和兴奋中,真正的主角——"年"就到了。

过年的热闹　过年期间有几个关键的日子,是有特别讲究的:

首先是除夕。对于老北京人来讲,过年是一个相当隆重的活动。最先庆祝的是农历腊月三十日,即除夕,俗称大年三十。北京人历来将这天视为正式的年禧,人们送旧迎新的主要庆典和活动都在这天举行。白天要贴对联、贴门神、贴挂线。挂线就是剪纸,各家在街门、屋门、窗户上都要贴上各式各样的红挂线。

除夕晚上的家宴俗称"团圆饭"。俗话说"宁可穷一年,也不穷一天",再穷的家庭也要尽力把团圆饭做得丰盛些。过年最具代表性的食物,在北京当属饺子。1972年,考古工作者在新疆吐鲁番挖掘出十几只唐朝时的饺子,和今天的饺子一模一样,可以想见这种吃食的历史是很久远的。但春节吃饺子的习俗却始于明代,盛于清代。清代的北京旗人把饺子叫"煮饽饽"。对于饺子的解释,一般认为其谐音是"交子",即交子时的意思,也就象征春节的到来。

与汉人的风俗不同,北京的旗人除夕晚饭不吃饺子,而是吃米饭,配以各种酒菜,取"一年到头有饭吃"之意。另外他们还要煮一小锅"年饭",煮好后盛在碗中,上面摆一块大柿饼,在柿饼中间再放上栗子、红枣、荔枝等,还会插一根松枝,上面用红线缀五枚铜钱,取"五子登科"之意,松枝就是摇钱树。之后把这个年饭供在佛龛旁。在除夕的后半夜,旗人还要吃的一道食品就是素馅饺子。据说他们从除夕半夜一直到正月初三都不能吃荤,当然素馅饺子的馅是很讲究的,虽然没有肉,但是做工精细,有白菜、粉丝、蘑菇等等,还拌有香油,非常美味。旗人吃素馅饺子是用来表征自己的心在新的一年中会质朴,就是所谓的修炼素心。但是如果汉族人在除夕吃的是素馅饺子,那家庭的困境就可想而知了。

吃完团圆饭要守岁,即"大年三十熬一宿"。守岁时要点灯,把全家都照亮,还讲究全家人不出院,除了小孩,一般也不睡觉。守岁时要给儿童"压岁钱"。

除夕的夜里要举行祭祖仪式,一般人家在堂屋正墙上挂上祖宗的像,下面摆上祭品。汉族人家一般是用大碗盛上鱼、肉,南方籍的人家讲究一些,要用八碗大菜,中间还要有火锅。满族旗人的供品则是核桃糕、芙蓉糕、苹果、蜜供等。在除夕之夜,全家人都要向祖宗像烧香叩头。

除夕还有的一项重要活动是接神。民俗认为"大年三十晚上至初一凌晨是'诸神下界',考察人间善恶。因此,届时人们都要恭敬行事,不得妄言妄行。同时院内正中要设供桌香炉,点上檀香表示恭迎神驾,以求过往诸神在新的一年里赐福给自己"[15]。这也是春节习俗中最古老的内容之一。

在这一天乃至整个春节期间,不绝于耳的是爆竹声,用爆竹的巨响来驱除鬼怪的习俗受到人们的广泛欢迎。清代潘荣陛在《帝京岁时纪胜》中写到除夕"闻爆竹声如击浪轰雷,遍乎朝野,彻夜无停"[16]。在清代,过年时,不仅住户,闹市区的商家们也会燃放焰火,名为"酬谢主顾"。常是先放万头鞭,这是一种小的鞭炮,一个个串起来,一个为一头,有钱的、摆阔的或是希望来年好运的,都会加大"头"的个数。若真是"万头",那响起来的时间就长,以显示威力或是表明对未来的期冀。北京普通的威力大的爆竹俗称"二踢脚"，"二踢脚"这个名词可以说是北方的独特叫法，据说这种爆竹在南京叫"天地响"，即地上、天空各响一声，但这种叫法感觉不如"二踢脚"那么生动、形象，充满了动感。当然还有飞天十响、大旗火、太平花、铁冲子、八角子之类名目繁多的焰火。爆竹的燃放，现在已经成为了辞旧迎新的文化象征符号。在声声巨响中，人们深切地体会到旧与新的差别，预示着美好的明天。不过，爆竹的燃放具有一定的危险性。民国政府时曾经以不利于社会治安为由禁放。但是，禁放的控制是很难的，自民国九年开始，禁放被取消。1993年的时候，北京再度禁放鞭炮，但是鞭炮声响带来的年的气氛是人们所怀念的，所以2007年春节的时候，北京又解了禁，在鞭炮的鸣响和光亮中，一张张笑脸是令人难忘的。

　　然后就是正月初一了。正月初一最主要的活动是拜年。北京作为都城，这天最显威仪隆重的是文武百官向皇帝朝贺。元代时，"百官待漏于崇天门门下。二日后，内外百辟朝贺饮宴"[17]。清代的朝贺更加声势浩大，在五更天的时候，大街上就"肩舆簇簇，车马辚辚，百官趋朝，贺正旦也"[18]。这一天，在朝廷上，首先是大臣要向皇帝行庆贺礼，叫做"贺正旦"，皇帝赐宴，之后是大臣之间的团拜。团拜的形式到现在依然是政府官员之间互致问候的重要形式。在拜年时，上层社会还有士大夫常用的一种工具是贺年片。据说贺年片从明代就开始使用了，当时是一种长三寸、宽约二寸，上面写有本人名字和地址的卡片。明代中期著名画家、有"江南四大才子"之称的文征明在《拜年》一诗中云："不求见面惟通谒，名纸朝来满敝庐。我亦随人投数纸，世情嫌简不嫌虚。"可见明代投寄贺年片风气之盛。到了清代康熙年间，贺年片开始用红色硬纸片制作，并且放到锦盒里送给对方，以示庄重。起初，贺年片上只是一些祝福的词语。后来，其内容和形式不断改进，兼有书法、图画、诗词之类，成为一种艺术品。现在，投送贺年片已经成为普通人过年过节互致祝福的一种方式。当然，随着时代的发展，纸制的贺年片已不再流行，所谓的电子贺年片开始在年轻人中广为流行。

　　除了百官的朝贺及团拜外，普通百姓也要走亲访友，互致新年的问候。这种习俗一直流传到现在。

　　正月初二也不一般。正月初二是北京人祭财神的日子。这一天要把除夕接到的财神爷像祭祀后焚化。祭祀时的祭品是比较讲究的，一定要用活鲤鱼和方块羊肉，"取'羊'与'鱼'合，成为'鲜'字，以示新鲜的财神降临，再发新鲜财。活鲤鱼欢蹦乱跳，须用制钱钱串压着。午餐必吃猪肉、青韭、菠菜馅或羊肉馅的馄饨，美其名曰'元宝汤'"[19]。

　　这一天最热闹、最特别的地方是"那一年只开放一天的广安门外的财神庙"。无论是穷人还是富人，都会赶个大早，在清晨五六点钟的时候就聚集在庙前，"焚香膜拜，默祈赐财；然后在临时的元宝摊子上买几个纸元宝带回家，认为是从财神那里借到了元宝，就可以大发利市了。这些元宝摊子，只做一天生意便可维持一家人一年的生活，因为借宝者不惜重价，利市三倍。更有炫耀手艺者，用金纸做成驮着聚宝盆的金马驹子，价更奇昂；而购者出于自私的迷信心理，认为'金马驮聚四方财'，此日虽出重价，来年可望倍偿"[20]。这些说法、做法都寄托了百姓对钱财的追求、对幸福的向往。

　　从正月初一开始，北京全城的店铺都关门停业，一直到正月初六，有的甚至到正月十五以后才开业。从初一到初四，各家都不能用生米做饭，而是吃除夕之前做好的熟食。这几天，在日常生活中有些禁忌，比如除夕晚上不能扫地、不能倒垃圾，是怕把"财"扫出自家。而妇女们从初一到初四不能出门，不能做针线活，更不能动刀剪。这其中隐含的禁忌是很明显的，当然，妇女也可以利用这样的禁忌得到一年中最彻底的休息。到了初五，早晨各家要放鞭炮，据说可以崩跑穷鬼迎来福星，称为"破五"。这天开始，妇女才出门、做饭。

　　初八也是过年期间一个特别的日子。这天被北京人称为"顺星"，要举行"祭星"活动。传说这一天为各个星宿聚会的日子。依照《周易》和"术数"的说法，每人每年都会有一位值年星宿，人一年的活动顺应自己值年的星宿，即"顺星"，就可以得到星宿的庇佑。所以，这天晚上当天上星星出齐后，各家各户都要举行一个顺星的祭祀活动。"家人动手，捻制一百零八只灯花，浸透香油，安置在灯花碗里。上灯以后，把灯花有秩序地放在户内室外，厕所灶旁，以火引焰，闪烁灿烂，宛如天上群星，名曰'散灯花'。本命年(马年属马，鸡年属鸡者)的人，不得外出，静守灯花，任其自灭，以祝吉利。"[21]这个习俗颇具有北京特色，值年的星宿对应的是中国人传统的属相，不是现在大家熟悉的所谓西方的星座，但是我们可以想象摇曳的灯花也会给节日带来一些浪漫的情调。与"祭星"活动不同，在我国的很多地方，初八的活动是外出游走，有所谓"游八仙，去百病"的说法。

上元灯节就表明"年"就要过去了。上元节的正日子是正月十五，中原俗称"元宵节"。在这一天开"灯市"的习俗最早起于汉代，汉武帝时太史公司马迁创建《太初历》时把上元节列为重大节日，所以到了这一天全国各地都会张灯结彩、燃放爆竹。单从北京来讲，灯市是体验北京繁华的最好时机。而且，在这一天，朝廷往往要表现出与民同乐的做派。这一点据说在明朝体现得最突出。明永乐初年，成祖认为"上元游乐，为天下盛事"，所以下旨官员可以休假十天。宣德八年的时候，文武官员可以放年假二十五天，这样长的假期是空前绝后的。

明代的灯市设于皇城端门的五凤楼前，后来移到东安门外崇文门大街。万历年间，每当灯市，"天下瑰奇巨丽之观，毕集于是"。万历三十四年，也就是公元1606年时，沈德符回忆北京灯市的盛况是：

> 　　自永乐七年乙丑，至今上明年三十五年丁未，恰已一百九十九年。四海承平日久，辇下繁富百倍，外方灯市之盛，日新月异。诸司堂属，俱放假遨游，省署为空。……其时，南宫试士，大半鳞集，呼朋命伎，彻夜歌呼，无人诃诘。至若侯门戚里，贵主大珰，则又先期重价，各占灯楼。尺寸隙地，仅容旋马，价亦不赀。初至京师者，骇叹愕眙，正如宋汴京"春如红锦堆中过，人似青罗幕里行"，真太平佳话也。余儿时目睹繁华，至今入梦。[22]

从这段话中，我们可以想见当年北京的繁华是盛况空前的。到了清代，由于厉行节约，灯市没有了明盛期的规模，但还是相当隆重的。《燕京岁时记》记载："灯节，自十三至十七。唯十五为正节。明时灯市皆在灯市口，今则归琉璃厂矣。"[23]到了灯节，各大商肆准时亮灯。灯的类型很多，一般有名气的店铺都有历年悬挂的成套纱灯或"玻璃灯"，数十盏为一组，彩画"三国"、"水浒"、"西游"、"聊斋"、"红楼梦"、"杨家将"、"精忠传"、"镜花缘"、"封神榜"、"施公案"、"彭公案"、"三侠五义"、"小五义"、"草木春秋"等说部故事，等于是彩灯的连环图画。另外还有特制的冰灯、麦龙灯、西瓜灯、萝卜灯、灌肠灯等。

在这一天，北京最别致的是西皇城根城隍庙的燃"火判儿"，就是用泥塑出判官的形象，判官的肚子是空的，在其中烧上炭，炭火旺了后，就会从口、眼、耳、鼻中喷射出尺把长的火焰。据说"判官"手里会持一个牌（亦为泥塑），上写："你可来了，正要拿你！"据说是要对盗贼起到威慑作用。这个活动在当时也不是很普及，主要集中在地安门外西侧皇城根。在山西，直到现在，有的地方在除夕夜，有的在年初一大早，有所谓的"旺火"，就是用炭垒出一个碉堡的形状，中间也是空的，将炭点燃后，熊熊的火焰从缝隙透出，颇为壮观。一些人会把过年穿的新衣拿到火上烤，还有人会围着"旺火"正反各转三圈，祈求来年的好运。这在形式上和"烧火判"比较接近，但是寓意却不同。

北京的春节一直要过到二月二。农历二月初二，京城俗称"龙抬头"，过去小孩、尤其是男孩有在这一天剃头的习俗，说是"二月二，剃吉利"，以此来希望孩子运气好、聪明。而且这一天也是接待"姑奶奶"——已出嫁的闺女——的日子。京城的民谣说："二月二，接宝贝儿，接不来，娘掉泪儿。"这天的饭食都以"龙"字相称，吃饼是"吃龙鳞"，吃打卤面是"吃龙须"，吃馄饨为"吃龙眼"，吃饺子为"吃龙耳"，都是巧立名目，以此庆祝春节的最后一天。

2．清明祭祖

现在的清明节在每年的公历 4 月 5 日前后，是北京的一个很重要的节日。清明节大约始于周代，距今已有 2500 年的历史。与这一节日临近的还有一个寒食节，是为了纪念誓不受赏的介子推。这其中有一个故事。春秋时，晋国内乱，晋公子重耳由介子推等人辅佐，流亡在外十九年，历尽磨难。有一次，他们在山中迷路，食物断绝，重耳头晕眼花，饥不能行。介子推偷偷从自己大腿上割下一块肉来，用火烤熟让重耳吃。后来重耳回国继位为晋文公，大加赏赐功臣及跟随他流亡的人，竟然漏了介子推。介子推携同母亲一起隐避在山西定阳县的绵山之中，弃官为民。跟随介子推的人深感不平，就写了一幅字联悬挂在宫门，讽谕晋文公："龙欲上天，五蛇为辅。龙已升云，四蛇各入其宇，一蛇独怨，终不见其所。"（《史记·晋世家》）晋文公看后猛然醒悟，并亲往绵山访求，但介子推执意不肯出山。晋文公知道介于推是有名的孝子，决定放火烧山，迫使介子推携带老母出来。谁知介子推宁死不肯出山，火烈风猛，蔓延数里，三天方息。最终介子推与老母相抱被烈火烧死在一棵大树下。晋文公看到此惨景不禁百感交集，伤心之极，便改绵山为介山，把定阳县改为介休县，并下令从介子推被焚这一天起禁火三日，只吃冷食，称为"寒食禁火"。后来，人们就用这一传说来解释寒食节的来历。

其实，寒食禁火与介子推并没有可靠的历史联系。《左传》里也没有关于介子推被烧死的记载，到了汉代刘向《新序》、桓谭《新论》才提及介子推被焚一事，仅寥寥数语，并未把介子推与寒食节联系在一起。汉末蔡邕的《琴操》始将禁火之事与介子推附会在一起。此后，寒食禁火的习俗一直流传下来。由于寒食节和清明节的日子很近，到了元代两个节日就合二为一了。据元人熊梦祥《析津志辑佚·风俗》中记载，"清明寒食，宫廷于是节最为富丽"，大都城内，"上至内苑，中至宰执，下至士庶，俱立秋千架，日以嬉游为乐"，这说明元代的清明节宫廷中要举行大型的游乐活动，而且以荡秋千为主。同时"绮筵杂进，珍馔甲于常筵"，就是"中贵之家，其乐不减于宫闱。达官贵人，豪华第宅，悉以此为除被散怀之乐事"。[24]这样的风俗既有游牧民族春天外出狩猎习惯的遗留，也表明到了清明时节，万物复苏，走到室外玩耍是适宜的。

普通的市民会在这天祭祖上坟，同时也要春游。明代的《帝京景物略》记载："三月清明日，男女扫墓，担提尊榼，轿马后挂楮锭，粲粲然满道也。拜者、酹者、哭者、为墓除草添土者，焚楮锭次，以纸钱置坟头。望中无纸钱，则孤坟矣。"这表明扫墓是北京老百姓清明节的主要活动，然而，"哭罢，不归也，趋芳树，择园圃，列坐尽醉，有歌者"。[25]人们有的围坐聚餐饮酒，有的放起风筝。妇女和小孩们还折些杨柳枝，将撤下的蒸食供品用柳条串起来，有的则把柳条编成罗圈状，戴在头上。有"清明不戴柳，来生变黄狗"的说法，据说这种习俗是从唐玄宗时代传下来的。

3. 端午避邪

端午节，又称"重五"，时间在农历五月初五，是五月份最重要的节日。民间传说这一节日是为了纪念爱国诗人屈原而形成的。因为屈原投汩罗江而死，所以在这个节日最典型的仪式之一就是赛龙舟。赛龙舟流行于我国江苏、浙江、福建、湖北、湖南、四川、云南、贵州、广东、广西等地。北京地处北方，因为地理的原因，没有大面积的水域，无法赛龙舟。但是端午节还是要过，而且成为北京的三大节日之一。据说，辽代契丹人定都北京后，受到汉族的影响开始过重五，但是在习俗上有些不同。到了端午的午时，大臣要向皇帝进奉用艾叶和棉花做芯的棉衣，御膳房的大厨要进奉艾糕，一般的人士都要在胳膊缠上五彩丝，称为"合欢结"。

元朝定都北京后，在过端午节时，不仅有艾叶、凉糕、天师符等节日用品，而且还举办"赛关王会"。《析津志辑佚》中记载，每年端午节，"南北城人于是日赛关王会。有案，极侈丽。貂鼠局曾以白银鼠染作五色毛，缝砌成关王画一轴，盘一金龙。若鼓乐、行院，相角华丽，一出于散乐所制，宜其精也"[26]。从这样盛大奢侈的场面可以看出当时人对以义气著称的关羽的推崇。

到了清代，端午节的活动更为繁多。在节前，一些大户人家就开始互相赠送粽子，再配上樱桃、桑葚、荸荠、桃、杏等水果及五毒饼、玫瑰饼等。从五月初一日起，就把雄黄加入酒中，充分溶解后，把这样的液体涂在小孩的额头及鼻子耳朵之间来避除毒物。集市上卖一种黄纸，上面盖上朱砂印，有的画上天师钟馗的像，有的画上五毒符咒的形状，"都人士争相购买，粘之中门，以避祟恶"[27]。有一些手巧的女性，还用绫罗制出小老虎、粽子、葫芦、樱桃、桑葚等物体，用彩线穿起来，或者戴在发钗上，或者系在小孩的背上，都取的是避祸的意思。

直到今天，中国北方的一些地区在过端午节时，还会在门上贴一些绘有避祸或吉利图案的纸张，在门旁插一些艾草，小孩的手腕上还系有五彩丝线编织的彩绳，讲究的还把五彩丝缠成粽子形状的饰品挂在胸前。

端午节的主要吃食是粽子。粽子一般用糯米做成，内里的馅花样繁多。北京过去主要以红枣和豆沙为主，后来受到南方的影响，一些以蛋黄、火腿、肉类为馅的粽子也上了北京人的餐桌。这一天，北京人还要吃五毒饼，就是在糕点上印上蛇、蝎子、蛤蟆、蜈蚣、壁虎的形象。成年人要喝一点雄黄酒，都是为了避邪。但现在除了粽子之外，这些食品已不多见了。

明清两代，北京人还讲究端午出游，目的在于避灾，这也带有明显的游牧色彩。过去出游地点有天坛、金鱼池、二闸、高粱桥、满井、草桥、积水潭等地，其中以天坛和金鱼池游人最多。天坛是朝廷祭天的圣地，人们相信游天坛，可以借天神之力以避毒消灾。金鱼池在辽代称为"鱼藻池"，明代居民在这里挖塘植柳、饲养金鱼，是一个比较好的游乐之地。

4．中秋"兔儿爷"

农历八月十五是中秋节，俗称"八月节"、"果子节"，老北京的小孩则亲切地称之为"兔儿爷节"。它是北京传统的三节之一，也是八月份最重要的节日。

从元代开始，北京人就基本上接受了汉族过中秋的传统习惯。明清以后直至近现代，过中秋的习俗基本上形成现在的模式：在节日里，祭月、拜月、赏月、吃月饼是传统的事项。亲友之间要互赠节礼，如月饼、西瓜、九节藕等。家长要给老师送节敬，学生放假三天。店老板要赏给学徒过节钱。在这一天贫家会接到商店送来的讨账单。清代时的北京，人们日常生活都可赊账，但到端午、中秋、除夕必须还账。老舍的小说《正红旗下》中就有店家过节催账的叙述。肉铺的老王掌柜是山东人，在北京呆得久了，已经完全适应了北京的礼节，学会了如何和旗人打交道，但是到了年节的时候，虽然他心里不乐意，可是为了生存，还得厚着脸皮去讨债，真是负债没脸，讨债的人也难呀。

兔儿爷应该说是北京中秋节的一大景观，也是北京特有的一种节日玩具。这是一种以黄土胶泥为原料，用石膏模具扣出的空心彩塑偶像。《燕京岁时记》记载："每届中秋，市人之巧者，用黄土抟成蟾兔之像以出售，谓之兔儿爷。"[28]蟾兔即月宫中陪伴嫦娥的玉兔，老北京人认为玉兔不是凡间的家畜，而是广寒宫里的神兔，是不能随便捉来玩耍的，只能"请"一尊泥塑的称为"爷"的"兔儿"恭而敬之地"供"起来。后来兔儿爷渐渐成为孩子们中秋时的特有玩具。正如清人方元鹍《都门杂咏》所写："儿女先时争礼拜，担边买得兔儿爷。"

兔儿爷的形式多样，但一般是人形兔脸，长耳，顶盔束甲，腰束蟒带，坐骑是狮子、老虎或者麒麟。"有衣冠而张盖者，有甲胄而带纛旗者，有骑虎者，有默坐者"[29]，还有一种名叫"刮打嘴兔儿爷"的，其胸膛是空心的，上唇可以活动，在唇和身体中间系上细线，从兔身下一扯线，兔唇就可以活动，非常具有动感。市场上应顾客的所需，做的兔儿爷也是贵贱不等，最高级的有贴金的、三尺大，而最简陋的仅是一小白兔捣药而已。

兔儿爷在北京流传的时间较长。老舍先生在《四世同堂》中细致地描写了他熟悉的兔儿爷："脸蛋上没有胭脂，而只在小三瓣嘴上画了一条细线，红的，上了油；两个细长白耳朵上淡淡地描着点浅红；这样，小兔的脸上就带出一种英俊的样子，倒好像是兔儿中的黄天霸似的。它的上身穿着朱红的袍，从腰以下是翠绿的叶与粉红的花，每一个叶折与

北京非物质文化遗产——武超子

花瓣都精心地染上鲜明而匀调的彩色，使绿叶红花都闪闪欲动。"[30]

北京的节庆还有很多，大多都融入了日常的生活，而且多数和中原的节日活动一样。1949年中华人民共和国成立后，节日习俗、节庆仪式有了很大的变化，增加了许多新兴的节日，如元旦、国际妇女节、劳动节、儿童节、建党节、建军节、国庆节等等，而且近年来西方的节日也在民间兴起，什么情人节、愚人节、万圣节、圣诞节等，尤其是受到一些年轻人的亲睐。相比之下，传统的节庆则显得越来越受冷落，人们在紧张的工作和生活中已经很少有时间去细细品味传统节庆的内蕴了。2005年12月31日，文化部向社会公示了第一批国家非物质文化遗产名录推荐名单，春节、清明节、端午节、七夕节、重阳节等中国传统节日入围，这体现了国家对传统节日及传统文化的高度重视。

现在，大家最熟悉最重视的传统节日可能只有春节了。每到春节时，在北京工作的外地人大多回了故乡，北京反倒是显出了平日难得的清静。在爆竹的声声震响、烟花的五彩斑斓中，人们体验着一种繁闹过后的温馨，让常年浮躁的心在此刻享受宁静，可以真正体味出北京所具有的那独一份的历史悠长。

注　释

1. 张中行：《北平的庙会》，《宇宙风》1936年第19期。

2. 朱熹注：《诗经》，上海古籍出版社1987年版，第152页。

3. [明] 刘侗、于奕正：《帝京景物略》，北京古籍出版社1980年版，第133页。

4. [清] 潘荣陛：《帝京岁时纪胜》，北京古籍出版社1981年版，第67页。

5. 张中行：《北平的庙会》，《宇宙风》1936年第19期。

6. 翁方纲：《复初斋文集》，文海出版社1966年版，第558页。

7. 汤用彬等：《旧都文物略》，书目文献出版社1986年版校点本，第127页。

8. [清] 富察敦崇：《燕京岁时记》，北京古籍出版社1981年版，第62页。

9. 北京大学历史系《北京史》编写组：《北京史》，北京出版社1999年版，第130页。

10. 张翰：《松窗梦语》第4卷《百工纪》，中华书局点校本1985年版，第77页。

11. 胡玉远：《京都胜迹》，北京燕山出版社 1996 年版，第 348 页。

12. [清] 富察敦崇：《燕京岁时记》，北京古籍出版社 1981 年版，第 92 页。

13. 老舍：《北京的春节》，《新观察》第 2 卷第 2 期，1951 年 1 月。

14. 鲁迅：《集外集拾遗补编》，人民文学出版社 1981 年版，第 471 页。

15. 赵鸿明、汪萍：《老北京的风土人情》，当代世界出版社 2006 年版，第 164 页。

16. [清] 潘荣陛：《帝京岁时纪胜》，北京古籍出版社 1981 年版，第 1 页。

17. [元] 熊梦祥：《析津志辑佚》，北京古籍出版社 1983 年版，第 212 页。

18. 潘荣陛：《帝京岁时纪胜》，北京古籍出版社 1981 年版，第 1 页。

19. 翁偶虹：《春节话旧》，http://www.bj.xinhuanet.com。

20. 同上。

21. 同上。

22. 沈德符：《万历野获编》补遗卷三《畿辅》"元夕放灯"条，中华书局出版社 1959 年版，第 898 页。

23. 富察敦崇：《燕京岁时记》，北京古籍出版社 1981 年版，第 48 页。

24. 熊梦祥：《析津志辑佚》，北京古籍出版社 1983 年版，第 203 页。

25. 刘侗、于奕正：《帝京景物略》，上海古籍出版社 2001 年版，第 102 页。

26. 熊梦祥：《析津志辑佚》，北京古籍出版社 1983 年版，第 219 页。

27. 富察敦崇：《燕京岁时记》，北京古籍出版社 1981 年版，第 65 页。

28. 同上书，第 79 页。

29. 同上。

30.《老舍全集》第 4 卷《四世同堂》，人民文学出版社 1999 年版，第 132 页。

饮食与服饰

北京的饮食广纳百味，各地的小吃、特色菜在北京都能找到踪影；北京人的服饰具有简单、方便的风格，符合北京人大大咧咧的性格特点。北京的饮食和服饰有其发展的历史过程，并以独特的方式体现了北京的文化精神，那就是既具有历史的沧桑感，又具有开放的现代多元文化特征，既具有首都品格，又具有京味色彩。那么，北京的饮食和服饰究竟是什么样的？又有哪些独到之处？

一 荟萃八方美味

中国是一个"烹饪王国"，是一个讲究饮食文化的国度。有着悠久历史和国际影响的首都北京自然也不例外。如果要撰写真正意义上的中国烹饪史，还真得从北京写起，从一万七八千年前的北京周口店地区的山顶洞人写起，因为就在那时，山顶洞人发明了人工取火的熟食法，从而揭开了中国烹饪史的篇章。

北京的饮食文化是以仕宦家宴、民间小吃和茶馆饭庄三大系统为标志的。当然，无论是仕宦家宴、民间小吃，还是茶馆饭庄，都在随着时代的变迁而不断地发展，有些饮食门类现今可能只是徒有其名，有些或许面目全非，有些早已改头换面，甚至消失殆尽。但是，蕴涵其中的北京饮食文化的基本精神却不会就此隐没，而精神不灭，北京饮食文化的延续和重生就充满希望。

要真正了解北京饮食文化的历史和基本精神，还得从体现北京饮食文化主要特征的北京小吃说起。当然，我们还会适当介绍一些北京的仕宦家宴和茶馆饭庄，它们也是北京饮食文化的重要内容。

（一）北京饮食的历史与主要特征

北京自春秋战国以来一直是我国北方重镇，先后有辽、金、元、明、清五朝建都于此，是我国政治、经济、文化、外交中心，汉、满、蒙、回等各族人民大量在此定居，世界和全国各地文化在此融会交流，在饮食文化方面，也形成了荟萃百家、兼收并蓄、格调高雅、风格独特、自成体系的北京特色。

1. 北京小吃：千年都城的"活化石"

北京小吃可以追溯到公元14世纪。据考证，北京小吃中的肉饼、八宝莲子粥，就是从元代宫廷小吃"肉饼儿"、"莲子粥"逐渐演变而发展起来的。这可以从元朝饮膳太医忽思慧为文宗皇帝提供御膳食谱的《饮膳正要》中寻找踪迹。

北京小吃博采各地小吃之精华，兼收各族小吃之风味，不仅品种丰富多彩，而且形成了浓郁的京味特色。所以，北京小吃是北京人生活方式、饮食习惯的具体体现，它的每一个品种的来龙去脉、制作方法和食用方式等，都反映了北京人特有的心理倾向、审美意趣和创造意识。

北京小吃不是一成不变的，而是随着时代的发展而发展。特别是改革开放以后，经济上搞活的大背景、首都得天独厚的地理优势以及北京文化的开放性和包容性，吸引着南来北往的人们把目光投向北京。重庆小吃、成都小吃、狗不理包子、兰州拉面、朝鲜冷面、天津煎饼、河南灌饼、西安羊肉泡馍、陕西凉皮、山西刀削面、桂林米粉，如雨后春笋，一夜间全都出现在北京的大街小巷，出现在人们的视线里。这些外地的风味，吸引着人们的注意力，勾起了北京人的好胃口，迅速被接纳为北京小吃大家族的一部分。于是，手上开始宽裕的北京人又有了新的口福。为了适应北京人的口味，这些外来食品，逐步向北京口味靠拢，或者说，逐步被北京小吃同化了；这些被同化了的外地小吃，在很大程度上变成了新的北京小吃。

一方面外地小吃被北京口味同化，另一方面，从上世纪50年代起，传统意义上的北京小吃也受到了四次大的冲击：

第一次是1956年的社会主义改造运动。在公私合营过程中，有特色的个体小吃作坊、小吃挑子、小吃摊大部分被取缔了，大的饭馆和有规模的小吃店摇身一变成了国营，这样那些从业者就都顺理成章地成为工人阶级的一员。第二次是1960年代，三年困难时期，因为很多原料搞不到，饭馆的小吃也简化了，所谓"巧妇难为无米之炊"。第三次是"文化大革命"期间，北京小吃被当做旧时代的"残渣余孽"给革掉了。第四次是改革开放以后，虽然国家为了拯救具有民族特色的北京小吃做了大量工作，恢复了很多"老字号"，但在北京小吃适逢其时，正需要恢复元气的时候，很多"老传人"不在了，他们的后代也改行了，他们的手艺也就失传了。而大量外地饮食摊主进入北京，占领了北京小吃的阵地。他们也想投北京人所好，但他们没有看见过真正的北京小吃，做出来，至多是浙江或者什么地方风味的"北京小吃"。这些带有外地风味的"北京小吃"，实际上是一种新北京小吃，与传统的北京小吃概念不可同日而语。所以，我们这里要介绍的，主要是传统意义上的北京小吃，或者叫老北京小吃。老北京小吃还伴随着特定的吆喝声，这也比较有意思。

2．北京饮食文化的总体特征：知名品牌，大众口味

一种事物能够形成一种文化，它本身必须有立得住的独特的东西，必须有内在的主体的精神，才有生命力和魅力。小吃之外的"北京菜"，是由北京地方风味菜、以牛羊肉为主的清真菜、以明清皇家传出的宫廷菜，以及做工精细、善烹海味的谭家菜，还有其他省市的菜肴组成。其中山东菜对北京菜系的形成影响深远，山东的胶东派和济南派在京相互融合交流，形成了以爆、炒、炸、火烤、熘、蒸、烧等为主要技法，口味浓厚之中又见清鲜脆嫩的北京风味，影响广大。

以此观照，北京饮食文化的一个最基本的特征就是：以仕宦家宴、民间小吃和茶馆饭庄三大系统为标志，以新、老北京小吃为代表，融会各地风味而形成的独具风格的北京菜系。这个菜系有自己经年不衰的拳头产品，有自己代代相传的知名品牌。

第一，饮食风格的多元化和饮食习惯的包容性。自古以来，北京就是一个流动人口很多的城市，八方来客，汇聚于此。所以它既能吸收国内其他地方饮食进来，也能接受外国饮食文化，不仅如此，还能很好地利用外来饮食文化以丰富本土饮食文化。尤其自改革开放后，全国各大风味菜系及外国有名的餐饮纷纷涌进北京市场，菜系众多，风味各异，从而使北京成为中外名菜、名食、名饮荟萃的巨大美食之城。随着社会的发展，在传统的基础上又有新烹饪技术的飞跃，北京饮食正以其古朴的文化、淳厚的风味、精湛的技艺、绚丽多彩的特色为人们服务。吃在北京，已成为游客们的一大乐趣。

第二，北京饮食文化层次多，受众广，雅俗共赏。北京社会原本就是一个多层面的复合体，"宫廷文化"、"市井文化"和"士大夫文化"既互相区别，又互相影响和交流。例如，许多北京小吃都是从"民间"流传到"宫廷"，又从"宫廷"传到"民间"。也就是说，同样是小吃，尊贵的皇族可以在宫廷里享受，讲究的士大夫可以在优雅的饭庄里品味，而平民百姓也会有自得其乐的好去处。

第三，北京饮食文化的基础是一种平民化、草根性的文化。谈到北京的饮食文化，八大菜系也好、满汉全席也好、"北京菜"也好，大都植根于北京普通百姓的饮食文化这一土壤，到现在，这种平民性和草根

性仍然存在，而且是北京饮食文化发展的最基本的东西。如果不看到这一点，就不符合历史的真实。

北京饮食文化的平民性和草根性表现在：

首先，一方水土养一方人，北京的饮食文化与北京的水土、北京人的日常生活密切相关。从前，胡同里的平民百姓很少下馆子，因为吃不起。所以，只能因地制宜，变着法苦中作乐，充分利用北方出产的粮食、蔬菜，即所谓"食源"，尽可能地制作适合自己胃口的食品。北京小吃的许多品种由此产生，造就了北京人饮食上的特点。

其次，农业社会，靠天吃饭，老北京百姓人家的饮食有着明显的节令季候特点。春天，柳绿花红的时候，人们饭桌上也鲜艳起来。小萝卜蘸酱、小葱拌豆腐、菠菜粉丝、虾皮小白菜熬豆腐、韭黄炒鸡蛋等，都是春天的家常名菜。夏、秋季节，餐桌上的菜肴更是丰富的。黄瓜、茄子、柿子椒、辣青椒、西红柿、蒜苗、扁豆、豇豆、冬瓜，还有走街串巷卖鱼虾蟹的。北京的冬天漫长、寒冷，以前人们能吃到的是萝卜、白菜、豆制品等便于存储的菜蔬和食物品种。此外，便是北豆腐、豆腐丝、豆腐皮及熏干等。

再次，都市里的村庄的格局，造成北京人有条件也只能寻找"农家乐"。以前的北京，是条胡同是个四合院就有树，榆树、柳树，还有花椒树、桑树、葡萄架、藤萝架等，院子里的花池子种着茉莉花、夜来香，还会有向日葵、老玉米、葫芦、南瓜，甚至还有种黄瓜、西红柿的。这就给城市生活平添了许多农家风味。所以，自己劳作，享受自己的劳动果实，既解决了温饱问题，也是一件有成就感的愉快的事情。于是，久而久之，很多家常菜就从民间登上许多大餐馆名酒家的"大雅之堂"。很多餐馆饭庄的菜肴吃食都发源于民间，来自于民间的创造、发明。这就是北京饮食文化的真义。

（二）北京小吃的门类：花样翻新，精华荟萃

北京小吃俗称"碰头食"或"菜茶"，品种多样，风味独特。可分为汉族风味、回族风味、宫廷风味三种。在烹制方法上有蒸、炸、煎、爆、涮等。

地道的北京民间小吃"冰糖葫芦"

北京小吃大约二、三百种。包括佐餐下酒小菜（如白水羊头、爆肚、白魁烧羊头、芥末墩子等）、宴席上所用面点（如小窝头、肉末烧饼、羊眼儿包子、五福寿桃、麻茸包等）以及做零食或早点、夜霄的多种小食品（如艾窝窝、驴打滚、灌肠、卤煮火烧、油饼、冰糖葫芦等）。其中最具京味特点的有豆汁、灌肠、炒肝、麻豆腐、炸酱面、冰糖葫芦等。一些老字号专营其特色品种，如仿膳饭庄的小窝窝、肉沫烧饼、豌豆黄、芸豆卷，丰泽园饭庄的银丝卷，东来顺饭庄的奶油炸糕，合义斋饭馆的大灌肠，同和居的烤馒头，北京饭庄的麻茸包，大顺斋点厂的糖火烧等，其他各类小吃在北京各小吃店及夜市的饮食摊上都能品尝到，北京城里传统风味小吃店很多，从隆福寺、护国寺的小吃店，到爆肚冯、茶汤李、馄饨侯等特色店。

宫廷风格的北京"北海仿膳小吃"

（三）鲜美可口，地道京味

北京小吃的共同特点是烹制精美，质地纯正，甜咸分明，味道浓厚，带有地方色彩，而且种类繁多，好吃不贵，深受群众喜爱。这是其绵绵不绝的原因。

驴打滚　北京小吃中的古老品种之一，用豌豆粉和黄豆粉（也有用江米粉的）混合蒸熟，卷上豆沙馅，再滚于炒豆面中成型，卖时切段。

以黄豆面为其主要原料，故又称豆面糕。

　　"驴打滚"是一种形象比喻，一种约定俗成的叫法，据说是因制作过程中要放在黄豆粉面中滚一下，如驴在尘土中打滚，这一点前人曾有

"驴打滚"

疑问。《燕都小食品杂咏》中就说："红糖水馅巧安排，黄面成团豆里埋。何事群呼'驴打滚'，称名未免近诙谐。"老北京的习俗，人们总喜在农历二月买"驴打滚"品尝，因而经营这种食品摊贩和推车小贩很多，以天桥市场白姓食摊和"年糕虎"(虎占福)做的

最有名气。

　　艾窝窝　在元代即已有之。因明代皇室喜食，即成了明宫小吃，称"御爱窝窝"。后来传入民间，就演变为"爱窝窝"，亦称"艾窝窝"。明代著名小说《金瓶梅》中记录当时流行的美味中就有这一食品。以前每年农历春节前后，北京的小吃店要上这个品种，一直卖到夏末秋初，现在一年四季都有供应。艾窝窝形似大元宵，是将江米蒸熟，揉成圆团，再把由白糖、芝麻、山楂、豆沙做成的馅包在里面，外皮滚些干熟米粉而成，做成之后就能食用。故《燕都小食品杂咏》中说："白粉江米入蒸锅，什锦馅儿

"艾窝窝"

粉面挫。浑似汤圆不待煮，清真唤作爱窝窝。"还注说："爱窝窝，回人所售食品之一，以蒸透极烂之江米，待冷裹以各式之馅，用面粉团成圆形，大小不一，视价而异，可以冷食。"

　　糖耳朵　北京小吃中的常见名品，又称蜜麻花，因其成形后形状似人的耳朵而得名。为清真教人所制食品，其原料不外砂糖面粉及小糖等。蜜麻花棕黄油亮，质地绵润松软，甜蜜可口。南城的南来顺饭庄的蜜麻花由于常年制作，质量稳定，主要是放碱合适，没有酸口，炸得透，吃蜜均匀，达到了松软绵润的质量要求。

　　与蜜麻花相似的还有蜜篦子，原料配制与蜜麻花完全一样，唯形状不同，它是三层擀平，中间竖划几刀，油炸后过蜜而成。此外还有干糖麻花、芙蓉干糖。干糖麻花不过蜜，芙蓉干糖也不过蜜，而是滚上一层

用熟面和白糖混合的糖粉，也都有甜、酥、脆的特点。

面茶 北京小吃中的滋补佳品，是用面粉放入锅内炒到颜色发黄，麻仁也炒至焦黄，另加桂花和牛骨髓油，拌搓均匀，然后将搓得均匀的面茶放在碗内，加上白糖，用开水冲成浆糊状即可。油茶味道甜美，可作为早餐或午点，很受百姓喜爱。

面茶一般在下午售卖。老北京人喝面茶很讲究，吃时不用筷、勺等餐具，而是一手端碗沿着碗边转圈喝。这种吃法，主要是能够仔细品尝面茶的风味。

扒糕 北京小吃中的夏季小吃，一般与凉粉同时出售。过去在出售时，摊贩不时地吆喝："扒糕筋道……酸辣凉粉儿哟……"《燕都小食品杂咏》中称："色恶于今属扒糕，拖泥带水一团糟。嗜痂有癖浑难解，醋蒜熏人辣欲号。"还说扒糕的颜色灰黑，"见之欲呕"。扒糕的颜色虽不好看，但很多老北京人仍钟情于它，主要是因为扒糕的原料"荞麦"有很大的营养价值。经科学验证，荞麦是含有磷、钙、铁及氨基酸、脂肪酸、亚油酸多种维生素的营养食品，对心脏病、高血压病、糖尿病患者有食疗的作用，是这些患者的首选食品之一。但荞麦属寒性食物，而且不宜消化，所以不可多吃。

灌肠 北京人喜爱的小吃，也是一种大众街头小吃，从明朝开始流传。分两种：一种为大灌肠，用猪肥肠洗净，以优质面粉、红曲水、丁香、豆蔻等十多种原料调料配制成糊，灌入肠内，煮熟后切小片块，用猪油煎焦，浇上盐水蒜汁，口味香脆咸辣。另一种为小灌肠，用淀粉加红曲水和豆腐渣调成稠糊，蒸熟后切小片块，用猪油煎焦，浇盐水蒜汁食用。灌肠外焦里嫩，用小竹签一片片扎着吃，颇显特色，如果用筷子那就没有一点情趣了。

炒肝儿 相传清朝同治年间，有个叫刘永奎的北京人，在鲜鱼口内租了间铺面，开了个夫妻小酒店，并起了个很有些雅趣的名字——会仙居，专营黄酒和小菜。到了庚子之后，这小店则由他们的后代刘宝贵哥儿仨经营，主营炒肝儿。虽名为炒肝儿，其实是以猪肥肠为主，猪肝只占1/3。用熬、炒、勾芡的烹调技术做出的炒肝儿味道鲜美可口，物美价廉，远近闻名，不仅受到北京老百姓的欢迎，那些达官贵人也被这炒肝儿的香味所吸引，使得"会仙居"以它独特的风味招徕八方客，名噪京华，就连附近广和楼戏园的梨园界人士都是这里的熟客。据说，有一次慈禧太后忽然也想尝尝炒肝儿的味道，一尝之后，赞赏之余，认为去掉与之相连的心和肺也许更好。老佛爷金口玉言，自那以后，老北京人便多了句歇后语——北京的炒肝儿，缺心少肺。

酸梅汤　清宫御膳房为皇帝制作的消暑解渴饮料，后来流传到民间。酸梅汤的原料是乌梅、桂花、冰糖、蜜四种。乌梅能除热送凉，安心止痛，甚至可以治咳嗽、霍乱、痢疾，神话小说《白蛇传》中就写了乌梅辟疫的故事。乌梅泡发以后，放上冰糖、蜜、桂花一起熬煎，冰镇之后就成了酸梅汤。老舍先生在谈自己创作的北京文化资源时提到，买酸梅汤时听到的吆喝声颇能引起他对故乡温馨的回忆。

龙须面　明代宫廷小吃，因其细如发丝，起名"须子"，是御膳房为皇帝每年吃春饼准备的不可少的佳肴之一，因是皇帝爱吃的食品，所以称"龙须面"。系用普通面粉，经和面、醒面、溜面、出条、抻面等反复工序而成。将反复抻拉对折而成的龙须面，在滚油里炸熟，撒上白糖，点缀些金糕，便成为油炸龙须面。发酵后的面抻成的龙须面，刷上油，切成一寸五的段，包上面皮，经过蒸烤，还可做成银丝卷。

豌豆黄　原为春夏季节的北京民间小吃，且是夏季消暑佳品，后传入宫廷。清宫的豌豆黄用上等白豌豆为原料，做出的成品色泽浅黄、细腻、纯净，入口即化，味道香甜，清凉爽口，因慈禧喜食而出名。制作过程是将豌豆磨碎、去皮、洗净、煮烂、糖炒、凝结、切块而成。传统做法还要嵌以红枣肉。以仿膳饭庄所制最有名。

豌豆黄

豆汁　用做绿豆粉或团粉的粉浆经过发酵而成。食用前，用锅煮沸。喝时有种特殊的酸味。喝豆汁时一般也配食焦圈和辣咸菜丝。北京人爱喝豆汁，并把喝豆汁当成是一种生活享受。因为豆汁富含蛋白质、维生素C、粗纤维等营养成分，并有祛暑、清热、健脾、开胃等功效。

相传，豆汁最早是辽国的民间食品，至今已有一千多年的历史。而豆汁入宫，始自清代的乾隆年间。据说慈禧在幼年时，家住北京的新街口，因家境贫寒，常以豆汁代替蔬菜。这样，慈禧主政时，它便成为了清宫御膳的一种饮料。解放前，专有以卖豆汁为生意的小摊贩，或挑担走街串巷，或在集市上摆摊，前沿围着块蓝布，上边有白布做的字号商标，叫卖时只吆喝"汁儿，开锅！"民间有种说法，"不喝豆汁儿，算不上地道的北京人"。

褡裢火烧　坐落在繁华的北京前门外门框胡同的瑞宾楼，虽地处小胡同，却名闻九城，这是因为它经营的褡裢火烧，是北京人非常喜欢的食品。

据说在清光绪（1876）年间，有一对叫姚春宣的夫妇，在王府井摆了一个小食摊，专供褡裢火烧，生意十分红火。赚了一些钱后，他们又在东安市场内开设了"瑞明楼"，但传至第二代就倒闭了。后该店的两个伙计罗虎祥、郝家瑞在门框胡同开设了"祥瑞饭店"，专门经营褡裢火烧。"祥瑞"二字乃把两个人名字的最后一个字合在一起而来。1986年，祥瑞饭馆扩建成二层楼，改名"瑞宾楼"，在一层专门供应褡裢火烧。这种长方形的火烧互相粘连在一起，就像旧时装钱物的"布褡裢"，故名褡裢火烧。其风味独特，是主、副食合一的食品，价格相对低廉。褡裢火烧属油煎食品，有荤素两种，其味道与馅饼差不多，只是形状不同而已。

"褡裢火烧"

王府井小吃街

爆肚 已有八十多年的历史，在北京小吃中独具一格，虽为小吃，却能雅俗共赏，差不多人人都对它抱有好感。叫上一盘肚仁、百叶，再来一壶老酒，几个好友围桌而坐，天南地北一通神聊，那吃得绝对是津津有味。

八十多年前，一家王姓人在东安市场中第一个摆出了爆肚摊，这就是沿袭至今的爆肚王。后来，爆肚王在京城的名气与日俱增，回头客越来越多，到了上世纪40年代，这家铺子就搬出了市场，于是便有了朝内小街的西德顺及爆肚王。至今，老店依然是春风得意，顾客盈门。

吃爆肚是比较讲究的，不光是在精选主料上，而且在刀口和火候上也都需要一定的手艺。常吃的主儿对于切片、切块还是切条、切丝，甚至作料的宽窄薄厚也很在意；有的顾客进了门，还要求按自己的口味专门单独配制。据说当年著名京剧老生马连良先生就特别喜爱吃这儿的爆肚，但他喜欢的作料只是醋中调芝麻酱，其他一概免之，虽然简单，却能独享其乐。

描写爆肚最有名的文字莫过于梁实秋先生的《雅舍谈吃》。文中谈到："肚儿是羊肚儿，口北的绵羊又肥又大，羊胃有好几部分：散丹、葫芦、肚板儿、肚领儿，以肚领儿为最厚实。馆子里卖的爆肚以肚领儿为限，而且是剥了皮的，所以称之为肚仁儿。爆肚仁儿有三种做法：盐爆、油爆、汤爆。"这段文字描写生动形象，色味俱佳。

"都一处"的烧麦　中外宾客游人慕名前往的"都一处"，专营北京风味小吃烧麦。烧麦以面做皮，以肉为馅，顶上捏出十八个褶，就像

位于前门大街上的北京"都一处"烧麦馆

麦梢上绽开的一朵花，所以称为烧麦。它用小笼蒸熟，造型很美，有如朵朵莲花，吃起来皮薄馅大，味道鲜美，香而不腻。过去，每当秋高蟹肥的季节，这里还出售蟹肉馅烧麦。

位于前门外大街的"都一处"曾经是个极普通的小酒铺，连个店名都没有。乾隆十七年腊月，时近除夕夜，各个店铺早早地关了张。黑夜中，只有这家小酒铺依旧开张迎客做生意。这时，打店外进来了三个人，其中主人是个文人打扮，两个仆人手提纱灯，前后照着亮。他们被伙计热情地引上楼去吃酒。主人边呷酒吃菜，边问道：这酒店叫什么名字？伙计说：店太小，还没有个名字。这人看看周围的环境，很是感慨地说：在这年关当头的时候，还没关店门的酒店，可着京都只有你们一处了吧，就叫"都一处"吧！没过几日，宫中派了十几个太监，给这家酒店送来了一块写着"都一处"的虎头牌匾。直到这时众人方知，除夕夜来吃饭的竟是乾隆帝。从此，"都一处"因皇帝光顾并题匾而一夜出名。

（四）北京的茶馆饭庄：一间门面，世代冷暖

茶馆各地都有，但北京的茶馆独具文化特色，好比京剧，已经深植在北京人的心里。与文人雅士讲究清心、静养和超脱不同，老北京的茶馆是一个谈天说地、交朋结友的社交场所，充满着浓郁的世俗气息，其中透着北京人怕冷清、爱交流、尤喜扎堆儿聊天(或叫侃大山)的文化性格和特有的休闲方式。同时，茶馆也是折射北京人命运变迁、人情冷暖甚至时世风云的绝佳平台。老舍的话剧《茶馆》，就以艺术的真实为我们演绎了北京从戊戌变法失败到抗战胜利后五十年间的社会历史变迁、人物命运沉浮。老舍、茶馆、北京，三位一体，折射着北京的前世今生。

清末民初是老北京的茶馆最为红火的时期，不仅遍布街头巷尾，而且种类也很多，有"书茶馆"、"茶酒馆"、"清茶馆"和"野茶馆"四种。顾名思义，"书茶馆"每日兼说评书，"茶酒馆"卖茶又卖酒，兼卖花生米、开花豆，"清茶馆"专卖清茶，专供各行生意人集会、清谈，"野茶馆"则开在郊外荒村。

书茶馆以演述评书为主。开书以前可卖清茶，开书后则不卖。茶馆里说的评书主要有公案书，也叫侠义书、神怪书等。野茶馆是以幽静清

前门大街上的"老舍茶馆"

雅为特色，矮矮的几间土房，支着芦箔的天棚，荆条花障上生着牵牛花，砌土为桌凳，砂包的茶壶，黄沙的茶碗，沏出紫黑色的浓苦茶，与乡村野老谈一谈年成、话一话桑麻，眼所见为天际白云，耳所闻为蛙鼓蚕吟，这才是"野茶馆"的本色。当时，朝阳门外的麦子店茶馆，安定门外的六铺炕野茶馆，安定门东河沿河北的绿柳轩野茶馆，东直、朝阳两门中间的葡萄园，德胜门外西北、撞钟庙附近的三岔口野茶馆，西直门外万寿寺东的白石桥野茶馆，都是好去处。"清茶馆"专以卖茶为主，也有供给各行手艺人作"攒儿"、"口子"的，也就是联络、求职、会面等。凡找某行手艺人的，便可到某行久站的茶馆去找。手艺人没活干，到本行茶馆沏壶茶一坐，也许就能找到工作。"茶酒馆"卖酒，但规模很小，不但比不过大酒缸，连小酒铺都比不上。茶酒馆虽然卖酒，并不预备酒

1958年由北京人艺上演的《茶馆》

菜，只有门前零卖羊头肉、驴肉、酱牛肉、羊腱子等，不相羼混。茶馆喝酒，意在谈天，酒是其次。在这些茶馆中，最高档的是清茶馆，早晨供纨绔子弟遛鸟后休憩(棚顶有挂鸟笼的位置)，中午供商贩们谈生意。总之，三教九流都能在茶馆中寻找到符合自己趣味的乐园。大多数北京人从茶馆中感觉到的是一种极实际的惬意和极自在的放松。这个时候，茶馆就像个人生大舞台，既是社会世相的缩影，也是怡情养性、释放焦虑和表现才华的场所。

　　上世纪30年代，中山公园的茶座极有名，共有五六处之多，而最热闹的是春明馆、长美轩、柏斯馨。久住北京的人，差不多都以公园的茶座作为他们业余的休憩之所或公共的乐园。这里有清新而和暖的空气，有精致而典雅的景物，有美丽而古朴的建筑，有极摩登与极旧式的各色人等，置身其中，可以把一切烦闷的思虑洗涤干净，把一切悲哀的事情暂时忘掉，这是茶座比茶馆更具开放性的地方。

　　今天的北京，茶馆的性质和功能都在发生变化，但依然名扬天下。前门的大碗茶鼎鼎有名。老舍茶馆永远是北京茶文化的活广告和宣传书。老舍茶馆始建于1988年，是以人民艺术家老舍先生及其名剧《茶馆》命名的京味十足的茶馆。它沿袭了明清茶馆的风格和特色，厅内陈设清新、古朴、典雅。这里经常举办琴、棋、书、画、茶艺表演和"戏迷乐"等诸多文化活动。除了品茶外，老舍茶馆还为顾客提供多种北京风味小吃和京味佳肴茶宴。老舍茶馆自开业以来，已经成为中外宾客来京必游的一处新名胜，成为展示民族文化精品的特色"窗口"和连接国内外友谊的"桥梁"。游客身临其境，如同进入一座老北京的民俗博物馆，外国留学生甚至把参观茶馆作为学习北京文化的标志。幽默、健谈、闲散以及关心时政的北京人，还有慕名而来的外地人、外国人，走进北京的茶馆，就等于走进了北京的历史。

老北京有许多老字号的饭馆、饭庄，至今仍然在延续着传统的基础上焕发出新的活力。著名的有全聚德、砂锅居、来今雨轩、东来顺、烤肉季、烤肉宛、便宜坊、鸿宾楼等。这些饭馆、饭庄，汇集了各式美食、各地口味，可以说是北京最地道的"吃"处。

"南宛北季"　吃烤肉的好去处是"南宛北季"，即位于南城宣内大街的"烤肉宛"和后海边上的"烤肉季"。这两家馆子主要经营烧烤，不同的是，南宛是烤牛肉，而北季是烤羊肉。烤肉宛创建于1686年，店

后海银淀桥畔的烤肉季

主姓宛，因此而得名。烤肉季创建于1848年，店主姓季。两家烤肉店同为历史悠长的百年老店，当年都起于沿街摆摊，顾客足蹬板凳，自烤自吃，自得其乐。后来随着生意的兴隆，才将这北京的风味小吃移居雅室，成为富贵人家和文人墨客的聚散之处。在清代，什刹海周围有好几家王府，像恭王府、庆王府、醇亲王府等，烤肉季出了名，那些王爷们也自然成了它的主顾。像溥仪的父亲摄政王载沣，就点着名要吃季家的烤肉。不过，那些王爷们可不是到铺子里去吃，而是在家中坐等，季家就像是戏班赶堂会，得备料推车，亲自到王爷府上去烤。如今，不管是"南宛"还是"北季"，早已成为普通老百姓的寻常去处。

全聚德　创建于1864年（清朝同治三年），距今已有130余年历史，是中华民族饮食文化中一颗璀璨的明珠。与中国万里长城并称于世的全聚德烤鸭出自皇家宫廷，为清朝历代帝王所喜爱；全聚德百余年来接待过许多国家元首、政府使节、社会名流，逐渐形成了以烤鸭为代表的系列美食精品和独具风格的饮食文化。全聚德烤鸭的制作方法是挂炉烤制(北京还有另外一家著名的烤鸭店——便宜坊，是焖炉烤鸭，与全聚德不同)。

北京烤鸭

砂锅居　开业于清乾隆年间，已有二百多年历史。位于繁华的西四南大街路东。如今经营品种扩大到白煮肉以外的各种炒菜，已是中外游客品尝京味特色菜的高档餐馆。

来今雨轩　始建于1915年，坐落在北京中山公园内，主体建筑具有浓郁的古典色彩，庭院内花草环绕，假山、小桥、喷泉、瀑布相映成趣，风景幽雅。由当时中山公园董事会发起成立，店名是我国近代名人朱启钤所定，原匾额为民国代总统徐世昌所书，现匾为赵朴初书写。初为茶馆兼饭馆，后曾一度经营山东菜、西餐。1958年后著名烹饪师高连元进店主厨，改营川黔菜至今。

东来顺　以经营涮羊肉久负盛名，多年来一直保持选料精、加工细、佐料全、火力旺等特点。其羊羯子火锅是老北京传统佳肴，主要原

王府井大街上的东来顺饭庄

料采用羊身上营养最丰富、口感最鲜美的羊龙骨——带里脊肉和脊髓的羊椎骨，就是绵羊的背脊骨。因其形状像蝎子，所以北京人把它称为羊蝎子。羊蝎子火锅油而不腻，瘦而不柴，低脂肪、低胆固醇、低血糖、高蛋白、富含钙质（民间常以此医治骨质疏松症者），易于吸收，有滋阴补肾养颜之功效，是延年益寿的养生美食。除涮肉外，该店还经营多种清真炒菜，代表菜品有干爆羊肉、芫爆里脊、烤羊肉串、它似蜜、鸡茸银耳、烤羊腿、白汤杂碎、手抓羊肉、炸羊尾及烤鸭等二百余种，奶油炸糕、核桃酪等风味小吃也颇有特色。

（五）北京的仕宦家宴：膳食精品，美食极至

元朝以后，北京成为首都，饮食文化也迅猛发展。至明、清，饮食文化更进一步发展，到了清末，以"八大菜系"为代表的全国各地的风味菜荟萃于北京，由此形成独特的京菜。由于北京聚集了皇亲国戚、王公贵族、达官世宦、巨商大贾和文人雅士，为满足他们社会交往、礼仪、节令及日常餐饮的需要，各色餐馆应运而生，宫廷、官府、大宅门内都雇有厨师。这些厨师来自四面八方，把中华饮食文化和烹饪技艺充分施展发挥，宫廷菜、官府菜逐步盛行。

宫廷菜是指清朝皇宫中御膳房的菜点，也吸收了明朝宫廷菜的许多

菜点，尤其康熙、乾隆两个皇帝多次下江南，对南方膳食非常欣赏，因此清宫菜点中已经吸收了全国各地许多风味菜。宫廷菜的代表是满汉全席。

满汉全席是兼具满汉两族风味看馔的盛大筵席，成为我国饮食文化发展的顶端，是清代皇室贵族、官府才能举办的宴席，一般民间少见。其规模盛大高贵，程式复杂，满汉食珍、南北风味兼用，菜肴达三百多种，有中国古代宴席之最的美誉。清代的满汉全席，有所谓山、海、禽、草"四八珍"。山八珍指驼峰、熊掌、猩唇、猴脑、象鼻、豹胎、犀尾、鹿筋；海八珍指燕窝、鱼翅、大乌参、鱼肚、鱼骨、鲍鱼、海豹、狗鱼（大鲵）；禽八珍指红燕、飞龙、鹌鹑、天鹅、鹧鸪、彩雀、斑鸠、红头鹰；草八珍指猴头、银耳、竹荪、驴窝蕈、羊肚蕈、花菇、黄花菜、云香信。乾隆甲申年间(1746)，江苏省义征县有位叫李斗的人写了一本《扬州画舫录》，其中记有一份满汉全席食单。

目前，京城最具宫廷风味的有名菜馆是厉家菜。厉家祖辈是内务府的都统，每天来自御膳房的菜单都必须经他审批。长年下来，厉家祖辈将这些菜单也记了个大概，为的是自己家吃饭时变变花样。这菜谱后来在子孙那里延续并发扬光大。厉家菜馆位于北京后海边上的羊房胡同11号，店面不大，也不豪华，是个家庭式餐馆。但来客主要是以外宾为主，影响极大；这里的宾客都非等闲之辈，总统、大亨、名人络绎不绝。外国人来此地吃饭，一来享受中国文化，二来享受私房菜的精致，三来享受在胡同的悠然自得。

官府菜是北京菜的特色之一。由于北京官府多，府中多讲求美食，嗜好宴饮，因此官府菜各有千秋。至今流传的潘鱼、宫保肉丁、李鸿章杂烩、组庵鱼翅、左公鸡、宋嫂鱼羹、北京白肉等，都出自官府。这方面，北京的谭家菜颇有代表性。谭家菜出自清末翰林谭宗浚家，后由其家厨传入餐馆，称为"谭家菜"。近年出现的红楼菜，也是官府菜之一。

仕宦家宴也有一套很讲究的规矩。如《红楼梦》中，林黛玉初进贾府，第一次吃家宴，贾母说她是客，让她左边第一座，然后迎春右边第一，惜春右边第二，而探春左边第二。这就是按左第一、右第一、左第二、右第二、左第三、右第三的大家族礼数来排列的，所以才让探春左边第二了。这是宴席上排座次的情况。仕宦家宴还很注重饮食品位和宴饮时机，越是重要场合就越讲究礼仪，在很大程度上，这种宴席的主要目的已经不是享用美食，而是具有明显的交际、联络作用。

（六）北京人饮食观念的变迁：吃有吃的路数，年有年的过法

1. 老北京的年夜饭："吉庆有余"，来年平安

这里所说的年夜饭，只是一个泛称，指代与春节有关的饮食活动和饮食文化。中国人特别讲究"过年"，而过年，最忙碌最上心的事就是吃。吃有吃的路数，年有年的过法，吃好了，年也就过好了。老北京的春节如何吃？吃什么？我们可以从一首民谣里略识一二。北京民谣有"糖瓜祭灶，新年来到"的说法，就是说首先进入节日的食品是"祭灶"用的糖瓜、关东糖等小食品，在生活还不太富裕的年景，这已是极好的美食了。所以，家中备好了糖瓜和关东糖，就预示着春节可以有一个好的开始。然而，"灶王爷"不食人间烟火，这种希冀"灶王爷""上天言好事，下界保平安"的"贿赂"，自然成为孩子们的口中之物。

还有一首民谣："老婆老婆你别馋，过了腊八就是年，腊八粥，喝几天，哩哩啦啦二十三，二十三、糖瓜粘，二十四、扫房子，二十五、炸豆腐，二十六、炖羊肉，二十七、杀公鸡，二十八、把面发，二十九、蒸馒头，三十晚上熬一宿，大年初一扭一扭……"这个民谣中列举的腊八粥、炸豆腐、炖羊肉等等，都是老北京春节的美食。其他如蜜供、萨其马等，亦是昔日北京人家中必备的食物。一些生活比较富裕的北京人，还有除夕夜食鱼的习俗。鱼必须是鲤鱼，最初是以祭神为名目，后来则与"吉庆有余"的吉祥话相联，鱼既是美食，也是供品。

即便最穷的人家，过年吃饺子的"程序"也是不会少的。除夕之夜的饺子，有素馅和肉馅两种。素馅饺子用来敬神，肉馅饺子大家分享。吃饺子有一个风俗，梁实秋在《北平年景》中说："除夕宵夜的那一顿，还有考究，其中一只要放一块银币，谁吃到那一只主交好运。家里有老祖母的，年年是她老人家幸运地一口咬到，谁都知道其中作了手脚，谁都心里有数。"[1]在饺子、年糕这些众所周知的美食之外，老北京人家还要打"豆儿酱"———一种由肉皮、豆腐干、黄豆、青豆、水芥等做成的

凉菜，色如琥珀，类似于"肉冻儿"。此外还有芥末墩儿，这是用来佐酒、去腻和开胃的凉菜。

除了各式荤素大菜，北京人还要备糖果、干果、瓜子和"杂拌儿"，所谓"杂拌儿"，就是今天的什锦果脯。当年这些小食品是人们围炉闲坐、守岁辞岁时的美食。今天，这些传统食品几乎全保留下来了，只是不那么引人注目了。现在这些都已是家常便饭，但在以前却是只有在过年时方可大饱口福的美味。

春节时候，北京人爱逛庙会。庙会的日期大多是固定的。农历正月初一有大钟寺和东岳庙的庙会；初二有财神庙的庙会；初三有蟠桃宫的庙会；十七、十八有白云观的庙会。庙会期间，通常会有民间杂耍、舞蹈、武术表演，使逛庙会的京城百姓一饱眼福，同时，也有各种风味小吃使他们一饱口福。

2. 如今这顿年夜饭：潇洒吃一回

至于现在的春节，川鲁大菜、生猛海鲜，都会出现在寻常百姓的除夕餐桌上，可谓"丰盛"。由于人们生活水平的提高、思想观念的变化，全家老小不做饭，专门到大饭馆里去"撮一顿"，潇洒一回，以此来庆祝团圆，欢度节日，已渐渐由一种时尚演变为一种新的习俗。所以，今天的北京人，过年的习惯与以往有了很大不同。同时，北京的各个餐馆、饭店，也"八仙过海、各显神通"，铆足了劲，在临近春节的时候，早早准备好"贺岁大餐"等待着客人。最近几年，不仅活跃京城几十年的老字号春节期间生意火爆，各地方的特色美食也成了气候。他们抓住商机，纷纷推出各种优惠酬宾活动吸引顾客。这些活动注重以美食吸引顾客，更注重打"文化"牌以宣传自己的独到之处。他们提出了各种各样的饮食主题，将春节饮食文化的宣传作为自己发展的大好时机。

更为有趣的是，春节期间还有许多以年夜饭为主题的文化活动，如北青文化中心主办的"锅锅香2007年夜饭文化创意大赛"活动。此次活动以年夜饭为主题，通过展示博客、经典照片、FLASH原创以及视频短片的形式，向全社会有奖征集有创意的文化作品。这些文化作品主要围绕对年夜饭的形式、推介、感受、革新而展开，将有力地推动北京饮食文化的发展。

可见，丰富多彩的春节食品、充满创意的饮食文化，标志着北京人饮食习惯、饮食结构发生了重要的变化。

（七）北京饮食新趋向：北京特色，国际口味

饮食习惯的变化，带来了饮食结构的多样；饮食结构的多样，又促进了饮食习惯的变化。新时期以来，随着对外开放政策的实施，一些外地、外国，特别是西方发达国家的饮食品种和生活方式被大量引进，北京始终得风气之先，引导着国内饮食文化的潮流。以传统北京小吃、新北京小吃为主流的中华饮食文化，与以西餐、酒吧、快餐等为代表的西方饮食文化互相交汇、碰撞，使得北京特色和国际口味多元并存，为人们提供了更加自由、丰富和开放的饮食文化形式。麦当劳、肯德基、日本料理、韩国烧烤、西餐店、酒吧等成了追逐时尚的青年人和追求情调的白领的消闲集散地。

据不完全统计，在北京，仅酒吧就有三四百家，而且还有继续增多的趋势。这些酒吧较为集中，大多分布在朝阳区和海淀区的少数几个地方。比较著名的北京酒吧区，有三里屯、工体、朝阳公园、东三环、魏公村、什刹海和南锣鼓巷。靠近使馆区的地理优势与文化气息造就了三里屯的繁华与时尚，使得酒吧区具有明显的欧化情调和时尚风格：不经意堆放的装饰品，花样繁多的啤酒和鸡尾酒，散发着浓郁香味的外国美食，来自五湖四海的各色面孔，无不洋溢着开放、前卫的异域风情。而近三四年开设的什刹海沿岸的酒吧街，则以老北京风景区和民俗为依托，在怀旧与现代的时空交错里，呈现出以本土为主、中西结合的怀旧趋势，与三里屯风格明显不同。在这片萦绕交织着浓郁的皇家气质与老北京原味生活的水域之间，在烟袋斜街巷口，人来人往，卖烧饼的铺子、卖灌肠的炸锅、"烤肉季"、"爆肚张"，中华老字号里飘出浓郁的香味，透出几分老北京市井社会的气息和神韵。置身于这一片具有历史文化传统的灵秀之地，品味美食，欣赏夜景，有一种酒不醉人人自醉的适意感。

这些西方饮食文化形式，已经融入北京人的日常生活中，与北京饮食文化构成优势互补，方便人们根据自己的心情、爱好各取所需。

二　云集天下服色

著名作家张爱玲在其散文《更衣记》里说：衣服是人们"贴身的环境"，"我们各人住在各人的衣服里"。[2]日常生活中，我们习惯说衣、食、住、行四件事，服饰排在首位。古人云"以铜为镜，可以正衣冠"，反过来可以说，衣冠正可以为铜镜。因为服饰的选择与人的身份、心理、职业和经济状况密切相关，服饰的变迁与社会发展状况和社会习俗风尚密切相关。一部服饰史，就是一部时代进步的历史，一部社会发展的历史，一部观念变化的历史。可见，服饰不仅有遮身蔽体的实用功能，有装饰和美观的作用，更带着社会和历史变迁的印记。

从元代起，北京就一直是座古老的文化名城，因此北京服饰文化的发展就更具有典型性和代表性，北京人服饰的色彩和式样，也可以说是北京的色彩和式样，是中国的色彩和式样。可以说，与政治攸关，得风气之先，是北京服饰文化的总体特征。

在北京，服饰和四季、面子密切相关，也和具体的地点街道有关。例如无论是在繁华的街市上，还是在幽深的小巷里，随处可见一些以穿戴命名的街巷胡同。以帽子命名的，如帽儿胡同、草帽胡同、棕帽胡同等；以裤子命名的，如南城外的裤子胡同，西城的皮裤胡同等。因为觉得名字不雅，所以现在就改了，这些胡同名有的就不存在了。其他和服饰有关的地名像蓑衣胡同、染坊胡同、胭脂胡同，在元朝、明朝、清朝三代直至民国的街巷地名上都遗留下许多痕迹。

但是，从整体上看来，北京的服饰与政治、时世的关系最为密切。在很大程度上，北京人的服饰是审时高于审美，爱追时髦，较重品位，倒不是特别讲究艺术性和观赏性。所以，与饮食文化不同的是，北京服饰文化受外来影响很大，自己传统的拳头产品和知名品牌不多，换句话说，自己的地域色彩不太明显。我们说北京服饰在全国更具有典型性和代表性，是从北京作为千年首都、最能得风气之先这样的角度出发的。北京服饰文化主要是随着时代的变迁、社会的发展和观念的变革，不断地在他者的引导下、在中外交往的碰撞中形成的，在此过程中自身既带有一定的被动性和适应性，也呈现出全方位的开放性和兼容性。这表现在，元代以来，国内各民族服饰样式首先在北京得到推广；近代以来，国内外知名的服饰品牌较早在北京迅速流行，然后成为参照的范式和标准，辐射全国其他地方，竞相影响，形成一时风尚。正是这种开放性和兼容性，使得北京服饰文化丰富新颖、风格多样、品位超群，始终保持在国内引领风尚和潮流的地位。近年来，国内外服饰文化的交流频繁，媒体力量强力介入服饰流行，与服装、服饰相关的书籍陆续出版，北京服饰的一些款式受广州、上海等地流行服饰的影响较大，打破多年来只有北京服饰影响国内其他地区的惯例，但是北京仍然是全国闻名的服饰流行中心，并且开始具有更多的国际化特征。

在中国传统文化中，服饰是整个国家政治的一部份，其重要性远远超出服饰本身的实用和装饰作用；今天，仍然与政治经济社会风尚紧紧相联。有时，一个社会的服装制度、服饰时尚，小到是个人身份、心理和社会地位的一种象征，大到是一个朝代或国家政治局面社会秩序的反映。北京的首都地位决定了它的服饰变化比全国任何一个地方都更能折射出社会政治变革的历史进程。这一点，从历代女性的服饰上表现得更为明显。对照张爱玲《更衣记》中所描述的"迁缓，安静，齐整"的有清三百年的女性服饰，今天的北京女性真是生逢其时，如鱼得水。服饰这个人们"贴身的环境"，正在越来越使"各人住在各人的衣服里"的人们焕发出人性美的光彩，焕发出创造的活力。

服饰包括衣物、冠冕、鞋袜、饰品等，在我国的史书里，曾经出现了关于服饰的书籍《舆服志》，从中不难找到当时社会部分服饰的颜色、样式以及演变情况。

（一）原始服饰：征服自然的产物

如果说，距今25000年前的北京周口店的山顶洞人发明了人工取火的熟食法，从而揭开了中国烹饪史的篇章，也创造了先进的北京文化——饮食文化，那么同样可以说，山顶洞人时期，也正是中国服饰史的发祥期，它同时创造了先进的服饰文化。

根据出土的骨锥、骨针等制衣工具推论，在纺织技术尚未发明之前，动物的毛皮是人们服装的主要材料。当时还没有绳、线一类东西，可能是用骨针和动物韧带来缝制衣服的。在山顶洞人的遗址及其他古墓里，曾发掘出大量装饰物，其中有头饰、颈饰和腕饰等，材料有天然美石、兽齿鱼骨和海里的贝壳等。当时佩戴这些饰物，可能不仅是为了装饰，也许还包含着对渔猎胜利的纪念。可见自有服饰以来，服饰的含义就比较丰富。

（二）辽金元服饰：游牧民族的习俗

辽、金、元三代，都是少数民族为主的政权。辽以契丹族为主，金以女真族为主，元以蒙古族为主。契丹人、女真人、蒙古人原来都生活在中国的北部地区。他们同汉族之间在经济、文化上都有较多交流，这在衣冠服饰上也有所反映。由于北方地区寒冷，虽有布帛，但服装多以皮制为主。冬天，无论富贵贫贱，都穿皮毛服装，衣、帽、裤、袜都用兽皮制成，以挡风寒的侵袭，同时也反映了地理环境和气候对服饰的影响。在北京成为元代首都之前，因为地缘关系，北京地区的服饰不可避免地受到了辽金的影响。

辽代男子或束发髻，或戴幞头，通穿圆领长袍；妇女梳髻，髻上插有发饰，耳垂挂有耳饰，身穿窄袖短襦，下穿曳地长裙，在腰的左侧还垂有一条绶带，带上打有一结。据记载，这种服饰在辽代被称为"汉服"，也称"南班服饰"。它与契丹族的"国服"（或称"北班服饰"）有所不同。这种服饰不仅百姓可穿，汉族的官吏也同样可以穿。

金代服饰略有讲究，男子的常服通常由四个部分组成，即头裹皂罗巾，身穿盘领衣，腰系吐鹘带，脚着乌皮鞋。它们的形制（包括样式、色彩、纹样）都有一些特点。金代服饰有一重要特征，是多用环境色，即穿着与周围环境相同颜色的服装。这与女真族的生活习惯有关，因女真族属于游牧民族，以狩猎为生，服装颜色与环境接近，可以起到保护的作用。冬天多喜用白色，春天则在上衣上绣以"鹘捕鹅"、"杂花卉"及"熊鹿山林"等动物纹样，同样有麻痹猎物、保护自己的作用。金代衣物喜用禽兽、尤喜用鹿的图案做装饰，除其本身的外形较为优美，便于用作装饰外，还有一个原因，即鹿与汉字的"禄"同音，富有吉祥的含义。明清时期，鹿的图案虽然没有被收进官员补服，但在民间仍常用，比较多见的是将它与"福"字和"寿"字配合在一起，谓之"福、禄、寿"。

元代的服饰格局与辽金相比有了发展。元代是由蒙古人统治，所以元代的服饰也比较特别。蒙古人多把额上的头发弄成一小绺，像个桃子，其他的就编成两条辫子，再绕成两个大环垂在耳朵后面，头上戴笠子帽。元代人的衣服主要是"质孙服"，是较短的长袍，比较紧、比较窄，在腰部有很多衣褶，这种衣服很方便上马下马。元代男子的巾帽、公服多戴幞头，皂隶之间也有戴朝天幞头者；平民百姓多喜扎巾，扎巾的方法也有许多不同。男子服饰有冕服，包括天子的衮冕服和皇太子的衮冕服、行礼时百官所穿的公服、元代上层人士穿的常服。元代的贵族妇女常戴着一顶高高长长、看起来很奇怪的帽子，这种帽子叫做"罟罟冠"。她们穿的袍子宽大且长，走起路来很不方便，常常要两个婢女在后面帮她们拉着袍角。一般的平民妇女多穿黑色的袍子。

（三）明代服饰：汉官威仪的恢复

朱元璋统一天下，明代开始在整体上大致恢复汉人衣冠。与以前相比，明代服饰一个最突出的特点是，以前襟的纽扣代替了几千年来的带结。这是一种变革，体现了时代的进步。

明代的男装以方巾圆领为代表形式。官员多穿青布直身的宽大长衣，头上戴四方平定巾，具体款式特点为斜大襟、大袖，袖长一律过手，衣长至脚面，穿时腰系丝绦。一般平民穿短衣，裹头巾。这个时候出现了一种六瓣、八瓣布片缝合的小帽，看起来很像剖成半边的西瓜。本来是仆役所戴的，因为戴起来很方便，也就普遍流行起来。这就是清代"瓜皮小帽"的前身。明代男子服饰分为不同级别，计有：冕服，从宋代起皇帝几乎只穿一种冕服；朝服，有通天冠服、皮弁服、朝服等；公服，百官正式办公所穿衣服；常服，恢复唐宋时代的常服系统。袍服所用的纹样及颜色，因级别而异，与展脚幞头搭配，多用于重大朝会。

明代的贵妇多穿红色大袖的袍子，计有：袆衣，为皇后受册封、谒庙、朝会时所穿；翟衣，为皇后的第二礼服；礼服：品官命妇的大礼服。一般妇女只能穿桃红、紫绿及一些浅淡的颜色，平日常穿的是短衫长裙，腰上系着绸带，裙子宽大，样式很多，像百褶裙、凤尾裙、月华裙等。

（四）清代服饰：满汉融合的体现

17 世纪中期，满族入主中原，清迁都北京以后曾有过一次大的变革。这一变革的大致内容就是以旗袍、马褂来代替过去宽袍、大袖的传统装束。北京的服饰吸收了满族的式样，将满汉服饰加以融合，更放异彩，长袍、马褂等成为主流。

清末民初，北京穿长袍的人居多。这长袍又叫"旗袍"，它是昔日北京平民常穿的衣服。长袍的特点是：袍长过膝，领子是圆的，带大襟、有扣襻，袖子肥瘦适中，下摆留有开裾。长袍原本为满族人所特有的服饰，但随着历史的演变也逐渐发生变化。由于昔日长袍是北京男女都要穿的服饰，因此讲究装饰的妇女每每在长袍的衣襟、领口、袖边处镶上绦子花边，作为点缀。鸦片战争后，"洋布"大量输入，北京人曾以它为料制作棉袍。

马褂为北京男子的一般服装，类似于今天商店里见到的对襟小棉袄。大多数马褂是不镶边的。但是在同光年间，北京街上也曾有过"时兴马褂大镶沿，女子衣襟男子穿"的新潮，不过只是昙花一现而已。

除了长袍、马褂以外，还有几种服饰是晚清至民初北京人常穿的，即披风、斗篷、袄、坎肩、盾子、兜肚（又名抹胸或抹腹）。这些都是北京汉族妇女长久穿用的服饰，清初在服饰上就有"男降女不降"或"男从女不从"的说法，说明尽管被异族统治，但汉族妇女在服饰上还保持着相当大的自由。如妇女的下裳多为裙子，穿裙的习惯不受年龄、身份的限制。

清末，北京百姓不分男女都流行穿裤子。裤子分满裆和套裤两种。满裆裤分单、夹、棉、皮几种，裤里和裤面用绸或布制作的都有。女裤往往还在裤腿边上绣着各种花纹，男裤多为素的。至于套裤，是一种无裤腰裤裆、只有两只裤腿的裤子，穿着时用带系在腰间。

戴冠是满族男子的习俗，而对于汉族男子来说则不然。但是自从清朝定都北京以后，清政府颁布了"剃发令"，规定"所有臣民一律剃发。遵从者为我大清顺民，迟疑者以造反罪论处"，也就是"留头不留发，留发不留头"。不但普通百姓违者必斩，就连为此事进谏的官员，也统统"杀无赦"。在这种高压政策下，剃发垂辫已成定制，因此北京的男子不分种族、也不分长幼都戴起帽子来了。当时北京人戴的帽子大致可分为礼帽、便帽和风帽。所谓礼帽就是官帽，北京民间管它叫"大帽"。便帽，也叫"小帽"、"瓜皮帽"、"六块玉"等等，无论老少尊卑都可以戴。因这种帽子是由六块同质料子拼制而成，有"六合统一"的吉利之意，同时又摘戴方便，因此博得人们喜爱，盛行不衰。

　　尽管与男子相比，清代妇女在服饰上还保持着相当大的自由，但由于封建礼教和秩序，女子服装要合乎礼仪，所以清代服饰对女性美的压抑是明显的。对此，张爱玲在《更衣记》中深表不满："在满清三百年的统治下，女人竟没有什么时装可言！一代又一代的人穿着同样的衣服而不觉得厌烦。开国的时候，因为'男降女不降'，女子的服装还保留着显著的明代遗风。从十七世纪中叶直到十九世纪末，流行着极度宽大的衫裤，有一种四平八稳的沉着气象。领圈很低，有等于无。穿在外面的'大袄'，在并非正式的场合，宽了衣，便露出'中袄'。'中袄'里面有紧窄合身的'小袄'，上床也不脱去，多半是娇媚的，桃红或水红。三件袄子之上又加着'云肩背心'，黑缎宽镶，盘着大云头。削肩，细腰，平胸，薄而小的标准美女在这一层层衣衫的重压下失踪了。她的本身是不存在的，不过是一个衣架子罢了。"[3]不讲究服装式样，不考虑人的美感特质，只关注烦琐的细节点缀，对这种忽视女性美的做法，张爱玲是非常不以为然的。

（五）民国服饰：西风东渐的影响

　　辛亥革命以后，民国成立，风气大变。政府曾专门发布过"剪发通令"，要求废止清朝留辫恶习，当时，"剪"与"留"已成为革新和保守的分水岭。不仅如此，民国政府还制定了"服制条例"，规定了男子和女子礼服式样。男子礼服分为大礼服和常礼服两类。大礼服几乎完全仿照西式；常礼服中，一种为西式，另一种则为中式褂袍，其中褂短对襟，袍长大襟。大礼帽，帽筒高，平顶下沿为椭圆形；常礼帽，帽筒矮，下沿也呈椭圆形。女子礼服，上衣长

民国儿童虎头帽

与膝齐，袖和手腕齐，对襟，带领，左右前后都开禊；下为带褶的筒裙，上缘两端有裙带。

当时的北京尽管是民国的首都，但风气仍然很守旧。男子着装仍然以袍褂为主，直到上世纪20年代初，国家机关、公司洋行、银行等部门才开始有人穿西装，以青年人为多。帽子中，民国政府规定的常礼帽颇受欢迎，戴的人日渐增多；然而戴小帽的依旧大有人在。当时夏戴草帽，冬戴风帽，学生带鸭舌帽，卖力气的人冬天戴毡帽，四处可见。

民国时期北京的妇女，在1920年代以前，一般为上

民国长袍马褂

衣下裙。青年妇女多喜欢穿瘦身修长的衫袄，衣领挺高，下穿黑长裙。直到1920年代后，才对"曲线美"感兴趣，将满族穿的长袍推陈出新，改造成体现女性曲线美的近代旗袍。传统旗袍是上下一条直线，外加高高的硬领；1930年代初期，袍腰开始日积月累地收缩，到1934年后，女性身材的曲线终于全部显露出来，高耸及耳的领子也逐渐变矮，后来有的成了无领旗袍。

民国鞋帽

总之，这时的服装，男服主要有长袍马褂、长袍坎肩、中山装、学生装及西服等等，而中式衫袄和中式抿裆裤则是劳动人民的主要服饰；女服则是旗袍、坎肩、上衣下裙、裤为主。

民国旗袍

服饰整体上趋于美观大方和简洁。在服装的组合上也较为随意，以便捷为主。这也说明世风和人心有了很大改变。张爱玲在《更衣记》里，描绘出这一时期服饰世界的动荡趋势，让人看到由服饰装点着的是一个多变而躁动的时代。服饰观念和行为上的大起大落，反映出政治气候的变幻。服饰，是时代的外衣，打点着每个时代人们的情绪，不经意地"春光乍泄"出来。张爱玲在《更衣记》里概括说："我们的时装的历史，一言以蔽之，就是这些点缀品的逐渐减去。"[4]

（六）建国初期服饰：全新时代的气象

建国之初,鉴于在全国解放进程中共产党的领导作用和解放区的示范作用的影响,于朴实无华、整洁单纯的风格中体现进取向上甚至某种意识形态倾向的服饰大行其道。向往新生活,憎恨旧世界,建设新中国,是全国人民主流的思想和心理。在这种价值观念的支配下,简洁质朴的衣着渗透到日常生活中,大众化和平民化的服装构成了这一时期的流行现象。

和全国人民一样,北京人自动穿起蓝色、灰色的干部服（中山装）、列宁装、棉大衣。长衫马褂至此基本退出历史舞台,一般场合西服也不再作为主要服装样式出现。但在1958年以前,风气还是比较宽松的,大学女生还会穿着彩色呢子大衣,普通女孩子也有一两件花衣裳,这在王蒙表现1950年代北京学生生活的长篇小说《青春之歌》中就可以知道。

（七）"文革"时期服饰：政治挂帅的象征

"文革"是要革文化的命,服饰既属文化,当然在革命之列。所以上世纪60、70年代,政治因素把人们统一在同一的衣着模式之中,稍微鲜艳、新颖一点的衣服都受到了压制,基本以中山装和军装为普遍的服饰,草绿色的旧军装成了最时尚的衣着。

"文革"初期,红卫兵中绝大多数的人是穿蓝色的中山制服,为了仿效国防绿军装,多将蓝制服染成海蓝色,再换上八一军扣,表明是国防绿军装的伪装色,以区别于蓝制服。"文革"中期,上衣和裤子基本上以蓝绿搭配为主。当时,穿军装也是颇为讲究的,两个上衣口袋的士兵服和斜插袋的军大衣是无人问津的,四个袋的军干部服更时髦。无论是蓝、灰、绿,都要在上衣上佩带一枚毛主席胸章,以显示革命色彩和忠心耿耿。

所以,"文革"时的北京,与全国一样,服饰颜色单调,全国山河一片蓝或是一片绿,无色彩、无个性、无性别的服饰现象,束缚了人们的审美心理,偶有身着红背心的男青年也是在夏天或是正锻炼身体,女孩子普遍梳两条大辫子,像样板戏《红灯记》中的李铁梅似的。

（八）改革开放以来的服饰：思想观念的变迁

老北京的服饰穿戴历来和日常生活密切相关，有"四季衣裳"、"三分长相七分打扮"、"人靠衣裳马靠鞍"这些说法，可见衣裳在人们心目中有着极为重要的地位。有些人甚至直接称之为生面，这个生面就是躯壳之外的包装，它标志着一个人的身价、社会地位、经济状况，相当于一个人的脸面。老北京人最讲面子，生面不齐，你就没法站在人前头，无法在大庭广众之下亮相，当然也就无法从事任何社会活动，无法从事任何社会交往。老北京人的穿戴讲究，尤其体现在服饰礼仪上。比如在逢年过节、婚丧嫁娶、生日寿庆这些不同场合要穿不同的服装，而这些不同的服饰是有特定的作用和意义的。同时，各行各业也有自己的服饰习俗。这叫规矩，轻易乱不得的。

改革开放以后，思想解放，观念更新，促进了服饰文化的发展。北京人的服饰观念经历了由讲面子到显个性的变化。原来单调的绿、灰、蓝色变得五彩缤纷，以中山装和军装为主流服饰的局面被彻底打破。在维护传统的"善"与追求现代的"美"的思想潮流碰撞中，服饰越来越贴近时代、贴近生活，甚至追逐时尚和西方潮流，变得经济便利、美观适体、多彩多姿。孩子在服饰的变化中长大成人，成人在服饰的变化中培养了爱美之心。一时间，北京服饰的西化形势，有些迅雷不及掩耳的势头。小孩子开始花枝招展，中年人开始夹克、西服、休闲服装来回换，青年人则把中山装、军装丢进衣柜，喇叭裤、迷你裙纷纷上身，消失多年的旗袍又重新穿在爱美女士的身上，甚而至于内衣外穿，外衣内穿。男孩子长头发，女孩子烫头发、染头发，叛逆、新奇成了潮流。这一时期，模特走台、服装设计的概念也开始深入人心，带动了北京服饰日新月异的发展。人们目瞪口呆之余，充分感到时代变迁了、政治宽松了、时尚多元了。

与1980年代的模仿、追风、求新有所不同，1990年代的北京服饰进而讲究牌子、体现个性、注重美化，各种名牌服装、饰品无不具有这一特点。

当下北京人的服饰越来越令人眼花缭乱，在美化、个性的基础上，多元与主流、开放与保守、传统与现代、贵族与平民、异域与本土，各种风格的服饰都呈现了其可能性、极限性，都在这个时代得到了全方位的展示。得风气之先的北京人穿什么都敢，穿什么都有，有哈韩族哈日族越穿越怪，染黄绿红头发不分老少，怎么装扮也不过分，怎么搭配都挺顺眼。一些原本让人感觉不伦不类的服饰、造型，按理说绝对不配套，也有人敢试、敢穿，还能成气候。新世纪的北京服饰，姿态百千，率性而浪漫，丰富又简单，正走在时尚化、现代化、国际化的道路上。

从以上对北京服饰文化的历史描述可以看出，具有悠久历史文化传统、承载千年首都功能的北京，其服饰文化的内涵绝不只是单纯的穿着打扮和美化生活，而是有着丰富的社会、政治和文化诸方面的意义。正如本讲一开始谈到的，北京人服饰的色彩和式样，可以说也是北京的色彩和式样，是中国的色彩和式样。它与政治攸关，得风气之先，体现了北京服饰文化厚重的历史感和开放的现代性这一总体特征。

注 释

1. 梁实秋：《雅舍小品》，上海人民出版社 1993 年版，第 199 页。
2. 张爱玲：《更衣记》，《张爱玲散文全编》，浙江文艺出版社 1992 年版，第 22 页。
3. 同上书，第 17 — 18 页。
4. 同上书，第 20 页。

京味艺术

北京是京剧、相声等京味艺术的中心，北京的文化滋养了京味艺术的生成，而京味艺术同样丰富了北京文化的内涵。京味艺术包括京剧、相声、曲艺、影视等。

京剧是一门以表演为中心的舞台艺术，自打诞生那天起，虽几经沉浮，最终还是深深地扎根在东方文化的深厚土壤里，不时焕发着青春的气息。座落在北京长安街的长安大戏院，在久经沧桑旧貌换新颜之后，如今灯火辉煌，而它的起伏兴衰似乎也在向我们诉说着京剧的发展历程。另外，新近落成的梅兰芳大剧院也向人们展示着京剧艺术在当今的复苏与勃兴。

相声是地地道道的北京艺术，融"说学逗唱"于一体，深入浅出，京腔京调，雅俗共赏，老少皆宜，这些特点使它名闻遐迩，深受广大观众喜爱。在发展的过程中，出现了一些优秀的相声演员，如朱绍文、李德钖、焦德海、张寿臣、侯宝林、侯一尘、刘德智、全宝常、马三立、马季、姜昆、侯跃文、李金斗、冯巩、牛群、郭宝全等。

曲艺是鼓曲和杂艺的合称，流传于市井街头，由民间艺人发展而来。它以"说唱"为主要表现手段，其中京味较浓的有数来宝、太平歌词、抖空竹、耍中幡、单弦牌子曲、双簧、北京琴书、北京时调、京东大鼓等。

北京特色影视以京味文化作底蕴，表现北京胡同、四合院平民生活，展示紫禁城、王府和大宅门的恩怨情仇。北京市井文化和风俗民情引人关注，京味语言耐人咀嚼。

五色杂陈的京味艺术是北京历史文化的重要组成部分，它像一条潺潺流淌的小溪，向我们述说着那些动人的故事。

一 字正腔圆的京剧

提到北京，我们就不能不想到京剧，它已成为北京的文化符号之一，以至"京剧"的名字深深地烙上了北京的印痕。京剧被称为中国的国粹，外国人到北京来旅游，除了游览故宫、长城、十三陵等名胜古迹之外，一般都希望去戏院听一听纯正的京剧，体会古老的中国文化的气息。那些涂满油彩的脸谱和花花绿绿的戏服足以让他们大开眼界，唏嘘不已。

（一）京剧的诞生

追溯京剧的发展史，首先要提到的是清朝时期的四大徽班进京。乾隆五十五年（1790），为庆祝乾隆皇帝八十寿诞，三庆、四喜、春台、和春等几个徽班先后进京，受到热烈欢迎。在寿辰结束之后，也许是为北京所吸引，他们并没有离开北京，而是继续在这里进行民间演出。徽班不仅演出徽戏，也演汉戏、昆曲、梆子戏。当时北京的戏曲舞台极其活跃，汇集了各地方的戏班，他们广泛吸收其他戏曲的长处[1]，同时根据北京人的习俗，在语言唱腔方面变革，使之日趋京化。道光年间，汉调进京，被徽剧二簧调吸收，形成徽汉二腔合流的局面，此时京剧已初具雏形。

京剧的正式形成大约是道光二十年（1840）以后的事，这时京剧的各种唱腔版式已初步具备，京剧的语言特点已经形成，在角色的行当方面也出现了新的变化，拥有了一批具有京剧特点的剧目。同治、光绪年间，画家沈荣圃为当时京城里的十三位昆曲、京剧名角绘了一幅全家福，展现了他们的独特风采。这十三位名角是：老生程长庚、卢胜奎、张胜奎、杨月楼，武生谭鑫培，小生徐小香，旦角梅巧玲、时小福、余紫云、朱莲芬、老旦郝兰田，丑角刘赶三、杨鸣玉。他们是京剧走向成熟的第一代奠基者，被誉为"同光十三绝"。

京剧在逐渐成熟的过程中，深受皇室贵族的喜爱，乾隆以后，历代皇帝无不喜看京剧，许多王公大臣也相当"内行"。慈禧太后就是个绝对的戏迷，她于1891年建成颐和园德和园大戏台[2]，每次来到这里，必于次日开锣唱戏，其生日前后则连演八天，称"前三后五"，场面宏大，极富排场。皇宫内还设有专门的戏曲机构南署，后改为升平署，负责宫内排戏演戏事宜，有的官员甚至像现在的星探一样，专门在戏园听戏，发现好角就推荐到宫中演出。

清朝上层社会的喜好，为京剧的发展提供了充足的物质基础和社会空间，使得京剧艺术更加精湛、华美。"上有所好，下必甚焉"，在这种社会风气下，京剧受到了社会各个阶层的欢迎，迅速成为当时最普遍的娱乐形式。普通的平民百姓，贩夫走卒，几乎人人会唱几句京剧。据说，梅兰芳在城南演唱京剧时，北京城曾经万人空巷。正是这种观众和演员之间的默契共鸣，促使京剧在北京城扎下了根，开出了绚丽的花朵。

民间有句俗语说"唱戏的是疯子，看戏的是傻子"，演员、观众可以为了京剧疯疯傻傻的，虽然有些夸张，但也足可见京剧艺术不可抵挡的魅力。官宦富商等有权有势的人家，遇到喜庆宴会之事，常邀请艺人演出庆祝，图个热闹喜庆，称为堂会。堂会戏中不仅演京剧、昆曲之类的大戏，还有杂耍和曲艺等，随主人的经济条件和喜好选择。堂会有唱一天的，称为全包堂会，一般从中午唱到凌晨或者第二天天亮，还有唱半天的，只在白天或晚上唱。演员的报酬一般都很高。堂会戏虽然只是演给亲朋好友观看，却常常好戏连台。所以，有许多人为了听戏，托朋友，找关系，或是给本家出个份子，混入观赏，以便过足戏瘾。

堂会戏最盛大的一次，当推 1922 年 12 月溥仪和婉容结婚时在紫禁城内举办的。当时溥仪早已经退位，国家内忧外患，社会动荡不安，但毕竟皇家的排场还在，不能马虎。王瑶卿、尚小云、余振庭、余叔岩、梅兰芳、马连良、李万春等二十九位京剧名角济济一堂。这次堂会连演了三天，花费三万多银元。最后的压轴戏是梅兰芳主演的《霸王别姬》。当时就有王公旧臣摇头叹息，认为不吉利，但溥仪却毫不在意。

1928 年北伐之后，堂会戏就不大时兴了，只是民间谁家有喜事，偶尔会在饭店邀请一些"票界"串演。1937 年，京剧名票张伯驹过四十岁生日，在福全馆饭庄举办的堂会，吸引了许多戏迷大老远地跑来听戏。堂会上大轴戏是《失空斩》，由张伯驹饰主角诸葛亮，王凤卿饰赵云，程继仙饰马岱，余叔岩饰王平，杨小楼饰马谡。四大名角给自己配戏，张伯驹的荣耀可想而知。堂会那天人山人海，极其热闹。

（二）京剧名角

京剧形成后，逐渐传播到全国各地。从清末到上世纪三四十年代，京剧艺术极其繁荣，生、旦、净、丑各个行当全面发展，涌现出一大批优秀的演员，梨园界可谓是春色满园。

1. 程长庚：大老板

程长庚是京剧早期的领军人物，与张二奎、余三胜并称为"老生三杰"。他的唱腔吸收了徽调、汉调、昆曲的优长，高亢沉雄，穿云裂石。自道光至咸丰年间，担任三庆班主、精忠庙庙首、三大徽班总管。因德艺双馨，深受大家爱戴，被称为"大老板"。当时，伶人的地位很低，受到歧视，演出前要先站立在台上，供台下观看，有时还要陪着官僚富豪们玩乐，称为"站台"。程老板率先废除了这一陋习。程长庚晚年致力于培养门生，创办了三庆科班。一大批优秀京剧表演人才，像谭鑫培、陈德霖、钱金福、杨月楼等都出自他的门下。

2. 谭鑫培：伶界大王

光绪年间，京剧艺术走向成熟，这一时期的代表人物有谭鑫培、孙菊仙、汪桂芬，他们习惯上被称为"老生后三杰"。他们既有继承又有创新，尤其是谭鑫培，在总结前辈表演艺术的基础上，又经过自己的创造，把京剧艺术推进到一个更成熟的境地，被誉为"伶界大王"。在京剧史上，先后被称为伶界大王的只有谭鑫培和梅兰芳。有一次，二人同台演出京剧《汾河湾》，谭鑫培一时兴起，临时改了戏词，对梅兰芳饰演的柳迎春说："端碗抄手过来！"梅有些不解，就顺口问："什么是抄手呀？"谭说："抄手就是馄饨！"一时台下观众哄堂大笑。这是京剧大师临场发挥的机智和幽默。

清末，在北京的街头巷尾随处都可以听到民众传唱谭鑫培的唱腔，以至于当时有"国家兴亡谁管得，满城争说叫天儿"之说（"叫天儿"即谭的绰号)，可见他的声名之盛。谭鑫培所创的谭派对后世影响深远。民国时崛起的"四大须生"——余叔岩、言菊朋、高庆奎、马连良无不宗谭，后又根据各自的嗓音特点，加以变化和发展，才自成一派，故后来又有"无腔不学谭"之说。

3. 杨小楼：武生宗师

在北京的京剧舞台上，与梅兰芳、余叔岩可有一比的当属杨小楼。杨小楼学艺，条件极好，不仅嗓音亮，悟性高，其父杨月楼、义父谭鑫培、老师俞菊笙也都是响当当的名角。杨小楼很有表演天赋，他的戏演谁像谁，在《长坂坡》、《阳平关》等戏中有"活赵云"之称。他和梅兰芳合演的《霸王别姬》更是堪称千古绝唱。梅兰芳演虞姬，自是精妙绝伦，而杨小楼演霸王也是叱咤风云，气势冲天。一向自视甚高的余叔岩评价说："杨小楼完全是仗着天赋好，能把武戏文唱，有些身段都是意到神知；而在他演来非常简练漂亮，怎么办怎么对，别人无法学，学来也一无是处，所以他的技艺只能欣赏而绝不能学。"[3]的确，杨小楼的唱腔、表演细腻传神、妙造天然，又不失凝重、气派，艺术上已经登峰造极，不愧为一代武生宗师。

4. 梅兰芳："四大名旦"之首

早期的京剧剧目大都是老生唱主角，"四大名旦"出现后，旦角的地位迅速上升。"四大名旦"是指梅兰芳、程砚秋、荀慧生和尚小云。他们都勤学苦练，形成了自己独特的风格。如梅派表演雍容华美，典雅大方；程派艺术如行云流水，幽咽婉转；尚派表演刚劲挺拔，于妩媚中见阳刚之气；荀派则娇柔俏丽，擅长扮演天真、活泼、温柔的小女子角色。

"四大名旦"以梅兰芳的艺术成就最高，有人说他是美的化身，动

梅兰芳故居的梅兰芳像

作美，姿态美，唱腔美。然而，他却非常谦虚，对艺术精益求精，经常邀请一些懂戏的朋友看自己的表演，并指出缺点和不足，以便随时改进。他还常常和剧院老板商量降低票价，宁可自己少赚钱，也让更多的普通民众看到他的戏。今天，我们怀念梅兰芳先生，不仅是因为他塑造的艺术形象给我们带来了美的享受，他的人格力量同样让我们赞叹。

从 1931 年到新中国成立前，继"四大名旦"之后，一批新演员陆续登上了京剧舞台，出现了有名的"后四大须生"（马连良、谭富英、杨宝森、奚啸伯）和"四小名旦"（李世芳、毛世来、宋德珠、张君秋），文武老生李万春、李少春，净行裘盛戎、袁世海等；其中谭富英、杨宝森、奚啸伯、张君秋、裘盛戎影响比较大，都形成了自己独特的风格和流派。经历了"文革"的磨难，当代许多优秀的青年演员如宋小川、谭正岩、张火丁等逐渐成长起来，成为京剧界的新生力量，继续为观众奉献精湛的京剧艺术。正是这些一代又一代的名角，使京剧"春色满园关不住，数枝红杏出墙来"。

（三）京剧的票友与票房

除了演员，京剧还有众多忠实的戏迷，他们有个专门的称呼——"票友"，也就是京剧的业余爱好者。清朝中期以后，人们把那些不取报酬的业余戏曲、曲艺演唱者及乐师称为票友，票友一般多与专业演员关系密切，常在一起切磋技艺，交流不仅提高了观众的欣赏水平，也提高了京剧的演出水平。

票友中有不少是能书善画的文人墨客，他们不但欣赏京剧的表演，而且深入地揣摩，提出自己的改进意见。票友玩得不过瘾了，也有下海当演员的，如刘赶三，就是道光年间天津的票友，后来成为京剧丑角第一人，著名的老生汪笑侬、孙菊仙、言菊朋也都是票友出身。

最有名的戏迷当推慈禧太后，她嗜戏如命，经常传外面的戏班名角进宫唱戏。孙菊仙、时小福、杨隆寿、杨月楼、余玉琴、王瑶卿、谭鑫培、杨小楼等名重一时的角儿，都经常进宫演出。伺候慈禧太后可不是简单的活儿，稍有不慎出了点错儿，就会受到责罚。有一次宫中演出《双钉记》，剧中包拯唱道："最毒不过妇人心"，结果惹得慈禧勃然大怒，传

公园内的票友在自唱自演

旨将这个倒霉的演员打了八十竹竿子，逐出了宫。还有一次，唱青衣的孙怡云进宫演《玉堂春》，苏三有句戏词"羊入虎口有去无还"，她照样唱了，结果又惹着了慈禧，因为慈禧属羊，还以为在骂她呢，就把孙怡云驱除出宫，后来大家就将这句词改为"鱼儿落网有去无回"。

现在我们还时常可以看到北京的公园角落或者是社区活动中心等处，自发聚在一起的票友们自娱自乐。京剧艺术在人们的内心深处已经扎下了根。

清道光前后，一些八旗子弟们常聚在一起，演唱"子弟书"（包括八角鼓、清口大鼓、单弦等）以为消遣。按清朝规定，这种活动必须得到内务府批准，发给一张执照。因执照上印有两条金龙，故称为龙票；票面上写着"发给××票房"，票房之名由此而来。后来京剧兴起，票友们也主要演唱京剧了。最初的票房一般都设在贵族富户的宅院里，里面的陈设也比较讲究。为了不失自己的尊贵身份，许多王公贵族子弟们都是背向听众演唱的。

民国以来，北京的票房遍及全城，许多机关、团体、学校都有票房活动，票友也是各行各业都有。当时著名的票房有翠峰庵票房、肃王府票房、春阳友会等。票友们除了相互之间的切磋交流外，也常被邀请参加一些喜庆宴会的演出。最初，票友去演出时，常挑着一把特制的大铜茶壶，里面沏好了茶水，表示完全是为了爱好和娱乐，不扰事主招待。后来票友们演唱，就开始接受报酬和酒饭招待了，据说，招待的菜肴中不能有"丸子"。当时一些梨园内行有些看不起票友，称他们为"丸子"，意思是说"不是好肉做的"。其实，票友的水平也未必不高。旦角朱琴心、净角郝寿臣也都是票友出身。当时比较著名的票友有红豆馆主（溥侗）、载涛、包丹庭、张伯驹等。

无论是堂会还是票友活动，都表现了人们对京剧的喜爱之情，京剧已经走入千万家，成为人们日常生活的一部分。正所谓"赏心乐事谁家院"，不用买票，在自家办堂会戏，自己成立个票友会，闲时唱唱京剧，自娱自乐，也是人生一大快事。

（四）京都戏楼

北京的京戏旺，戏班多，名角多，作为戏剧的演出和观看场所的戏楼自然也不会少。大大小小的戏楼曾经繁华似锦，极其热闹。如今，这些戏园子或者尚存遗迹，或者改建重修，更有一些早已荡然无存，消失在历史的尘埃里。然而，在京剧短短一二百年的历史上，戏楼却是不可抹煞的一笔。

京城的戏楼大致可以分为三种：宫廷王府戏楼，会馆戏楼和民间戏楼。皇家看戏当然有自己的戏台，如宁寿宫的畅音阁、圆明园的清音阁、颐和园的德和园戏楼，都是三层舞台，富丽堂皇。另外还有颐和园的听鹂台、重华宫的淑芳斋等小规模的戏台，供嫔妃和亲贵眷属们看戏。许多王公大臣府中也设有自己的戏台，比较著名的有清恭王府后花园戏楼、那家花园戏台等。

那家花园是光绪年间大臣那桐的私邸，也是一代名家谭鑫培演出他的绝响之处。1917年，为了欢迎广西督军陆荣庭，北京的军阀威逼已七十岁高龄的谭鑫培唱堂会。当时，谭鑫培正有病在身，当他得知堂会最后一出大轴戏（压轴戏是倒数第二出戏，一般配备最佳演员阵容，为的是能压得住阵角，使观众不至于离场；而大轴戏是最后一出，一般为武戏，热热闹闹而收场）正是《洪羊洞》，戏中杨六郎以死殉职，十分受触动，怀着满腔的悲愤，拼了老命唱了这出戏。同台配戏的演员回忆说："他当时神情异常，特别是双目炯炯发光，咄咄逼人。"回家后，谭鑫培又气又累，病势加重，不久就离开了人世，令人可悲可叹。

当年，清政府禁止在内城开设戏院，所以平民化的戏园子多集中在前门外、大栅栏附近，如肉市街的广和楼、粮食店街的中和楼、大栅栏内的广德楼、三庆戏院、庆乐戏院等都比较有名。其中，以广和楼历史最为悠久。广和楼的前身是明末大盐商查家的私人花园，后改为茶园，对外营业。据说，康熙皇帝曾在此处看过戏，还钦赐一副台联，上写："日月灯，江海油，风雷鼓板，天地间一番戏场；尧舜旦，文武末，莽操丑净，古今来许多角色。"光绪年间，广和楼不幸连遭两次大火，后由北京"白薯王"王静斋重建，改名为广和楼戏园。

此外，天桥附近也建有几个戏园子，如天乐园、开桂园、小桃园、小小戏园、小吉祥戏园等，一般规模比较小，设备简陋，以演出曲艺、杂耍、评剧等为主，也偶有京剧演出。

内城最先打破禁忌的，是内廷大公主府的总管事刘燮元，他在东安市场北门里盖了吉祥茶园，说是戏园子，也就是有个戏台，摆几张长桌条凳，再搭个棚子就是了。虽然比较简陋，但是位置好，人气旺，当时的许多京剧名家都曾在这里演出。1912和1920年，东安市场两次失火，吉祥茶园却是烧一回建一回，改建成了东城唯一的新式剧场，正式称为吉祥戏院。在这里，老北京人留下了许多美好的回忆，对"吉祥"也有一份难舍的情结。

清王朝曾三令五申不准在内城开设戏园，即便是外城也不准官员和八旗当差人员前去看戏。但是京剧的诱惑力使得这些明文规定时常成为一纸空文，就连宫廷内部也为自己开特例，在紫禁城内大造戏院，供皇族们消遣享乐之用。这其中既包括专门性的戏楼、戏殿、戏台，又有一些戏亭、戏廊、抱厦等，如乾隆时期修建的寿安宫大戏楼（位于故宫寿安宫院内，共三层，今已不存）、宁寿宫畅音阁戏台（始建于清乾隆三十七年，于乾隆四十一年建成，共三层，今存。另一个三层戏台位于颐和园内的德和园）。畅音阁戏台位于故宫宁寿宫阅是楼院内，共有三层，

故宫畅音阁戏台

上、中、下分别称福、禄、寿，后面有木楼梯将三层连接起来，戏台中央和四角共五口地井，可根据剧情需要升降演员和布景。每逢各种节日、盛大庆典，皇亲国戚们聚在此处看戏，演出时的热闹场面可想而知。如今，虽经历了三百多年的风雨飘摇，我们依旧可以感受到当时宫廷大戏的热闹场面。

相对宫廷王府的奢华，民间的戏楼则要简陋得多，如一些会馆、茶楼、戏园子等，但它们对于京剧的繁盛却起到了很大的作用。任何一门艺术形式，一旦融入民间，便会迅速发展并兴盛起来。清中叶至民国初年，宣武门外骡马市大街至虎坊桥一带的大小胡同聚集了很多会馆，会馆里经常有一些戏剧演出，其中比较著名的是阳平会馆戏楼。它位于前门外小江胡同，始建于明代，是阳平会馆附属的戏楼。1984年被列为北京市文物保护单位。它是北京现存时间最早、规模最大的会馆戏楼。还有像正乙祠戏楼（位于前门外西河沿220号，纯木质结构），一些京剧名家，如程长庚、谭鑫培、梅兰芳、谭元寿等都曾在此演出。正乙祠戏楼还有个更值得纪念的事情。1919年9月11日，京剧名角余叔岩为其母祝贺六十大寿，曾在此举办堂会。堂会上梅兰芳反串小生吕布，成为京剧史上的"孤本"之一。

京剧的其他演出场所还有戏院，最早是没有专供演出之用的纯粹戏院的，一开始就是在"茶园"或"茶楼"里进行"附带性演出"，这些戏园子一般都备有瓜子、点心等食品招待客人，另收取一定的费用，演出时，茶房还会送来热手巾。最好玩的是"扔手巾把子"，这是旧戏院里特有的景观。楼下的茶房把一把热手巾悬空扔上去，楼上的人反手接住，配合得恰到好处，就像玩杂技一样。到后来，"茶资"随着戏价的大小有了调整，而且茶馆也向以演戏为主的方向发展。清中叶以后茶园已初具规模，人们到茶园的目的也发生变化，去茶园听戏已经成为很多人的习惯。不论进京赶考的举子，还是各行各业的商人，都喜欢去那里听戏。《都门竹枝词》中就有这样的诗作，描绘听戏人的情态，可谓逼真：

　　　　完得场来出大言，
　　　　三篇文字要抢元，
　　　　举人收在荷包里，
　　　　争剃新头下戏园。

　　　　太平景象地天交，
　　　　落拓狂生任笑嘲，
　　　　到处歌声声不绝，

满街齐唱《绣荷包》。[4]

听戏者情到深处，不由得会跟着哼上两嗓子，自己用手打着节拍，大可旁若无人，自得其乐。可别小瞧了这些戏迷，他们的唱腔和身段，好多都不亚于正规演员。《竹枝词》中描绘这些热情的观众时说：

偷得功夫上戏楼，

写来长票不扶筹，

忽然喝彩人无数，

未解根由也点头。[5]

其实，戏园子内的摆设一直都是相当陈旧的。方方正正的戏台，台旁树着两根圆柱，旁边叫做两廊，正中称为地座。三面都有座位，正面的桌椅和戏台垂直，两侧的桌椅与戏台成斜角摆放，当时的观众以喝茶为主，想看戏时，则需要扭头、侧身，不是十分方便。所以，以前一般都说去"听戏"。戏园门口也会贴上海报，上面写着演出的戏班和演员，一般不写具体的剧目，只是将戏中有代表性的道具摆在旁边，戏迷们一看就会意了。民国时期，受西方文化的影响，戏园内部都相继加以改造，舞台上加了大幕，观众席也改为半圆形排椅，并加上了灯光设备。这样就使得戏曲演出更加专业化，随之京剧的演出场所也改称"剧场"或"剧院"、"戏院"。欧风美雨也让这门纯粹的民族艺术不断地发展创新，但是，现在的大多数戏迷仍旧怀念当初在老戏园子中听戏的感觉，虽然是手巾板横飞、叫卖声不断，却融入了无限的感情在里头。

辛亥革命前，北京演戏的剧场还是老式茶园。1913年，杨小楼和旦角姚佩秋借鉴上海舞台的形式，在北京西珠市口大街建成新式剧院"第一舞台"，首次将座位改成环形折叠式排椅，舞台改为椭圆形，台中央设有人工转台，还采用了大幕，取代原先的门帘和台帐，整个剧院可以容纳观众两三千人。在民国初年的北京，这算是最新式的了。随后，北京的许多旧戏院都纷纷进行了改建。可惜的是，后来"第一舞台"被烧光了。杨小楼损失很大，一气之下告别舞台，出家当道人去了。许多艺友都到白云观去劝他，杨小楼深受感动，终于重返舞台。

随后的二十几年，社会动荡不安，很多老戏园子都荡然无存了。到20世纪30年代，在西长安街上又新建了三个名园，即长安戏院、新新戏院、哈尔飞戏院，三家戏院相互竞争，唱起了对台戏。其中，数长安戏院（后更名为长安大戏院）历史最悠久，1949年后仍然较为活跃，并迎接了国家领导人的亲临，影响较大。1950年夏，毛泽东、周恩来等中央领导人，在长安戏院观看了京剧演出，由李少春、叶盛章主演《三岔口》，梅兰芳、刘连荣主演《霸王别姬》。20世纪90年代初，因修地铁出入口，老长安戏院被拆除。到1996年，一座新的现代化的长安大戏院在建国门内大街北侧落成。

如今，这些戏楼、戏园子经历了历史的风雨冲刷，大多都已消失或残破不堪，兀立在现代都市的高楼大厦之间。在政府和各界人士的努力下，有两座戏楼已恢复了原来的面目。北京湖广会馆坐落在宣武区骡马市大街东口南侧（虎坊桥西南），始建于嘉庆十二年（1808），于道光十年（1830）重修，增建戏楼。馆内有乡贤祠、文昌阁、宝善堂、楚畹堂等，戏楼在该馆正院之前，谭鑫培、余叔岩、梅兰芳等名家均在此演出过。1992年，在宣武区政府属下的天桥投资开发公司支持下，开始对这座残破的建筑进行修复，1996年基本完成。如今，这里每晚都有精彩的京剧演出，周六、日还有针对戏迷的日场低票价活动。

位于前门外西河沿大街的正乙祠戏楼，是中国最老的保存基本完好的纯木结构戏楼。最早由浙江来京经营银号的商人建于清康熙二十七年（1688），"文革"后，戏楼年久失修。1995年，企业家王宇鸣出资重修了戏楼。目前戏楼仍焕发着艺术青春，时常有京剧演出。

（五）京剧的现状与未来

现在矗立在建国门内大街的长安大戏院，最初建于1937年，原址坐落在北京西长安街，名为长安戏院，因为市政建设需要，从西单路口迁址于此，更名为长安大戏院，并从1996年9月27日开始正式对外经营。长安大戏院继承了京剧艺术的传统，以经营民族戏曲艺术为主体，并尝试着将传统京剧整合出新面貌，呈现给广大观众。

以前，京剧艺术的不景气，不是因为京剧的艺术形式不好，不适合当代年轻人的审美，而是京剧作为一种艺术，与年轻观众长时间疏离，没有培养观众欣赏京剧的文化氛围。有的老艺术家说，京剧的门难进，进去就出不来，对京剧喜爱和欣赏得有个过程，需要周围环境的熏陶和影响。以前的戏迷一般都是小时跟着家里大人看蹭戏，先是对龙套、武戏等热闹的东西产生兴趣，渐渐地就愿意品文戏了，然后发展到学着唱，再后来就成了票友。现在许多年轻人并非对京剧不感兴趣，而是即便作为观众，也不得其门而入。因此，京剧的推广已经成为一项社会性的工程。

进入20世纪末，伴随着人们对中国非物质文化遗产保护意识的增强，不少人又开始关注京剧，并采取了一定的措施来挽救京剧。如为了抢救优秀的传统剧目，实施了京剧的音配像工程。这个工程由时任中央政治局常委、全国政协主席的李瑞环创意策划，并领导实施，历经十七年寒暑终于完成。全工程共录制了355出戏，全部制作了VCD光盘，不但为绝大部分京剧名家的录音配了像，而且抢救搜集了许多珍贵的绝版孤本，如梅兰芳1951年在上海演出的《西施》，只有中国艺术研究院保

今天的长安大戏院

珠市口附近的京剧墙

存的一份钢丝录音带。1956年在北京音乐堂为庆祝北京京剧工会成立，
十几位大家合演的《四郎探母》，也是只演过一场的绝版。孟小冬的《搜
孤救孤》、李少春的《借东风》，都是难得的孤本。音配像工程，在排演
过程中演员尽量重现当年艺术家的演出风采。在老艺术家的指导下，演
员的技艺也有了很大的提高。

　　为了摆脱困境，京剧艺术工作者也尝试着进行了各种改革和创新。
当前的京剧剧目包括传统戏、新编古代题材戏和新编现代题材戏三个部
分，而后两部分可统称为新编剧目。这些新编的剧目，对京剧进行了全
面的变革，是最近几年京剧界的新兴现象。它们题材多样，既有反映中
国古代的题材如北京京剧团排演的《宰相刘罗锅》、中国京剧院排演的
《瘦马御史》，也有现代题材的如京剧交响剧诗《梅兰芳》，还有根据外
国名著改编的剧作，如中国京剧院演出的《欲望城国》，就是根据莎士
比亚的著名悲剧《麦克白》改编的。同时小剧场京剧兴起，北京京剧院
先后推出《马前泼水》、《阎惜姣》两部小剧场京剧，产生了良好的反响。

　　这些新编的京剧，舞美、音乐创作、唱腔、舞台演出形式都比较新
颖，并吸收了音乐剧、话剧的元素，添加了交响乐成分。2005年，中国
戏曲学院创演的京剧《悲惨世界》，在舞台设计上用大量的金属制作舞

台背景，强调了金属的质感，在服装设计上也主要采用了灰、黑色调的设计，舍弃了传统的戏服。京剧被注入了新鲜的元素。云南京剧院排演的《凤氏彝兰》，从艺术形式到表现观念、表现手法全面创新，如采用画外音来交代情节的跳跃，运用现代科技和灯光来丰富戏剧舞台的表现力。这种创新，一方面吸引了大量年轻观众的关注，另一方面也引起了极大的争议。

不少业内人士指出，京剧的创新，首先要符合京剧的艺术规律，尊重传统，在继承传统的基础上推陈出新，不能改到最后把京剧改成了"四不像"。殊不知，无原则的改革正在分解京剧，使京剧丧失一些最本质的传统的精华，成为一种流行艺术。

电视剧《宰相刘罗锅》曾火爆大江南北，刘墉的诙谐幽默、机智逗趣与和珅的溜须拍马、狐假虎威给观众留下深刻印象。根据同名电视连续剧改编创作的京剧连台本戏《宰相刘罗锅》亮相首都舞台，一炮打红，此后频频获奖，成为戏曲舞台的品牌剧目。为了让更多的人欣赏到这部好戏，北京电视台精心策划了8集京剧电视连续剧《宰相刘罗锅》，在保留原剧故事精华和幽默风格的同时，充分利用电视剧的表现手段，匠心独运，打造了一部真正"京腔京韵"的"皮黄电视剧"，极大地拓展了原剧的艺术表现空间。京剧电视连续剧《宰相刘罗锅》在演员阵容的遴选上，汇聚了麒派、余派、马派、梅派、张派、裘派等各派的名家，突出"名角效应"，以满足戏迷朋友特有的"听戏听角儿"的欣赏习惯。上海的麒派老生陈少云（饰演刘墉）、天津的裘派花脸孟广禄（饰演和珅）、马增寿（饰演六王爷）等都在剧中有上乘的表演。

二　行云流水的相声

相声发源于北京，这门来自市井和民间的"笑的艺术"，从难登大雅之堂的"杂耍"，发展到现在成为万众瞩目的"春晚"不可或缺的一道"菜"，其间经历了数不清的酸甜苦辣。老北京人喜欢听相声，茶余饭后，溜达到相声场子听上几段，顿时身心舒畅，所有生活的不快都被抛到脑后。他们对于到哪儿去听相声、听谁的相声、都如数家珍，就如同我们说到什么馆子去吃什么菜那样熟悉。

相声已成为北京文化不可或缺的一部分，深入到北京人的骨髓里，甚至影响到他们说话的方式，经意不经意间，突然就能冒出一句相声中的对白来。从历史深处走来的相声，经历了百年的传承，活在人们的口中。

（一）相声的产生

相声是清代兴起的一种表演艺术，它的目的就是引人发笑。关于相声的诞生还有一段传说。据传，在相声的发展史上有位重要的奠基人物——朱绍文，因咸丰皇帝死时的"断国孝"期间，全国不准敲动乐器，他为生活所迫，临时在街头说笑话而创造了相声这种形式。清代中叶相声形成以后，以街头为演出场地，称为"撂明地"，后来进入各种群众市场，如天桥、隆福寺、护国寺等。有的就在茶馆演出，后来发展出专门的相声场子。

相声是深受民众喜爱的一种艺术形式，它产生于北京并非偶然。由于一直以来的皇城地位，北京这个广阔的舞台为很多人提供了施展才华的机会。同时，由于它是"平民艺术"，从一开始就深深地根植在人民生活的土壤中，表现他们的生存状态，反映他们的喜怒哀乐，从而也就有了深厚的群众基础。

由于传统观念的影响，相声一直被认为是"下三滥"的玩艺，文化人一般是不去听相声的。而且，在当时竞争极为激烈的情况下，作为一名艺人，要么身上有绝活，像耍大锤、吞宝剑、变戏法等等，要么就只能靠粗俗来迎合观众的胃口。相声是靠嘴说的活儿，站在地上划一块地就能说，"全凭嘴一张"，但是要能把观众吸引住，让他们往里面扔钱也是极不容易的。京城最早说相声的艺人，是道光年间的张三禄，他本来是八角鼓的丑角艺人，同时通晓口技、戏法等技艺，后来改说相声。之后，从朱绍文起，相声门派正式建立。

（二）家喻户晓的相声演员

北京是相声的发源地，从19世纪后期到21世纪，相声界经历了百余年数代前辈艺人的潜心琢磨，形成了这一独特的艺术形式。相声在北京的发展大致经历了以下几个阶段。

1. 人际传播时代的相声演员

19世纪后期至20世纪40年代，相声主要靠人际传播，现场感、互动性较强。

朱绍文，艺名"穷不怕"，初学京剧丑角，后唱架子花脸。1862年，咸丰帝去世，由于"国丧"期间禁演戏剧，戏园子被迫关门，没有了生活来源，朱绍文只好流落到天桥一带，靠说笑话、唱小曲为生。他学识渊博，手里拿的竹板上刻着"满腹文章穷不怕，五车书史落地贫"，很有点自嘲的意味。"穷不怕"是当时的"天桥八大怪"之一。据说在光绪二十年，慈禧六十大寿时曾把来自北京城天桥一带的民间艺人聚集在颐和园宫门外，为祝贺老佛爷万寿献艺。慈禧太后看了他们的表演后大悦，封赏其中最杰出的八位艺人为"天桥八大怪"。这"八大怪"分别是：说相声的穷不怕和处妙高（也称醋溺高）、三弦弹戏的弦子李、攀杠子的田瘸子、砸石头的傻五、表演杂唱的万人迷、学唱棒子的胡胡周和耍大锤的愣李三。穷不怕就是当时的"八怪"之首。民间艺人得到了最高统治者的喜爱和肯定，并封赐赏号，这还极为少见。

在朱绍文之前，相声基本是一个人单口表演的形式，一个人的相声能把人逗乐，实属不易。后来经过他的尝试，开始采取与徒弟搭档的方式，将单口相声发展为对口相声乃至三人相声。他编的相声段子有不少流传下来，如《字象》、《大实话》、《宝玉自叹》等，从艺术形式上说，有单口相声《老倭国斗法》、《乾隆爷打江南围》，对口相声《保镖》、《黄鹤楼》，三人相声《四字联音》等。他收了四个徒弟——贫有本、富有根、徐有禄和范有缘，相声艺术由此逐渐发展壮大。

民国初年，北京城出现了有名的"相声八德"，即八位德字辈的优秀相声艺人，包括张德泉、裕德隆、周德山、马德禄（马三立之父）、刘德智、焦德海、李德钖。他们于20世纪30年代初活跃于京、津一带，尚未形成突出的个人风格，但他们每个人都有一手好活儿，会的段子少则几十多则上百。"八德"是京、津相声界早期的开拓者，为相声的发展作出了不小的贡献。这其中又以李德钖、焦德海为代表。

李德钖绰号"万人迷"，自幼随祖父李广义学艺。祖父因为相声说得好，人缘也好，被称为"万人迷"。后来祖父死后，他承其艺名"万人迷"，21岁时就名声大振，赢得"笑话大王"、"滑稽大王"的称号。清光绪二十八年起李德钖在天桥市场爽心园前边撂地演出，后进入四海升平等杂耍园子演出，渐渐红遍京城。

焦德海以"说"、"学"见长，善于创新。当时的观众评价说："焦德海的相声俗不伤雅，没有粗蠢刺耳、难听的言语，别人说来并不滑稽可笑的言语，他一开口，就会令人捧腹大笑。"他常与刘德智搭档演相声，被观众戏称为"焦溜"。代表作有《吃饺子》、《对对子》、《开粥厂》、《财迷回家》等。焦德海的徒弟张寿臣也名重一时。其后，在北京出现了最负盛名的相声大师侯宝林、马三立，他们开创了相声的一个时代，使相声走进了千家万户。

2．广播时代的相声演员

20世纪50年代至70年代，相声借助广播传遍了京城各区乃至大江南北，人们通过广播认识了侯宝林、马三立、马季等老一辈相声大师。

侯宝林是相声发展史上承前启后的人物，也是推动新相声发展的奠基人。解放前在民间流行的相声艺术良莠不齐，有很多言语粗俗不堪、内容芜杂的段子，通过鄙薄自己和丑化他人来换取观众一乐，如《妓女打电话》、《流行歌曲》、《傻子学乖》等，在社会上影响很坏，相声也被人们看不起，称为"下三烂"，甚至有的学校禁止学生听相声。这一现象刺痛了侯宝林，他发誓再也不说那些乱七八糟的东西。他给自己定了两条原则：一条是骂人的"荤口"不说，一条是摇尾乞怜的"贱话"不说。这是颇为难得的。

1950年，侯宝林、侯一尘、刘德智、全宝常等十一名相声艺人，发起成立了相声改进小组。在老舍和吴晓铃的帮助下，他们去除相声中庸俗低级的部分，净化了相声语言，同时创造了一些内容健康积极的新段子，提高了相声的艺术格调和社会地位。在他们的努力倡导和身体力行下，相声艺术从语言到表演焕然一新，受到民众的欢迎，逐步完成了自身的蜕变。

侯宝林的相声寓庄于谐，清新自然，儒雅蕴藉，格调高雅。他擅长模仿和"学唱"，在相声中，他学刘宝全的京韵大鼓、王佩臣的乐亭大鼓以及侯喜瑞、姜妙香的京剧，深得他们的神韵，获得满场掌声。他拿手的段子很多，如《戏剧杂谈》、《卖布头》、《戏迷》、《醉酒》、《改行》、《戏剧与方言》、《关公战秦琼》、《夜行记》、《婚姻与迷信》、《学越剧》、《学大鼓》、《武松打虎》和《买佛龛》、《抬扛》等等。

马三立是传统相声的集大成者。其父马德禄是"相声八德"之一，他自幼耳濡目染，勤奋练习，打下了扎实的基本功。他擅长"贯口"活儿与"文哏"段子，如《吃元宵》、《夸地宅》、《文章会》等。

1953年，作家何迟创作了相声《买猴》，马三立经过二度创作，在舞台上演出。这个相声，通过广播电台播出后，一时引起了很大轰动。《买猴》中"工作马马虎虎、办事大大咧咧、说话嘻嘻哈哈"的"马大哈"为中国大众所熟知，成为家喻户晓的形象。

在长期的演出中，马三立形成了自己独特的艺术风格——亲切随和，质朴自然，具有浓郁的市井气息，他也被称为"平民艺术家"。他的语言非常口语化，没有丝毫生硬做作的成分。他在歪解自己的名字时说"马剩下三条腿，对付着还能立得住"，就是平民化的幽默。他往往采用第一人称的形式，把自己代入到相声段子里，用语言和形体动作把观众引入特定的情景当中去，使观众如见其人，如临其境。正如著名相声演员姜昆说："相声是笑的艺术，可笑跟笑不同，马三立带给人们的笑回味无穷，因此说他老人家的相声是有分量的。"[6]

马三立演出的传统相声有二百多个，他创作、改编并演出新的相声节目六七十个，以《吃元宵》、《卖挂票》、《黄鹤楼》、《相面》、《卖五器》、《开粥厂》、《买猴》、《偏方治病》、《猜戏名》、《似曾相识的人》等为代表。多年来，他还悉心培养出阎笑儒、班德贵、连笑昆、方笑天、常宝华、高笑林等许多相声演员。

20世纪60年代初，在党的"百花齐放，推陈出新"文艺方针的引导下，一种新内容的相声艺术——歌颂型相声艺术兴起，其中马季的贡献最大。他的表演以热情、质朴取胜，舞台形象风趣、活泼。马季的作品以反映现实生活为主，多半是他自己创作的。他努力追求相声的革新，提出相声以歌颂为主的主张，他的《登山英雄传》、《找舅舅》、《英雄小八路》等作品，打破了以往以讽刺为主的相声传统，赞美新生活和新的英雄人物，是歌颂型相声的代表作。他认为，相声应包括三种：讽刺的、歌颂的、知识趣味性的；创作时采用哪种手法，要因题材而异，不能说相声就只是讽刺。

相声表演风格有"帅"、"卖"、"怪"、"坏"之说，有人说，侯宝林的相声"帅"，马三立的相声"怪"，马季的相声兼有"卖"和"坏"，"卖"是说他表演卖力，精神饱满，"坏"是指他机敏、灵活，嘴皮子利索。他的代表相声有《友谊颂》、《舞台风雷》、《多层饭店》、《宇宙牌香烟》、《五官争功》等。

3. 电视网络时代的相声演员

相声的大范围传播经历了广播、电视、网络几个阶段。20世纪80年代至今，电视作为大众消费品逐渐走进了寻常百姓家，由此也让相声艺术得到了最大范围的传播。马季、姜昆、侯跃文、李金斗、冯巩、牛群、牛振华等相声演员，通过广播、电视、网络这些大众传播媒介走进了千家万户。相声，以它独有的幽默诙谐，带给观众无尽的欢乐，丰富了百姓的生活。

然而，相声作为一种语言艺术，主要诉诸于听觉艺术，可视性不强，在电视兴起后显现出了一种劣势，如果语言不精彩，就不能引起观众的注意力。很快，为了适应电视的传播方式，出现了相声小品化的趋势，由单纯的"说"变成了"演说并举"。现在电视上看到的相声大都是这样，虽然受到观众的欢迎，但还是有很多人反对，认为基本功不扎实，摹拟人物表演的小品化，降低了相声所独有的审美价值。

相声从当初的"撂明地"到茶馆、小剧场，再到广播、电视，不断地在寻求着新的发展。这门传统的艺术形式，在网络兴起之后，同样不希望丧失发展的机会。一些相声人，如姜昆等开始办网站，从网络中汲取相声创作的营养。同时，听众也可以通过网络的方式来收听相声，更加方便、自由。2005年底，一位叫郭德纲的相声演员成为各大媒体争相报道的对象，随之他的影响也开始爆炸式扩张。由此带动京城数家低票价、高水平的相声俱乐部也人满为患，其中很多观众都是小资、白领或者"80后"的大学生。他的"天桥乐"茶园以及相声班子德云社，让很多对相声失去信心的人又找到了希望。而郭德纲作为一位"非著名相声演员"的迅速崛起，似乎也在向人们证明着，脱离了传统、脱离了小剧场的相声逐渐被大众所抛弃之后，开始意识到只有回归传统、回归剧场才是这门传统艺术形式的发展之道。而民族艺术真正的土壤，永远在民间。

位于天桥附近的德云社

电视、广播、网络等现代传媒手段不仅使相声走进了千家万户，同时也让那些受人欢迎的演员迅速成为明星。另外，它同时也在努力进行着各种各样的尝试。"2007星夜新年喜乐会"是BTV《星夜故事秀》的大型年度特别节目，于2006年12月25日至12月31日，在BTV-2黄金时段19：30连续七天强档推出。这次喜乐会的核心内容依托北京德云社十周年庆典演出盛况，设置第二现场，加入点评与观众互动。郭德纲、于谦、春妮、何云伟、李菁联袂主持。整台演出采用"喜乐会"方式串联，集中了相声、曲艺、歌舞、访谈、电影等众多元素，传统与现代相结合，大气中带着诙谐，台下观众的喝彩与笑声掀起一个又一个欢乐的浪潮。

三 异彩纷呈的曲艺

曲艺是鼓曲和杂艺的合称，流传于市井街头，由民间艺人发展而来。它以"说唱"为主要表现手段，有四百多个品种，其中京味最浓的形式包括相声、大鼓和单弦等。据《中国曲艺志·北京卷》(1999年版)记载，可以确定在北京形成和流行的曲艺品种近30个之多。它们分别是：数来宝、太平歌词、抖空竹、耍中幡、子弟书、十不闲、莲花落、岔曲、单弦牌子曲、拆唱八角鼓、评书、相声、双簧、梅花大鼓、联珠快书、北京琴书、北京时调、竹板书、西河大鼓、拉洋片、山东大鼓、山东快书、山东琴书、河南坠子、二人转、快板书和京东大鼓等。

(一) 说唱艺术

曲艺本身就是以口头语言进行"说唱"的表演艺术，"说"和"唱"构成了曲艺的主体。在北京曲艺的发展类型中，十不闲、莲花落、数来宝、双簧、太平歌词等形式均以说唱为主。

十不闲、莲花落和数来宝的形式比较相近。十不闲在康熙年间就已在北京流行。而莲花落源于五代"散花乐"，最早是僧侣募化时所唱的宣传佛教教义的警世歌曲，宋代开始在民间流行。数来宝在清代由"大

宣南文化博物馆里的拉洋片表演

口莲花落"发展而成，最初由半乞半艺的乞丐演唱，他们过着沿街乞讨的生活，后来才开始在天桥和庙会等地"撂明地"作艺。他们把明朝开国皇帝朱元璋奉为此门技艺的祖师爷。相传朱元璋年幼家贫，讨过饭，后来当了皇帝之后，曾下令乞丐可以口数莲花落讨钱，任何人不得阻拦，这也可能是历史上乞丐最受重视和风光的时候吧！早些年在农村的红白喜事中还可以看到这些人，口中大多是祈福、超度之语，唱出来婉转押韵。后来也加入其他演出形式中，比如相声中的对口演唱。如今我们只能在个别的相声段子中听到数来宝。

　　双簧的产生也有一段故事。传说创始人为乾隆时的弦子书艺人黄辅臣，一次他应召进宫演出，因当天患感冒嗓子不好，演唱困难，就让他的儿子（也有说是其侄或其弟）藏在他身后替他演唱，他在前面只做演唱的动作。没想到演出的效果很好，还得到了皇帝的赏赐。双簧表演中前面的人称为"前脸儿"，后面的称"后脸儿"，表演一般都会引人发笑。现在双簧也一般会在相声中穿插进行表演。

　　太平歌词于清初在北京产生。早年岔曲在北京流传后，曾被命名为"太平歌词"，但未流传开，群众仍习惯称"岔曲"。相声艺人在演出中所唱的救急性的唱词，便借用此名，称为"太平歌词"。常演节目有《拆十字》、《文王卦》、《劝人方》、《胡不刺诉功》、《韩信算卦》、《秦琼观阵》等。清末的相声演员兼唱太平歌词，这是其基本功之一。

京胡，俗称胡琴，属于我国民族乐器中的弓弦乐器，它是伴随我国古代四大声腔之一的"皮黄腔"的逐渐形成而发展的。在明末清初之际，京胡主要用作安徽和扬州的"徽调"、湖北的"楚调"与"汉调"，长沙、常德一带的皮黄"弹腔"，江西的"宜黄腔"，广东的"梆黄"，四川的"胡琴腔"，陕西的"汉调二黄"等剧种的伴奏乐器。后来，随着"四大徽班"进京，在北京形成了京剧这个剧种。为了区别于其他剧种，大约在20世纪五六十年代才称其为"京胡"。

京胡可以说是"皮黄戏"音乐的代表。乾隆四十九年(1784)，云南元谋知县檀萃督运滇铜进京，看到北京皮黄演出的盛况，曾题咏"丝弦竟发杂敲梆，西曲二黄纷乱忙。酒馆旗亭都走遍，更无人肯听昆腔"的诗句。其中"丝弦"主要是指京胡这件乐器。早在乾隆四十年(1775)的《雨村剧话》中就曾记载：当时皮黄腔被称为"胡琴腔"。由此可见，京胡这件乐器曾经成为过一个声腔体系(或剧种)的代名词。这与其他民族弓弦乐器如二胡、板胡相比，可说是独享殊荣了！

在京胡发展的二三百年历史中，既有它辉煌的时期，也遭受过暗淡的厄运。据老辈们传说，"二黄"的叫法曾犯了皇帝忌讳，遭受过不白之冤。乾隆晚年让位其子，号嘉庆皇帝，自己当上了太上皇，二皇并存，希望长生不死，帝祚永延。这样，善拉二黄的京胡可就为难了。老弦(里弦)有太上皇之嫌，子弦(外弦)又有儿皇帝之忌。胡琴又经常断弦、换弦，这更使二皇不快。老弦一断，仿佛乾隆归天；子弦一断，又似乎意味着嘉庆驾崩；换新弦，又好像逆臣篡位，改朝换代。为保大清皇统帝祚，官家下令取消京胡，以笛代之。京胡因这"莫须有"的罪名，被打入"冷宫"，苦熬了许多年。大概是在乾隆归天之后，这条对京胡不成文的"禁令"才渐渐"不平自反"。小小京胡的两根弦儿，竟与皇家联了"宗"，听起来是多么可悲而又可笑啊！

由于京胡有雅俗共赏的品格，所以具有广泛的群众基础。每当周末、节假日或茶余饭后，人们到公园漫步时，常常听到京胡伴唱的音乐声。人们可能会看到在某个亭阁围着一群人，在京胡的伴奏下，自得其乐地唱着各种行当的京剧唱段。这里没有行政领导，没有"领队"、"班头"，没有"约法三章"，都是一群京剧爱好者，会唱哪一段就唱哪一段，会拉哪一段就伴哪一段。群众完全自发地凑在一起，有拉的、有唱的，有老的、也有青少年。还有一群听众和看客，津津有味地欣赏着、品评着，自然而和谐。这群京剧爱好者总是以琴为核心，琴师自然而然地成了大家的"头儿"。由此可见京剧的艺术魅力和京胡的普及程度了。

（二）鼓韵铮铮

京韵大鼓由河北省沧州、河间一带流行的木板大鼓发展而来，形成于京、津两地，与当地三弦书合流，称为"怯大鼓"。清末，刘保全等名家在京韵大鼓发展的基础上，改以北京的语音声调来吐字发音，吸收石韵书、马头调和京剧的一些唱法，创制新腔，专唱短篇曲目，并在当时形成刘宝全、白云鹏、张小轩三派。1920年，刘宝全被称为"鼓界大王"，誉满京、津。

太平鼓是明清两代开始在京西宛平县盛行的一种带铁柄的椭圆形单面鼓。鼓面用羊皮或高丽纸制成，形如芭蕉扇，柄下有3个麻花状铁圈，其中一串带有锻制的铁环。表演时边舞蹈边击打鼓面，可单人或数人表演，也可几十人至上百人集体表演。

梅花大鼓产生于清代中叶，脱胎于北京的清口大鼓，流行于京津地区。梅花大鼓唱词为七字句和十字句，有慢板、二六板、上板三个基本板式，另外还有以这三个板式的名称命名的三个基本唱腔。有时，唱腔中穿插一些曲牌，如《太平年》、《银纽丝》等。基本为一人演唱，有的传统节目如《湘子上寿》，新编节目《秋江》、《张羽煮海》等也可以二人对唱。演员自击鼓板。伴奏乐器有三弦、四胡、琵琶以及扬琴等。

（三）杂艺

北京杂艺、杂技、杂耍等引人入胜，有耍中幡、抖空竹等。

20世纪50年代，天桥耍中幡由宝善林先生执掌，第三代传人陈金权、马贵保、付顺禄、徐茂等人在天桥跤场演练中幡，吸引了全国各地大批专业和业余高手前来切磋技艺。改革开放后，付顺禄先生之子付文刚成立了"北京付氏天桥宝三民俗文化艺术团",使一批天桥绝活儿得到传承。

幡按大小分为硕幡、中幡和小幡三类。硕幡一般比较重也比较高,往往有12米以上;中幡一般在9米左右,多数表演者选用的都是中幡,所以耍中幡这一叫法也就传开了;而小幡则只有3—4米,一般是在小的场地表演,比如剧场、茶馆等。

早期耍中幡有"幢幡"、"担幡"的叫法,在清朝中期北海公园到了冬天还有"担幡滑冰"的表演。中幡的主干是一根长三丈三(10米多)的竹竿,竿顶悬挂一面0.5米宽、5.5米长的长条锦旗,旗的正面绣有祝福语句和吉祥图案,反面有时绣上表演团体的名称,因此又称标旗。中幡净重三十多斤,下粗上细,由两根竹竿拼成,竹竿的大小、柔韧性也有讲究。一筒中幡要加工成成品大约要四年时间,其制作加工程序目前仍属祖传,拒不外泄。

天桥中幡

天桥杂技剧场

目前舞幡已逐渐非职业化，专业艺人匮乏，加之天桥杂技作艺的环境及演出的形式均发生了变迁，耍中幡技艺处于濒危状态，需要进一步加以保护。付文刚仍在继续物色接班人，他打算把正在制作的新中幡提高到20.08米高，迎接2008年奥运会，并考虑通过制作中幡文化附属品把中幡发扬光大。

"抖空竹"是中国传统杂技中以简单小巧、信手可得的物件而练出高超技艺的代表节目。它原是一项十分有趣的民间游戏，在中国北方，逢年过节，人们、特别是孩子们都喜欢抖空竹，并能耍出许多花样。

清代，抖空竹已发展成为受人欢迎的杂技节目。杂技艺人们在原有花样的基础上，又创作出许多新的花样和高难技巧，表演时与优美的舞姿和动听的伴奏音乐融为一体，更提高了人们的审美情趣。在发展过程中，艺人们不仅表演抖传统的车轮式双头空竹，又设计出陀螺式的单头空竹，而且还可以把茶壶盖、小花瓶等器物作为抖弄的道具进行表演。

抖空竹

（四）北京曲艺的现状

　　北京曲艺在明清时达到鼎盛。一直到20世纪80年代，它仍是北京老百姓主要的娱乐节目。但如同很多国粹艺术一样，近十几年来北京曲艺遇到了前所未有的困境。在历史中形成和流行的近30个曲种中，有近10个已经绝响，或者后继无人而散佚。即便如北京琴书[7]，由于创始人关学增老先生年事已高，演出极少，而徒弟传人也不多，也大有失传的危险。著名的快板演员梁厚民想将积累了半生的艺术作品制作成光盘，却历经曲折无法出版。他担心这些段子在他之后会失传。

　　相声演员姜昆在谈到当前曲艺困境时曾提到五大浮躁制约着它的发展，作者浮躁、演员浮躁、舞台浮躁、观众浮躁、媒体浮躁。所谓浮躁，就是什么节目都要咋咋呼呼、轻佻浅薄、肆意夸张。作者急于煽情，演员热衷虚荣，舞台专门挑逗，观众就图热闹，媒体只关心是否抢眼。可是这样的节目没什么价值，不可能留存下来，也不代表时代，更不会推动曲艺的进步。

　　曲艺的传承与发展需要社会的群策群力，它还没有到穷途末路的地步，但是，如果一直对此加以漠视，那么这些流传了多少年的凝结了无数艺人们大量心血的传统文化形式，随时都有消失的危险。

四　随意蕴藉的影视

　　京味电影电视剧自20世纪50年代诞生之时就与北京水乳交融，融入了北京的血液，化入了北京的灵魂，以它独有的魅力陶醉了北京，赋予古老的北京城新鲜的色彩。

　　北京特色影视以京味文化作底蕴，其发展历程可以大致划分为兴起、发展、繁荣三个阶段。作为大都市的北京在蓬勃发展，北京文化在不断变化，北京特色影视也在不断变化。

（一）京味影视三个阶段

　　京味影视经历了兴起、发展、繁荣三个阶段。

　　20世纪80年代为兴起阶段。1980年以前，北京电视台虽然播出了一些电视剧如《新的一代》等，但比较简单。1980年以后，北京加快了

北京电影制片厂内的"宁荣街"

改革开放的步伐，进口电视整机、部件和生产流水线涌入北京市场，电视热逐步形成。1982年9月，中国第一家电视制片厂——北京电视制片厂（北京电视艺术中心的前身）成立。1985年根据老舍同名小说改编的电视剧《四世同堂》播出，受到广大观众的好评，使北京电视艺术中心名声大振。此后，实力雄厚的北京电视艺术中心不断推出引人注目的新作。1988年中国电视剧制作中心的《末代皇帝》是清宫戏中的优秀之作，与获得奥斯卡奖的国际合拍电影《末代皇帝》先后隆重推出，引起观众的浓厚兴趣。根据老舍同名小说改编的电影《茶馆》受到人们称赞。20世纪80年代后期，北京影视开始了商业性输出。

20世纪90年代为发展阶段。1990年，电视剧《渴望》在北京热播，很快传遍中华大地，给人们留下美好的回忆。1992年电视剧《编辑部的故事》又掀起一个高潮，许多观众喜欢这部语言幽默的电视喜剧，认为它填补了长篇喜剧的空白，改变了中国多闹剧而少喜剧、多笑星而少幽默的现状。其后，从美国学成归来的导演英达与著名演员宋丹丹联手，创作了《我爱我家》、《新七十二家房客》等情景喜剧，让观众感到耳目一新。北京电视艺术中心在国内率先采用建立基地、室内搭景、多机拍摄、同期录音的方法，发挥了快捷、高效的电视制作优势。电影《玩主》、《大撒把》、《阳光灿烂的日子》、《龙年警官》、《不见不散》、《没事偷着乐》、《甲方乙方》、《有话好好说》等取得了良好的社会效益和可观的经济效益。

新世纪即2000年至今为繁荣阶段。主要表现在几个方面：第一，电视剧类型片走向成熟。平民生活剧、都市言情剧、改编历史剧、戏说历史剧、刑侦破案剧等大量出现，虽然鱼龙混杂、泥沙俱下，但佳作不断出现，吸引着人们的眼球，被观众所传诵。例如《贫嘴张大民的幸福生活》关注普通百姓的生存状况，张大民以自己的贫嘴和乐观精神化解现实中的各种困难，张大民的妈妈说话生动有趣，李云芳、张大雨、张大国、张大雪、张大军等个性鲜明，这些看点把老百姓紧紧吸引在电视机前，人们从中发现生活的真谛，产生强烈的共鸣。青春偶像剧虽然处于起步阶段，但给影视界带来新气象，如《将爱情进行到底》受到观众的好评。第二，电视电影发展较快。中央电视台每年制作电视电影一百部

北京电影学院

左右，其中北京特色明显的电视电影所占比例较大，如《上车，走吧》等。第三，随着制播分离的实施、民间电视的兴起及加入WTO，北京电视业更加充满活力。一些电视制作公司力量不断加强，所制作的电视节目在数量与质量上都超越了以前。第四，影视创作群体力量和消费群体力量进一步壮大，各种影视文化公司如雨后春笋般兴起，越来越多的人把观赏影视作为主要休闲娱乐方式之一。影视文化市场逐步与国际接轨，走上持续稳步发展的道路。

（二）京味影视的主要特征

京味影视的特征比较明显：

1. 表现北京胡同、四合院平民生活。

"胡同"这一京味十足的词语在北京人的生活辞典里已不仅仅是街巷的别称，它早已超出了建筑符号的本身意义，是北京文化的象征、故都文化的承载。它记录着北京城的历史变迁，于沧桑、古朴之中展示历史留下的仆仆风尘。缠绻的胡同情结营造了北京特有的文化氛围，缔造了一种深厚凝重、广博坦荡的文化内涵。根据刘一达京味小说改编的电视剧《百年德行》、《故都子民》、《北京爷》等，表现了京城平民百姓的

北京电影制片厂工艺楼

喜怒哀乐,他们虽在京城,但无权无势,生活艰辛,不过心胸还是比较宽广。《我爱我家》、《贫嘴张大民的幸福生活》、《候车室的故事》、《巴哥正传》、《带着孩子结婚》、《家有儿女》、《闲人马大姐》等中,经常出现的是狭窄的胡同、拥挤的四合院、琐屑的邻里关系、天空飞翔的群鸽、路边下棋的老人等,这些景观从一个特定方面表现了北京的特色。这些平民为数众多,数千年的都市平民文化使他们身上或多或少浸染了"京油子"品质,无论生活中遇到什么烦恼都善于自我解嘲,并在平淡苦闷的生活中寻找到自娱自乐的方式。

2. 展示北京紫禁城、王府和大宅门的恩怨情仇和古都风云。

北京是一个有着沧桑历史的城市,金、元、明、清以来八百多年风云变幻都写在都城的脸上。清宫戏《康熙王朝》、《康熙微服私访记》、《雍正王朝》和民国剧《金粉世家》是这方面的代表。电视剧《大宅门》演绎了百年老字号"百草厅"药铺的兴衰史及医药世家白府三代人的命运、情感纠葛,从京城大族的角度表现了从封建社会到半殖民地半封建社会再到新社会的演变过程,揭示了皇权、族权、夫权在百年风雨中的浮沉,世道变迁、生活磨难、沧海桑田、人情冷暖等显示出该剧的深沉厚重。

中央电视台电影频道

3．北京市井文化和风俗民情引人关注。

京味电影、电视剧在宏阔的背景下展示北京民风民俗和北京人的生活形态。电影《龙须沟》、《骆驼祥子》、《月牙儿》、《鼓书艺人》和电视剧《四世同堂》、《二马》、《离婚》、《我这一辈子》等，都取材于老舍作品。这些影视剧大多取得了很大成功或者引起了很大反响。老舍先生的作品何以如此受影视界的青睐？老舍的女儿舒济认为这一点都不意外。老舍的作品非常适合改编：雅俗共赏是作品最突出的特点。小说中描写的大都是处于社会中下层的人的生活，与普通老百姓的生活很接近，很容易实现沟通。小说中人物都很鲜活，个性特别突出，一个是一个。口语化色彩明显，用的都是大众化语言，尤其对白特别精彩，有的电视剧就直接用小说中的对白，效果非常好。所以，改编成影视剧，老舍先生的作品有先天的优势。电视剧《月牙儿与阳光》根据老舍先生的三篇小说《月牙儿》、《阳光》与《微神》改编，编剧、导演霍庄、徐晓星夫妇1986年曾执导过电影《月牙儿》，并在意大利第41届沙来诺电影节上获得银奖。此次二人重执导筒，将电视剧《月牙儿与阳光》拍成一部具有较高商业价值的作品，同时给观众以艺术享受。

天桥、鼓楼、白塔寺等标志性的建筑物经常在京味影视中出现，这些建筑物附近的市民表现了北京市井文化的特点，以小见大，平淡中包含着厚重，让观众在酸甜苦辣中看到身边北京人包括自己的影子。例如电影《没事偷着乐》、《找乐》，电视剧《爱你没商量》、《过把瘾》、《皇

2007年上演的话剧《骆驼祥子》

城根》、《京都纪事》、《洗澡》、《风雨丽人》、《空镜子》，电视电影《上车，走吧》、《祝你平安》、《河沿儿》等；电视剧《人虫》讲述北京各行各业的人虫的故事，如买卖虫、房虫、古玩虫、票虫等，这些人虫搞活了北京的市场，也给很多京城人带来烦恼。把北京、上海、广州进行比较，我们可以说：京味影视表现了北京人的大气与土气，上海影视表现了上海人的洋气与小气，广州影视表现了广州人的娇气与俗气。

4．京味语言和京味音乐耐人咀嚼。

京味语言末字拖音较长，儿话音比较明显，直白而时有委婉，自然而时有风趣，随意而不乏蕴藉，平和而不乏机智，平淡而不乏深意。京味音乐成为京味影视的有机组成部分，京剧打击乐、京韵十足的曲调在京味影视中被经常运用，例如电影《骆驼祥子》、《茶馆》、《霸王别姬》、《城南旧事》、《摇滚青年》、《阳光灿烂的日子》、《甲方乙方》、《不见不散》，电视剧《渴望》、《编辑部的故事》等。骆玉笙用京韵大鼓演唱《四世同堂》主题歌："千里刀光影，仇恨燃九城，月圆之夜人不归，花香之地无和平。一腔无声血，万缕慈母情，为雪国耻身先去，重整河山待后生。"铿锵有力，响遏行云，震撼人心。素有"京味歌手"之称的小

位于北三环中路的
北京电影旅游城

柯为《贫嘴张大民的幸福生活》量身创作了一系列音乐，如《日子》、《我还能做什么》、《暮色黄昏》、《婆婆丁黄》，的确沁人心脾、令人难忘。京胡与二胡不同，二胡缠绵婉转、低回凄恻，京胡激昂奔放、浑厚刚健，京味音乐为北京影视增添了巨大的力量和无穷的韵味。

　　作为北京人艺经典话剧的《天下第一楼》，曾创下演出近500场的纪录。由话剧原作者何冀平编剧，由当年话剧《天下第一楼》导演夏淳之子、"第五代"导演夏钢执导的电视连续剧《天下第一楼》也被搬上荧屏。名编、名导，加上巍子、濮存昕、王姬、周莉等名角一齐上阵，使该剧备受关注。电视剧版场景更丰富，人物线索更庞杂，每个角色都有丰富的感情描写，人物命运扣人心弦，不像话剧仅以餐馆兴衰为主线。舞台剧中每个人物都是围绕着卢孟实服务的，而在电视剧中，拍到某一个段落，这个人物就是主角，他的命运也就令观众关注、期待。这部电视剧之所以好看，与众多人艺演员的参演分不开。

　　《前门楼子九丈九》是一部精彩的京味方言电视连续剧。它让我们看到了似警似匪、无法无天的那些年月，人们在绝境里，如何获得顽强生存下去的勇气。那空中鸽哨、小贩吆喝、街边洋车夫群、市面上旧时的一个个商铺，一地一景、朝朝暮暮所串成的故事，似乎让人就活在市井生活中。京味影视的美还在于其厚重，每当欣赏到《茶馆》、《天下第一楼》、《五月槐花香》、《前门楼子九丈九》等电视剧时，一种宏大的文化传承便从这一系列群像中泻出，使人对悠远的历史油然而生一种情感上的骄傲。

5. 适当穿插政治话语笑料。

北京是中国的政治、文化中心，北京居民关心政治时事，具有浓厚的政治意识。他们关心政治，但有时不能正确理解某些政策，而有些"京油子"自身的特性，也使他们为了获取一些好处想钻政治条例的空子而故意曲解某些政策，于是，一些政治语言的笑料便产生了。《我爱我家》每个家庭成员遇到有关事情张口就能说出一大套政治语言，上到党中央的政治决策，下到居委会的最新通知，他们善于将自身小事与国家大事紧密联系起来，有时甚至"上纲上线"。《候车室的故事》王秀花等在北京西客站候车大厅工作的服务人员随时把国家大事、政府决策挂在嘴边，特别是犯了错误时，总能将自身的小错误联系到国家大事。这些政治话语成为引发观众笑声的噱头，对于针砭现实中的社会问题则缺乏力度。

放下《铁齿铜牙纪晓岚》里的烟枪，张国立拿起导筒，在《五月槐花香》里导演了一出老北京琉璃厂古董商铺的兴衰史，时间跨越民国末到解放初，展示了古玩商人佟凤全与范世荣、蓝一贵之间的恩怨，与茹二奶奶、莫荷之间的情仇。张国立一改以往作品的反讽风格，在《五月槐花香》里踏踏实实地做起了古玩生意，诠释出本性良善却又以利害人、想一生守道又无奈妥协的商人佟凤全。该剧展示了老北京古玩业中的各色人等和故事，同时还穿插了有趣的文物知识。该剧主题曲由邹静之作词、徐沛东作曲并演唱，一股浓浓的京味呼之欲出。

《五月槐花香》是一部写实主义的大戏，出味道、讲风范。剧中虽有古玩，但主要还是用来衬托人物。《人生几度秋凉》则更像一幅民初风情画卷，展示了一个宏伟的历史横断面，刻画了形形色色的爱古玩、卖古玩、利用古玩之人在夹缝中求生存的命运，用古玩把几个原本不相干的人物的命运紧紧串联起来。影片将故事背景置于军阀纷争的民国初年，袁世凯称帝闹剧告败，城头王旗变换，百姓人心浮动。该剧以古玩行掌柜周彝贵、清朝遗少富嗣隆和贾方轩老余旺财三个"古玩人"攀权夺势、夺宝护宝为线索，展现了古玩行家在动荡社会中的发展过程，通过对一个个鲜活人物和一件件珍稀国宝的曲折命运的描写，在官场纷争

北京电影制片厂五条街摄影工作室

和人性卑劣的戏剧冲突中勾画出一幅民国初年的众生百态图。民国初年的这段历史里，民俗民间的艺术发展特别迅速，北京前门大栅栏140多家老字号都是在这个时期迅速形成的。清朝政府被推翻，国势羸弱，文物自然成了列强掠夺的对象。在这个历史背景下，古玩人的命运也随之产生了戏剧性的变化。

林语堂长篇小说《京华烟云》2005年被改编成同名电视剧正式播放。该剧表现北平曾、姚、牛三个大家庭从义和团运动到抗日战争三十多年间的悲欢离合和恩恩怨怨，曾被称为是一部"当代的《红楼梦》"。那是一个极其动荡的年代，许多老百姓流离失所，但同时也是一个让人激动的时代，小说从平民的视角表现了这样一个时代的变迁。虽然以大时代为背景描述大家庭命运的作品，在中国文学史上从古到今都不少见，如曹雪芹的《红楼梦》、张恨水的《金粉世家》、巴金的《家·春·秋》等，但《京华烟云》的价值是有其独特性的。这主要体现为《京华烟云》深厚的文化蕴涵，特别是林语堂对东西方文化的融合理解，即所谓的"亦孔亦耶"、"半东半西"，一方面是西方基督教文化的浪漫主义、理想主义，另一方面是东方传统儒教文化的理性主义、现实主义，以及道家思想的超然物我。有这些文化意蕴在作品中，《京华烟云》不再只是一部社会全景图，不再只是一个个凄美动人的人生故事，而是承载着作者对更多人生之谜的思考，具有深厚的文化价值。这种价值确立了其在文学史上不可或缺的一席之地。

注 释

1. 康熙年间，在民间各地兴起各种地方声腔，如京腔、秦腔、弋阳腔、梆子腔、罗罗调等，由于这些民间的声腔无法同高雅的昆曲相提并论，并称为"乱弹"，也称"花部"。这实际上是一种略带藐视的称呼。以至于后来有"花、雅"之争的说法，认为花部是民间的，而雅部则是专属于宫廷士大夫阶层的，实际上它们之间并没有十分明确的界限，长期以来也一直是在互相融合中发展。

2. 位于颐和园东侧，现存，修缮完好。

3. 丁秉鐩：《菊坛旧闻录》，中国戏剧出版社1995年版，第43页。

4. 北京艺术研究所、上海艺术研究所编著：《中国京剧史》，中国戏剧出版社1990年版，第25页。

5. 同上书，第26页。

6. 王决、汪景寿、藤田香：《中国相声史》，北京燕山出版社1995年版，第187页。

7. 我们多数人知道北京琴书是因为张艺谋的一部叫《有话好好说》的电影，而且它还为我们保存了一份完好的北京琴书的样本。

8. 吴祖光：《〈苏叔阳剧本选〉序》，北京出版社1983年版。

9. 戴婧婷：《北京人艺：成了一锅粥》，《中国新闻周刊》2006年第9期，第34页。

10. 高鉴：《精致的平民艺术》，《中国话剧研究》，文化艺术出版社1991年版，第91页。

11. 王宏韬：《业精于勤》，《秋实春华集》，北京出版社1989年版，第160页。

12. 左莱：《中国话剧研究》，文化艺术出版社1991年版，第65页。

13. 何西来：《惊奇与回味》，1988年7月1日《光明日报》。

14. 张健：《中国话剧百年述论》，《中国现代文学研究丛刊》2002年第4期，第121—122页。

京味文学

　　"京味"是文学与北京发生神奇反应的标志，只有将北京城的内蕴以妥帖、鲜活的形式传达出来，并采用耐人品咂的文学语言，才有可能称其为京味文学。京味文学是与北京城血脉相融的文学形式，并不是所有在北京书写的文学都是京味文学，也并非那些以北京风貌为描写视野的文学就是京味文学，京味是一种品格、一种气度、一种人与城市多重关系的文学概括，解读北京、品味北京，了解京味文学必不可少。

如果说京味文学是北京文化的重要载体，那么它在当下的历史语境中既应该记录所谓原汁原味的旧北京生活和老北京的传统景观，又可以传达变革洪流中当代北京城与人所经历的阵痛和转变，基于此，在梳理和品读京味文学的过程中，我们必须使用一种具有较大弹性的尺度来看待和界定京味文学，只有这样才能准确剥离出这座城市和这种文学所具有的情貌和内核。

一　京味文学的流变

北京作为中国的历史文化名城，在漫长的城市历史、特别是辽金以来的京都历史中，逐渐形成了独特的城市品格。这种千百年来积聚的城市特性不但体现在衣、食、住、行等日常生活中，更加成为一种潜在的基因渗入了北京人的血脉中，成为城中人的集体无意识。这种文化品格反映到具有京味特征的文学作品中，就是城市深厚历史渊源和文化风韵的集中代表。可以这样说，京味文学在许多方面已经与城市融为一体、不可分割，成为北京城醒目的文化标签。

就京味文学与城市之间的密切关系来看，其文学所具有的多种特征都带有城市发展历史中的时代标记和美学特征，这些前期的积淀深深泽被了之后京味文学的风貌，为其形成一个成熟的创作流派打下了坚实的基础。从京味文学的发展历史来看，从早期的战国、秦，到初具规模的宋金时期，一直到清代，一些文学作品在文学语言、地域风格上虽未形成相对固定的审美倾向，但在一定程度上为京味文学的产生培育了丰厚的原始土壤。

（一）幽燕古风

北京是沟通我国南北的通衢大邑、兵家必争之地。战国时期燕国的太子丹曾派荆轲刺秦王，事败之后，太子丹逃走，秦兵穷追不舍，他被迫投河自尽，至今这条河还叫太子河，而荆轲在离别燕国时所唱的《易水歌》"风萧萧兮易水寒，壮士一去兮不复还"，至今读来慷慨悲壮，这在某种程度上反映了北京地域文学剽悍的底色。北京城市历史近两千年，京味文学的历史也比较久远。早在东汉末年，在当时初具小说模型的《燕丹子》中，就已经开始显露了与幽燕地域文化母体风格相一致的特征，可以说这是京味文学遥远的开端。

以幽燕古风为文风特征的文学一直贯穿了汉、魏、唐、宋、元，随着明、清时期北京成为大一统中国的政治、文化中心，京味文学开始大露光华。北京作为辽南京和金中都，北京话的重要性开始提升。契丹族、女真族南下，我国北方第一次出现了大规模的人员、语言的交流和融合，使北方语系涵盖了相当大的"领地"。但此时北京还不是当时的文化中心，中华文化的精华仍在江南。辽金时期，北京作为中都聚集了一些文人墨客，他们在这里创作了一些描绘塞外风光和民俗的传奇、诗篇，其中最具代表性的便是辽代王鼎的《焚椒录》，小说刻画了当时辽代宫廷内部纷繁的斗争和都城百姓的民俗风情，在行文中还将燕赵大地的地域特点与北京城市的文化特征结合起来。辽金时期由于北京仍处于历史社会的边缘，远离当时的文化中心江南地带，此时在北方进行文学写作的还只是少数流寓的作家，京味文学作为一种风格鲜明的地域文学样式还只是处在萌芽和探索阶段。而京味文学的真正登场则是在明清时期北京真正成为当时中国的文化中心之时。

（二）明清气度

元朝统一全国，定都北京(元大都)，蒙古族南下，使长城内外出现了第二次大规模人员、语言的交流和融合，北方语系涵盖了东北、华北、西北、西南甚至华南这大片地区，形成我国最大的语言分布带，这也是今天的普通话以北方话为基础的重要原因。关于这种北方方言的推行还有个传说。据说，明嘉靖年间，"桂林王"派官员向朝廷进贡三花酒，由于方言差异，嘉靖皇帝始终没能听懂这种酒倒进杯中时会激起三层酒花的意思，于是事后他就提出晋京官员都要学会讲北京官话的要求。上行下效的封建制度逐渐将北京方言推行为一种全国的官话。而语言的统一对于京味文学的形成和推广具有重要的前提意义。

从明成祖朱棣迁都北京开始，北京在中国历史上开始逐渐扮演起主要的角色，并在此后数百年的风云际变中一直处于风口浪尖处，直至今天成为国人主办奥运的主场。明代定都北京之后，作为中华之都的北京开始显露出愈来愈强的聚合力。一方面明朝从南京迁都到北京，是一次南北人员、语言的大交流、大融合。特别是一些北上的居民和手工艺人把江南文化的精华带进北京。当时为了繁荣北京的工商业，从南京和江浙迁移来的民间艺人就有数万户，像南方已经成熟的景泰蓝工艺也带进了北京，进而发展为北京的传统工艺品。而作为当时都城的建筑，即所谓"九城十八门"的北京城，在城市规划、街道布局、皇宫设计、审美观念和建筑风格等各个方面，都是各地文化汇聚的结果，如天安门和故宫三大殿，就是苏州建筑行业香山帮大师蒯祥主持设计、施工的。

另一方面，政治中心的城市属性与封建王朝的科举制度为北京吸引了大量知识分子。这些读书人从中国的各个地域来到北京求取功名，成名后为官，落魄后也有一些留寓于此，渐渐带给了北京城越发深厚的文化底蕴。尤其是清军入关后，东北满族人剽悍的民风与北京城市发生了奇妙的化合反应，骁勇的骑射精神逐渐退却，而有关精致生活的艺术逐渐发展起来，旗人的生活从扬鞭策马转换为喝酒、遛鸟、吟诗。正如有学者所指出的那样，"北京的政治、社会变迁和这种畸形的地域文化氛围大大刺激了文学的发展——反映宫廷生活的题材向纵深开掘，特别向血缘为纽带而维系着的家族与家族关系史范畴展开；引人注目的旗人生活成为作家们热衷摄取的京城独特的风景线；文人士子作为京都具有特殊地位的一个群体，他们的境遇与心态成为作家们自画像绝好的样板素材；对城市面貌与文化精神越来越显出重要的市民各层面任务以及他们的文化心理、风俗习尚，开始成为作家们的兴趣与重视。"[1] 由此，在清代士大夫聚集的北京城里，小说创作成为一股潮流。北京的文坛上也开始出现了具有鲜明北京地域色彩的小说，如纪昀的《阅微草堂笔记》、邦额的《夜谭随录》、尹庆兰的《萤窗异草》等笔记体小说；随缘下士的《林兰香》、天花藏主人的《平山冷燕》等章回体小说，或以宫廷生活为描绘对象，或专述京城中才子佳人的悲欢故事，各个小说仿佛多机位的摄像机，将清代北京城市的社会面貌较为清晰地展示出来。由于小说的作者多为京城士大夫阶层，其对北京城市阶层的刻画主要凝聚在官场和宫廷，政治、宫闱小说的痕迹还较为明显，北京作为三朝皇城的政治文化特征被较为准确地传达出来；而同时位于社会中下层，即最能代表北京城市品格的世俗题材也引起小说家的兴趣，在这样的文学铺垫之下，京味文学的出现已是呼之欲出。

乾隆三十年（1765），中国文学史上第一部以北京方言为文学语言的长篇小说《红楼梦》在北京问世了。《红楼梦》不仅是中国古典文学的一个不朽的作品，更是北京地域文学发展中一个里程碑式的作品。小说开启了作家以北京方言为文学语言写作的先河，由此作家用北京方言刻画北京地域生活成为一种潜在的潮流和自觉，可以说《红楼梦》是京味文学上溯到清朝的远祖。

《红楼梦》集中描写了锦衣玉食的士大夫家族从繁华到衰退的全过程。小说以北京方言为利器，传神地描绘了乾隆时期北京上至皇宫贵族、下至贩夫走卒的生活全貌，这种对北京地域文化细节的关注和描绘大大启发了后来的京味文学作者，为其提供了写作的范式和榜样，即以"北京话"写"北京人"的"北京特征"。尤其是小说将描绘的视野定格在清代北京封建上层社会的典型环境，小说的系列景观都是围绕着王府宅第、皇宫御苑等展开的，人物就是活动在这些充分代表帝京政治文化色彩的环境中，小说在这个侧面上充分展开了北京作为首善之区的"官"样特征。同时小说在礼仪民俗、园林建筑、地方语言等方面也具有清晰的帝京地域特色，封建家族内部的一些旗人礼仪文化细节显示了北京独有的世俗文化风情，这些都为后来的京味文学写作提供了可资借鉴的经典样本。小说第一次自觉地将北京方言引入到文学写作中，这些对准确地刻画帝京中人的生活和民俗特征、酿造独特的地域文化意蕴都起到了烘托作用。文学语言的自觉运用是京味文学写作的一个重要标志，而《红楼梦》对京味文学的最终形成意义非凡。

清朝另一部具有鲜明北京地域文化色彩的小说就是文康的《儿女英雄传》。小说笔力主要集中于京城仕宦子弟安骥一家与江湖侠女十三妹之间的恩怨情仇。小说封建道德教化痕迹鲜明，带有很强的宣讲色彩。但小说中极力弘扬的扶危济困、锄暴安良的江湖侠义行为正与北京地域的燕赵古风相契合。同时小说带有自传色彩地讴歌了封建家族和谐的家庭关系，寄予了作者对理想人伦关系的期想，带有浓郁的旗人文化色彩，在这个角度上较之《红楼梦》更为贴近地展示了以市民社会为主体的北京城市文化的独特韵味。小说中还涉及了很多北京旗人独特的民俗，以民俗为支点切入当时旗人的思想状态和生活状态，生活气息醇厚。小说的另一鲜明特点是京味语言的熟练运用。文康是北京人，他在作品中对北京方言的运用可谓得心应手，更为重要的是小说没有仅仅把语言作为次要的辅助工具，而是将京味语言作为展现旗人生活韵味的一个重要的部分，语言不但是陈述的形式，更成为旗人思想风貌的外化，作者在小说叙述中有意使用非常口语化的北京方言，使小说语言与人物行为描写、心理描写共同构建了旗人的日常生活世界。《儿女英雄传》对京味文学发展最大的贡献就是将京味语言作为一种北京地域文化的要素来使用，使其成为构造京味文化内核的关键性元素。在这方面，文康对后来京味文学的作家老舍、邓友梅甚至是王朔等人的启迪意义不容忽视。

　　清朝末期的北京还活跃着一批满族报人，他们一面接续了《红楼梦》和《儿女英雄传》用北京方言进行小说写作的传统，一面开始将小说写作的目光投向社会中下层的市民生活，他们的写作被称为京语小说，其京语文学的创作是承接《红楼梦》、《儿女英雄传》之后具有现代思想萌芽的北京地域文学写作。这些作家包括蔡友梅、杨曼青、文实权、文子龙等，他们多为旗人，并且作为当时报纸的编辑，对北京的风土人情和逸闻掌故较为熟悉，写下了不少京味十足的小说，其中包括实事小说、警示小说、社会小说、侦探小说等。而此时的旗人作家的社会地位开始降低，新的社会属性使他们开始关注处于社会中、下层百姓市民的生活状态，故而他们将这种观察诉诸笔端，用当时刚刚出现的北京白话作为文学语言，将市民世界引入到京味小说写作的题材中来，其作品成为了现代京味文学的先河。

（三）民国京韵

　　京味文学风格的真正确立却是在民国时期，集大成者为老舍。在漫长的北京地域文化写作的营养浸润之下，京味文学在题材特征、文学语言、审美韵味等方面都具备了与地域文化紧密结合的条件，在经过数百年甚至上千年的积淀之后，京味文学终于以成熟的品格出现了在中国文坛上，并且成为一种极具地域文化魅力的文学样式，由此京味文学也获得了审美风格、文化底蕴、思想内涵的重要内核。

老舍（1899—1966），原名舒庆春，字舍予。满族。生于北京一个贫民家庭，父早丧，由母亲抚养成人。1913年入北京师范学校学习，1917年毕业后在北京的小学和天津南开中学任教。1924年赴英国伦敦大学东方学院任汉语讲师，其间阅读了大量英文作品，并开始小说创作。1930年回国后任济南齐鲁大学、青岛山东大学教授。抗日战争爆发后南下赴汉口和重庆。1938年中华全国文艺界抗敌协会成立，老舍被选为理事兼总务部主任，主持文协日常工作。1946年赴美国讲学并创作。1949年回国并任国务院文教委员、全国人大代表、全国政协委员、中国文联副主席、中国作协副主席、北京市文联主席等职。

老舍一生写了约800万字的作品，并被译成二十余种文字出版。从1920年代发表《老张的哲学》开始，老舍发表了大量作品，包括《离婚》、《骆驼祥子》、《老字号》、《四世同堂》、《断魂枪》等小说，《想北平》、《我的母亲》、《八方风雨》等散文，以及《茶馆》、《方珍珠》、《全家福》、《茶馆》、《西望长安》等话剧。他的作品将京味文学的传统资源、北京地域浓厚的品格用充满情致的京话、京白表现出来，确立了京味文学的审美品格和范式，这使其成为京味文学的开山之人。最为重要的是老舍将写作的视野确定在城市主体的市民身上，其小说的人物主体并非封建王侯、达官贵人，而是位于城市生态群落底层的市民阶层，包括小公司职员、小商人、小手工业者、底层教师、人力车夫、轿夫、工匠、落魄艺人等等，涵盖了北京市民社会的三教九流，在胡同与四合院、天桥与琉璃厂中集中刻画和展现了民国时期北京市民生活的全景图，将生活在北京城中的人情、人性细腻逼真地描绘出来。题材的重新界定不仅锁定了老舍的文学视野和文学图景，更确立了京味文学的审美范畴和写作定位，赋予了京味文学更为广阔的空间和更为深厚的文化内涵，从而更为清晰、准确地把握了城市砖墙下更为阴密、深沉的性格，对北京城和人具有清晰、全面的概括和提炼，并且赋予了城市与城市中的人以强大的文化魅力，使京味文学在中国现代的诸种城市文学中脱颖而出，具有厚重的文化含量和历史感。

老舍对京味文学最大的贡献就是京味语言的熟练运用和京味文学美学风格的确立。而这二者又与老舍一生割舍不掉的对北京城和人的深厚感情有关。老舍是地道的北京人，他曾经坦言过这种城中人对他生活和写作的影响，"我是北平人，那里的人、事、风景、味道和卖酸梅汤、杏儿茶的声音，我全部都熟悉。一闭眼我的北平就完整的像一张彩色鲜明的图画浮立在我的心中。我敢放胆描写它。它是一条清溪，我每一探手，就摸上条活泼泼的鱼儿来。"²北京城在老舍的眼中不仅仅是地理学意义的故乡，更是精神上的家园，正是这种精神上的家园意识使老舍对北京城市和市民怀有超越于故乡感情的情怀，从而具有一种文化视角；在这种视角的烛照下，他能够用精纯的语言方式赋予城市和人以以俗入雅的文学品格。

地道的北京话的运用是老舍京味文学的一个亮点。老舍充分调动了北京方言的全部特征，使其带有鲜明的艺术表现力。京腔是北京市民展现自我文化品格的重要表现方式，在老舍的小说中，从人物独白、对白到叙述语言统统采用的是北京口语，将北京语言最通俗、最传神、最鲜活的部分生动地展现出来，使读者对文学语言本身就产生了强烈的阅读感受。如《骆驼祥子》中写到虎妞斥责祥子的一段："呕！不出臭汗去，心里痒痒，你个贱骨头！我给你炒下的菜，你不回来吃，绕世界胡塞去舒服？你别把我招翻了，我爸爸是光棍出身，我什么事都做的出来！明天你再敢出去，我就上吊给你看看，我说的出来，就行的出来！"³短短一百字，将虎妞作为一个泼皮和无赖的劲头活脱脱地描绘出来，可见老舍对北京各阶层市民语言的把握。

将描写的视野投诸市民社会并没有使其文学呈现俗文学的特质，相反，老舍以独特的文化视角赋予了北京市民生活一种俗中带雅的风格。正是因为对市民社会和底层生活的亲近，使老舍能够在凡俗的日常生活中发现、提炼出特殊的美感，并且使用看似通俗的文学语言将其刻画出来，文章看似通俗，细品却透着雅致和清朗。这种取之俗事、还以雅致的笔法给京味文学奠定了格调的方向，其后的京味文学写作者大多是写市井之事，却能于其中发现人俗之美、日常之美。

与老舍土生土长的北京经验不同，张恨水的北京写做可以看做是异域文化视野下的北京景观。作为一名安徽籍却工作在北京的报人，张恨水较之老舍更具有客观的写作态度。在《春明外史》、《夜深沉》、《啼笑姻缘》等作品中，张恨水同样将眼光投向了生活在社会底层的市民生活，在对天桥艺人、茶馆说书人、城市贫民等形形色色的人物的描绘中，初步勾勒了民国时期北京的城市景观。在严格意义上说，张恨水的写作不能说是地道的京味文学，这一方面是由于其对京腔、京白文学语言使用的不熟练，另一方面更为重要的是外省作家的体验压制了他以更加投入的姿态去叙写北京城市的文化，其文学作品的书写细读起来与北京城市总有着一层隔膜，这些都妨碍了张恨水的写作态度和倾向，使其作品在老舍等人作品的比照下，缺少更为深沉的地域文化蕴涵。

（四）当代新风

中华人民共和国成立之后，老舍又写出了《茶馆》、《正红旗下》等京味著作。而随着"文革"的到来，包括京味文学在内的当代文学几乎近于瘫痪状态，虽然出现了《金光大道》、《艳阳天》等以京郊生活为题材的文学作品，但就其文化内涵来看，并非京味文学的正宗。"文革"结束之后，被禁锢已久的文学写作开始复苏，作家开始突破以往的政治主题先行的写作模式，从人性和文化的角度重新审视社会和生活，一些以寻找中华文化之根为创作目标的反思性和寻根性作品陆续面世。伴随着这股文化热，一些居留在北京的作家张开久闭的文化之眼，用民族文化的传统精神打量渐变中的北京和中国，包括苏叔阳、邓友梅、韩少华、陈建功、刘心武、汪曾祺、刘绍棠等。他们自觉地师从老舍，思量老舍京味文学作品的美学风格，结合当代社会历史变化中北京城的新的遭际和变化，以自身的生活感受和细腻的观察创作出了一系列韵味十足的京味文学作品。新时期最先掀起京味文学写作热潮的作品是邓友梅的《话说陶然亭》。小说以"文革"中几位北京市民辗转的命运为主线，兼具历史和文化的视角，吸取了老舍等老派作家对北京文化的思考，富于深沉的历史感。此后邓友梅又推出了《那五》、《寻访画儿韩》等京味文学作品。在邓友梅之后，更多京味文学作家和作品纷纷出炉，如韩少华的《红点颏儿》、《少总管前传》，陈建功的《找乐》、《辘轳把胡同9号》，苏叔阳的《傻二舅》等。横跨现、当代的作家汪曾祺除擅长描绘他家乡苏北一带的风情之外，因在北京生活长达四十年之久，也写出了一些北京生活的作品，其中《安乐居》、《云致秋行状》等篇章更是大大开拓了京味文学的审美风格，运笔精致老道，被后来的评论家称为京味文学的精品。

这一时期的京味文学由于文化回溯的视角和取向，在题材上也多使用旧京人物的逸事和传说作为小说的构架，如《寻访画儿韩》、《那五》、《如意》、《少全家前传》等，通过历史古今的对比和流变，表现出对过往文化精神和境界的追恋，尤其是对一些民间艺术及其附载的传统文化精神的崇尚。《寻访画儿韩》就是通过刻画"画儿韩"这位旧京古董鉴别家几十年起落的人生故事，为读者立体地呈现出传统艺人具有的胸襟和气魄：画儿韩当上古董铺经理时，曾经因为自信收到了一张高仿的假画，他思量再三，最终决定当众挂出假画，让大家一一寻找破绽，最终坚决地将假画烧掉。这种坚毅、正直、豁达的人格精神是包含在老北京文化的母体中的，这种叙事的眼光也体现了作者回看的文化视角。

这批京味文学作家对传统文化的态度并非铁板一块，而是承袭了老舍批判的历史观，对传统文化采取了双面的态度，优则取之，劣者虽怜其可怜，但最终还是以批判的眼光对待之。如《那五》中的纨绔子弟那五，是传统和制度煅烧的废胎，其身上携带的好逸恶劳的习气和不思进取的寄生习惯则寄予了作者对旗人文化消极面的批判。

陈建功的小说可以说是具有很强的过渡意义的。在题材上，陈建功开始触碰在现代文化和传统文化对撞中新北京市民的精神和行为状态，随着一代代老北京人淡出历史视野，在他的小说中，新市民开始替代回忆视角中的旧京人物成为京味文学中的主角。与老派北京人相比，这批新北京市民在生活方式、思想观念上承受了更多的新旧撞击，他们与新的北京城一样处于艰难的文化选择之中，在感受着传统北京文化的巨大影响力的同时，也和城市一样在思考中缓慢前行。《鬈毛》就是这方面的代表作。小说打造了1980年代北京新派市民卢森的形象，他力图脱开传统和父辈文化的影响和控制,进而确立独立的人格和生活道路,在实现自我价值的过程中,他遭遇到了中国传统文化超稳定结构带来的制约,在传统与夹缝中艰难前行。这种新市民形象的塑造也体现了作者对当时历史文化语境的思考。而卢森这种新派市民面临的困境,在其后京味小说家王朔的小说世界中被以消解的方式实现了跨越,正是在这样的意义上来说,陈建功及其创作带有很强的过渡性质。

20世纪80年代末90年代初期,北京文坛崛起了一批新生代的京味文学作家,包括刘索拉、徐星、王朔、徐坤、黑马、古清生等人。他们的写作突破了以往京味文学的传统题材和表现方式,开始捕捉新的时代语境中城市与城中人的精神状态。在新的商品经济和改革开放的大潮下,原有的理想主义开始失落,价值观念迅速更新裂变,原本蛰伏的物欲开始逐渐弥漫散播开来,在这样频繁变化的城市节奏中,北京的市井平民经历了怎样的心灵冲撞? 这些就是集中呈现在王朔等人的小说世界中的城市景观。刘索拉的小说《你别无选择》,徐星的小说《无主题变奏》,王朔的小说《顽主》、《一点正经都没有》、《玩的就是心跳》以及参与写作、改编的影视剧《渴望》、《编辑部的故事》、《阳光灿烂的日子》等等,敏感地切中了时代的脉搏,以痞子和都市边缘人的形象来调侃传统秩序,用带有粗口的新式京白作为小说叙述的语言,用"调侃"的语言代替了老北京市民的"侃",真切地反映了在新的社会氛围中城中子民的生活百态和精神困境。同时,王朔对传统京味文学中富于美感和历史感的载体也进行了嘲弄和消解,这种带有破坏性的态度恰恰体现了新时代作家具有的文化批判尺度。以传统京味文学的重要物质载体胡同为例,王朔写过名为《烦胡同》的文章表达他们这代人对于胡同的反差情感:"我家住的那一带俗称'朝阳门城根儿'。那一带的胡同大都是破破烂烂的房子,很少像世界标榜的那种规规矩矩的四合院。胡同里的居民衣衫褴褛,面带菜色。给我印象很深的是在副食店买肉的人群没有买两毛钱以上的,而且都要肥的,生活在这样的环境中有什么快乐可言? 胡同里天天打架、骂街,反正对我来说,满北京城的胡同都推平了我也不觉得可惜了的。"[4]

而王朔的出现又是京味文学发展中的一个重要现象,正是王朔小说的写作及相关影视剧的改编将京味文学的影响力散播开来,使其成为超越了地域文学而具有时代文化表征的文学现象。京味文学的这种远播度和辐射力是在老舍出现以后的又一个高潮,并且王朔作品的影视剧改编将京味文学的受众扩大为寻常百姓,《渴望》和《编辑部的故事》播出时甚至到了万人空巷的地步。无论是《渴望》的"深情款款",还是《编辑部的故事》的无厘头,都牢牢抓住了中国百姓的眼球,成为当时流行文化的重要组成部分。王朔的京味文学写作时逢中国社会的改革变动期,当时的社会经过了数十年的封闭和"文革"的十年震荡,又悄然迎来市场经济和改革开放的大潮,意识形态对生活的禁锢还没完全消退,商业的大潮又席卷而来,身处北京的一批青年作家感受着这种震荡,急于寻找写作的突破口,王朔的京味写作可谓恰逢其时,他敏感地把握了社会的浮躁形态,并且运用夹杂时代用语的京白对种种社会现象进行嘲弄,以虚无主义作为戏谑的手法,其本人也成为商业大潮中北京城调侃传统秩序和社会形态的城市"痞子"。王朔等人的京味写作即显现了北京城和北京人在变革时代的转变和阵痛,在形式和内容上打破了原来京味文学的审美范式和语言形态,在新的向度上丰富了京味文学的表现形态,显示出20世纪八九十年代的年轻人非传统的生活方式和思想观念,但究其实质,仍然包含了使用北京地域方言书写北京人、事的结构要素,总的说来是京味文学发展到当代在美学风格上的一种拓展。

二 京味文学的特质

谈及京味小说,人们不禁要问:何谓"京味"？究竟哪些作家属于京味文学作家？我们在思考这个问题时必须从城市面貌和城市精神两个角度来理解有关京味文学的"味",透过文学作品如果能够寻找出一些元素是京味文学中特有的,而且又最能恰切、传神地将北京城市品格作为一种审美现象进行描述,那么无论是物质形态的还是深埋在物质外壳之下的文化意味和风格,都可以将其视为京味之"味"的结构性特征。

（一）京味的"外壳"

京味文学中城市的物质情境，也就是北京的风土人情和世态，作为具象化的文学符号使我们得以触摸活生生的北京生活，感受这个城中人的日常生活美。京味文学永远离不开北京的地盘，离不开北京城墙下人们的原生态生活。京味文学中有一些具有鲜明城市特征的文学元素构成了其生动的外在形态，具体来说尤其以胡同、茶馆、京腔为最。

先说胡同和四合院。独特的物质载体是构成京味文学文化特征的元素之一，其中最为生动的就是胡同和四合院。世代生活在天子脚下的北京人，心中自有一种潜在的自尊心和优越感，举止行为追求庄重大气。首先表现在生活环境上。北京的胡同是和四合院连属而成的，其互通文化的内涵要通过四合院和胡同两者的综合关系来看。以对称、平衡、有序为特征的四合院—胡同的稳定结构是北京人宗天敬地、安分平和心态的真实表现，匀称、整齐的建筑结构更建构和养成了北京人以合为贵、崇尚和谐的心态和品格。以四合院—胡同为居住结构的北京人，是在现代都市中保有乡土中国邻里关系的一个明证：亲热而又适度。老舍在《四世同堂》中描绘了小羊圈胡同居民注重伦理秩序、依附人情的邻里状态；陈建功在《辘轳把胡同9号》也是以邻里关系的和谐作为京味文化的重要表现。随着历史的发展，由于城市人口的膨胀和住房条件改善的相对滞后，一些四合院逐渐演变为大杂院，一个院子居住的不再是一家人口，而是多户的聚合，由于经济关系的缘故，很多中、下层市民居住在同一个院子里，形成了一种新的共同体。《四世同堂》中有一段英国人对北京市民这种邻里关系的观察和论述："最奇怪的是这些各种不同的人还居然住在一个院子里，还都很和睦，倒仿佛是每个人都要变，而又有个什么大的力量使他们在变化中还不至于分裂涣散。在这奇怪的一家子里，似乎每个人都忠于他的时代，同时又不激烈地拒绝别人的时代，他们把不同的时代糅到了一起，像用许多味药糅成的一个药丸似的。"[5]四合院的这种文化凝聚功能在现代城市中渐渐隐退，随着新的建筑样式逐渐成为城市中人们主要的居住状态，北京城原有的京味文化内涵也在一定程度上发生了改变。

京腔和京白是京味文学最为醒目的文化标签之一。北京的方言以独特的语调、音色和感叹词构成了意蕴丰富的语言体系,进入到文学作品中又往往敏锐、准确地传达出作品中人物及作者的情感和思想,成为京味文学带有较强阅读趣味性的重要元素。具体说来,北京方言最具特色的包括:儿化音、独特的人称代词以及敬语的使用。

儿化音是中国北方方言区的一个特色之一,在北京方言中儿化音的使用多数是为了表达对描绘事物的喜爱和亲近,在不知不觉间拉近人物与描写对象的关系。这一语汇在北京方言中使用频率较高,由此也成为了京味文学较为普遍的一种语言修辞方式。如韩少华的《少管家前传》中,作品中主人公感叹小鸟红点颏儿的时候,多次使用一系列的儿化音,这些儿化尾音将作品中人物对鸟的疼爱、喜爱和怜爱之情展露得充分到位,大大增强了原有语言的感情色彩。

北京人好礼节是有名的,这种以旗人文化为底色、历久弥新的礼仪之道在京味小说中构成了一道独特的风景线。京味作家的眼中,重礼重义甚至是北京市民文化血脉中的基因。京味文学作品中经常出现一些表达敬意和亲切的词语,比如"您"、"您哪"、"劳驾"等等。重礼轻利是老北京人引以自豪的德行之一,在当时的老字号的伙计们口中,对待各种身份的人都一视同仁,统一敬称为"您"——"多谢您了","回见您哪",在日常的语言和生活中,渗透了北京人对人际交往和理想人际关系的寄托,这就是我们平时所说的"味儿"。北京方言不仅仅是一种日常交流的语言,更是北京人生活艺术化的一个表征,这也正是京味小说能于日常生活中挖掘审美价值的重要原因。

(二) 内在的精神

细细品味京味文学的作品,我们可以大致归纳出一些具有很强共性的特征:主要表现的是北京人的市井生活,并且人物多集中在前清遗老、八旗子弟、民间艺人和小生产者身上,近年来兴起的新作品又将改革开放之后传统文化、现代文明夹缝中的新市民加入到人物画廊中。同时,在描述中作家大多具有自觉的文化追求,文本中的人物、情节多半渗透了浓厚的文化内涵,表现和折射北京地域文化的独特内涵一直是京味文学的底色。在文学形式上,京味文学以京腔为文学描写和叙述语言，力图展现北京地域特有的民俗、民风，以此来刻画北京人在历史渐变中的心灵史。而总体上来说其风格以俗入雅，注重挖掘市井里巷间市民日常生活的人生态度和观念，赋予其独特的审美内涵和价值，从而完成京味文学从文学到文化的过渡。

由此，我们可以提炼出一些对京味文学更深层的文化解读：京味文学不仅仅是用北京话写北京的文学，一种富有魅力的地域文学还需要有更加深沉的历史价值、社会价值和审美价值，而京味文学恰恰是圆熟地展现城市与人生活之美的文学形式，在亦雅亦俗之间以优裕从容的笔调将城墙之下市井中人的生活情态描摹得栩栩如生，此时文学已经超越了语言趣味、文字之美和认识之美，而是一种与城市发生紧密联系而具有自己的生命的艺术形式。

京味首先是一个地域性的概念，是对明确地域化了的城市和城中人进行书写、描绘，这是京味小说内涵的基本底色，可以概括为"用北京话写北京人和北京事"。此外，不能忽略对礼仪、民族等生活方式的地域化描绘，京味作家擅长在北京人生活方式和观念的具体展示中，特别是北京人俗常生活方面显示地域特色极为鲜明的北京物质文化、精神文化、民俗文化，特别是北京人的文化心态，这是京味文学地域文化内涵的关键性所在。

京味小说一个鲜明的特色就是其深厚的文化内涵，作家往往不侧重于从政治的、经济的角度，而侧重于从文化的角度对城市景观和人物风貌进行品读。创作主体强烈的文化自觉和主体视角，在京味文学写作中具有巨大的导引作用，这种写作倾向使京味小说逐渐发展成为一种文化型的地域文学形式，这是京味小说的基调。

无论从内容还是从形式上看，京味小说都表现了一种俗常之美，具体说来主要表现为一种同现实生活密切贴近的生活气息，一种活泼的原生态美感；而京味文学的美学风格并不止于此，更多地体现为一种以俗入雅的美学诉求，俗只是表象，雅方是内涵，在作家的打磨之下，俗的表象升华为一种具有高度文化意蕴的意象，最终显示为化俗为雅的美学风貌。北京地域风味是京味小说的结构要件，北京文化意蕴是它的基调，俗而朴拙是它的外在本色，雅致精美是它的美学品格。如果要描述京味文学，不妨使用这样的语句：它是一种与城市相关的书写，是一种有关城市与人的生命情态的表达方式，这种方式不是一个标尺，而是一种自觉的文化态度，而书写者则与城市的历史缓步同行，包括曹雪芹、文康、老舍、邓友梅、苏叔阳、韩少华、陈建功、王朔、刘一达、孙睿等人，伴随着历史的渐进推移，还会有人带着新的眼光和笔法不断加入到这个群体中来。

三　新北京与"新京味"

近年来，随着京味文学创作数量和质量的起伏，有人对京味文学发展的前景提出了疑问，一些学界的研究者认为京味文学的发展出现了停滞，并且随着四合院和胡同的大量消失，传统京味文学中的物质载体发生了变化和迁移，京味文学能否保持其"味"，是一个引人担忧的问题。

应该说，这种对京味文学发展前景的忧虑确有其产生的社会现实原因。由于时代环境的变迁，包括媒介手段在内的整体时代氛围都发生了重大变化，京味文学的生长环境也由北平的故都气象转向了现代的大都市文化，它必然要面临新时代和新的生长空间的挑战；同时，京味文学作为一种地域色彩突出的文学样式，其"京味"的诸多表现必须依托于北京故都的种种物质载体。而在经济建设飞速发展、城市形态日新月异的今天，我们看到的是众多标识出"京味"的物质文化资源在北京向国际化大都市迈进的过程中逐渐流失，这些都是京味文学创作出现起伏的原因。但这些变化是否会将京味文学拉入发展的死角中去？

毋庸置疑，京味文学首先是一种地域文学，它所根植的是北京这一千年古城及其内涵深厚的城市文化，它所展现和表达的也是北京文化熏染下独特的地区风俗民情和城市品格，生活在北京城的市民们的精神气质、文化心理以及语言方式，所以京味文学的发展变化和北京这座城市的不断变迁有着密不可分的关系。它既有表现北京地域文化精神内核的相对稳定和静态的一面，又有着和北京城市、文化的发展同步的一面。追溯京味文学的发展历程，我们也就触摸到了北京城市社会发展的历史脉络。抛开距今两百余年的《红楼梦》和清末民初蔡友梅等"京语文学"描写旧京风情、初露京味文学端倪的作品不论，从老舍到邓友梅、汪增祺、陈建功再到王朔、刘恒这样几代京味文学作家，虽然作品展现出的风貌各有不同，但他们力求在作品中展现北京城的文化品格、风土民情、市民的文化心理等宗旨始终未变，在他们笔下，北京城市和文化几十年来的发展、变迁也以一种更为具象、生动的方式表现出来。所以，当我们重谈京味文学，尤其是探讨当前京味文学的走向和命运时，就不能一味地将京味文学局限在某种一成不变的内涵中，应该看到京味文学作为一种与城市、文化同步发展的文学样式，其本身所具有的内涵的丰富性和发展的动态性，看到它所具有的与时俱进、与城俱进的生长空间；同时也应该意识到，任何一种文学样式，它自身的发展都会有一个消长的规律，不可能始终保持旺盛的发展势头，所以面对当下京味文学相对缓滞的脚步以及出现不良的趋势、现象，应该将其视为京味文学跟进时代、社会和城市发展步伐的自我调适更新，是京味文学在新的时代环境中不断发展的体现，而非"京味文学的终结"。

（一）关于"新京味"

进入上世纪90年代中后期，当代京味文学的创作进入了发展较为缓慢的时期。八九十年代之交轰动一时的以王朔为代表的"新京味"小说开始渐趋沉寂，而像邓友梅、汪曾祺等描写传统老北京人在现代化刚来临时的复杂心态的作品，在现在来看也显得有些不合时宜。面对着日趋繁杂的时代社会情境和日渐加快的城市节奏，当代京味文学也在坚守中酝酿着新变。进入新世纪之后，沉寂已久的京味文学开始出现新的转机。

首先，刘一达京味系列新作的推出和借助媒介力量在市场的成功运作，成为一个值得关注的现象。生长于北京、记者出身的刘一达早年一直从事社会特写和新闻纪实的采写工作，多年的记者生涯为他提供了描画当下北京社会最为直接的经验和素材，同时，对于北京人文历史的潜心研究，也让他的京味小说创作有了较为丰厚的文化底蕴。他至今仍在主持着《北京晚报》"京味报道"的专版。多年以来他一直坚持京味小

刘一达京味系列作品

说的创作，像《人虫儿》、《故都子民》、《百年德性》、《胡同根儿》、《北京爷》这些早期作品，刚一出版就大受欢迎，还被改编成多部影视作品，他也被誉为北京的"胡同作家"。2004年，刘一达又推出了京味小说的新作"京味儿系列丛书"，包括《老根儿人家》、《有鼻子有眼儿》、《老铺底子》三部长篇小说。其小说继承了京味文学一贯的关注底层市民的风格，将关注点投放在北京的胡同、大栅栏等平民世界，在时代社会不断向前发展的整体环境中，写出了历经沧桑的老北京的人事风物，展现出新时代中北京文化的鲜明特征和深厚底蕴，同时也提出了对于京味传统未来走向的现实思考。值得一提的是，为了更好地宣传自己的新作，刘一达还较好地借助了媒介的力量，采用了当下流行的名人现场签名售书的模式，特别邀请"常氏相声世家"、"谭门七代梨园人"、"程门七兄弟"这些京城文化名人，同时也是刘一达小说中主人公的原型，出席西单图书大厦的签售现场，并同读者们聊一些京味故事，共同品味京味文化图书。当日丛书签售现场读者反响非常热烈，而此次签售活动开创了京味作家和主人公、名作家与名艺术家联合售书的先河。

刘一达京味系列的推出在当代京味文学的发展历程中是一个具有标志性意义的事件。一方面，在进入新世纪后，京味文学面临新的时代环境和城市空间的挑战，刘一达这套京味作品在展现传统京味文化的神韵和气度的同时，也对传统京味文化的存续提出了思考，这种思路对于新世纪京味文学的发展无疑具有启发意义；另一方面，这套京味丛书成功的市场运作经验也为京味文学今后发展的方向提供了参考，即可以因势利导，借助现实环境的有利时机让自身发生一定的飞跃和提升。在媒介力量逐渐强大的现实环境中，刘一达此系列的成功发行是文学运用媒介力量强化自身的典型范例，同时也是京味文学借助媒介因素在新世纪的精彩亮相。

其次，是以孙睿、春树为代表的"新京味青春文学"的登场。以"80后"为主要创作群体的青春文学，近年来一直备受瞩目。其中有一部分青春文学的作者使用地道的京白进行创作，并且将关注的目光移向了京味文学历来很少涉足的大学校园文化和青少年，代表人物就是创作《草样年华》的孙睿和创作《北京娃娃》的春树。2002年，孙睿的小说开始在网上流传；2003年在新浪网上连续八周排名点击量第一，并在10月份的法兰克福图书博览会上被33个国家购买版权；2004年，北京图书博览会上正式推出此书，首印即达15万册。[6]孙睿和春树都是生活在北京的少年作家，虽然他们书写的北京早已不同于前辈京味文学的创作范围，但京城的千年故都的风韵、溜脆生鲜的北京话，仍然是他们进行城市与人关系写作的有利资源。与前辈京味作家不同的是，作为京味文化底蕴的老北京的旧物风情已经完全淡出了他们的视野，而校园生活、青春成长这些命题对他们而言则有着更为真切和深刻的体验。孙睿的《草样年华》就是以自己在北京某大学的四年生活为描写对象，有着浓重的自叙性，散发出的是一种对于逝去青春的怅惘和追怀。小说中京味语言的运用对于其中人物塑造的生动性和情节推进的流畅性起到了相当大的作用。小说整体风格上诙谐、自嘲，具有鲜明的京味特色，从那些所谓的不务正业、愤世嫉俗，与大学呆板的教育体制格格不入的"坏"学生们身上，我们分明能辨析出王朔笔下那些"顽主"们的影子。相比较而言，春树的《北京娃娃》中京味文学的印记似乎不是很深，小说着重传达的是当今北京孩子的一种对于青春成长的体验和认知，但字里行间也时时闪烁着京味语言的机智和趣味。

客观地说，以孙睿、春树为代表的这些以京白为语言资源的创作，与传统意义上的京味文学相比，无论是趣味还是品格都已相差很远，很难唤起人们对于老北京的种种回忆和情感。时代的快速变迁、城市形态的频繁更迭让他们也来不及体味古都北京深厚的文化底蕴,能够抓住的只能是自己和身边的人和事,而且包括他们的出场本身,就掺杂了很多媒介的运作因素,但对于当代京味文学而言,他们的出现仍旧是有其意义和价值的。他们所开拓出的校园领域、青春成长题材,是对当代京味文学题材领域的一种突破和发展。他们描画出的一幅幅青春众生相,是他们对于自身青春成长的追忆和表达,同时也折射出当下北京社会的时代氛围、文化环境,在某种程度上实现了京味文学始终追求的呈现当代北京社会生活的整体目标。所以,作为当代京味文学在新世纪的一支,虽然在目前的创作中,孙睿们还存在着这样或那样的问题,譬如题材范围尚且狭窄、文学语言也远不成熟等,但城市的文化影响始终还在,包括京味语言在内的京味文化也在代代相传,我们完全有理由期待这批操着京腔、生长于北京的青春作家,在未来京味文学的领域中会有更大的作为。

第三,《茶馆》重排所引领的京味话剧的流行。京味话剧又被称为京华风俗戏,是伴随着京味小说的写作而逐渐成长起来的艺术样式。从京味文学大家老舍的《茶馆》、《龙须沟》等剧作开始,一系列展现北京地域文化风貌的话剧作品开始出现,这些话剧以北京中下层市民为主要描写对象,以现实主义手法塑造鲜明的人物群体,通过小人物的生活变迁反映社会的变迁,表现出深沉的民族情感与历史意识。

1958年,老舍先生最杰出的名剧《茶馆》由北京人艺首演。这部最终奠定了人艺风格基石的话剧,当时是由焦菊隐、夏淳先生导演,于是之、郑榕、蓝天野、英若诚、童超、李翔等优秀演员集体创作的,达到了很高的艺术成就。《茶馆》全剧以裕泰大茶馆的兴衰枯荣为线索,浓缩了戊戌变法失败前后清朝统治时期、民国初年军阀混战时期以及抗战胜利后国民党统治时期三个历史阶段中国的时代风云变化。剧中出入茶馆的人物有七八十个,三教九流、五行八作,各色人物都被赋予了鲜明的性格特征。掌柜王利发精明灵活,为了适应时代的变化,不断地改良,但最终还是走投无路,黯然自杀。

《茶馆》一剧达到了现实主义的高峰。幽默的北京话使全剧充溢着浓郁的京味色彩，具有独特的艺术特色和民族风格。老北京有各色各样的茶馆，或兼营酒饭、点心，或兼备说书唱曲，或专供朋友会谈。茶馆文化是北京文化的一支，老舍从很小的时候就经常去茶馆听书，对这一题材极其熟悉。正如老舍自己所说，"一个大茶馆就是一个小社会"，通过一个茶馆就折射出了整个北京城的历史变迁。老舍先生对京味语言的把握、对当时北平人物心理的熟悉，也为话剧的改编奠定了良好的基础。因此，我们才能看到民族风俗画似的《茶馆》。

作为京味话剧的奠基之作和集大成者，话剧《茶馆》被搬上舞台以来，历经半个世纪的沧桑变幻仍久演不衰。2005年，为纪念焦菊隐先生诞辰百年，北京人艺又重排了焦版《茶馆》，演出盛况依然空前。此次《茶馆》的演出已经是《茶馆》第六次和北京观众见面，但据《新京报》的报道，在原票价有所浮动的情况下，这次演出每场的上座率都能达到100%，甚至到了一票难求的程度[7]，《茶馆》的深广魅力由此可见一斑。同时，在《茶馆》的引领下，其他京味话剧的演出也获得了极大的成功，比如2005年初的京味贺岁话剧《开市大吉》、4月访沪演出大获好评的《天下第一楼》以及同期人艺推出的《全家福》、《红尘》等，都创下了令人瞩目的票房成绩。

这一现象带给我们的思考是多方面的。京味话剧的发展最早可以追溯到1950年代，以北京人艺为平台和中心，排演了包括老舍的《龙须沟》、《骆驼祥子》、《茶馆》在内的多部话剧作品，特别是《茶馆》的成功演出，奠定了京味话剧的基本格局和形态，而《茶馆》本身所凝聚的传统北京文化的品貌，也为日后京味话剧的发展积淀了丰厚的艺术资源。此后，京味话剧的发展大致分为了两种方向，一类是以《茶馆》为范本的描画老北京人情风物、世代变迁的话剧，比如《天下第一楼》(1988)，过士行的《鸟人》(1993)、《棋人》(1995)、《渔人》(1997)等传统京味系列；另一类则是反映当代北京平民社会生活的话剧，以《龙须沟》为开端，后接苏叔阳、李龙云的《左邻右舍》、《小井胡同》，再到后来的《万家灯火》(2002)、《南街北院》(2003)、《全家福》(2005)等。这两类题材虽然反映的社会生活时段不同，所追求和体现的京味话剧的京腔京韵、京景京情却并无二致，而且以《茶馆》为代表的传统京味话剧还在不断地为当代京味话剧的发展提供艺术滋养并开掘新的生长空间。2005年《茶馆》的重排及其引发的京味话剧热，正说明了这一点。同时，作为京味文学领域中的一种重要体裁，京味话剧这种以老剧带新剧、以传统带现代的模式的成功运作，也为京味文学其他体式的发展提供了新的思路和借鉴。

总的说来，在经过相当长一段时间的蛰伏期后，京味文学在新世纪开始展现出新的气象和姿态，包括小说、话剧、影视在内的多种体裁都有了新变，它们显示出来的多种趋势和新质，都是京味文学在新的时代社会文化语境中的自我调适，这些实绩昭示出京味文学未来发展的某种或某些可能，也是推动京味文学在新世纪进一步发展的基础和前提。

（二）京味文学的新机遇

2004年，《北京城市总体规划（2004年—2020年）》正式出台，规划中明确提出北京将进一步"提升国际化程度和国际影响力；弘扬历史文化，大力发展文化产业，形成具有高度包容性、多元化的世界文化名城"[8]。《规划》一改以往提了几十年的"国家政治、经济、文化中心"的定位，而明确将文化名城确定为北京城市发展的重要目标，城市的文化属性在北京城市发展历史上得到空前的强调和突出，由此北京城市文化的表现形态也势必更加多样、生动、鲜活，这就为京味文学的发展提供了更为广阔的表现空间。作为城市文化与文学的一种密切关联的形式，随着北京城市文化形态的日益丰富，京味文学无疑也赢得了新的生长点和发展空间。

北京当下的城市形态正处在一个特殊阶段：作为一个具有丰富历史文化资源的文化城市，北京城市的传统文化资源无论如何都不能丢弃或者任其走样，而跻身于国际化大都市的目标又使得北京城市现代化的进程刻不容缓。可以这样说，传统文化与现代理念的冲突比以往任何时候都要剧烈，甚至达到了一种白热化的状态，双方都已经到了碰撞的临界点，而这种崭新的城市形态是以往京味文学作品都未曾涉及过的。

老舍开创的早期京味文学以文化自省的方式呈现了北平时期的文化景观，较为全面、客观地展现了新文化运动之后以市民文化为代表的传统文化面临的选择，时代意义明显。上个世纪七八十年代以邓友梅、陈建功为代表的京味文学作家，主要将视点放置在经济现代化目标刚刚确立、具有初步现代体验的北京城和北京人在传统与现代两种文化选择之间的矛盾，尤其是充分清晰地描绘和展现了具有浓郁传统文化身份的"老北京人"在现代化初步来临时的复杂情感，与老舍的京味小说一样，同样具有醒目的时代印记。随着北京城市现代化进程的推进，现代视野下的传统文化及其载体不断展现新的样式，尤其是当传统与现代的撞击达到了一个前所未有的高度时，北京城和城中的人具有了不同于以往任何时代的全新体验，这些复杂真实的情感状态和现实体验都需要一种与城市文化密切相关的文学形态进行表达，京味文学此时首先获得的是不可多得的历史机遇，同样也面临着时代赋予的挑战。

作为一种将城市文化与文学及城中人紧密结合在一起的地域文学方式，京味文学的内涵既有因为空间区域的相对稳定所决定的静态的、稳定的一面，也由于其流动的时间性特征，具有不断丰富的动态特征。城市和人在新的历史语境下不断进行着自我更新，文学亦如此。京味文学当下正处在一个自我充实、调整、蓄积的重要阶段，传统的京味文学难以把握新的历史阶段北京人的复杂心理状态和新北京城多样化的城市景观，而京味文学近几年的创作实绩则体现了它为适应新的时代社会环境作出的自我努力和调整——实现京味文学的自我更新，以最熨帖的形式和手法传递新世纪中都市和城中人的面影。伴随着都市文化的崛起，京味文学应立足并展示北京新城市形态的文化景观和特点，一面有意识、合理地汲取、融会具有悠久历史的北京传统文化的精髓，一面敏锐、及时地捕捉新的历史机遇下北京城市转型中社会政治、经济、文化的各种变化，聚焦当前现代化进程中北京人的心理特点、人生状态和文化选择，以历史的眼光忠实地记录北京城市发展的文化景观，成为新的历史时期北京"都市民俗志"。

随着北京都市形态的不断丰富，京味文学必将继续深化对北京城市文化的探索和挖掘，在关注传统文化特性的同时，以更加开放的品格拓宽地域文学的表现领域，在多元交织的文化系统中，不断吸收新的时代元素，不断探索和丰富自身的表现形式，在实现对传统京味文学的合理继承的基础上，以开放的眼光和视野，深入探求和挖掘北京都市文化和文学精神，完成自我的转型和超越。

注 释

1. 吕志敏：《纵观横览话京味》，引自甘海岚、张丽�主编：《京味文学散论》前言，北京燕山出版社1998年版，第9页。

2. 老舍：《三年写作自述》，《老舍研究资料》(上)，北京十月文艺出版社1985年版，第579页。

3. 老舍：《骆驼祥子》，人民文学出版社2000年版，第143页。

4. 王朔：《烦胡同》，ttp://www.jzsjw.com。

5. 老舍：《四世同堂》，北京十月文艺出版社1995年版，第391页。

6. 新浪读书频道，http://book.sina.com.cn。

7. 小石：《〈茶馆〉票房大获全胜》，2005年10月14日《新京报》。

8. 《北京城市总体规划 (2004年—2020年)》，http://www.beijing.gov.cn。

京城老字号

　　在中国，只要是历史比较悠久的城市，都会多多少少有些老字号。而其中以北京的老字号最多，涉及的行业种类和范围也最广，形成了全国数量最多、规模巨大的老字号群。

　　北京老字号主要集中在工商业、手工业、饮食业、民间艺术等领域。现存最早的是鹤年堂、六必居等，创立于明朝。百年以上的老字号也有九十多家，饭店有都一处烧卖馆、全聚德烤鸭店、北京饭店、东来顺饭庄等；食品店有六必居酱

前门张一元茶庄

园、王致和腐乳、月盛斋、稻香村等；各行各业的专卖店有王麻子刀剪厂、张一元茶庄、亨得利钟表店、大北照相馆等；影剧院有正乙祠大戏楼、广和剧场、湖广会馆大戏楼、新新大戏院等；文物店／书店有荣宝斋、一得阁、商务印书馆、青山居珠宝店等；药店有同仁堂、长春堂、德寿堂等。

　　老字号不光是北京商业的一部分，而且是一笔丰厚的历史遗产，与北京文化结下了不解之缘。如许多书法家都曾为老字号题匾："瑞蚨祥鸿记"为吴春鸿题匾，"稻香村"为寿石公所书，"荣宝斋"为陆润庠执笔。郭沫若、溥杰、赵朴初、董寿平、启功等也都为老字号题过匾。北京老字号还成为许多文学作品的描写对象，如《红楼梦》中的恒舒当铺和老舍《老字号》中的三和祥店铺、《茶馆》中的老裕泰茶馆、话剧《天下第一楼》中的"福聚德"等等。可以说，北京老字号以其中国特色的传统手工艺和自身所蕴涵的深厚人文信息，见证了北京几百年来的沧桑变迁。与国外老字号相比，北京老字号带有浓厚的中华文化特色，是市民文化与精英文化的融合，展示了中国人包容、中庸的文化心态；与国内的老字号相比，它又带有集清代八旗文化、北方文化和皇都文化于一身的京味气息。

一　一店一铺有传奇

字号是品牌，老字号即是老品牌，是经过时间的考验被广大顾客所接受和信赖的"金字招牌"，是广大顾客的情趣和品味的表征。现代人喜欢名牌，追求名牌：阿曼尼、圣罗兰、香奈儿、奔驰、宝马……这都是身份和地位的象征。"品牌"虽然是现代西方传来的术语，但中国人很早就有"品牌意识"了。

有资料证明，一千年多年的唐朝就有了商业字号的雏形。考古学家在西安（即唐代长安）挖掘出繁华的商业大街——朱雀大街，出土了很多印有"邢姬"二字的陶器。在店铺使用的陶器上印上姓氏，识别和标明身份，这已经包含有品牌的内容，是一种字号了。

北宋时期，商业发达，商业字号也成熟了，各行各业都有了自己的名牌。画家张择端的《清明上河图》中就详细描绘了各式各样的招牌和字号。这时还出现了印刷的广告。济南有家姓刘的针铺子专门制造细针，店主把"白兔"当做自己制造的功夫细针的商标。广告为正方形，边长4寸，中间为一白兔图案，寓"白兔捣药"之意，上端阴刻铺名"济南刘家功夫针铺"，两侧有"认门前白兔儿为记"八个字，下面文字为"收买上等钢条、造功夫细针、不误宅院使用，客转为贩，别有加饶，请记白"。印制这一广告的铜版，至今完好无缺，存于上海历史博物馆内。这是我国现存最早的印刷广告。这个广告从一个侧面反映了北宋时期字号的兴旺。

明清人的字号就更加繁荣了，以帝都北京的字号为最。像现代人一样，老北京人也有自己的名牌。他们说"头顶马聚源（帽店），身穿瑞蚨祥（绸布店），脚踩内联升（鞋店），腰缠四大恒（银庄）"——这可是派头十足呢！

虽然同是"名牌"企业，但中西"名牌"还是有很多差异的。"字号"作为中国特有的一种商业现象，是在中国文化中成长起来的，与其很多特性互相融合。要明白这些特性，我们还得先从"字号"这个称呼讲起：现在总把"名"和"字"连在一起用，把它们的意思也等同起来。其实，"名"和"字"原来是很不相同的东西。在古代，"名"是很重要和严肃的，叫做"正名"。因为要登记在官册上，也称"官名"或"大名"。这个"名"是很正式的，小辈、下属和身份比本人低的人不能称呼，就是读书和写字时碰到相同的字也不能读或写出来，要跳过去或换成意思相近的字。这就叫"避讳"。身份越重要、越高贵的人避讳要求越严格。像观音原名"观世音"，唐朝为了避唐太宗李世民的讳，才省掉"世"字不读变成"观音"的。避讳太严格还会闹笑话，"只许州官放火，不许百姓点灯"的笑话就是这么来的。总之，"名"是一种很正式的称呼，是在入族谱、进祠堂、上学堂、考试、结婚、定约、祭祖等严肃正式的场合才能使用的。

那么"字"呢？古人小的时候，取完大名后还会再取个乳名，让家里人称呼，这个乳名是不能登大雅之堂的。到了成年的时候，还会再取一个"字"，让平辈之间的亲友、同僚、同事来称呼。"名"总是正襟危坐、一本正经，"字"就显得轻松随意、老少咸宜，自在多了。

"号"又称别名，是一种雅称，有点像现在的笔名。号有些是自己取的，比如苏轼，字子瞻，自号东坡居士；在《红楼梦》里，贾宝玉、林黛玉、薛宝钗等人成立诗社，每个人都给自己取了个号。有些则是别人给的，从《水浒传》到今日的武侠小说，我们可以发现每个侠客都有一个"号"，如昆仑一剑呀、玉面飞龙呀、散花女侠呀等等。一般来讲，号比较有个性，与本人的爱好、性格和能力有一些关系。

中国古代商铺的"字号"没有"名"那么严肃，主要是用来识别身份和让顾客称呼的，通俗上口，没有避讳，所以不是"名"。字号有一些是自己取的可以称之为"字"，有一些是大家叫顺了叫出来的，也就是"号"，连起来就是我们现在所说的"字号"了。

早期的字号简单，一般以店主的姓氏为多。这是因为中国古代商业多采用家族经营方式，常常是生产、加工、销售一体，并且多采用"前店后坊"的形式。这样既可以防止手艺外传，也符合中国人的宗族观念，"肥水不流外人田"嘛。

到了后来，商业字号就开始讲究了，各种取名的形式都有，里头有许多故事。最多的是开张时自己取的。这些字号都有讲究，大多含有美好的祝愿，或者希望生意兴隆，或者希望德行嘉美，如全聚德、东来顺、瑞蚨祥等。

全聚德的老铺面原先是个干果铺子，叫"德聚全"。经营失败倒闭后被全聚德的创始人杨寿山盘了下来。杨寿山特地请了风水先生来看风水，帮忙起个顺风顺水的好字号。风水先生说："这个地方其实风水很好，做生意会很兴旺发达。就是这里原先的那家店的名字没取好，所以生意并不好，要想冲其倒运，可将的牌匾'德聚全'的字号改过来，变成'全聚德'。这样才能发达。"杨寿山听了，很高兴，因为他的字里头就有一个"全"字，"聚德"的意思是会聚美德、道德、德行等意思，又可以表示自己的经营宗旨。于是就找人重新题写牌匾，择个黄道吉日，把牌匾挂起来，开张大吉了。

瑞蚨祥的字号非常具有神话色彩，而且招财、吉利。蚨指的是青蚨，是传说中一种很神奇的昆虫，样子和蝉差不多。据说这种昆虫母子的感情特别好，永不分离。如果强制把它们分开，不管离多远它们都要飞回来，而且能互相找到对方。把青蚨母子的血涂到铜钱上，分别拿去花，花出去的钱会飞回来寻找它的母亲或孩子，这样钱不管怎么花都不会少。这个名字雅而不偏，顾名可以思义，确实很好。据说瑞蚨祥老板孟洛川的父亲通文晓墨，好与文人墨客交往，很有头脑。当时的生意人多取些"兴隆"、"天盛"、"庆福"这样的店名，他父亲嫌太俗。买卖开张之前，他特地摆了一席酒，请了些文人好友来做客。席前，他站起来恭恭敬敬地给大家鞠了个躬，请大家为他想个好名字。在座的人你想一个，他说一个，最后就挑出这个来，别致新奇、寓意特别好。在那个时候，这种做法，可以说是高起点高定位了。

有些字号则是追随做得好的同行，以示与之同道。瑞蚨祥的绸缎庄成功后，北京绸缎庄的字号都带一个"祥"字。其中最有名的是与瑞蚨祥并称"八大祥"的七家：瑞林祥、瑞生祥、瑞成祥、谦祥益、益和祥、东升祥、丽丰祥。有些则是故意把名字取得很相像，以混淆视听、以假乱真。比如，王麻子剪刀成名后，京城一时之间冒出了无数"真王麻子"、"老王麻子"、"老老王麻子"、"汪麻子"、"万麻子"等假冒招牌。当时很多人写诗讽刺这一现象，其中一首流传甚广："纷纷刀剪铺如麻，认取招牌有数家。外客欲将真货选，不知谁是老王麻。"由此可知，假冒

位于王府井大街的瑞蚨祥

追风之习古已有之。

有些刚开始时是小生意，没想取字号。后来生意很受欢迎，大家顺嘴给取了绰号，慢慢就叫开了，变成了字号。这些字号都很顺口、有趣，一般还和店主有点关系，如王麻子、烤肉季。"便宜坊"原来只是外卖鸭子和桶子鸡，并没有座位，也没有名字。因为它卖的东西特便宜，便宜得出了名，大家就把它叫做"便宜坊"。这样叫出了名气，老板觉得这个名字挺好挺顺口，索性做了个牌匾把它挂出来。

还有些是直接用创始人的名字，如王致和。

特别点的是名人赐的字号，挂起来后声势倍增，有如今天的广告。其中，"都一处"的来头最大，就像中了头彩，这是皇帝乾隆御赐名字，亲笔提写而成的。牌匾一挂出去后，许多人慕名而来，趋之若鹜，连朝廷的官吏们都要给几分面子。"都一处"自此顾客营门，由普通的饭馆成了名扬天下的老字号，立数百年而不倒。

最有趣的是"天福号"的字号，竟是淘来的。"天福号"创立时，掌柜姓刘，穷得连一块牌匾都置不起，也没想要挂牌匾。有一天，刘掌柜路过破烂儿市场时，一眼看到一块旧匾，上书"天福号"三个大字。刘掌柜一看挺好：这不是上天赐福吗？跟我有缘，好彩头！就用很便宜的价格买了下来，当天就挂了上去。生意果然越来越好。

　　名字的来历最复杂的是六必居，有三种说法：第一种说法是：六必居是由六个寡妇创办的。因是六人所办，所以打算起名"六心居"。为了扬名，她们找了个机会，特请当朝丞相严嵩为牌匾提字。严嵩提完字后，心中一想："合伙开店心一定要齐才行，六心怎么能齐呢？"就提笔在心字的上面加了一画，把它改成"六必居"，起的是六心必齐的意思。第二个说法是：六必居原先是一间酒馆，本身也酿酒来卖。为了保证所酿的酒的质量，他们定下了一个严格的经营标准："黍稻必齐、曲蘖必实、湛之必洁、陶瓷必良、火候必得、水泉必香"。六必居因此得名。第三个说法是：六必居刚开始是一间杂货店，为山西商人赵存人、赵存义、赵存礼三兄弟所开。他们心想，中国人常讲"开门七件事，柴米油盐酱醋茶，必不可少"，因而除了不卖茶，其余的六件都卖，故起此名。

　　总的来说，北京的字号还是取意吉祥如意、兴旺发达、财源广进的多。清代文人朱彭寿，作了一首字号诗，把商家常用的吉利字都用进去了，随便在里头挑两个字，就能组成一个又好听、又吉利、又体面的字号："顺裕兴隆瑞永昌，元亨万利复本祥。泰和茂盛同乾德，谦吉公仁协鼎光。聚益中通全信义，久恒大美庆安康。新春正合生成广，润发洪

前门的六必居

源厚福长。"譬如，全聚德三个字就都在里面了，取"从德，聚全，以德取财"之意。

二 历史沉淀留市声

北京自辽代便有史可查的商业活动中，字号层出不穷，大浪淘沙，优胜劣汰。几百年间，大多数字号湮没在历史长河中，化为昨日遗迹。比如著名的"四大恒"钱庄，就曾有过辉煌的历史，最终却折戟沉沙，销声匿迹。能够延续到今天的老字号，的确是充分利用了天时、地利、人和等各种因素的结果，不是侥幸存在下来的。

（一）百年探索、精心锤炼的传统工艺

"人叫人千声不语，货叫人点头自来"，这是老北京生意人的信条。要想生意好，首先"货"要好。北京老字号大多是各自行业的翘楚，往往一丝不苟，能把手艺做成艺术。这些工艺在产品生产的每一个环节都被一丝不苟地执行着，体现了老字号精益求精和追求卓越的纯良品质。

同仁堂选取药材时，要求人参必用吉林长白山附近的，当归专选甘肃岷县生产的，陈皮专选广东新会的，大黄专选青海西宁的。在药品炮制的过程中，被工人奉为信条的则是"炮制虽繁，必不敢省人工；品味虽贵，必不敢减物力"。有些药材，必须经过六七十道工序方可完成。

与同仁堂齐名的鹤年堂，其成药制作和汤剂饮片生产的特点就是一个"精"字：精选药材、精心炮制。例如，金银花只采购河南省的；白芍只用杭白芍，川白芍、亳芍一律不采用；黄芪只用内蒙古和外蒙库伦所产的绵黄芪；郁金、清半夏、元胡、天麻等药材也都必选地道的一级精品。制作药材，必定要经过多道工序，直到符合标准为止。

六必居制甜酱瓜，先在盐水中浸泡36小时，再投入酱料腌浸48小时，经过24—48小时晾晒、翻个，再用甜面酱腌制。其后几天，每天再对酱瓜打耙七八次，每次打十耙，以保证酱菜的质量。

大栅栏同仁堂总店

（二）注重诚信、讲究人情的品牌意识

　　老字号都把招牌当做自己的眼珠子来爱护，视诚信为生命。诚信是老字号赖以生存的生命线，没有了诚信，老字号就失去了存在的基础。中国有一个传诵极广的故事，说有一对开店卖酒的夫妻，既不缺斤短两，酒的品质也始终如一，方圆数十里都很有口碑。有一天，丈夫办事出远门，妻子一个人在家卖酒时发现，因为生意太好，酒快不够卖了，于是就往酒缸里掺了一瓢凉水。丈夫知道后，放声痛哭，说："我们世代苦心经营这么多年的牌子，就被你这一瓢凉水给砸了！"果然，这店从此生意萧然，顾客寥寥，不得不关门了事。这个故事道出了中国商业文化对诚信的注重，这一特色在老字号身上体现得非常明显。诚信，是北京老字号共同坚守的"经商铁律"和道德底线；反过来说，也正是因为把诚信看得比生命还重，才造就了这些人人称道的历经数百年不衰的老字号。

　　同仁堂的创始人是乐显扬，他济世养生的创业宗旨和诚实敬业的精神已经成为同仁堂代代遵循的信念了。"同仁"一词取自《易经·同仁卦》，同仁即是同志。同仁堂在数百年的经营中恪守这一精神，对求医购药的客人——无论是达官显贵还是平头百姓——都以诚相待，一视同仁。乐显扬曾对人说："古方无不效之理，因修合未工，品位不正，故不能应症耳。"凡是乐显扬制售的丸散，一定要用最好的药材，严格遵守炮制的工艺，做好的丸散疗效很好。一次，他发现店中有一味收购上来的药竟然是假药，当即把掺有这味药的成品药全部销毁，宁肯损失数万元，也不肯降价处理。

王麻子起初并不生产剪刀，卖的剪刀都是专门到民间收购的。但王麻子对剪刀的质量要求特别高，眼光特准，收上来的剪刀品质非常好，久用不坏。他进货时都要仔细挑选：首先看外观是否光亮、周正；二看剪刃是否合口、锋利；三看剪轴是否平直、滑润、灵活；四还要进行测试，先剪纸再剪厚布。不合格的多便宜都不收。他为取信于顾客，特意将自己收购的剪刀都镌刻上"王麻子"三个字才出售，如果出现质量问题可退可换。慕名来购买剪刀的人越来越多，王麻子晚年就索性专营剪刀生意，"王麻子"也渐渐名满天下。

中国商业文化不但强调诚信，也特别强调人情。这也是老字号在经营过程中特别注意的地方。同仁堂在北京城掏沟时，专门派人在挖开的路边点上写着"同仁堂"三个大字的灯笼为路人照亮；给上京赶考的世子免费送药；经常施粥舍药，布施棺材；体现了医者宅心仁厚、济世救人的心肠。鹤年长是北京棺材铺中最好的一家，棺材是北京最贵的，但有时一些顾客没钱，它也免费赠送。像这些为普通百姓解困解难的义举，为老字号赢得了好评，使之树立了自身的品牌形象。

（三）贴近大众、热情周到的服务意识

笔墨纸砚、糕点糖果、服饰鞋帽、正餐小吃……琳琅满目的老字号产品多为生活中常用的必需品，涵盖了生活的诸多方面，并形成了东安市场、西单商场等老字号云集的商业场所，与市民"低头不见抬头见"。女士不一定喜欢"全聚德"烤鸭的肥腻，却一定抵不住"瑞蚨祥"绸缎华贵的诱惑；南方人或许踌躇于"丰泽园"重盐的鲁菜，但很少会拒绝

"稻香村"南味的点心；夏天来京的游客不需要去"东来顺"涮羊肉，却不介意来杯"信远斋"的酸梅汤……北京老字号深深植根于大众的日常生活，用历经百年的成熟信誉和特色鲜明的品质保证，赢得了大众的青睐，并塑造了老字号亲民温馨的民众姿态，使一系列具有亲和力的北京老字号成为了顾客温馨的回忆。

此外，多元的市场商品构成，不仅优化了行业间的资源配置，而且形成了稳定的涵盖多门类产品的产业群，使老字号间建立了互补互惠的友好业间关系。而老字号也不断通过自身的品牌效应，进一步巩固北京人的消费习惯，形成稳定的世代相传的客户群，并潜移默化地影响了人们的生活方式。老字号是商家，但在许多北京人眼中，更是被寄予了深情厚谊的陪伴自己成长的亲密伙伴，是生活的左膀右臂。

在数百年的经营中，北京老字号熟悉了顾客的生活习惯和心理思维，能为顾客提供周到及时、细致入微的贴心服务。比如，清末民初的内联升老板赵延特别留心业务往来，将许多官员及其家属的姓名、职务、鞋靴尺寸、式样及特殊要求和爱好等详尽信息汇编为《履中备载》，以备订货参考。稻香村等老字号抓住年节时机，发放礼券，不仅方便了人们随时购物，而且为商家盘活了大量资金。烤肉季则让店员带着烤肉家什，送货上门。这样煞费苦心的服务策略使得老字号切实地以人为本，主动灵活地扩宽业务范围，增加业务项目，开拓市场，并赢得了良好的口碑。

（四）老北京特色的经营传统

老字号的长盛不衰，也与其自身人性的、中国特色的管理传统有关。"前店后厂，以销定产"是北京老字号为人所津津乐道的作坊式经营方法，被许多老字号沿用至今。一些老字号实行了劳资分离，规定不养"三爷"，即店里不雇佣资方的少爷、姑爷、舅爷，并产生了类似于现代企业中的职业经理人。

内联升的经理在解放前一直是从工人中选拔的，实行所有权与经营权分离。与现代企业经营方式相类似，北京老字号还发展出了善于融资的股份制，如同仁堂早在乾隆十八年（1753）就划分了股份，后来又进一步进行面向外姓的融资，开拓企业资金来源。在人事制度方面，不少老字号都有根据本行业特点和本店特色制定的店规，严格规定了店员的起卧坐立、言行举止。例如顾客进店时，店员必须挺身站立，神态要礼貌端庄，洽谈生意要"谦恭逊让，和颜悦色，出口要稳重有斤两，营业用语要如春天气象，惠风和畅"。

老字号传统的用人制度具有现代商业社会缺少的人性化和人情味，兼具传统儒家文化中许多值得提倡的理念和作风。比如用"礼"的准则磨炼职工的品行，重视工作年限使店员苦练内功并培养对本店的忠实度。一般雇员由学徒做起，且必须是本店员工熟识并担保的同乡，严格划分学徒师傅的界限，强调徒弟对师傅等长辈的绝对恭敬。并且，它们很少解雇员工，不犯大错一般不开除，可以干一辈子，且能子承父业，所谓父一辈子一辈，这就使店员对东家很有归属感，能够安心本职，真正以店为家，甚至对店铺产生世代相沿的依赖感。相对于人员流动性大的现代企业来说，老字号的人事流动开支和新手培训的成本大大降低，服务的品质保证却大大提高了。

老字号还充分应用奖惩制度刺激员工：不仅有年终时按资历发放年终奖的"谢仪"激发员工的进取心，还有严格的定期惩罚制度来监督员工的言行。如内联升在被员工称为"鬼门关"的"三个六"，即正月初六、五月初六、八月初六，对员工进行考核，决定其去留。在对店员用店规和奖惩措施进行严格要求之外，老字号还多方给予店员充分的福利。这些管理经验经过上百年的运行和沉淀，形成了店内经营运作的良性循环，能够产生维系主、雇间和谐关系的积极效果。

三　各显风流传绝艺

老字号虽然扎根北京，但创始者多是外省商客，在创始时期具有显著的地域特征，形成了风格各异、各具情态的老字号品牌："稻香村"是江苏丹徒人开的南味点心铺；瑞蚨祥是山东章丘人所开绸布铺；谭家菜是广东南海谭姓族人开的家庭餐馆……这使北京老字号成为各地经典风土文化的缩影与象征，经过扎根、改良、发展，进一步成为北京多元复合文化的亮点。

作为民俗媒介，北京老字号以人群散播、世代传承的方式，为我们保留下一些生动有趣的民俗逸事。这些民俗或是戏剧性的民间故事，或是生活化的民间传说，是民间智慧与历史的凝结。以下我们介绍其中几个老字号。

（一）鹤年堂

北京最有名的两家药店，一是同仁堂，一是位于菜市口大街路北的鹤年堂。同仁堂前面已经介绍过了，我们这里介绍一下鹤年堂。它虽不如同仁堂有名，但创办于明代嘉靖末年（1525），历史比同仁堂更久远，是北京最古老的老字号。鹤年堂以汤剂饮片著称，老北京有谚语云："要吃丸散膏丹，请到同仁堂；要吃汤剂饮片，请到鹤年堂。"可见其影响。

鹤年堂店内的伙计与别家不同。一般的药店伙计只要会抓药、制药就行了。鹤年堂的伙计除了要学习制药、售药的各种手艺外，还要参加文化和业务学习。学徒们每天都要认字、练习书法；要由老先生和大师兄讲解药理、药性、各种病症及如何对症下药。这样培养出来的学徒都有一身过硬的本领。近代的"药学讲习所"就是在鹤年堂的倡议下开办的。

鹤年堂之所以出名，除了其产品的质量好之外，还有一个很大的原因，就是它与北京乃至中国的历史文化有着神秘的联系。

北京老字号一般都有名人题的字，鹤年堂也不例外。据说，"鹤年堂"这名字的牌匾，就是明代权相严嵩所题。店门外悬挂的"西鹤年堂"匾额，相传是严嵩之子严世藩所书。两旁的配匾，左配"调元气"、右配"养太和"六个大字，乃抗倭名将戚继光所书。古代的时候，士卒在战场上受刀伤者很多，所以军队每次出征都要携带大量急救药和刀伤药。明朝时期，鹤年堂精制的"白鹤保命丹"被称为"神药"，为行军打仗所必需。据说，当年戚继光要带兵去抗击倭寇，鹤年堂专门赶制了大批"白鹤保命丹"送到戚继光的营帐。在戚家军征战倭寇的历程中，这些"白鹤保命丹"发挥了巨大作用，救治了成千上万抗倭勇士。戚继光为表谢意，欣然写下了"调元气"、"养太和"六个大字。

清代，菜市口被朝廷定为刑场。这刑场恰好就设在鹤年堂药店的门口。相传，每逢行刑的头一天，官府都会告知鹤年堂：明日有差事，准备酒食，切勿外传，日后付款。第二天，监斩官、刽子手们先集中在鹤年堂里大吃大喝一顿，酒足饭饱之后，"午时三刻"的行刑时间也到了。这时，在鹤年堂门前会事先搭好席棚，放一张长桌、一把椅子、一个锡制毛笔架等。监斩官往椅子上一坐，朱笔一圈，不到一分钟，刽子手就刀起头落……行刑后，刽子手照例要在鹤年堂买点安神类药，以防晚上失眠及恶鬼缠身。而死者家属也多会在行刑前买通刽子手，请他在人头落地之时，用一个大馒头塞入死者颈腔，以防鲜血溅出，相传那样可使死者"魂魄不散"。这就是"人血馒头"故事的由来，鲁迅先生后来把这写进了小说《药》中。

鹤年堂也是"戊戌六君子"的遇难地。1926年秋天，康有为谢世的前一年，来京和旧友相聚，询问他逃离北京后京中的情况。虽然戊戌变法已是近三十年前的旧事，但对康有为来说却恍如昨日。他最关心而又伤心的，莫过于有关戊戌变法的一人、一事、一地、一物。一天下午，康有为在弟子梁启超及次女康同璧的陪同下，亲赴当年的刑场菜市口凭吊。当他看到鹤年堂药店时，立刻停下脚步，站在药店门前的便道上左右顾盼，叹了一口气说："这是当年的刑场！"语音未落，不禁潸然泪下。

"人血馒头"的故事不过是传说，并无确证。但甲骨文最早发现于鹤年堂店内所售的中药"龙骨"上，则是百分之百的史实。光绪二十五年(1898)，金石古文字学家王懿荣生病了，大夫为他开了一个方子，里面有一味药叫做"龙骨"。抓药的仆人找了许多药铺都买不到，就有药店的伙计说："你到鹤年堂药铺试试，那里一定会有。"果然在鹤年堂买到了龙骨。药抓回来后王懿荣很好奇，中国一直都有龙的传说，但从来都没有人见过龙，这中药里的"龙骨"到底是什么呢？他拿过来仔细看，发现这些"龙骨"很像是年代古老的龟壳和兽骨，特别的是每一块骨头上都刻有一些符号。这些符号排列整齐，笔画优美，松弛有度，很有讲究。王懿荣对金石和古文字很有研究，觉得这些符号很有可能是中国早期的文字，就把鹤年堂所有的"龙骨"都买了回来。经过仔细和认真研究，终于发现了震惊世界的甲骨文，把中国的文明史推前了一千多年。

（二）王致和南酱园

闻名中外的王致和南酱园，始创于清代康熙十七年（1678），以经营臭豆腐为主，兼营豆腐干、酱菜等。该酱园的产品，今日仍行销天下，为世人所欢迎。

古代中国人重农轻商，商人的地位很低。但王致和南酱园的创始人王致和却是个举人。这个赴京赶考、一心博取功名的举人，没有当成官，却做出了以臭闻名、闻着臭吃着香的臭豆腐，传承三百多年，可谓是无心插柳柳成荫了。相传清代康熙八年（1669），王致和赴京赶考落第，却不甘心，决心继续努力，下次再考。由于家境贫寒，他连回家的盘缠都没有，只能滞留京城，生活无着。幸好幼年跟随父亲，学会了一手磨豆腐的手艺，便购买了一台手推小磨，以贩卖豆腐为生。一回，他剩了很多豆腐没卖掉，不舍得浪费，便尝试做成腐乳。由于紧接着准备考试，他把这缸腐乳忘了。等到想起的时候，腐乳已经长满绿毛，臭气熏天了！王致和不忍丢弃，捏着鼻子尝了尝，发现豆腐虽臭，其味却鲜美无比，大喜，忙请左邻右舍、亲朋好友品尝，大家也都说好。从此，王致和一边读书备考，一边改卖臭豆腐为生。许多年过去了，王致和的科举一直失败，臭豆腐的生意却越做越好。他索性不再参加考试，专心卖臭豆腐，终于把它做成了京城闻名的食品。这臭气熏天的平民食品，征服了上至达官贵人、下至普通百姓的舌头。慈禧太后也非常酷爱这味小吃，她嫌臭豆腐的名字不雅，便赐名"御青方"。据说，慈禧太后为了能吃到新出的臭豆腐，还御赐了一块进宫腰牌，让王致和的伙计按时往宫里送。得到了慈禧太后的赏识，王致和臭豆腐就更加名扬天下了。

王致和的产品之所以广受欢迎，甚至跻身大雅之堂的皇宫，与其对产品质量的追求和坚持是分不开的。王致和腐乳选料精良，是用上等的黄豆和别致的辅料，经过磨制、接菌、前期发酵、腌制、配汤、后期发酵等二十多道工序方能完成，生产周期长，工序复杂。其制品有着"细"、"腻"、"松"、"软"、"香"等特点。三百多年来，王致和南酱园虽然换过好几代掌柜，但制作臭豆腐的技术都保留下来了，一直保持着严谨的作风，精工细做，决不偷工减料、粗制滥造。

（三）全聚德

北京话剧是全国闻名的，其中《天下第一楼》尤其有名。这部话剧是以全聚德的历史为题材编写的，看过的人都很喜欢。与话剧里不同的是，现实中的掌柜并不是聘请的，他本人就是全聚德的创始人。

全聚德的掌柜杨寿山，字全仁，河北蓟县人。十几岁时逃难来北京谋生，刚开始替人放鸭子，后来慢慢在前门摆个摊，专卖鸭子。杨寿山聪明有头脑，勤奋又节俭。没多久就攒下一小笔钱，开了个鸭局子，专卖鸡鸭。就这样慢慢积攒，过了二十多年，前门有一家干果子铺，经营不善倒闭了，杨寿山抓住机会，用自己多年的积蓄把它盘了下来，取名"全聚德"。

刚开张的全聚德小得很，只是一个小饭铺，有一个烤炉，同时还做鸡鸭店和烤炉肉生意。店铺上挂着三块招牌，中间是全聚德，左边是炉肉铺，右边是鸡鸭店。客人来主要是吃烤鸭，要吃荷叶饼和炒菜，还得到外面叫。当时京城很流行吃烤鸭，北京有几十家烤鸭店，遍布大街小巷。生意最好的是米市胡同的"便宜坊"。杨寿山做生意很用心，一心琢磨怎么把生意做好，把鸭子的招牌打出来，超过便宜坊。

当时的烤鸭店做的都是焖炉烤鸭。杨寿山知道如果自己也做焖炉烤鸭，是很难超过便宜坊的，要超过对方就得另觅它途。他发现广东人用挂炉烤小猪，烤出来的小猪皮脆肉嫩，非常好吃。他想，用这种方法来烤鸭子，味道一定很不错。于是重金请来曾在清宫御膳房专门烤鸭、烤猪的师傅。这位师傅把原来的烤炉加大、加深，改成一炉可烤十几只鸭子的挂炉，再把清朝宫廷御膳房的"挂炉烤鸭"加以改良。经过不断的摸索和改进，他们终于创造出驰名中外的全聚德烤鸭。

全聚德烤鸭的做法非常讲究。首先要选有"鸭中之王"之称的北京鸭。鸭子选好后，还要经过宰杀、烫毛、煺毛、打气、掏膛、支撑洗膛、挂钩、晾皮、打糖、再晾皮、堵塞、灌水、入炉、转体、出炉等工序。每一道工序都有许多具体的要求和目的。比如，"打气"是将鸭身吹鼓，

让鸭皮绷起，无皱纹；这样烤出的鸭子外皮光亮，色泽一致，鸭皮入口既酥且嫩。"涂糖"则是在鸭身上喷饴糖水（麦芽糖），这样烤出的鸭子色泽枣红，味道香甜；在入炉之前，还要在鸭子体内灌入开水，这样入炉后，鸭身被火烤，腹内则开水沸腾，外烤内煮，使得鸭子外焦里嫩，非常好吃。

　　鸭子烤好后，还要"片"得好。片肉也是全聚德烤鸭的一绝。一个水平高的片鸭师，可以在五六分钟内片出一百多片，并且片片带皮、片片有肉，皮和肉之间还要夹着一层油。每片大小还要差不多，形如丁香叶，这样摆盘才好看，卷出的才好吃。

　　来北京的人多，慕名来吃北京烤鸭的人也很多。但不是每一个人都会吃，这里是有讲究的。吃北京烤鸭的最好季节是春、秋、冬三季：冬春二季鸭肉比较肥嫩，是最适合吃烤鸭的季节；秋天的鸭子很肥壮，而且秋高气爽，温度和湿度很适合做烤鸭。但夏季则不适合吃烤鸭：一是天气炎热，不适合吃油腻的食品；二是北京鸭怕热，夏季要掉膘；三是夏天的空气湿度大，鸭身上经常是湿的，这样烤出来的鸭皮容易发软。因此，全聚德在南京、上海等湿度大的南方城市开分店，不光要把正宗的北京鸭运过去，还要专门建一个可调节温度和湿度的晾鸭房。

（四）谭家菜

中国人好吃，也讲究吃，连孔圣人都说"食不厌精，脍不厌细"。真正会吃、懂吃、讲究吃并把饮食这门艺术推到极至的，清末谭宗浚、谭瑑青父子俩无疑是其中之一。谭家父子把自家客厅里的私家菜做成了中国饮食业的经典菜肴，博得了"食界无口不夸谭"的美称，真是一个传奇。

明清时期，不少官宦世家都有自己顶尖的家厨和拿手菜，可能够把它扩展为一个菜系并保留下来的只有谭家菜。20世纪初，京城最出名的三大私家烹饪——军界的"段家菜"、财政界的"王家菜"、银行界的"任家菜"都随着主人权势的衰败最终灰飞烟灭了，而谭家菜却由于独树一帜的色、香、形等特点得以留存。

谭家菜源于谭宗浚，盛于其子谭瑑青。谭宗浚是广东南海人，27岁中榜眼，后来到北京任职。谭宗浚一生酷爱珍馐美味，后入京，当时京城饮宴蔚然成风，京官每月一半以上的时间互赴饮宴。谭宗浚宴客比较善于安排，精于调味，将家乡的粤菜与京菜互为调和，赢得同僚们众口一辞的赞扬，因此谭家菜在当时京官的小圈子中便颇具名声。但让谭家菜名声远扬的，则是其子谭瑑青。谭瑑青生于京城，对饮食之讲究过于其父。谭宗浚充任外官时，他随同前往，对各地名肴多有研究，积累了四方食谱。谭瑑青一生仕途远不如其父，却比其父更嗜宴请四方名士。谭家菜就是在他的手上达到了颠峰。

谭家父子都是顶尖的美食家，苛求完美，极其挑剔。据说，他们吃熊掌，必选熊的左前掌（左前掌是狗熊经常用舌头舔的，因此格外肥美）；鱼翅必选用菲律宾的"吕宋黄"；燕窝必是泰国产的"暹罗官燕"；鱼肚必是广东产的"广肚"；鲍鱼必选珍贵的紫鲍。他们从不凑合迁就，以免菜品大打折扣。谭家菜选料精、加工细的特点，正是在谭家父子两张"刁嘴"下形成的。

谭瑑青外号"谭馔精"，是"谭家菜"的掌门人，但从不下厨烧菜。谭家真正的掌勺者是谭瑑青的三姨太郭荔凤。中国人常说："要抓住一个男人的心就要先抓住他的胃。"又说：小老婆做的菜最好吃，因为大老婆有身份和地位，有的依靠，小老婆没有身份和地位，只好努力抓住男人的心。郭荔凤就是这样一个烹饪天才。她到谭家没多久，就掌握了谭家祖传的烹饪秘诀，还兼收并蓄、推陈出新，把谭家菜推到了一个新的高峰。跟随谭瑑青来到北京后，她又向京师名厨学了不少烹饪技艺。当时，谭家家资仍颇丰厚，天天有聚会饮宴；谭瑑青经常不惜重资聘请名厨来家掌灶，让郭荔凤借此机会学做新菜。郭荔凤广泛吸取了京师名厨的特长，使谭家菜发展到一个新的水平。郭荔凤作为主妇，不但是烹饪者，而且是原料的采购者。为保证菜的质量，她每天都要亲自采购。谭家菜变相营业以后，鸡、鸭类原料每天由菜市场送上门来，但山珍海味仍由郭荔凤亲自去挑选。店铺来了好货，常常为她留着。她的选购能力很强，有节沙的鱼翅一眼就能看出来。当然，这同谭瑑青的嘴刁也不无关系。

辛亥革命后，谭瑑青家境中落，但丝毫未改嗜吃之习，谭家仍然天天高朋满座，不久就要靠变卖家产来维持家用。为了补贴入不敷出的家用，谭瑑青不得不把自家闻名遐迩的私房菜拿出来变相营业。谭府虽然没落了，官府的派头还在，虽然承揽酒席，却不承认是在做生意。要想在谭家定餐，不光要有点身份和来头，还要有谭家认识的人给你引荐介绍，不相干人等恕不招待。能在谭家办宴席，本身就是一种脸面。而且要提前三天预约，每天只答应承办三桌，没定上，对不起，下次请早。另外，不管做东的是谁，无论相识与否，在谭家办宴，都需要给主人一份请柬，摆上一副碗筷，留一个座位。如果请客的人是谭家主人的亲朋好友，主人自己也出上一份份子钱，有空的话还会前来尝上几口，以表示"我这里不是菜馆，只是给朋友们帮个忙，代你们招待一下客人"。当时每桌价格为一百大洋，其贵无比，就这样也还是有大把人有钱也吃不上。此外，吃谭家菜，须得入谭家门才能吃到。不管你头脸有多大，谭家绝不出外会。据说当年汪精卫进京宴请名流，曾想请谭瑑青破例出一次外会，被一口回绝。

谭家菜的特点是：南北兼收，甜咸适口，老少适宜。中国素有"南甜北咸东辣西酸"一说。而谭家菜在烹调中往往是糖、盐各半，以甜提鲜，以咸提香，做出的菜肴口味适中，鲜美可口，无论南方人、北方人都爱吃。

谭家菜有近二百种佳肴，以海味菜最为有名。比如，其烹制的鱼翅有十几种之多，如蟹黄鱼翅、砂锅鱼翅、清炖鱼翅、浓汤鱼翅等。这些菜所用的鱼翅，全凭冷、热水泡透发透，毫无腥味，制成后翅肉软烂，味极醇美。其中又以黄焖鱼翅最为上乘。这道菜选用珍贵的黄肉翅（即"吕宋黄"）来做，讲究吃整翅，一只鱼翅要在火上焖六个小时。这样做出的鱼翅，汁浓、味厚，极为鲜美。著名画家张大千住南京时，曾多次托人购买谭家菜刚出锅的黄焖鱼翅空运回南京享用。

谭家菜讲究的不仅仅是吃，还有吃的过程、吃的环境，因此特别精心讲究菜品、酒水、器具的搭配和用餐的环境。一间客厅，三间餐室，家具皆花梨紫檀，古玩满架，盆景玲珑，四壁是名人字画，室雅花香，设备齐全，绝非一般餐馆可比。在谭家饮宴是一件极其清雅、高贵的事。因此，凡吃过谭家菜者，皆称"不为妄费"。还有人借用一句古话，形容吃谭家燕翅席后的心情："观止矣，虽有他乐，不敢请矣。"

（五）亨得利

"亨得利"是中国一家历史悠久的钟表专业商店，自开业以来，一直声名不衰，全国各大城市几乎都有它的"踪迹"。

亨得利钟表店最初设在江苏镇江，开业于民国四年（1915），经理王光祖，浙江定海人。王光祖原先是一个裁缝，后来离开家乡到外面闯荡，做起了行商的生意。他做行商以后，买卖很挣钱，就萌发了开店铺的打算。恰巧他有两个朋友也想找个地方做买卖。三人一合计，就在商业比较繁华的镇江开办了钟表店，取名"亨得利"，由王光祖任经理。一听到"亨得利"这个名字，不知情的人们大都会认为这是一个洋人开办的店铺或者是洋化的店铺。其实，"亨得利"纯粹是中文名，"亨"就是顺利、通达，"得利"就是得钱，所以"亨得利"就是亨通得利的意思。事实也的确如此：由于经营有方，亨得利钟表店发展非常迅速，很快就不再囿于镇江这个小地方，开始向全国各大城市发展。全盛时期，亨得利在上海、北京、天津、南京等许多大城市都开办了分店，达到六十多

亨得利

家，是全国最大的一家专业钟表商店。各地的亨得利分店均由上海总店进货。

不过，在亨得利进驻上海以后，"亨得利"这个中西融合的洋名却给亨得利惹来了一场官司。1864年，法国人霍普在上海开办了霍普兄弟公司，后改名"亨达利"，专营钟表、眼镜等商品。亨得利进驻上海以后，生意兴隆，发展迅速，引起了法国人的不满，以侵犯店名权为由，向上海民国法院起诉亨得利。这场官司经过几次反复，最后由亨得利胜诉。不久，亨得利在农商部登记注册，店名被政府所承认。这场诉讼风波，虽然给王光祖带来了一些麻烦，但也提高了亨得利的社会知名度，亨得利的生意更加兴隆了。

北京的亨得利是民国十六年（1927）由王光祖的儿子王惠椿独资开办的，起先开设在前门外观音寺街9号，因为地处南城，故而简称为"南亨"。后来买卖越做越好，在北京又连续开了三家分店。四家店分设北京城内四处，生意均很兴隆，人称当时北京"四大钟表店"。其中最著名的就是王府井大街路东开的分店，开业于1930年。

在亨得利钟表店开业前，北京钟表业大多是以维修为主的小钟表店。亨得利钟表店在北京开业，是北京钟表业的一大进步。因为亨得利不仅维修各种钟表，而且虽不是洋人开办的，但卖的都是地道"洋货"。

当时，亨得利主要经营进口商品，且多为高、中档货，如瑞士进口的"欧米茄"、"西马"、"浪钟"等牌子的高级手表以及德国进口的"双箭"牌挂钟。当时世界流行的各类钟表，北京亨得利钟表店货色俱全。亨得利还出售一种特制的"亨得利"牌表。这种表是20世纪30年代在瑞士定制的。该表都是银闷表，表壳上刻着"亨得利"字样。这批"亨得利"表，不仅走时准确，而且外观漂亮大方，为一时名表。除了经营钟表之外，亨得利钟表店也经营一些唱机、唱片、金丝眼镜等。由于经营高档商品，买卖大、信誉好、重视质量、讲究服务，所以顾客盈门。

亨得利钟表店主要以销售钟表、眼镜为主，也非常重视维修钟表业务。20世纪三四十年代，它以擅长维修老表和难修之表闻名全北京。之所以能够如此，一是因为亨得利钟表店有比较优秀的能工巧匠，二是因为该店修理部组织健全，质量检查严格。该店规定，修好以后返修的钟表，一律都交还原维修之人检修。修钟表的工人都把返修活当做耻辱。谁连续出现几次返修活，即使不被经理辞退，碍于情面，也要自动辞职的。

亨得利钟表店之所能够长盛不衰，主要还是依靠一套独特的经营管理的"生意经"，除了重信誉、生意精之外，店规严、用人精也是一个方面。店中职工待遇都是采用工资制和提成制，即固定月工资加每月销售额的提成。其职工大部分是浙江老乡，少数是北京人。店中招收学徒挑选得很严，进店学徒必须有两个保人，保证在三年的学徒期内不违反店规，服从管理，如出现问题由保人负责；此外还有三个月的学徒试用期，优者留用。店里还要求柜台前的店员必须穿西装、打领带，容貌端庄，待客热情。

北京解放后，亨得利钟表店在1956年走上了公私合营的道路，声誉一直不衰。在"文化大革命"期间，"亨得利"的牌匾被认为是"资产阶级"的东西而被改换，直到1980年才恢复，并在各方的积极努力下，逐步恢复了老"亨得利"的优良传统和经营服务特色。

话说 "北京话"

　　不是所有的人都可以分得清河南话与山东话，可是几乎所有的人却都分辨得出哪个是北京话。同是方言，为什么北京话会有着如此与众不同的特点与知名度呢？那是因为它以自己的声音敏感地记录了北京的时代变迁，以自己的声音生动地讲述了北京的古韵风情，也以自己的声音立体地展现了地域文化特征。历史虽然一去不返，然而蕴含在每个北京人骨子里的老北京土话，却无时无刻不淋漓尽致地表达着北京独特而悠久的历史文化。然而多少年来，人们都把目光集中在那些沉默的山水园林、宫殿寺庙和艺术作品上，而忽略了这个最司空见惯但却蕴含着丰富历史文化的"声音"。虽有俗语说"眼见为实，耳听为虚"，可是事实上听觉中的北京却可能比视觉中的北京更加鲜活、广博与深刻。

一　北京话的形成：纳百流而独成一家

数百年来，北京是一个多民族杂居的城市，因此北京话的形成原因也就更为复杂，更加耐人寻味。

（一）北京话寻根：南言北语集

"哪儿去啊，您？"、"饭馆儿"、"老家儿"、"联手儿"，听到这样的词，你一定可以猜到它们是"北京话"了。所谓"北京话"，简单地说就是北京人说的话。然而北京人在历史上却是由多地域、多民族的人融合而成的群体，也正因如此，才能在漫漫历史中孕育出有着鲜明特色的方言——北京话。

北京独特的方言历史与其地理环境是分不开的。在春秋战国时期（前770—前221）蓟国就在北京地区建立城市，燕国打败蓟国后，迁都蓟。这是北京地区最早的有一定规模的居民点。但是当时的人口非常稀少，周围的游牧少数民族，经常侵扰居住在这里的燕民，正如司马迁《史记》所记载，"燕外迫蛮貉，内措齐、晋"[1]。由此可见，从一开始，不同民族的人就在"蓟丘"生活着，早期的北京文化也就在彼此的语言交流与冲突中逐渐形成了。

秦统一六国以后，蓟城成为北方的军事重镇。从秦汉起至隋唐，蓟城一带在中国北方的地位越来越重要。汉人和少数民族交替控制着这片土地，居民的构成发生了巨大的变化。公元938年，契丹改国号为辽，以蓟城为陪都，改称南京，又叫燕京。金朝继而定燕京为中都，公元1153年，金海陵王从上京(今黑龙江阿城县南)正式迁都到这里，北京首次正式成为一国之都。由于辽、金建都北京，北京的政治、经济、文化地位上升，因此，一方面，大量的北方少数民族不断涌入现今的北京地区，原来居住在北京地区的汉人和北方少数民族杂居在一起；而另一方面，由于其与宋朝统治的中原地区在政治上相对分离，语言交流受到了极大的限制，这种情况一直持续了三百年。由于与外族语言长久而亲密地接触以及与本族语言的长期分离和隔绝，北京话在一千多年前就处于与其他汉语方言完全不同的独特社会文化背景中。在宋、辽、金时代，汉胡对峙，各国之间既有着军事斗争，也有着必需的生活交流，北京作为政治与生活的要塞，其语言也必然会深深地打上这种社会文化的烙印。为了方便交流，适应时局的发展，北京话开始迅速发展与简易化，因而"成为中国发展最快，结构最简单的汉语方言"[2]。

蒙古族统治者建立元朝后，北京话又开始与蒙语接触与交流。"不过，总的来说，两种语言的接触是比较突然的，文化背景又有较大的差异，再加上元朝统治一共不到一百年，所以蒙语对元大都话的影响并不是很大。所谓'元大都话'，其实是辽、金两代居住在北京地区的汉族人民和契丹、女真等族人民经过长达几百年的密切交往逐渐形成的，到元朝建都北京时已经趋于成熟，成为现代北京话的源头。"[3]元代以杂剧和散曲的成就最高，而早期的杂剧作家如关汉卿、王实甫、马致远、白朴等都是大都人，因此他们的语言也就最能反映大都话的真实面貌。如王实甫《西厢记》："这鞋袜儿，针脚儿细似虮子，绢帛儿腻似鹅脂，既知礼，不胡行，愿足下当如此。""冷清清客店儿，风淅淅雨丝丝，雨儿零，风儿细，梦回时，多少伤心事。"语言简短却情深意切，只短短数语，但"鞋袜儿、针脚儿、绢帛儿、客店儿、雨儿、风儿"这一系列儿化词和"冷清清、风淅淅、雨丝丝"这些重叠形式的使用，已使得北京话的生动性与简洁性跃然纸上。

元代杂剧与散曲的盛行，不仅仅是因为它们是一种新的体裁，更因为它们是一种走向大众的文学，使用的是大众化与口语化的语言，而非用典故与艰深的文字堆砌出来的脱离群众的"案头文学"。

从明代开国到朱棣迁都北京，全国各地的人群开始进入北京，北京的人口结构再次发生变化。然而，与辽金时代不同的是，这时和北京方言接触最频繁的已经不再是契丹、蒙古等少数民族语言，而是来自中原和长江以南的各地汉语方言。这使得北京话再度开始了与汉语方言的大融合。《宛署杂记》记录了很多对父亲的不同称呼，如"父曰爹，又曰别（平声），又曰大"[4]，其中"爹"大约是当时北京话原有的，"别"可能来自江淮一带，"大"可能来自山西，至今这些地方仍这样称呼父亲，至于今天北京话最常用的"爸"在当时则尚未出现。从这里就可以看出当时各地方言对北京话的影响。

清朝建立以后，北京仍然是都城，满族人开始了近270年的统治。北京话又开始与一种新的语言——满语全面接触，于是又掀起了北京话与满语的斗争与融合。清朝的统治者虽然是满族人，但是在语言上却是北京话胜利了。究其原因，主要有两点：一方面是来源于北京话自身的开放性与包容力，这是内因。从上面的论述中，我们不难发现，由于北京历史的特殊性，使得北京文化具有极强的开放性与包容力，而在这种文化背景中产生与发展起来的北京话自然也同样具有极强的开放性与包容力，因此在外族语言的多次冲击中，北京话融合了那些民族语言的成分，发展成为一种更为完善与简洁的语言。另一方面，这也与当时推行的政策与社会现实情况等外界因素有关，这是外因。努尔哈赤于公元1616年建立后金政权时，十分注重满汉两族的关系，并且汉人在当时已经可以得到重用。皇太极即位后，定族名为满族，改国号为清，他继续实行前代的政策，重用汉官，还释放了大批汉人奴隶，并把他们编为民户，这自然提高了汉人和汉语的地位。明末，努尔哈赤和皇太极都曾多次入侵明朝，俘获了大量汉人，这也使得满族统治者管辖区内的汉族人口急剧增加，满族人要和这些汉人打交道，自然也增加了学习汉语的机会。由于满人游牧民族的本性及其短暂的历史文化局限了满语的发展水平，至顺治入关时，满语仍旧是一种比较原始的语言，它的发音和语法不成熟，词汇量更是少得可怜。对于常年累月生活在深山老林的满人而言，初入京时所见的很多普通平常的东西对他们来说也成了新鲜事物，小到一种普通花卉和日常用具，大到宏伟建筑和旖旎风景，都无法用满语表达。而像汉人的某些高级语言，比如医学用语、科技用语和文化用语等，满语更是无法表达。为了满足其政治需要乃至生活需要，满人迫切地需要一种能够很好地表述自己想法的语言，想在短时间内改良、丰富满语显然不现实，至此，学讲汉语成了满人唯一的选择，于是八旗贵族们开始他们的模仿历程，而满族地名和官名等也因此大都使用汉语来记录。顺治入关以后，清皇族接受汉族文化，逐渐汉化，语言也随之改变。尤其是皇帝，清朝皇帝从小便开始接受满汉两种教育，既有满族师傅又有汉族师傅，满族师傅主要教武功骑射，汉族师傅教文化课，所以皇帝是满汉双语都会说的。汉语与满语一样，成为官方语言。清兵入关后，虽然在政治上对北京是一个强大的冲击，然而在语言的统一上却起了极大的推动作用。到了康乾盛世，北京话已经趋于稳定和成型，并向四方扩展。清政府为了消除南方尤其是广东、福建一带的官吏上朝时的方言障碍，还曾于雍正年间发布正音令，刊行了《官音汇解》、《正音撮要》、《正音咀华》等书来推广以北京话为代表的官方标准语。此外，清代稳定的政局、繁荣的经济、发达的交通，也使得当时的北京话得以推行。正如汉语史专家太田辰夫所指出的："清代是北京话形成并作为通用语使用的时代。"5

清代北京话的特色，既可以从当时的文学作品中窥见一斑，也可以从当时形成的一种新的戏剧形式——京剧中找到痕迹。京剧在声韵方面，兼用北京、湖北两种四声调值，分尖、团音，按照十三辙押韵。京剧的念白主要分为"京白"和"韵白"。京白是北京话经过初步加工而成，它的节奏快慢、声调起伏较为夸张。京剧的花旦、丑角都念京白。韵白使用的不是北京话，而是"中州韵"，听起来和北京话很不一样。它是经过进一步加工的舞台语言，节奏、声调更为夸张，更富有节奏感和韵律美。京剧的老生、青衣、花脸、小生、老旦等都念韵白。念白能够简洁而明确地表达思想内容，具有很强的表现力。

《辕门斩子》一段中佘太君的唱词"听说是斩宗保把我吓坏，险些儿一步跌倒尘埃。又只见小孙儿捆绑在帐外，因甚事绑辕门要把刀开"中，"险些儿"、"小孙儿"是典型的北京"儿话音"。穆桂英的唱词"慢说是天门阵一百单八，千阵一万我都能杀"和杨延昭的唱词"叫焦赞将宗保绑绳松下，看你面饶恕了不孝冤家"中的"慢说"和"冤家"两个词也是北京话的词汇。

《红楼梦》是清代文学的典型代表。曹雪芹根据人物所处的时代环境和特点来安排人物的语言，体现了当时北京话的真实状况。例如：说时间时多用"多早晚"、"好早晚"、"这早晚"、"今儿"、"明儿"、"昨儿"、"前儿",称人及合称时爱用"爷儿"或"爷儿们"、"姐儿"或"姐儿们"、"哥儿"、"娘儿",还有"起开罢"、"你是我命中的小人魔难星"、"讨人嫌"、"话儿疯"、"耳傍风"、"一会子"、"才刚"、"越性"等等词语,让人一看,就能感觉到当时的北京话的气息。另外,曹雪芹《红楼梦》中引用了许多当时流行于北京地区、尤其是旗人社会的俗语,其中有一些是直接从口语中采撷来的,如"摇车里的爷爷,拄拐杖的孙子","清水下杂面,你吃我看见","瘦死的骆驼比马大,咱们的腰也不抵他汗毛拔一根","人说是闻名不如来见面";还有一些歇后语,如"胳膊折了往袖子里藏——自掩苦处","坐山观虎斗——坐收其利","站干岸——不沾事(湿)","推倒油瓶不扶——懒到家了","千里搭长棚——没有个不散的宴席"等等。这些都可以让我们领略到北京话生动活泼的特点。

五四白话文运动兴起后,北京话又经历了一次洗礼。随着中国经济的发展,各地交往程度加深,北京也越来越现代化了。这里聚集了天南海北的人,正因为这样的人文环境,使得北京话在不断地接受新鲜血液的同时,内部也发生了分化,主要是分为北京土话与新北京话。同时,住在不同区域的人,发音和用词也有一些小的差异。北京土话在发展中逐步退居次要地位,代之而起的是年青人所讲的新北京话。这也再次显示出了北京话的开放性与包容力。

上世纪50年代开展的现代汉语规范化运动正式提出了汉民族共同语:以北方方言为基础方言,以北京语音为标准音,以典范的现代白话文著作为语法规范的普通话。北京话在各大方言中的独特位置也被确立。北京话因其开放性与包容力而形成,也因其开放性和包容力而在各种语言及各地方言的斗争中独领风骚,今后也同样会因其开放性和包容力而在新时代放射出耀眼的光芒!

(二) 普通话与北京话:青出于蓝而别于蓝

"一个馒头,可以说把它'吃'了,把它'餐'了,把它'捋'了,把它'啃'了,再添一个字,把它'垫补'了!"[6]普通话一个"吃",北京话竟然有这么多的花样,即使普通话说得很好的人听了也一头雾水。为什么会这样呢？普通话与北京话是什么关系呢？

要想弄清楚普通话与北京话之间的关系，有必要首先弄清楚普通话的来龙去脉。

古代不同的人类共同体产生了各自的原始语言。而语言是随着社会的发展而发展，由社会的瓦解而分化，由社会的统一而融合。我们国家地域辽阔、人口很多，自古以来就有方言分歧。方言的存在给交际带来不便，为了克服方言给交际带来的隔阂，就要有"通用语"，这就是会诞生社会"普通话"的原因。

据《辞海·雅言》记载，"雅言"是我国古代最早的"普通话"。孔子在读古书、行古礼时就使用雅言，《论语》中有："子所雅言，诗、书、执礼，皆雅言也。"[7]民族的共同语到汉代才有了新的名称，这就是"通语"，也就是汉代的"普通话"。从唐代开始，官场中的通用语言被称作"官话"。这种"官话"直到清代还在沿用。从元代开始，北京成为首都，成为全国的政治、经济、文化的中心，北京话很快成为全国通用语的基础标准音。北京话成为新的"官话"并得以推广。

"普通话"的概念是由清末学者朱文熊首先提出的。1906年，他在《江苏新字母》中把汉语分为"国文"(文言文)、"普通话"和"俗语"(方言)，而且明确地给"普通话"下了定义："各省通行之话。"[8]民国初年定名为"国语"，1920年定为法定教学语言，使"国语"、"普通话"得到进一步的规范和发展，为现代的普通话推广提供了历史基础。

新中国成立以后，党和国家十分重视语言文字工作，在国家《宪法》第十九条明确规定，"国家推广全国通用的普通话"。1955年，"全国文字改革会议"和"现代汉语规范问题学术会议"在北京召开，这两个会议确定了现代汉民族共同语的名称、定义和标准，将它正式定名为"普通话"。

由此可见，普通话是一个社会全体成员通用的语言，是现代汉语的标准语，是现代汉民族各方言区之间进行交流的工具，也是我国各民族之间进行交流的工具，即我们国家的通用语言。而北京话和其他方言一样，是一种方言，只在北京地区使用，为这一地区的人所熟悉、所接受。普通话"以北京语音为标准音"指的是以北京音系为标准音，即北京话的声母、韵母、声调系统，而不包括北京话的土音。北京话比较舒缓，语调起伏变化比较复杂，轻声音节含糊。北京话有许多词儿化，这是北京话最引人注意的特色。例如：

今儿	靠边儿
倍儿	没词儿
颠儿	遛弯儿
油儿	末了儿
事儿	不得劲儿

北京话有大量的特殊词汇，"京味"十足。例如：

北京话	普通话
碍事儿	不方便
没 辙	没办法
吃 心	多 心
耗 子	老 鼠
逗闷子	开玩笑

因此，普通话与北京话的关系，一言以蔽之，"青出于蓝而别于蓝"。即：第一，普通话以北方话为基础方言，普通话是在北京话的基础上发展起来的，成为民族共同语后就上升到了一个更高的层次。北京话也正在迅速地向普通话靠拢，在语音和词汇两个方面都有了显著的变化。语音上和以往比较，节奏加快，嗓音要高，也清一些。现在北京话的轻声音节，也不像过去那么突出了。在语音的节律、语调、音节的清晰度等方面都有了变化，词汇的变化最为明显。总的来说，北京话词汇中的土话正在被大量的普通话词汇代替，如今已经很少有人说地道的北京土话了。第二，普通话并非僵死的东西，它还在不断发展、成长，还必须从各个方言中吸收营养，使自己更为丰富、更有共同性。北京话当然也在吸收之列，因而在普通话中，我们也可以找到一些北京话的痕迹。

现在的北京话虽然跟普通话比邻，一直受普通话的影响并向普通话

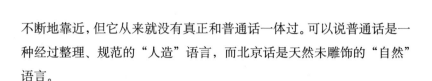

不断地靠近，但它从来就没有真正和普通话一体过。可以说普通话是一种经过整理、规范的"人造"语言，而北京话是天然未雕饰的"自然"语言。

（三）普通话标准方言的选定：今朝花开北京话

方言是在一定地域通行的与同共通语有所差异的语言。据说在确定普通话的标准时，北京话、广州话与上海话曾经都是备选对象，而最终还是以北京夺得头魁而落幕。那么究竟是什么使得北京话最终成为普通话中的标准方言呢？这与当时三地的政治、文化情况密切相关。

1．北京话与广州话：政治的选择

辛亥革命推翻了封建帝制，建立了中华民国，实行天下共和，众议员共商治国大计。中华民国首届国会投票确定国语，一些广东籍议员曾提议定广东话为中国"国语"。当时的国会议员广东人刚好过半，要是真搞"民主"，通过这一法案应该不成问题。然而孙中山先生从大局出发，考虑到国家统一的问题，劝那些粤籍同乡改变初衷，放弃广州话，确定北京话为国语。广州话以一票之差（一说为三票之差）败给北京话而未能晋升为国语。

在当时，东北地区还不在民国有效势力范围内，孙中山先生最终选定北京话为国语，主要考虑到两个因素：首要是社会历史因素。北京话的优势主要是政治上的。中国的中央政权，从来就在北方，西安、洛阳、开封、北京，统一王朝京城的迁徙，大约是东进北上，转来转去，总在黄河流域和黄河以北。元、明、清三朝，更是连续在北京建都。至于那些建都江南的，则多半是短命王朝，而且只有半壁江山，甚至半边都没有，比如东吴、东晋，南朝的宋、齐、梁、陈，还有南宋等。定都北方，则往往都能长治久安，比如汉、唐、宋、元、明、清。其次是语言本身的因素。除土语外，北京话只有39个韵母，广东话却有51个韵母；广东话的声母要少些，但是发音极难；北京话4个声调，即阴平、阳平、上声、去声，而粤语是汉语所有方言中声调最多的，不但平、上、去、入各分阴阳，而且阴入还分上下（上阴入和下阴入），一共9个，有的地方还有10个。总的来说，北京话较之广东话更容易学习，更利于推广普及。共同语的推广与普及要为政治的统一而服务，这是不言而喻的。

在北京话与广州话的争斗中，政治上的优势决定了语言上的优势，因此在这场争斗中，广东话与"一统天下"的至尊地位失之交臂。

2. 北京话与上海话：文化的差异

北京和上海，一个极具东方传统，一个受西方文明影响更深；一个是政治文化中心，一个是经济金融中心；而北京话和上海话，一个通行于中国北方地区各省区，一个流行于整个江南；北京话"官气十足"，上海话"商气浓郁"。两地的语言都透着所在地域的文化特色和城市功能的特色。

北京久处"天子脚下"，积淀了厚重的传统文化，培养了北京人特有的"皇城根儿"意识。这种意识里总有一种宏观思维，北京人思考问题往往是以全国为视野，从大处着眼，对国家大事情有独钟。一个出租车司机，聊起来，从领导人到街头小贩，从公开报道到小道消息，从国家大事到家长里短，都能天马行空侃侃而谈，言谈话语间那种指点江山、舍我其谁的气势不能不叫人折服。关心政治成了北京人"天经地义"的事，同时北京人也创造性地将具有中国特色、带有革命气息或比较严肃的政治词语用于普通小事，使北京话让人听起来"官气十足"。例如："一脸旧社会"形容愁眉苦脸，"汉奸头"形容中分头发，"苦大仇深"形容长得不好。

相比之下，上海是被辟给西方国家为商埠后发展起来的新兴城市，浓郁的商业文化使上海人的价值取向与北京人大为不同。频繁的商业贸易和浓郁的商业气息熏陶出了具有强烈商业意识的平民，诱发了上海人潜在的注重个人"实惠"的遗传基因，培养了人们精细的心理特征，尤其长于精致细巧、机警睿智。在上海人的心目中，讲究功利、注重实用的价值准则占有相当的分量，商业用语已大量应用于日常生活，使上海话听起来"商气浓郁"。例如："息讨好"指善拍马屁；"照牌头"指预算之事或钱稳操胜券；"远期支票"指不能兑现的话。

自古以来，共同语都以"雅"为首要标准，北京话是在悠久的文明中孕育出的一朵奇葩，所以其"雅"是上海方言所不能及的。也正因如此，在以"雅"为首要条件的竞争中，北京话因其深厚的文化底蕴而获胜了。也许，这也正体现了社会历史对语言的"操纵"。

综上所述，北京话之所以成为北方方言的代表，之所以有着别样的特色，不仅与其独特的社会历史密不可分，而且也是由其自身的包容力与开放性所决定的。它既不同于普通话，又与普通话有着比其他方言更为亲近的血缘关系；既是众多方言中的一种，却又与其他方言有着较大的差异，在方言中独领风骚。它在普通话与其他方言的夹缝中寻求着自己的一片天空，绽放着属于自己的光芒。

二 京味文化的多棱镜：容万象而尽显一言

北京特殊的地理位置及历史给予了北京话丰富的滋养，在北京话中留下了鲜明的印记。无论是语音、词汇还是语法，无一不折射着京味文化特色。北京话是当之无愧的京味文化的多棱镜。

（一）语音中的文化：繁华尽去，有容乃成

坐过北京公交车的人，一定对售票员报站名的声音印象深刻。三个字以上的站名往往会被"吃掉"一个甚至两个音，比如"铁狮子坟站到了"就被说成"铁×坟站到了"。细细品来，北京人说话虽快，但这种快既不同于南方人的吐字频率之高，也不同于东北方言的斩钉截铁与干干脆脆，而是声发于闲懒之间。地道的北京话，总像是在深秋午后的暖阳中品一杯清茶，闲散之间悠然道来。

北京话语音之所以给人以闲懒、悠然之感，是由其语音系统构成要素的特点所决定的。我们不妨想想，为什么各个方言的声母、韵母、声调会不尽相同，即使是相同的词，在不同的方言中发音总会有些不同？一种语言选择哪一种语音，是与这种语言生存的社会文化背景密不可分的。我们不能只是由于语音是一种声音，文化对其影响是深层的，很难被直接感知，就得出语音不能折射出文化这样的结论。

语音要素的多少在某种程度上能反映出一定的文化特征。拿声调来

说，北京话有阴平、阳平、上声、去声4个声调（轻声除外），而其他方言的声调基本上都比北京话复杂：如闽方言各地都有入声调，声调数目6—8个，以7个为多见；客家话主要特点是多数地区是6个声调，少数地区有5或7个声调；粤语，俗称广东话，当地人称白话，是汉语七大方言中语言现象较为复杂的，有9个声调。可以说，北京话是各个方言中声调数目相对较少的方言。声调数目的选择反映了北京的文化特征。一般来说，系统的复杂性与系统的开放程度成反比，系统越复杂，意味着规则越多，也越不容易吸取外来成分；相反地，系统越简单，规则也就越少，也就很容易吸取外来成分。语言系统更是如此，一种语言在进入另一种语言时，要想被该语言系统接纳，就得"入乡随俗"，所以"俗"越少，就越容易吸收其他语言的成分。"俗"越少也就意味着该语言的包容性和开放性越强。北京文化极具开放性与包容性，因此在此基础上孕育出的北京话，自然也就沿袭了这样的特性，即在历史更迭中所形成的开放性与宽容性。而这种文化特征反映在语音层面上，便是语音系统尽量简单化。另外，前面在探讨北京话的形成时，谈到北京话是南北文化交融的结果，在南北交流中，要想方便交流，根据经济原则，语音也应该简单明了，这样才能满足社会发展的需要。因此我们说北京话的声调数目较少，并不是偶然的，而是有着深刻的历史和文化原因。

"儿化韵"可以说是北京话语音的一个典型代表。下面我们就来分析一下"儿化韵"中的文化成分。近年来，对"儿化韵"的研究很多，对其功能的看法也不尽相同，但大致看来，主要有三种：一是表达细小、喜爱、亲昵、俏皮、灵巧等正面的语义色彩，如"发小儿、丁点儿、家雀儿"等。北京人称相声演员侯耀文时大都儿化，叫"侯耀文儿"，这也表现了北京人对这位大师的喜欢。表达俏皮意义的多见于童谣，如"小小子儿，坐门墩儿，哭着喊着要媳妇儿。要媳妇儿干吗呀？点灯说话儿，熄灯做伴儿，明儿早晨起来梳小辫儿"。二是表达轻蔑、鄙视、令人厌恶等反面的语义色彩。如"光棍儿、小偷儿、败家子儿"等。三是表达一种"具体事物抽象化"的语义。如"头儿、根儿、口儿"等，加上儿化韵后，这些词原有的具体意思就变得抽象了。北京话采用"儿化"

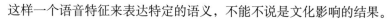

这样一个语音特征来表达特定的语义，不能不说是文化影响的结果。

在儿化韵的发展中，出现了"半儿化"现象。如在一些韵母后可能出现半儿化现象，如单念"胡同"，"同"的读音轻且短，鼻韵尾几乎没有了，听上去不是完整、饱满的"同"，有点儿像儿化后发生的鼻化，是不到位的儿化。"北京土话"中一些原本区分明显的儿化，在当今的新北京话中也不再有差别。如"蛙儿"和"弯儿"这类儿话韵的区别，在现今的北京话中已经消失了。儿化韵是北京语音一个显著的特点，在普通话及其他方言中儿化韵的成分是很少的。因而新北京话中半儿化韵的出现，说明了汉语标准音的普及对北京方言语音的影响，也反映了当代北京人的人口结构的变化给北京方言带来的冲击。大量的外地人在北京扎根，使得操北京土话人口的比例下降，而普通话的强势推广，也强烈地影响着北京话。面对外来的影响，北京方言不得不与普通话及其他方言间进行"协商"来适应社会发展的需要，重新恢复自身语音系统的平衡，而这一调整的结果则是半儿化韵的出现。

另外，有人也对儿化韵的使用做了共时的研究，发现不同年龄、社会阶层、家庭背景、教育水平、性别的人使用儿化韵也存在着差异。如教育程度越高的讲话人使用"—儿"的频率越低，相反教育程度越低的人使用"—儿"的词尾频度也越高。这说明一种语音现象的发展也会受到社会背景的影响，即社会文化背景总会在该种语音现象中留下印记。

综上所述，我们不难看出，语音系统的发展变化摆脱不了社会文化的影响，文化对语音的影响是抽象的、是整体性的，不是作用于某个具体的语音，而是作用于组织、使用及改变这些语音要素的原则。所以也正由于北京文化的包容与开放，才使得北京语音摒弃了形式与数量上的"繁华"，形成了简约而极具开放性，又颇富闲懒、悠然特色的语音系统。

（二）词汇中的文化：岁月有痕，曲径通幽

词汇是语言的建筑材料，犹如大厦之砖瓦、铺路之基石。因此北京话词汇不仅是京味文化的载体，也是京味文化的结晶。北京话词汇的历史功绩在于它传承了北京悠久而多姿多彩的文化，最直接、最敏感地反映出京味文化独一无二的价值取向，我们可以从语言词汇的棱镜中观察

京味文化的种种景象。

1. 岁月的记忆：从地名名词看京味文化

地名是人们在社会生活中给地理实体、行政区域或居民点所起的名称。作为专有名词的地名，是不同历史时代的产物，它反映了民族语言和民族的心理特征，反映了民族的风俗和伦理道德观念，可以说是一种独特的文化现象。"不同民族或不同地域的文化，最初大都是互相隔离各具特色的，这些特色包括语言或方言的差异，也体现在作为语言的特殊成分的地名上。"[9]甚至有些地名经历了数百年的变迁，可以说，到如今已"名"不副"实"了，但是它们往往有较高的历史价值，因为当初取地名或以后更改地名，大都和各个时代的文化特征相联系，其变迁留下了各个历史时期政治文化、民族文化、经济情况等的踪迹，我们可以通过这些来探寻和了解文化。

首先，从地名看北京旧时官署衙门的遗迹。北京是元、明、清三朝及民国时期的京都。旧时官署衙门林立，机构众多，它们虽然已经消失，却在北京地名中留下了不可磨灭的痕迹。

例如位于北京旧城安定门内的国子监街，因街中的国子监而得名。国子监于元大德十年（1306）创建、明改建、清扩建，建筑壮丽，国内仅此一处。它是元、明、清三朝太学旧址，是封建时代的最高学府，也是最高教育管理机构。清代将现在的国子监街改叫成贤街，也称国子监胡同。国子监街仍有四座牌楼，是京城保留下来的为数不多的牌楼，街的东西口各有一座，额枋曰"成贤街"，国子监左右两座，额书"国子监"。位于西城的教育街原名叫铁匠胡同，清光绪三十一年（1905）在此设学部，取代国子监，因民国初年教育部设在此而改名为教育部街，因此便称这条胡同为教育部街，到了1965年才改今名。

此外，公安街、户部街、刑部街、按院胡同、学院胡同、兵马司胡同、东厂胡同、钱粮胡同、钟鼓胡同等在历史上都是因官署衙门而定名的。

其次，从地名看北京旧时经济活动情况。明清时期我国的经济发展已达到很高水平，作为封建社会晚期最负盛名的大都市，北京市肆之繁华甲于天下，南北商贾频繁往来，贸易兴盛。天长日久，一些市场、商品名等也成为街巷地名，被记载了下来。今天，我们从北京许多老的街巷名称中，仍可以看出北京历史上商业市场的繁盛局面和分布情况。

在北京，以市为名的街巷举目皆是，如灯市口大街、珠市大街、花市大街、羊市大街、晓市口等等，这些地方都是原来的专卖市场所在地。位于今东城区的灯市口大街，得名于内城最繁盛、最热闹的集市——灯市。我国古代有在上元节（夏历正月十五日）赏灯的习俗，到时各街市都悬挂花灯，店铺也出售各种花灯，供市民玩赏，叫做灯市。它最大的特点是将古代的张灯之俗和商品贸易相结合，从而形成北京著名的临时性大集市。早在明朝，灯市口就已得名。清光绪年间朱一新的。《京师坊巷志稿》记述："今灯市、内市俱废，其地犹存灯市口之名"[10]民国以后，这里更加萧条，逐渐变成一条僻静的马路，不仅"灯"不见了，连"市"也消失了。

老北京还有一些地名虽不带"市"字，却以其所售商品命名。如果子巷、鲜鱼口等等，从名称即可知其当时是何种专业市场的所在地。果子巷原是清朝及民国时北京买卖水果的一个中心，在这条仅长约一里的胡同里，最盛时曾集中了四十余家经营水果的店铺，其中有的商户甚至还持有清朝皇帝颁发的特许营业执照——"龙贴"，可见当时这个果品市场的火爆。北京还有一些街巷，因一些人缘好、人气旺的个体手工业者或者是小商小贩居住此地，制售产品，被往来顾客口口相传，其姓氏和制售品逐渐被人叫熟了，慢慢就成了街巷的名字。位于今建国门内的治国胡同，原本叫尧治国胡同，明代叫姚铸锅胡同，得名于铸锅而远近闻名的姚家作坊。

这些和市场有关的地名，历史上正是北京的繁华闹市及商业中心。这些地名的变迁，可以印证和折射出北京源远流长的商业发展史。

第三，从地名看北京地区民族交往。中国自古以来就是多民族国家，汉族与其他少数民族杂居相处，民族迁徙不断，交往频繁。不同民族的交往、接触，以及一个民族迁移的历史，往往在地名上留下语言痕迹。人们从那些异族语言的地名里，可以考察与印证民族交往的历史。

历史上，蒙族和满族都先后统治过中国，并且在北京建都。今天，北京城里有些地名分明是蒙语或满语的遗留。元代蒙古族曾生活在水源奇缺的蒙古高原，进入中原后，非常珍惜水源，以"海"命名湖泊、河流甚至水潭。《宸垣识略》记载："禁城中外海，即古燕市积水潭也。"[11]什刹海原是一片大水潭，辽代和金代本称其为积水潭，到了元代，蒙古族就将它称为"海子"。西海子、南海子、海子桥、北海、什刹海（前海、后海、西海的总称）、中南海，这些冠名为"海"的地名，其实都来源于蒙语，都是蒙汉长久聚居而产生的蒙汉结合的地名。

北京四处可见的"胡同"竟然也是"舶来品"。"胡同"一词最初见于元杂剧。关汉卿《单刀会》中，有"杀出一条血胡同来"之语。北京语言大学张清常教授在《胡同及其他》[12]中认为，胡同是蒙古语，即水井的意思。清朝时，随着清兵的进入，北京有一些地名便留下了满语成分。如位于东城的案板章胡同，清时称昂邦章京胡同。据朱一新《京师坊巷志稿》记载："昂邦章京，国语子爵也，俗讹按班张。"[13]当时的国语即满语，昂邦、章京为满语，但并非指子爵。昂邦，清代官名，满语大臣、大官的意思。章京，官名，清代军职多称章京，如参领称甲喇章京。军机处和总理各国事务衙门办理文书事务的官员亦称章京，为堂官的重要助手。军机处的章京，又被称为小军机。民国三十六年(1947)，胡同称案板章，后或称擀面杖，致使很多人误以为这里是卖案板、擀面杖的地方。

此外北京地名里有些街巷直接用少数民族来命名，如骚达子坟村（朝阳区）、回回营（西城区、东城区）、蛮子营（东城区）、畏吾村（海淀区）、达理庄（朝阳区）、达智营（西城区）、苗子营。"达子"是汉族对蒙古族不敬的称呼，以后多改为"达理"、"达智"；"回回"、"回子"都是指回族；"蛮子"是汉族对少数民族的一种泛称；"畏吾"有的地名著作中写作"畏吾儿"，是维吾尔族；"苗子"是苗族。[14]

最后，从地名看北京地区宗教信仰。北京素有"庙宇甲天下"之称，庙宇种类繁多，而且形式多样。一般来说，地名反映古人宗教信仰，主要是以各种宗教的建筑物为名，常见的建筑名转化为地名。在过去的北京城中，有哪些不同的宗教信仰呢？我们可以从这些地名的考察中得到答案。

因佛教庙宇而得名的街巷地名比较常见，如天宁寺、护国寺、五塔寺、观音寺等。其中天宁寺创建的历史较长，其前身是北魏时期的光林寺。北魏时期佛教开始在中国兴盛，幽州（北京）是佛教聚兴地区之一，到处兴建佛教寺院。孝文帝时建的光林寺，就是幽州古刹之一，至北齐仍是佛教活动的胜地。隋仁寿时称宏业寺，始建舍利塔，唐开元时改称天王寺，金朝改为大万安禅寺。元末，寺庙毁于兵火，仅有塔留存了下来。明初，成祖朱棣在潜邸命所司重修庙宇，宣德中改称天宁寺。天宁寺塔成为北京重要的名胜佛塔，京城人人皆知，在其周围形成了天宁寺前街、天宁寺东里、天宁寺西里以及天宁寺西里一巷、二巷等街巷地名。

因道教庙宇而得名的街巷地名也非常丰富，如白云观、药王庙、灵济宫、老君堂、城隍庙等，其中以白云观最有名。白云观的前身是唐玄宗"斋心敬道，奉祀老子"的地方，开元年间正式建立天长观。唐朝李氏为了提高自己的门第出身，便利用道教始祖李聃姓李、皇室也姓李的巧合，自称老子之后，来抬高自己和维护自己的统治，所以就推崇道教。金明昌年间重建，泰和年间改名"太极宫"。元初，全真派长春真人丘处机受到元太祖成吉思汗的赏识，命他住持该宫，并易名为长春宫。丘处机辞世后，其弟子于宫的东侧下院建处顺堂，供奉丘氏遗骨。正如《帝京景物略》记载："白云观，元太极宫故墟……中塑白晳皴皴无须眉者，长春丘真人像也。"[15]元明洪武年间，长春宫毁于兵火，将其下院白云观加以扩建，即为今之白云观。历代不断修缮，现存殿堂为清代建筑。白云观不仅是北京最大的道观，也是全国最大的道观，号称"全真第一丛林"。今白云观街、白云观北里南里、白云路和白云西路就是以这座北方道教中心命名的。

因伊斯兰教的庙宇而得名的街巷地名，有礼拜寺、清真寺等。其中牛街礼拜寺最为悠久。牛街礼拜寺最初为辽代入仕的阿拉伯学者纳苏鲁丁所创建。"礼拜"是每一位穆斯林每天都必须按时做的"功课"，也成为伊斯兰教的代名词。明宣德年间扩建，明正统年间整修。明成化年间，都指挥詹升请题名号，奉敕赐名"礼拜寺"，故有"明寺"之称。清康熙年间再次重修，并题额"礼拜寺"，故牛街清真寺号称礼拜寺，以与其他清真寺区别。牛街礼拜寺是规模最为宏丽的清真古寺，也是世界上著名的清真寺之一，以它命名的街有礼拜寺街、礼拜寺胡同、礼拜寺夹道等。

因天主教的庙宇而得名的街巷地名有天主堂、法国教堂。天主堂最早的是宣武门教堂（在今宣武门内大街南口），是明朝末年罗马公教耶稣会教士利玛窦等来到北京后兴建的。

此外，还有反映移民历史的，如苏州街（海淀区）、陕西巷（宣武区）；有反映对历史人物的纪念的，如张自忠路、赵登禹路；有反映宗族观念的，如石各庄、罗家井；有反映求福的愿望的，如长安街、和平里；有反映旧时军事活动的，如三里屯、火器营等等。北京地名反映的历史文化丰富多彩，不胜枚举。

每个地名看上去很简单，可是当我们把它们联缀起来看时，却是一部百科全书，大到政治经济，小到家庭生活，都在地名中得以反映；地名也已经不再仅仅是一个名字，而是折射出了京都历史的发展与文化变迁。

2. 寓意于言内：从熟语看京味文化

熟语是不折不扣的文化凝练，谈到京味文化，不能不谈北京话中的熟语。京味熟语是在北京人中长期流传、积淀而成的固定词语。北京人在自己的物质文化和精神文化生活中创造了这种语汇，又用这种语汇来表现自己的文化概念，从事文化交流和感情交流，巩固自己的文化成果。它是在北京的文化土壤中形成并被历代传承下来的，每一个词、每一个结构都洋溢着浓郁的北京特色。

首先，让我们从熟语看看北京的饮食文化

"吃了吗，您？"这是老北京人见面打招呼时最常说的一句话。虽说这只是形式上的一种礼仪，却道出了"吃饭"是人们生活中的头等大事，这种"民以食为天"的思想不仅影响着北京人的生活，也在北京话中深深地扎下了根。熟语是人们在生活经验的基础上发展起来的词汇，与人们的生活息息相关，可以更为生动地反映生活。正是熟语的这种与生活密切相关的特性，决定了它与"饮食文化"间那种亲密的关系。因为当人们想要创造熟语来表达思想、描述生活时，必然会使用他们最为熟悉与最为重视的事物，也正因如此，他们理所当然地把"饮食"这个他们最为重视的方面作为创造的蓝本，这也就是为什么我们可以在熟语中找到饮食文化所留下的清晰而具体的痕迹。

　　饮食文化很大程度反映在烹食器具上。锅碗瓢盆理所当然成为创造熟语的蓝本，如"背黑锅"，比喻代人受过，泛指受冤屈；"破罐子破摔"，比喻有了缺点、错误，不加改正，任其自流，或反而有意朝更坏的方向发展。而从烹食材料引申出的具有文化意义的熟语也很多，例如："吃豆腐"，指戏谑、调情或寻开心，也比喻性格懦弱无能；"装蒜"，指假装糊涂，装腔作势；"陈谷子烂芝麻"，指过时的、陈旧的东西。

　　中国的烹调方法花样繁多，而这些烹调方法也被吸收到熟语中来。如煎熬：本是两种烹饪方法，其特点是反复地用火煨，历时较长，引申为被痛苦、艰难、疼痛等反复折磨，又如熬夜、熬日子等；炒：制作中国菜肴最常用的方法，就是在热的锅里翻来覆去地不断搅拌，"炒鱿鱼"，鱿鱼在锅里炒就会卷成团，借此形象地比喻被解雇，卷铺盖走人；烩：一种把多种食物混在一起加水煮的烹饪方法，"大杂烩"，"杂烩汤"等比喻把各种事物胡乱拼凑在一起。

　　从食用方法幻化而来的熟语则更是不胜枚举，常见的是"吃"和"喝"。"吃"可表示依赖某人、某事、某物而生活，如"吃回扣"；可表示产生某种感受或承受某种压力，如"吃黄牌"；可表示经受某种遭遇，如"吃一堑，长一智"；还可表示受欢迎或不受欢迎，如"吃得开"。"喝"是针对流体性食物而言的，"喝冷饭汤"，本指吃残茶剩饭，比喻做随从之类的人；"喝西北风"，比喻没有东西吃，挨饿。此外"品"本意指物品众多，后引申出"区分"之意，于是就出现了"品评"、"品头论足"等。

　　熟语中集中了很多与饮食密切相关的词语，其中涉及的烹饪工具、材料乃至食用方法已经失去原来的意义，引申出了反映北京人生活各个方面的生动而鲜活的意义。"民以食为天"这种百事以饮食为重的思想在熟语里得到了有力的证实与充分的展示。

　　再从熟语看看北京的时令风俗。

　　北京的时令风俗特别富有生活情趣，形式多种多样。过去的北京人，一年有三个大的节日，即所谓"三节"。最隆重的是过年，也就是现在的春节；再一个就是春夏交替的五月初五端午节；还有一个是被称为团圆节和月饼节的八月十五中秋节。

北京熟语中的"三十晚上吃饺子——没有外人"和"大年初一吃饺子——都一样"就是关于春节吃饺子的。据清朝人富察敦崇著《燕京岁时记·元旦》："每届初一……无论贫富贵贱，皆以白面作角而食之，谓之煮饽饽，举国皆然，无不同也。"[16]因习俗为此时不得串门走亲，因此便产生了"三十晚上吃饺子——没有外人"、"大年初一吃饺子——都一样"这两条熟语。"三十晚上吃饺子——没有外人"，形容几个人之间关系密切，不分彼此，坐在一起可以推心置腹、开诚布公地交谈、办事。而"大年初一吃饺子——都一样"则有两层含义，一是说在座几位关系密切，不分内外；还有彼此不相上下、难分高低好坏之意。

"五月端午的黄花鱼——正在盛市上"这条熟语如实摄下了昔日端午节北京市场的一个镜头。过去，北京市场上供应的商品、尤其是各类食品，特别讲究时间和节令。五月初是黄花鱼上市的时节。北京冬春季节，河鲜很少，而且黄花鱼等鱼类产品每年初次运到北京时，要由崇文门监督照例呈进。新鲜的黄花鱼首先要献给皇宫和官宦人家，一般人是吃不到的，如果拿到市场上去，往往被列入"私货"，因此，即使有带到市场去的也不敢卖。只有到了端午节前后，才可以正式上市。以此为喻，形容某人某事在兴盛时期。

（三）语法中的文化：异中求同，变中示异

语法作为人类语言的结构规则，是人类思维抽象化的结果。语法具有抽象性、概括性及稳定性的特征。表面上看，语法与社会文化生活没有直接的关系，然而社会的发展却在总体上对语法的发展、变化起着推动作用。因为社会在不断发展，所以语言为了适应这种变化也必须进行自我调节，词汇方面的变化既是最明显的，也是最及时的。而语言是一个动态平衡系统，牵一发而动全身，因此这种变化同样会波及语音及语法的发展。方言最明显的句法差异就表现在句子的语序类型上。刘丹青[17]对汉语方言的语序类型进行了对比研究，主要是对比了吴语、闽语、粤语等方言。

先来看吴语。如苏州话"教俚酒少吃点"(叫他少喝点酒)，这里"酒"

是次话题，是"吃"的受事，被置于谓语"少吃点"的前面；宁波话"昨么子黄鼠狼鸡偷去三只啦"（昨天黄鼠狼偷了三只鸡）中，"昨天"是话题，"鸡"是次话题，是"偷"的受事，被放在谓语"偷去三只"的前面。从这两个例子不难看出，北部吴语(苏南、上海地区)呈现一种次话题优先的特征，主要表现在：受事话题化比普通话常见得多，而受事占据的话题位置主要是主语后、动词前的次话题位置。

我们再来看看闽语（福州话）的例子。如"我只这本书看完了"中，"我"是"话题"，也称"大主语"，而"书"则是受事，位于谓语"看完了"的前边；再如"依姐姐衣裳洗野澈很干净"中，"依姐姐"是"话题"即"大主语"，而"衣裳"是次话题，即"小主语"，它是"洗"的受事。由此可见，闽东方言福州话中，受事更倾向于前置，不但充当主话题(大主语)可以前置，充当次话题(小主语)也可以。

而粤语可能相对来说是最典型的主谓宾类型，对话题、焦点的敏感度不高，因此也是话题优先特点相对较弱的方言。此外，其中的"将"字处置式不发达。"将"字处置式用起来比普通话"把"字句受限更多，因为普通话里有些"把"字句无法译成粤语处置式，如"把肚子都笑痛了"，粤语只能说"佢笑到肚都挛"。

由此看来，吴语、北京话都强烈倾向于把已知信息放在动词前。

前面已提到目前北京话内部有分歧，大致可分为北京土话和现代北京话。现代北京话的语法与普通话的语法基本一致，而北京土话则与普通话的语法有一些明显的差别：一是语序常倒装。如"吃了吗，您呐？""上班儿去，您哪！""你看完了吗，那本儿书？"等等。二是"们"偶尔用于单数："给我们一张！"三是有些特别的词尾，如"还有什么花生、瓜子儿伍的"、"讨厌劲儿、罗嗦劲儿"、"难看着哪"中的"伍的"、"劲儿"、"着哪"。关于语法方面的文化因素，同语音中的文化因素一样，相关研究相对来说还比较少，论及此方面的文章也大多只谈到文化背景的差异会影响思维，从而导致语法的差异。我们可以从以下两个方面来考察语法中的文化因素：一是北京土话与现代北京话的分歧既体现出了北京土话地位下降，又体现了社会需要对语法的影响。近年来，外地人口大量涌入北京，使得北京人口结构发生了重大变化，"土著"的北京人所占比例远远小于以前，因此北京土话的地位也随之下降了。同时正是因为这种结构的变化，人们需要一种更便于交流的语言，而普通话作为民族共同语，毋庸置疑地成为一个标准，因此人们开始改造北京土话，使之更接近普通话，这便是新北京话。这些变化必然要求削减北京土话中与普通话不一致的语法，因此新北京话的语法也体现了社会发展的要求。二是由于北京话既经历了与外族语言的交融，也与南北方言进行了交融，这样的特殊性也要求北京话的语法体系具有普遍性，只有如此，才能最大限度地与其他语言求同存异。我们都知道在各种语言中，主谓宾的语序类型是较为普遍的，这就决定了北京话的语序类型是主谓宾，而这一类型也是普通话的语序类型，更适应语言发展的需要，所以新北京话中保留了这一类型。至于对话题、焦点及受事位置的处理，我们可以认为这也是民族思维的一种差异。

综上而言，北京话不仅仅只是人与人之间最重要的交流工具，无论是其语音、词汇还是语法，都蕴含着文化的印迹。词汇最为明显地反映了文化的变迁，生动而鲜活地展现着历史的记忆，而语音和语法相比较而言对文化的反映则是深层的、含蓄的。我们很难去说明哪个音、哪个语法代表着哪一种具体的文化，但却可以从对语音及语法的选择中寻出一些文化的纲目与民族思维的脉络。所以文化与词汇、语音与语法并非不相关的片断，京味文化与词汇、语音及语法构成的语言系统已经深深地交融在一起了，而北京话也正因为反映了这样一种特别的京味文化而成为一种与众不同的方言。

三　方言文化间的纠葛：经千战而屹于一方

虽然北京话的地位是举足轻重的，但这并不意味着北京话不会受到其他方言的影响或冲击。随着传播媒介种类的增加、传播手段与速度的改善，以地方方言为代表的各类地方艺术也异军突起，在北京艺术这片历史悠久的湖上掀起了阵阵涟漪。

语言与社会文化之间有着极为密切的辩证关系，二者相辅相成。语言受到社会结构及各种规范和习俗的影响,同时也会对社会结构及各种规范和习俗有说明、建构的作用。因此,地域文化的变迁也必然会在方言中得以体现。

从中国数千年的历史看来,政治、经济、文化的发展历来都是从北方推向全国的。自辽、金、元、明、清以来近八百年,北京一直是中华大地上的政治、经济和文化中心,在汉民族共同语形成的过程中,北京话已经成为官话中影响最大的中心方言。随着经济与科技的发展,地域间原有的封闭状态也被打破了,而随着普通话的普及与推广,语言上的障碍日益消除,这都为文化的交流与渗透创造了条件,同时也为地域文化的传播与斗争创造了舞台。当今的经济是文化经济,所以经济的竞争归根结底是文化的竞争。地域经济的发展与竞争,必然会引发地域文化间的斗争。在这样一个"一体化"的时代,各地也深刻地意识到了独具特色的地域文化和方言正在逐渐被同化,因此为了挽救这些即将消失或者可能消失的地域文化,以方言为代表的各式各样的艺术作品应运而生。它们在主流文化与一体化的夹缝中努力生存着,绽放着独特而清新的光彩。下面我们就具体谈谈各地方言艺术作品间的纠葛,而这些纠葛正是地域文化间纠葛的切实反映。

(一) 方言艺术作品的冲击：艺术世界，谁主沉浮

曾几何时,以反映北京风土人情为背景的艺术作品是人们休闲娱乐的主流、茶余饭后的话题,京味艺术占有绝对的位置。可是近几年来,虽然京味艺术还占有绝对的优势,可是也在遭遇到来自其他方言艺术作品的冲击,甚至有很多方言作品超过了京味作品,受到大众的青睐。

1. 谁与争 "风"：来自影视传媒的冲击

京味影视的流行及其领头军的位置可以从国产的贺岁片中找到痕迹。从1995年算起,贺岁片已有十一年了,而且已经形成了规模。从票房来看,《不见不散》、《没完没了》、《大腕》等票房收入都曾经稳坐国产贺岁片的头把交椅。在传媒界,普通话的使用是必需的,除了北京话以外,人们似乎都觉得不可以接受其他的方言,因此,多年来,普通话与北京话似乎一直是传媒界唯一的声音。

可是近几年，"方言风"以火山爆发之势刮遍了大江南北，席卷了影视传媒的各个方面。从新闻报纸到电视电台，从相声小品到电视剧电影，都有着方言的一席之地。如今的影视传媒所上演的已不再是"北京话"或"普通话"的独角戏，而是汇集了粤语、东北话、四川话等众多方言的杂剧。在其他方言影视传媒频繁与强烈的冲击下，京味影视传媒似乎已经由"鹤立鸡群"变为与其他方言"鼎足而立"，而现今更似乎有"退居二线"之势了。

先说方言新闻。

方言渗入新闻语言系统无疑是当今中国大众传播领域的一种奇特现象。新闻报道中的方言词汇使用在省市大众传媒中较为普遍。如湖南卫视的《晚间新闻》，以"不同年龄的新闻当事人用不同的方言讲新闻"为特色，不但使用湘方言，还使用沪方言、东北方言等其他方言。深究起来，纯方言电视新闻应该是"说新闻"方式的进一步拓展。凤凰卫视中文台的主持人陈鲁豫在《凤凰早班车》中首创了电视"说新闻"的方式——将新闻语言口语化、通俗化、生活化，用面对面的谈话方式生动、活泼、有趣地播报新闻，使受众在轻松愉快的气氛中获得信息。随后北京台的《元元说话》、江苏卫视的《晚间播报》、浙江卫视的《阳光直播室》等栏目都体现了电视新闻叙事语言风格的这种转变。

目前，全国很多省市都有一批方言广播节目在不同时段播出。早在1990年，温州电台就开办了《叮叮当》，用温州话讲述温州的历史文化、民俗风情等。其他地方较为出色的有上海电台的《谈天说地阿富根》、云南电台经济生活频道的《吃转云南》、湖南交通广播电台的《快嘴陈辣利》等等。

而方言电视节目更是种类繁多：有娱乐类的，如湖南经济电视台的《越策越开心》；有经济类的，如四川电视台的《经济麻辣烫》；还有生活类的，如重庆电视台的《雾都夜话》，这是一档方言节目，其特色是选用业余演员演绎街头巷井之事，让老百姓讲述自己的故事。

在方言新闻与广播电视的舞台上，真可谓"八仙过海，各显神通"。我们恐怕很难去评判哪个是更重要的，哪个更受欢迎。

再说方言小品与影视剧。

著名的小品演员陈佩斯、朱时茂等人表演的小品铸就了京味小品的辉煌。他们用地道的北京话演绎着一个个让人捧腹大笑却又发人深思的现象，作品得到了全国人民的认同。

然而京味小品并非是这个时代唯一存在的形式。一些操其他方言的演员们也相继走上了方言小品的创作之路。黄宏和宋丹丹的东北方言小品《超生游击队》在荧屏上掀起了方言热潮。而在此之前，中央电视台从未接受过东北方言的小品，此后，陆续出现了东北方言小品《过河》、陕西方言小品《换大米》等等。赵本山、范伟的东北方言小品《功夫》还在春节晚会夺取了头牌。

20世纪90年代可以视为中国电视文艺的分水岭。80年代，电视文艺形态体系刚刚萌芽，优秀的作品不是很多，其中一定要提及的就是老版《西游记》及87版《红楼梦》，现今看来，它们还是不可多得的艺术经典之作。进入90年代，电视文艺逐渐走向成熟，也就是此时，京味影视作品取得了最为辉煌与骄人的成绩，成为影视作品的领军人。1990年岁末，有一部电视剧的名字感动了数以亿计的中国观众，那就是《渴望》。十五年过去了，当年《渴望》热播时万人空巷的情景至今令人记忆犹新。这部轰动全国、感动千万人的电视剧，被称为中国电视剧发展的历史性转折的里程碑，它创下的巅峰效应成为一个时代的神话。1992年，一部室内剧《编辑部的故事》，摆脱了长久以来困扰中国轻喜剧的"沉重"，一经播出立即红遍大江南北，用"脍炙人口"来形容当年热播的情形绝不过分。1993年的《北京人在纽约》再次轰动了全国，这是第一部全面描写赴美移民浪潮中北京人的故事，全景式展现北京人在纽约的生存状态的电视剧，成为描述第一批赴美淘金的中国人事业与情感历程的经典之作，其中的一段词"如果你爱他，就把他送到纽约，因为那里是天堂；如果你恨他，就把他送到纽约，因为那里是地狱"成为大家耳熟能详的流行语。另外，《过把瘾》等电视剧也取得了成功，至今还是一些电视台的热播剧目。

可是语言障碍限制了方言影视剧的地域覆盖面以及观众数量，所以在商业竞争中成长起来的方言影视剧，主要集中在北方方言和粤方言这两大方言区域中。就播出情况来看，东北方言和川渝方言最为兴盛。早在1963年，以四川某地一个山乡为背景，以社会底层的反面人物为主体的刻画社会群丑的电影《抓壮丁》风靡全国（2004年以这一题材创作的《王保长新篇》又在各省级卫视轮番热播，创下了极高的收视率）。而经过赵本山、潘长江、高秀敏等众多艺术家的演绎，东北方言影视剧的走红也已成必然，《刘老根》、《马大帅》、《东北一家人》等都创下了可观的收视纪录。现今依然热播的《武林外传》则更因其"汇百家之言，借古说今事"的创意而红遍了大江南北。

而2006年掀起的"石头"风，着实让大家在捧腹大笑中过了一次方言瘾。虽然对《疯狂的石头》褒贬不一，其卓越的票房成绩却向我们证明了在方言影视的角逐中，它打了一个漂亮"翻身仗"，可以说在方言影视与京味影视和普通话影视的对峙中，方言电影取得了一个阶段性胜利。

另外，近年来动画片《猫和老鼠》的各地方言配音版也红极一时。但是同时我们也感受到，在这些五花八门的方言版中，一些不健康的方言成分也被搬上了荧屏，对影视语言造成了污染。因此2004年10月，《广电总局关于加强译制境外广播电视节目播出管理的通知》发布，要求全国各地电视台、电台停播地方方言译制的境外广播电视节目。就目前的文献看，这是国家第一次对大众传媒滥用方言正式下达禁令。至此，方言版的《猫和老鼠》在电视屏幕上的蔓延之势才告一段落。

2. 曾经最美：来自音乐的冲击

多少年以来，中国的音乐都是用这种在北京语音基础上所形成的普通话来表达的，似乎人们已经认为它就是音乐唯一的声音，可是这种观念却在新时代面临着空前的挑战。方言艺术不仅在影视剧领域一展拳脚，甚至也在音乐领域中掀起了一股狂潮。改革开放后，粤语歌一度成为"时尚之音"，最早大约是从1980年代的电视连续剧《霍元甲》的主题歌开始，随后是大量香港歌星的感召，粤语居然成为一种特有的音乐语言风靡一时。原来被贬为"蛮语"的粤语，怎么听怎么有味，人们似乎突然觉得，人类的很多微妙复杂的情感，只有用广东话才能表达。多少怀着歌星梦想的青年，拿着粤语磁带，苦练广东话，在各种聚会或卡拉OK上若能高歌一曲粤语歌，颇能惹人青睐，人气立即攀升。究其原因，当时广东是中国改革开放的最前沿，是最先进的地方之一，香港成为发达和财富的象征，广东、深圳、海南是大陆现代化的前沿和希望，是无数仁人志士"下海"拼搏的首选之地。在粤语这种强势方言的影响下，越来越多的人自觉不自觉地在口语中掺进了广东口音，比如本来能分清平翘舌音的人，硬是要平翘不分，把"是不是"说成"四不四"，本来圆滑流畅的普通话，一定要改成一字一顿、口型夸张的广东普通话等等。

随着21世纪的来临，文学艺术已步入了一个空前复杂、多元因素交杂的时期。音乐语言作为文学艺术的创作因素之一，也必然受到社会多元化状态的影响。被年轻人遗忘了的土极了的方言又以最时髦的方式，说着最时髦的文化事件，进入了时尚生活的殿堂。一批青年歌手找到了属于自己的表达方式，他们创作了方言版的极具地方色彩与现代气息的流行歌曲。这些歌曲借助了当今最为走红的流行曲调，填词所写的却是当地人的心情。它们首先借助网络传播开来，网络、流行音乐、方言这三个因素的组合，形成了一批方言版在此流行歌曲的独特面貌。

《东北人都是活雷锋》是不是第一首网络歌曲无从考证，但这绝对是第一首真正通过网络流行起来的方言歌曲，也堪称是第一首进入主流媒体并大红大紫的方言网络歌曲。其中歌词"翠花，上酸菜"、"俺们那旮……"等，已成为诸多人的调侃之语，在东北话小品、影视作品的推波助澜下，刮起了一阵"东北风"。同时，引发了网络上的FLASH动画风潮，这股风潮迅速成树冠状在全国范围内蔓延。演唱者雪村，一跃而成为2001年走红的流行歌手。网络作为歌曲的主要传播途径，也被许多人承认和认可。多元化的音乐元素、诙谐幽默的遣辞造句，赋予那些深刻的思想以生命力，令听者过耳难忘，为人们所津津乐道。

而由《大学自习室》所引发的FLASH狂潮似乎更为猛烈。自从东北版在网络上大为流行后，河北版、湖北版、宁夏版、河南版等不同方言版的《大学自习室》也相继诞生；而由《大学自习室》演绎出的《大学自习室二之月光花朵》、《大学自习室三之再见大四》、《大学自习室之伤心食堂》也让人过足了校园瘾、品足了方言味儿，为本就美丽的校园生活涂上了一层时尚与动感的色彩。

特别要提一下的，还有手机彩铃。手机成为信息时代人际沟通最方便的工具，在人们的生活中越来越占据举足轻重的地位。手机彩铃成了追求时尚的一种标记，其中方言彩铃更是张扬个性的极佳方式。方言彩铃中，东北话最能"忽悠"。东北话有着自己特有的词汇和语气，让外乡人听来颇有幽默爆笑的成分，具备丰富的娱乐素材。通信运营商就瞄准了东北这块市场，将其语言上的特色搜集起来，进行艺术加工，放大搞笑成分，突出东北气息，再配上幽默的曲调，就制作成了独具个性的东北话彩铃。"东北小秘书"、"东北大哥"、"药匣子"等等，个个成为经典，不管是不是东北地区的手机用户，都越来越多地青睐东北话彩铃，其下载量节节攀高，为无线运营商带来了巨大的商机。这种借助方言来演绎普通大众生活及影视作品的形式，兼具时尚、个性、幽默、轻松的特点，而且方言的使用也拉近了人们与音乐、音乐与生活的距离，更体现了"张扬个性"的时代特征，最大限度地满足了人们对于不同场合音乐的要求。也难怪方言音乐作品会成为新时代的"宠儿"！

总之，随着社会的发展、科技的发展，音乐作品的形式也越来越多样化与新颖化，京味音乐作品早已成为"曾经的最美"。也正是因为当今是一个呼唤自我的年代、一个张扬个性的时代，方言音乐作品才有了可以展示自我的舞台；而网络的日益发达，则为方言音乐作品的传播与壮大插上了一双翅膀。在音乐的世界里，方言间的竞争也愈演愈烈了。

综上所述，我们可以看到，在轰轰烈烈的方言艺术竞争中，京味儿艺术不但没有独占鳌头，反而遭遇了不小的挫折。北京有着比其他地域更为深厚的历史文化积淀，为什么今天反而在表现风土人情、文化风俗的舞台上失去了原有的光芒？这是值得我们深思的。方言艺术盛行与京味艺术的降温并非偶然，地域文化间的竞争与一体化是其深层原因。首先，经济的发展、科技的进步彻底打破了地域间的封闭状态，打开了地域文化交流传播的方便之门，这都使得地域文化处于"城里的想出去，而城外的想进来"的状态。这些极少受外来文化影响的土生土长的"城外"文化，对于城里人来说，是新鲜的，也是独特的，因此给予它们特别的关注不足为奇。其次，近些年来，由于外来文化的影响与渗透以及北京自身人口结构的变化，使得原有的纯粹的京味文化随着时代的变迁而渐渐淡去了，代之而起的是更接近于"杂糅"与"一体化"的文化，所以与那些还未"杂糅"的文化比较而言，京味文化的影响力相对减弱了。

　　艺术世界的明天"谁主沉浮"？这不是一个可以简单回答的问题。京味文化不能总活在过去，在时代的变迁中，京味文化的定位将是京味艺术能否重展雄风的关键；而其他方言文化也将经历文化的冲撞与融合，在这样一个讲求协调发展与一体化的时代，如何不迷失自我的特色也将是"方言风"能否再创辉煌的关键。但是可以肯定的是，无论谁主沉浮，艺术的舞台都将是精彩绝伦的；而无论竞争是何等激烈、时代如何变迁，京味艺术总会拥有自己的一方山水。

（二）北京话的演变：它山之石，可以攻玉

　　语言是一个动态的平衡系统，随着时间的推移、社会的发展，语言的各个部分也总会显现出一些不同于以前的新气象，而这其中最活跃也最具有代表性的，便是词汇的更迭。有些词汇在历史的长河中依然活跃着，有些词汇则退出了历史舞台，而同时也有些新词汇登上了现今的舞台，为人们的社会生活服务。

　　1. 往者已矣，销声匿迹："消失"的词汇

　　在北京的土语中，随着时间的推移，有些词汇至今还活跃在北京人的语言中，有些则已难觅踪影。例如"您"字，是老北京人对第三人称——也就是"他"的敬称。"您"的读音为"摊"，用在对长辈、上司或尊敬的人的称呼上。例如："我的这些技术，都是在您的苦心教导下取得的！"为了表示"我"对"他"的尊敬，把教导"我"技术的"他"称为"您"。还有"哥棱瓣儿"这个词，是北京人对膝盖的叫法；五六十年前，蜻蜓被叫做"老琉璃"。而如今这些词即使在老北京人嘴里也很难听到了。由于普通话的推广与规范以及简化字方案的推行，人们习惯了以"他"来代替生僻字"您"，"您"退出了北京方言的行列。而随

着北京外地人口的增加，交流的问题凸显出来。人们要求使用更为普遍与简单的词汇，像"哥棱瓣儿"、"老琉璃"这种地道的北京土语词必然会受到冷落与抵制，因此在新北京话日益完善的过程中，它们也销声匿迹了。

随着一些旧事物的消失，一些与它们有关系的词汇也不再常用甚至消失了。这可以从一些已经消失的歇后语中略见一斑。如："老太太上电车——别吹（民国以后才有电车，当时以吹哨子示意司机关门）"，"挑水的回头——过井了"等，"电车"与"井"已经成为历史上的事物，不再活跃于我们的生活中，因此这些歇后语也随着所使用事物的消失而成为历史了。以前兔儿爷是孩子们不可缺少的应节玩具。进入农历八月，北京的街头就会出现一个个摆满兔儿爷的小摊子。由于兔儿爷神态招人喜爱，所以流传着不少妙趣横生的歇后语，诸如"兔儿爷洗澡——一身泥"，"兔儿爷拜月——妄想成人"，"端午节卖兔儿爷——不是时候"，而这些歇后语现在也很少有人使用了。

也有一些词，在演变过程中可以代表的意义减少了，这就是所谓词义缩小。"局"就是一例。北京有很多叫"局"的地名，越是老地图，上面的"局"就越多。侯仁之先生主编《北京历史地图集》中的"明北京城"地图上，仅"万岁山"（今景山）以北，就有"兵仗局"、"织工局"、"巾帽局"、"织染局"、"火药局"、"酒醋面局"等等。这些"局"，分属内府二十四衙门，像"兵仗局"是职掌造枪剑、鞭斧、盔甲、弓矢各样大小神器的官署（白鹤群《北京街巷胡同分类图志》）。其中的许多"局"沿用为近代胡同名，如"织染局胡同"、"火药局胡同"等。这些"局"是在皇城圈儿里的，圈儿外也有专为皇家服务的"局"。北京还有一些地名因与明代官办金融机构有关，也称为"局"。如东四北大街的香饵胡同里（明属教忠坊）有"宝泉局"，这是大明朝廷铸造钱币的地方。民间有些行业或集市，在老北京嘴里也称"局"，比如"果局"、"帽局"、"药局"等。这些"局"大多具零售、批发、存储的功能，附近必有相关设施。在老古玩、玉器行和旧货行，有许多不设门脸儿或不在门市交易的情况，老北京人称为"内局"。因为这些行业经营的商品体积小、价值大，且具风险性，所以商品的收购或转让往往是在茶馆里商谈，兼有联络感情和行情信息交流等内容。比如，玉器行人就常在花市"青山居"对面的茶馆聚会。旧时，北京有串胡同收旧货的商人，左手握两寸皮鼓，右手持竹棍，以鼓为号，招揽生意。其中有本钱多、眼力精的打鼓人，身穿长衫，腋下只夹一个包袱皮，专收珠宝玉器，称为"打硬鼓的"。前门外粮食店是打鼓商聚集的地方，这些人聚会的地方人称"包袱斋"，他们在这里交流"哪条胡同的王爷落了架"，"哪家的使唤人能往外顺东西"等信息。他们在北京人熟地熟，又多是亲戚或"发小儿"，再加上事先定好招数，互相配合，不出一个礼拜就能"憋"到宝。老北京人称其为"做局"。

所有这些"局"，不管是官署还是行业，都讲究一定的规矩，彼此间有所约束，称为"局气"。而现今这些称呼大多已经更改了，"局"的词义范围明显缩小了。

2. 来者可追，风华正茂："新生"的语言

此消彼长是事物发展的客观规律，语言作为动态的平衡系统，自然也会遵循这样的规律。随着北京社会的发展，人口结构的变化，外来方言的冲击及网络传媒的普及，北京土话也在慢慢地退出历史舞台，而新北京话作为新生的语言表现出了强大的生命力。它不仅留有北京土话的一些印迹，更重要的是还接纳了其他语言中的很多语言成分。普通话与新北京话在词汇上的界限也越来越模糊，甚至很多词汇已经很难分辨是普通话的还是新北京话的。

有从我国港台地区吸收的词汇：按揭、搞笑、面膜、穿帮、非礼、卖点等词汇主要来源于香港；比拼、作秀等词汇主要来源于台湾。有从内地方言中吸收的词汇：如买单、生猛、炒鱿鱼等新词源自广东话；搞定、派对、套牢等新词主要从上海话中引进。有从专业术语转化而来的词汇：如板块儿、擦边球、越位、硬着陆、主旋律等；有的则是外语借词，如酷、克隆、黑客、丁克家庭、伊妹儿、蓝牙等新词。还有较长时间不大使用的一些古旧词语又焕发生机、重新流行的，比如福祉、惊羡、尘埃落定、羡余等。

来源于媒体的词语也不可小觑。赵本山春节晚会的小品，几乎每年都会引爆几句流行语，"相当的"、"有才"已经成了年青一代常挂在嘴

边的调侃之语；2005年，"超女"在中国风靡一时，"PK"、"海选"等词也一跃成为时下流行词语。

而传播速度最快、范围最广的莫过于网络流行语。有人曾戏称网络流行语是青年一代的"网络学历证"，也是网民的"通行证"。如：提意见不叫提意见，叫拍砖；强烈支持不叫强烈支持，叫狂顶；别人请吃饭不叫请吃饭，叫饭局；兴奋不叫兴奋，叫High；单身男人不叫单身男人，叫钻石王老五。对没有上网经验的人来说，在广阔的网络空间中，看着这些熟悉的陌生词，真可谓举步为艰了。上个世纪我们有"文盲"、"法盲"，这个世纪"网盲"会不会被提上日程呢？

所有这些新成分都为新北京话注入了新鲜血液，为北京话的变革添上了属于自己的一笔。社会发展速度的加快、传播媒介的日新月异，既为词语的传承提供了更多空间，也对词语的生存设置了重重考验。究竟哪些词汇会生存下来，哪些词汇只是昙花一现，都将交给时代、社会、文化及人民大众去选择，毕竟变革、消失、新生，这是每种语言成分都不可避免的命运。

任何时代的语言都不会静止不变，方言是一种社会现象，甚至本身就是一种地方文化，必然会随着社会的发展而变化。进入21世纪以后，中国乃至整个世界的政治、经济、科技、教育等方面都发生了翻天覆地的变化，而北京作为中国的首都，也受到了比其他方言地区更为强烈的影响。北京话作为人们须臾不可或缺的交际工具、作为北京文化的重要组成部分，不可避免地、深切地经受了社会背景变化所造成的各种各样的冲击。随着全球化的不断发展，这种变化对北京人生活的影响将会越来越深刻。而全球化的进程也同样加速着语言一体化的进程。在今天全国化、全球化的浪潮中，方言更是接触和掌握新知识、与外界交往、融入主流社会的障碍，其致命缺陷首次在实用的层面上彻底地暴露出来。在这种形势下，千百年来生生不息的汉语方言、尤其是那些处于弱势地位的方言，既奋力反击着，又被迫无奈地走上了改变之路，力图在一体化与保持自我独立性之间找到一个平衡点。

综上所述，我们不难看出，方言与普通话的共存与斗争、北京话与其他方言的争芳斗艳，既是必然、也是必需的。多样化的时代需要多样化的语言,当然一体化的社会也要求共同语的推广与普及。北京话作为北方方言的代表,也不得不在这场一体化和多样化的共存与斗争中顽强地守护着自己的那片天空。

注释

1. 司马迁:《史记·燕召公世家》,中华书局 2005 年版,第 1301 页。

2. 阎红生:《从北京的人文背景中看北京话的发展》,《琼州大学学报》1999 年第 3 期,第 83 页。

3. 同上。

4. [明] 沈榜:《宛署杂记》第十七卷,北京古籍出版社 1983 年版,第 193 页。

5. [日] 太田辰夫著,江蓝生、白维国译:《汉语史通考》,重庆出版社 1991 年版,第 212 页。

6. 侯宝林:《北京话》,《侯宝林表演相声精品集》(光盘版),文化艺术出版社 2003 版。

7. 杨伯峻:《论语译注》,中华书局 1980 年版,第 71 页。

8. 朱文熊:《江苏新字母》自序,文字改革出版社 1957 年版,第 1 页。

9. 周振鹤、游汝杰:《方言与中国文化》,上海人民出版社 1986 版,第 134 页。

10. [清] 朱一新:《京师坊巷志稿》,北京古籍出版社 1982 年版,第 111 页。

11. [清] 吴长元:《宸垣识略》,北京古籍出版社 1981 年版,第 150 页。

12. 张清常:《胡同及其他》,北京语言大学出版社 2004 年版,第 1 页。

13. [清] 朱一新:《京师坊巷志稿》,北京古籍出版社 1982 年版,第 176 页。

14. 张燕来:《北京地名和地域文化》,《北京社会科学》2006 年第 2 期。

15. [明] 刘侗、于奕正:《帝京景物略》,上海古籍出版社 2001 年版,第 198 页。

16. [清] 富察敦崇:《燕京岁时记》,北京古籍出版社 1981 年版,第 45 页。

17. 刘丹青:《汉语方言的语序类型比较》,日本《现代中国语研究》2001 年第 2 期。

从天桥到潘家园

天桥、琉璃厂一直被看做老北京文化街区的代表。天桥是老北京底层市民的娱乐休闲集中地，琉璃厂则为老北京士人的文化活动中心，这两个地方，曾留下很多传奇故事和令人难忘的回忆，将老北京的文化遗蕴和精魂绵延至今。但一切都经不住时间的磨砺，如今天桥和琉璃厂的光辉岁月已渐行渐远，崛起的潘家园旧货市场则推动着当前京城文化向前发展。通过对天桥、琉璃厂和潘家园的历史变迁、风土人情的描述，我们试图帮助读者重温北京的历史文脉，并感受当下老北京的艺术和收藏文化。

一 天桥：百姓的天堂

作为皇城的北京有很多重要标志，天桥则是其中浓墨重彩的一笔。北京的老天桥是中国的民俗文化宫，俗话说得好，来北京"故宫可以不游，天桥不能不逛"。故宫对于北京的作用诚然不言而喻，它代表的是皇族天子的威仪，高高在上不容侵犯，相比之下天桥扮演的却是平民文化的角色，上承天子，下惠百姓，可以说，天桥是老北京一处坦坦荡荡的江湖。

（一）沧桑历史话天桥

天桥，位于北京旧城区的南部，几百年来一直是老北京的平民文化娱乐场所和商业服务中心。关于天桥是否真的有桥这个问题，一直迷惑着后来人。据说在历史上确实有一座不一般的石桥，今天也许只有百岁以上的老人才看见过完整的天桥。传说这座桥就在现在前门大街的南口、天桥南大街(原永定门大街)的北口、永安路的东口、天坛路的西口、在十字大街的中间，桥是南北走向。

民间传说天桥始建于明朝永乐年间，具体年月已无档案可考，只知道它是一座壮丽的、聚集了很多能工巧匠、用汉白玉石料精雕细刻的大石桥。桥身很高，人站在桥北看不见永定门，立于桥南望不见九丈九的正阳门，可见昔日天桥之高大雄伟。根据一些老人们的回忆以及现在能够看到的1930年代北京报纸刊登的天桥图片可知，坐落在北京中轴线上的天桥大约长八米多，宽五米多，东西两边的桥柱各五根，和其他柱顶的状貌一样，即莲花骨朵形状，桥上铺着石板，桥下是一个弧形的石洞，在东西两边石洞的中间都雕着一个螭头，即传说中的那种没有角的龙，这是镇水的宝物。

老人们还说，明、清两朝皇帝去天坛祭天时候才专走这座雄伟的汉白玉桥，因皇帝又称天子，故此桥也被称为天桥，普通行人是禁止在桥上通行的。皇帝降临前，都要在桥上面铺置黄沙，平时桥是被封锁起来的。光绪十三年，正赶上西太后慈禧寿辰，桥上用鲜花扎搭彩牌楼，费用达数千金。据老人讲，清末民初天桥还有一个特殊的作用，被朝廷处死的犯人的首级就挂在桥头的杆子上用来示众。被杀的人中，赶上身家富贵镶有金牙的，晚上无人看守时，就有穷人爬上杆头，把手伸进人头的嘴里掰掉牙齿，为的是取黄金。再有，大名鼎鼎的龙须沟也出自于此，因老百姓称天桥为龙鼻子，称正阳门为龙头，所以就把桥两边的河沟命名为龙须沟。

历史上的老北京文化实际上包括两部分：一是以皇城为中心的皇家贵族的文化，一是以天桥为代表的市井文化。可以这样说，这两种北京文化是在16世纪上半叶被这座桥隔开的。清朝光绪三十二年（1906）因修建道路的需要，皇帝命令工匠们把高拱石桥改为低拱石桥，1927年又因铺设电车路轨，再次将低拱石桥改为平桥，1934年拓宽马路时又将桥栏拆除，至此天桥的踪迹全无，空留下天桥的地名。因此民间一直有戏言称"天桥有天无桥"，也就出现了开篇提到的大家对于天桥是否有桥的疑惑。而桥下原有的河道也逐渐变成了后来著名的"龙须沟"，但是"天桥"二字作为一个地区的名称和老北京娱乐场地的代名词，却永远保存下来了。

据说元、明两代，天桥一带杨柳夹岸，水池相连，颇有今天江南水乡乌镇的风韵，这样优美的地方自然春、夏、秋三季景色宜人，再加上会馆、旅店、商业大都距离这一带最近，所以这里就成了最方便的游览区。随着游人的增加，这里逐渐出现了为游人服务的饭馆、酒楼、茶肆等饮食摊点，由于老百姓娱乐的需要随后也出现了为游人助兴的说书、唱曲、卖艺、打拳的娱乐场子，这就是我们后来所熟知的天桥市场的雏形。

天桥所处地带在永定门和正阳门之间，是从南部进入北京城的必经之路，这一地段自从修建了天桥之后就更加繁华了，后来逐渐出现了自发的市场，明代中后期由于外城的修建，使得天桥地区成为北京城市区域的一部分；清顺治年间，朝廷颁布迁居令，要求所有居住于内城的汉族民众统统迁往外城居住，这一措施进一步刺激了后来天桥地区商业的发展。

清代咸丰、道光年间，天桥地区空前繁荣。在天坛和先农坛附近聚集的小摊贩自发形成了贩卖日用百货和食品的小市场，由于当时的政府政策宽松，并不向这些摊贩征税，因而进一步促进了自发市场的发展。市场的迅速扩张繁荣带动了一些配套的娱乐设施如茶楼、酒馆等也相继在此开业，不久在天桥东侧又形成了一个鸟市，在天桥西侧则形成了一个金鱼市场。值得一提的是，天桥附近地区当年的十余所庙宇定期形成的庙会，也对整个天桥地区的发展产生了非常重要的作用，每逢庙会期间，秧歌、中幡、摔跤、舞狮等民间技艺也竞相上演，这些后来也成为天桥地区的传统娱乐项目。

清末民初，天桥的自发市场被市政当局驱散，并且在天桥南部修建了一条大街，这一举措完全是为了溥仪祭天的需要，结果也直接导致了天桥的萧条；天桥的商户们自然不甘心被断了财路，经过与市政当局的协商，政府同意天桥地区重新开始招商，并且与当时的厂甸庙会合并，自此在天桥地区就逐渐形成了一个综合市场，以百样杂耍、小食品和低档日用消费品为主。也是从这个时期开始，出现了"天桥八大怪"的说法。民间通常认为，"天桥八大怪"的出现可以说是天桥发展历史上的一个里程碑，它标志着天桥作为一处文化活动场所，得到了北京市民的广泛接受和喜爱，同时也标志着天桥的技艺杂耍表演已经成为天桥文化以及北京社会底层市井平民文化的一个代表。

从北洋政府时期一直到1937年"卢沟桥事变"爆发，中国虽然是风雨飘零，但却是天桥的黄金时代：这期间民间艺人的表演日趋成熟，各种现代游艺设施的兴建使天桥的发展借鉴了西方先进经验，提高了整体品味，同时也使天桥进一步演变成为老北京的娱乐中心。

抗战时期，由于日本军队占领了北京，社会政治纷乱、经济萧条，百姓生活水平下降幅度很大，天桥当然也随着时局日趋萧条。抗战胜利后，由于国共内战和经济危机的影响，天桥继续衰落下去。天桥遭遇的一系列天灾人祸，使得昔日喧哗的杂耍场子和旧货市场荡然无存，但这里的胡同却基本上沿用了以前的老称谓。在大约1.95平方公里的范围内，密布的胡同中住了近两万人，不少人家都是三代甚或四代同室而居。那时的天桥显得十分残破衰败，充满"贫民窟"气息。

（二）五行八作在天桥

曾经的天桥市场集吃喝玩乐、游览购物于一地，是广大平民休闲娱乐和艺人求生的场所，来客通常是普通百姓，即使身无分文，也可以在卖艺者的露天"剧场"驻足观赏，得到各种艺术享受。由于南城前门一带交通商贸文化娱乐的发展、市民阶层的壮大，民间艺人来这里卖艺设场最多的时候竟高达五六万人，其中"天桥八大怪"是最值得称道的。

1．八大怪的传说

按时间顺序来看，天桥"八大怪"共有三代。第一代"八大怪"，大约出现于清代咸丰、同治、光绪三朝。清光绪二十年(1894)，恰逢慈禧太后六十大寿，来自天桥的一大帮民间艺人齐聚颐和园宫门外，慈禧太后看了精彩的表演之后就封赏其中杰出的八人为"天桥八大怪"，分别为：穷不怕、处妙高、韩麻子、盆秃子、田瘸子、丑孙子、鼻嗡子、常傻子。至此这些民间艺人的事迹才有了记述。

第二代"八大怪"是在辛亥革命刚结束后出现在天桥的，大都是演

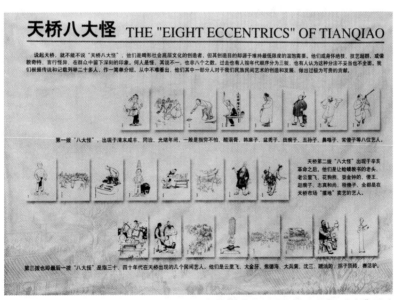

天桥广场上展出的三代"八大怪"图片

技奇特怪异者，包括：表演滑稽二簧的老云里飞、耍中幡的王小辫、让蛤蟆教书的老头儿、三指断石的傻王、装扮奇特的花狗熊、数来宝的曹麻子、耍金钟的（此人名不可考）、耍狗熊顶碗的程傻子。

第三代"八大怪"距离我们最近，大约在距今半个多世纪前后，这时正是天桥最繁华热闹、也最为动荡不安的时期。他们是：小云里飞[1]、焦德海、曹麻子、大兵黄、大金牙、蹭油的崔巴儿、赛活驴、胸前开石的沈三。

在此我们简单介绍几位最具特点的艺人：

拉洋片的大金牙，本名焦金池，河北河间县人。他个子不高，小眼睛，常笑眯眯的，因口中镶有两颗金牙，故人称"大金牙"。他在天桥六七位拉洋片艺人中，资格最老，观众最多，生意也最好。大金牙在民国初年即在天桥卖艺，他的嗓音洪亮圆润，素以唱功取胜。他的洋片主要取材于义和团、八国联军以及军阀混战等历史故事，另外还有北京的名胜古迹等。大金牙结合每幅画片内容自编自唱，唱词通俗易懂、诙谐幽默、抑扬顿挫，有较强的感染力。《义和团》是他最得意的唱段之一，其词为：

> 仔细瞧来仔细看，
> 眼前换了又一片：
> 光绪二十六年六月里，
> 北京城闹起了义和神团。
> 有红团，有黄团，
> 还有那山东拨来的叫老团。
> 大团首，一声唤，
> 众团民杀声四起，动地惊天。
> 举刀枪，扛火药，
> 怒气冲冲杀进东郊民巷洋鬼子的使馆。
> 扑哧哧枪扎一条线，
> 喀嚓嚓刀砍一大片，
> 霎时间黄毛绿眼各个伸腿命归天。

天桥广场上拉洋片的雕像

又听得轰隆隆火药连声响，

只见那意、比、奥、荷各国使馆房倒屋塌呼呼冒火又冒烟。

义和团威名震，

八国联军闻风体如筛糠吓破了胆。[2]

　　数来宝曹麻子，原名曹德奎，北京大兴县青云店人。擅长说唱滑稽数来宝，因脸上长满麻子，人们都叫他曹麻子。他是一个善于根据历史大事件改编词句的出色的民间艺人。他所说的《北伐成功》以及《推倒满清》等许多段子，不仅艺术水平较高，思想内容也具有丰富的教育意义。值得一提的是一个叫做《大实话》的段子，今日看来依旧值得青年人借鉴，唱词是这样说的：

　　骨板一打响连声，说段实话给您听。

　　林中树木有高低，世上人多心不齐。

　　只顾各扫门前雪，哪讲什么情和义？

　　大树一倒猢狲散，各奔南北与东西。

结朋交友要谨慎，须知人心隔肚皮。

画上春牛难耕地，纸糊驴马不中骑。

吃饭还是家常饭，搪寒还是粗布衣。

娶妻别图脸蛋美，免得日后惹是非。

生儿育妇别贪多，贪多必定着大急。

要吃要喝又要穿，长大未必有出息。

有朝一日爹娘死，穿白戴孝全是虚。

灵前供碗倒头饭，谁见死人吃了去？

七天以内入了土，气化清风肉化泥。

活时争名又争抻，口眼一闭全都没。

万贯家财拿不走，攥把指甲躺地里。

奉劝诸君听仔细，实话一段非儿戏。[3]

　　胸前开石的沈三也值得一说，此人原名沈友三，身材高大、虎背熊腰，长于练气功和摔跤。1933年，沈三参加了在南京召开的全国性运动会，在摔跤比赛中得了冠军，他还曾在北京击败过俄国大力士麦加洛夫，这两项成就足以让他在天桥广受欢迎。沈三最拿手的就是"双风灌耳"和"胸前开石"，前者就是在太阳穴上砸砖，后者是将一石磨盘压在胸上，用铁锤将磨盘击碎，而人却能够安然无恙。

　　赛活驴的关德俊是1940—1950年代初期在天桥表演的艺人。在一个三条腿板凳搭成的"旱桥"上，关德俊身着黑布精制而成的驴型道具，手脚缚上木质的驴蹄，表演各种惊险滑稽的动作，真是栩栩如生。他的小老婆关金凤也参与表演，一般是骑在"驴背"上做一些高难度的动作，引来众人的喝彩。

　　关于这"天桥八大怪"，民间还流传着一个顺口溜：

洋片一拉说好戏，活驴妆扮美人娇。

中幡顶起千斤力，手指轻戳气自调。

顶碗耍熊穷不怕，胸前开石乐逍遥。

出身贫贱操劳苦，绝技惊人震天桥。

天桥广场上
赛活驴雕像

2．其他民间艺人

天桥还是许多民间艺术的发祥地，艺人在天桥卖艺，通常是露天设场，习惯上称之为"撂地"。天桥的艺人一般可分为杂耍艺人和说唱艺人两大类，杂耍包括杂技、武术等项目，说唱包括戏剧、曲艺等项目。上文提到的最著名的"天桥八大怪"就是因身怀绝技和言行怪异而得名的。其他名演员如"坤伶三杰"金少梅、碧云霞、琴雪芬，及侯宝林、新凤霞、宝善林等，也都曾在天桥演出过。早年在天桥地区说评书的艺人路宽广，学习相声的经历奠定了他滑稽有趣的艺术风格，善说《隋唐演义》；而另一位连阔如则以说《东汉演义》成名，拿手段子有《三请姚期》、《马武大闹武考场》、《战昆阳》等，他有宽厚洪亮的嗓音，在说书中融合了京剧表演艺术的若干特点，说功、做功、打功俱佳，加上马跑、马嘶的口技绝活，丰富了评书的艺术表现力。

而相声则是由清康乾时期的八角鼓演变而来的，八角鼓的名丑角张三禄是这门表演艺术的创始人。天桥相声艺人有"穷不怕"、"万人迷"等。"穷不怕"本名朱绍文，是单口相声的创始人。他表演节目时用白沙子在地上撒成一片，自动成为字形，他的绝活就是能够边撒边说边唱，并且撒出的字匀称端正，内容或为单字、或为联句，往往讲述一些人情世故，叙述中寓庄于谐，他的艺名也来自他自己的诗句："满腹文章穷不怕，五车诗书落地贫。"他的徒弟焦德海，身材长挑精瘦，对相声从单人表演发展到对口表演有创始之功。另一个叫做"万人迷"的原名李佩亭，本身形象就很滑稽，表演的时候是以唱功取胜，以一副竹板和一双破鞋作为道具，能够一人串演京剧里的老生、青衣、花脸等角色。

提到说唱艺术，不能不说到天桥的鼓书，一般分为大鼓、渔鼓等。大鼓分为西河大鼓、梅花大鼓等，伴奏的扁形鼓用三角架支撑，演唱者一手执鼓箭子，一手执铜或铁的半月板，另有艺人用三弦和四胡伴奏，这样的表演我们现在也经常可以在一些京味电视剧里看到，而渔鼓则由一人说唱，用来伴奏的渔鼓大概二尺长，是一根用皮子蒙住的毛竹筒。曾经在天桥卖艺的著名鼓书艺人中，梅花大鼓有金万昌、花莲宝，西河大鼓有马连登、马增芬父女，京韵大鼓有刘宝全等。

3．老北京的天桥杂耍

天桥的杂耍是老北京天桥的灵魂之一，在天桥卖艺的人几乎都能够耍上几招让人眼花缭乱的绝技。如今这些昔日的绝活大部分已经失传，只有少数如抖空竹这种民间活动仍旧流行在北京市民当中，但是我们应该记住这些曾经闪耀着民间艺人智慧光辉的老技艺。

在天桥的杂耍中比较著名的有拉硬弓[4]、单手举刀[5]、抖空竹、舞叉[6]、爬竹竿[7]、耍中幡[8]、骑车技[9]、硬气功[10]、崩铁链[11]等等，表演这些绝活的一般都有固定的艺人，他们个个身怀绝技，并非一日之功。

抖空竹是我们现在仍旧能够看到的一项技艺。空竹是北京民间的玩具之一，最早的表演者德子是光绪年间人，因家庭生活困难，就到天桥市场撂地，专门表演抖空竹。为了满足广大观众的欣赏需要，他在表演中也研究出很多新的招数，因此人称他"空竹德子"。据说单头空竹就是他的创造。后来有个叫常立全的，不仅抖空竹，还抖嘟噜（黑陶的长脖、大肚的盛酒容器）、壶盖等。今天，如果你运气够好，赶上庙会的时候依旧可以看到著名的抖空竹表演,北京也有专门的艺术团体在大小晚会上表演这一绝活,这项民间技艺还登上了2007年中央台春晚的舞台,京味十足。

4.天桥的小吃

天桥每天接待如此众多的艺人和普通百姓,因此吃食买卖便成为了另一个繁荣的活计。到天桥逛的人,一是想买点日用百货,一是想看一看各种民间艺术,再就是到天桥的吃食摊上品尝一下物美价廉的风味食品。说到天桥的小吃,可谓历史悠久、品种繁多、风味齐全、各具特色。知名的而且至今老北京人仍能回忆起来的有爆肚石、烤肉王、豆汁舒、豆腐脑白、大麦米粥王、茶汤王、面茶王、茶汤肖、年糕王、灌肠童、小肠陈、炸豆腐杜、扒糕满、油饼甄等。

在天桥的这些特色食物中,豆汁可算是个大买卖了。说起豆汁,可是老北京的一个特产了,近年来许多到北京观光的游客也慕名去寻豆汁,仿佛品尝了豆汁才是真正触到了老北京的脉。豆汁的做法很简单,用磨碾将豆子随碾随兑水,碾完豆后,细的成了豆浆,粗的做麻豆腐,而那稀溜溜的就是豆汁了。豆汁之妙,首先在于酸,而且酸里有种馊豆腐的怪味;其次在于烫,只能吸溜吸溜地喝,不能大口灌;第三在于佐餐的咸菜的辣,辣得你舌尖发麻。结果这豆汁是越辣越喝、越喝越烫,喝的人还大呼过瘾。

虽说豆汁是极具北京特色的小吃,但现在随着生活条件的改善,绝大多数北京人喝不惯了,而爆肚却仍旧是深受欢迎的小吃之一。天桥的爆肚摊子大致和豆汁摊差不多。不过这回灶上不是煮豆汁的大砂锅了,而是一口小铁锅。爆肚的原料自然是羊肚,作料有芝麻酱、酱豆腐、韭菜花、辣椒油等。把爆肚放开水里过一下马上就捞出来,风味独特。爆肚好吃与否关键是看火候,一旦火大了再捞出来,您就吃那爆成猴皮筋一样的肚儿吧。

（三）多少游人不忆家

天桥文化是北京市井文化的一个绝佳代表,形象描绘天桥的自古就有这样几个词:三教九流、五行八作、什样杂耍和百样吃食。天桥之所以受到市井百姓欢迎大概有这样几个原因：在天桥市场出售的日用百货和各种特色小吃价格非常便宜，普遍受到社会底层市民的欢迎；在天桥上演的各种民间杂耍技艺也大多迎合了底层市民的欣赏口味，是人们饭后茶余找乐的好去处，甚至连市井骂街都成为天桥艺人表演的项目；另外出售廉价的药品和提供某些医疗服务也是天桥市场的一大特色。早年一些江湖郎中，在天桥出售自制药品，有的还提供拔牙、修脚等简单的医疗服务，由于价格远比正规医院和私人诊所便宜得多，因而也深受底层市民的欢迎，并且这些郎中在卖药的同时偶尔还会表演武术、硬气功等，场面非常热闹。

值得一提的是，天桥作为北京市井文化的代表，也出现在很多文学作品中，众所周知，通俗作家张恨水的《啼笑姻缘》、老舍的京味话剧《龙须沟》等都是以天桥地区为故事背景的。

另外，天桥也是北京最早接触到西方文化艺术的一处地方。天桥地区曾有的新世界游艺场便是20世纪初由一位英国建筑师设计的。北京的平民百姓第一次在这里惊奇地看到了能把人变得怪模怪样的"哈哈镜"，也欣赏到了果戈理的《钦差大臣》等"文明戏"。1950年代，西方古典歌剧和芭蕾舞也开始在天桥地区演出，又使北京人大开了眼界。过去天桥一带的生活今天都浓缩在新建的天桥乐茶园里了，天桥乐茶园的前身叫做"天乐戏院"，创建于1933年，后来翻修一新后由戏剧大师曹禺题名为"天桥乐茶园"。天桥乐茶园是一座仿古建筑，在今天的天坛公园西北处，茶园内的大厅前是舞台，舞台下面有黑漆硬木八仙桌椅提供给观众，另外还有一些出售各种京味小吃的门脸，服务员都是身穿中国旗袍的女孩儿，她们会在过道上来回斟茶，更有意思的是付账的时候也必须用中国的古旧铜钱——当然了你可以在现场用现代货币兑换——真可谓彻底的旧时风貌，别有风味。每天在茶园上演的节目也可谓一台"民俗大串演"，"天桥八大怪"榜上有名自然不用再多说，他们可以说是老北京人的偶像；他们的表演一般分为文活、武活，文活有田宝善等九人的吹奏鼓乐，张善曾的"白沙撒字"，胡玉民、傅宝山合说的对口相声，孙宝财、毕学祥表演的双簧，潘长林的古典戏法，杨永祥的口技等，武活有周茂兴、李宝如等人的摔跤、中幡和硬气功等。当然，如今

天桥乐茶园

娱乐活动铺天盖地的情况下，去茶园的游客不一定是为了欣赏那些技艺，最难得的是体会那种融洽热闹的气氛，三五好友围坐一席，嘴上吃着，耳里听着，眼里看着，遇到精彩之处就和着众人齐声喝几句彩，甭管和邻座之间是不是熟识——这时，你就成了一位地地道道的娱乐中的老北京人了。

后来的天桥地区与北京其他地区一样，进行了大量的旧城改造和道路拓宽工程，现代高层住宅楼和宽大的马路取代了曾经的传统建筑，早已经没有了当年的气息。如今天桥地区，只有天桥剧场和天桥乐茶园两家文化机构从事文艺演出工作。然而在2005年底，天桥又一次声名鹊起，这是因为一个叫郭德纲的人在天桥乐茶馆说起了相声。曹禺先生曾经用"酒旗戏鼓天桥市，多少游人不忆家"来描绘昔日老天桥的繁华景象，而如今，真正能够让人做到"不忆家"的地方恐怕就只有那个一票难求的德云社了，德云社的牵头人郭德纲堪称是从天桥走出去的"草根一族"的民间相声艺人。

2006年春节期间，天桥乐茶园门口竖起这样一个大牌子，上写：今日客满，站票10块！如今在天桥的演出还能够达到这种火爆场面的恐怕只有这个郭德纲了,要知道天桥乐茶园平时可是能够容纳400人的大场子,事实上郭德纲和他的德云社在天桥乐的演出一直都是一票难求。郭德纲笑称自己是"非著名相声演员",而他的粉丝现在被外界称作"钢丝",他们绝大部分是80后的大学生;郭德纲有自己的博客、BBS网站,自任版主,吸引了众多相声迷对他的追捧;德云社现在每周末在北京天桥乐茶馆演出两场,票价仅为20元人民币,虽然还算平价,但想买到一张票却要托关系或者早起排大队。就这样,德云社的演出场场爆满,除了150个座位,往往还有近100个加座,而且经常有从台湾远道而来的"钢丝",追星一直追到天桥来。

在今天相声不景气的状况下,郭德纲倒是掀起了中国相声界的一个小高潮:他曾经在观众喝彩声中最多返场达十七次,抛开专业的相声技巧不谈,可以肯定的是,郭德纲之所以这样火,也与他某种程度上继承了天桥的艺术传统不无关系。在电视晚会庸俗娱乐节目充斥生活的今天,到真正的老北京天桥去,坐在气氛浓厚的茶园里,品一壶浓茶、点几样老北京的传统小吃,欣赏欣赏传统艺术,无疑是生活在紧张节奏中的都市人最好的休闲方式。

可以说,郭德纲这样的民间艺人把天桥的艺术传统发扬光大的同时,也得到了天桥这块金字招牌的惠泽,天桥的余韵在这一颦一笑其间流播不止。

如今,天桥的传统娱乐精神在老北京人中依稀可见,一些天桥的杂耍技艺和吃食还在民间流传甚广;可是在今天的宣武区文化广场上,我们完全找不到那座高贵的汉白玉桥,更体会不到昔日热闹繁华的市井状貌,只空留了几尊雕像、几座建筑还昭示着这里过去的辉煌,天桥已经彻底消失在北京城中了。

二 琉璃厂:九市精华萃一衢

如果说天桥是老北京民俗文化的发祥地,是百戏杂练的市井喧嚣之地,那么,老北京的琉璃厂街就是中国古玩业的重要源泉和京城书肆的集中之地，是皇城内达官贵人、文人墨客常常光顾的文化集市。时至今日，琉璃厂仍被视作中国传统文化的一个窗口：这里看不到耸入云天的高楼大厦，有的是清雅俊逸、风格独特的斋、堂、阁等仿古建筑；听不到歌厅酒吧的喧嚣之音，但馥郁的东方文化气息却处处令人沉醉。这条有着三百多年历史、历经沧桑的古都文化街，积淀了深厚的传统文化内蕴和浓浓的京城文物古玩情调，成为古今中外文人墨客的留连忘返之地。

（一）变迁岁月数百年

1．琉璃厂的由来

琉璃厂街位今北京的和平门外，东起延寿寺街、桶子胡同，西至南北柳巷，全长 866 米，其街上书店、古玩店、文房四宝综合店、名家书画店等鳞次栉比，被誉为"九市精华萃一衢"。不用说，如此独异的市街自然是有着一段厚重绵长的历史，最早可以上溯到辽代。清乾隆三十五年（1770）春季，辽代御使大夫李内贞的墓葬在琉璃厂的窑厂被挖掘出来。通过墓志的记载，人们得知琉璃厂地区曾经是辽南京城东的燕下乡海王村，从此海王村成为人们描述琉璃厂历史中出现最多的名称。"据北京史专家、著名考古学者赵其昌先生在 1979 年考证，燕下乡在唐代的时候称为'燕夏乡'，其范围从辽代的城墙东到今东单一线。而'海王村'一名的来源，则是因为琉璃厂地区曾经拥有的诸多水道、水洼而得名。"[12] 1917 年海王村公园建立，位置就在琉璃厂的中心点厂甸，现在这里则是中国书店。在这个意义上，琉璃厂、海王村、厂甸几乎算是同义语。而琉璃厂的出现，则源于元大都的建造。1260 年，元世祖忽必烈继承汗位后，开始规划在燕京城建造规模宏大的帝国都城。用金色琉璃瓦构筑的宫殿在耀眼阳光的照射下，显得富贵堂皇，最具皇家气派，受到了元代统治者的青睐，于是，昔日的海王村便成为烧制琉璃构件的窑厂。元大都建成后，马可·波罗在游记中曾形容皇宫宫殿上面铺满黄金的瓦，由此可见琉璃对皇家建筑的重要性。到明永乐初年，明成祖朱棣下令修建北京城，当时为了贮存建筑材料和加工建筑构件，官府在北京建立了五大厂，即神木厂、大木厂、黑窑厂、台基厂、琉璃厂。琉璃厂在元代海王村琉璃窑的基础上扩大了规模，其名称也就在这时候正式出现了。明清两代烧制琉璃制品的工艺水平可谓炉火纯青，不仅烧制的物件品种丰富，而且釉色工艺高超，从一般的黄、绿、蓝三色发展到翡翠绿、孔雀蓝、紫晶色以及黑白等一二十种釉色。清嘉靖三十二年修建外城后，使得琉璃厂地区由原来北京城的郊外变为城内，因不宜于在城里烧窑，从而将厂窑迁至现在的门头沟区的琉璃渠村，但琉璃厂的名字则保留了下来，流传至今。

2. 琉璃厂文化街的形成

清王朝占据北京城后，强制实行满汉分城而居的管理政策，要求八旗入住内城，汉族官员、士绅和普通老百姓都要迁往外城。当时，崇文门、前门一带属于外城主要的商业聚居区，宣武门以南的地区属于外城主要的士绅居住区。许多著名的文人学者，都曾在琉璃厂一带的宣南地区住过，留下了活动的足迹，使得琉璃厂地区的社会文化氛围极为浓厚。比如，《天府广记》《春明梦余录》的作者孙承泽住在臧家桥西，"孙公园"就是后人对他住宅和花园的称呼，现在琉璃厂南侧还有前、后孙公园胡同；清初有名的诗人吴伟业住在魏染胡同；在康熙朝历任要职的明代遗臣龚鼎孳住在善果寺附近；清初三大词人之一、浙西词派的开创者朱彝尊住在海波寺街的"古藤书屋"（另两位著名词人是陈维崧、纳兰性德）；与朱彝尊并称"南朱北王"的诗人王士祯住在火神庙夹道。王士祯是清顺治进士、刑部尚书，号渔洋山人，"其人品、学问在士人举子中极负盛名，门生甚众，影响很大。很多人一如今日的'粉丝'，渴望拜谒而不得。就有人告诉：'此易尔，但值每月三五于慈仁寺书摊候之，必相见矣'。桃花扇的作者孔尚任便曾在一首诗的自注中写有'渔洋龙门高峻，不易见，每于慈仁庙寺购书，乃得一瞻颜色'之语"[13]。乾隆年间进士孙星衍也曾在琉璃厂居住，官职虽不高，但学问做得极好，博通经史百家，精研金石碑版，在琉璃厂店肆中享有很高的声望。和珅仰慕其学识，约请孙星衍为其鉴定所收藏的古代彝器，但孙星衍不畏权势，始终未去和府，受到世人的称颂。乾隆年间，各地在北京外城建会馆成风。不单各省，就连县也要建馆。各地会馆主要集中在琉璃厂一带，从而使得大批士子云集。他们之间"以文会友"，交往酬酢，更

宣南文化节

激发、促进了琉璃厂文化商业的发育、发展。至乾隆三十八年起开修《四库全书》，更是给琉璃厂的发展提供了强大的动力和优越的外部环境。在编纂《四库全书》的九年间，或是官方征集，或是书商采购，天下典籍如潮水般汇聚京城，涌向琉璃厂。与大规模书肆相伴的是其他为文人服务的行业，如文房四宝、书画碑帖以及古玩珠宝、装裱等店铺纷纷落户于此。也就在这时，琉璃厂发展成为京城赫赫有名的文化街市。到了清末，英法联军、八国联军进占北京后，琉璃厂衰落了。至民国初，北京图书馆、故宫博物院等单位及北京大学、清华大学等各高校需要大批图书、文物时，琉璃厂才又繁荣起来。新中国成立后，琉璃厂经过十年浩劫虽被毁掉一些文物，但在李先念、谷牧等国家领导人的关怀指示下，1980年琉璃厂文化街改建工程正式动工，街内道路拓宽铺砖，两侧店铺按清代建筑风格重新修建，二十多家百年老字号在琉璃厂重新开业，琉璃厂文化街再次焕发古老的青春与活力。

（二）翰墨玉琅雅如歌

1. 琉璃厂的氛围

琉璃厂有东西街之分，1924年北洋政府开辟和平门后，南新华街就将琉璃厂一分为二，东琉璃厂以经营古董文物和珍宝为主，西琉璃厂以书肆业、南纸行、字画铺和碑帖铺为主。但不管自东还是自西，慢慢走在琉璃厂的街上，总是笼罩在一种文化、艺术的气氛中。"这种气氛是琉璃厂所特有的，是从清代乾隆、嘉庆以后，逐渐形成的。一直绵延到后来，其间将近二百年之久，可以说是源远流长了。"[14]

看那琉璃厂店铺的外观和内部的陈列，就与京城其他的店铺有很大的区别。琉璃厂的铺面房一般都是水磨砖的砖木建筑，门面油漆得很整齐。开间大多是两间或三间，更多开间的铺面就很少了。店铺的门口，夏天挂着大竹帘子，冬季则挂着蓝布镶黑云头夹板棉门帘，店铺的橱窗多为嵌着玻璃的老式窗棂，店门则是对开的两扇红漆门，铺面显得十分气派。店名一般都是黑地金字的匾额，几开间门面的大店在匾额的两旁还对称地挂上两块小匾，如"藏珍"、"蕴玉"之类。柱子上都有红地黑字或黑地金字油漆得亮晶晶的抱柱对联。牌匾、对联都是当时的名家书写的。最为人称道的是八大名匾，即克勤郡王书"德宝斋"、阿克敦书"清秘阁"、那彦成书"博古斋"、祁寯藻书"懿文斋"、何绍基书"富文堂藏书处"、翁█书"茹古斋"、曾国藩书"龙威阁"、纪晓岚书"声遥堂"。

让人们尤为怀念的，还有琉璃厂书肆中掌柜和伙计那种谦和的微笑、殷勤周全的服务及其营造出来的文化氛围。"以书会友"、"以文会友"，成为琉璃厂书肆与文人雅士交往的纽带。浓郁的书香气息让琉璃厂成为文人的安身立命之所、雅士的盘桓眷顾之地。著名民俗学家邓云乡先生在《增补燕京乡土记》中曾提到，好古的穷教书匠和开着大银行的收藏家都能在厂甸有所收获，"万儿八千是生意，三五大枚也是生意，都受到温和的接待，这是厂甸人的高贵品德，仪容宽厚的书卷气"[15]。乃至到1949年书市冷落的时候，主人殷勤好客的作风依然不变，据现代著名藏书家、散文家黄裳回忆：那年冬天他到琉璃厂游览时，外面寒风凛冽，店铺里温暖如春，方桌洁净无尘，伙计们殷勤地倒上茶水，一

今日琉璃厂

切都给人以静寂舒适的感觉。坐下来闲谈，很快就和掌柜成了朋友。从书市盛衰谈到古书的聚散，新发现了什么善本，一些著名学人的踪迹，海阔天空地谈了一气之后，就站起来看满壁琳琅的书籍。[16]由此可见，与众不同的琉璃厂，确实为前来光顾的顾客营造了一个舒适的环境和儒雅的氛围。

2. 琉璃厂的老店

琉璃厂是精华荟萃的一条文化街，不仅各色店铺俱全，而且产生了一批为人所津津乐道的老店，如清秘阁、富文堂藏书处、博古斋、来薰阁、邃雅斋、通学斋、一得阁等，但在这些老店中最有名气的算是荣宝斋了。现在人们一提起琉璃厂，第一个想到的往往是荣宝斋。

荣宝斋的前身是松竹斋，创立于清康熙十一年，一直以经营文房四宝、南纸字画为主，距今已有三百多年历史。清末松竹斋经营艰难，东家聘请琉璃厂有名的智多星庄虎臣出任经理，于光绪二十年以"荣宝斋"招牌重新开张，取"以文会友，荣名为宝"之意，由同治状元陆润庠题书匾额。庄虎臣广交名士，经营手法灵活，生意迅速兴旺起来。那时，文人墨客常聚此地，民国年间老一辈书画家于右任、张大千、吴昌硕、齐白石等也是这里的常客。荣宝斋最著名的要数木版水印技术，融刻版、印刷、折裁等技术为一体，使水印品的艺术更臻完善，曾得到鲁迅先生的赞许。新中国成立后，在党和政府的关怀下，荣宝斋的一些传统工艺更是大放异彩，木刻彩印画不但套色准确，而且能够利用水彩颜色和木板印刷的特点，极其自然地表现出色泽的浓淡，生动逼真，就像画家的真迹一样。荣宝斋复制的名作如《簪花侍女图》、《韩熙载夜宴图》、《清明上河图》等，曾先后在许多国家展出，引起无数名家惊叹，在国际上享有极高的声誉。据说齐白石老先生在世时，几乎辩认不出哪幅是他的原作，哪幅是复制品。

琉璃厂出售文房四宝的店铺，因为货源来自南方而称为"南纸店"，与书铺、古玩铺一起并列为琉璃厂的三大行业。南纸店一般也兼营石章、刻字等，还常常"挂笔单"，也就是店铺按照议定价格代销书画家、篆刻家的作品，从润笔中提成，而书画家往往再买南纸店的纸张、笔墨、颜色，南纸店最终两头获利。有名的南纸店除了荣宝斋，还有清秘阁、一得阁、静文斋、戴月轩湖笔店等。传说清秘阁是乾隆皇帝的奶妈周嬷嬷开的，既经营南纸，也买卖古玩。有一年乾隆过生日，思念起周嬷嬷，便召她进宫。嬷嬷将自己的儿子读书未成想做买卖的事跟皇上说了。乾隆说："你家可开个南纸店。"并赐名清秘阁，下旨由周家承办六部衙门的文书办公用品，还将御用印泥的制作交给周家。匾额是太子太保阿克敦书写的，神气十足。咸丰、光绪年间，经潘祖荫、翁同龢、李文田、吴大澄、王懿荣等文官学士的提倡，逛琉璃厂成为一种风气。有的官员早朝后不回府第，而去琉璃厂。一般都是前有顶马，后有跟骡，中间四人抬的轿子，从宣武门出城，来到琉璃厂，先进清秘阁，清秘阁有拴马和停轿的空场，店铺内有更换朝服的内室。由此可见出清秘阁与琉璃厂其他店铺的不同。清秘阁一直经营到1948年才关张歇业，今天琉璃厂街上的清秘阁是20世纪80年代重新恢复的字号。一得阁店铺始建于清同治四年，距今已近140年。其创办人是安徽举子谢松岱，他落第滞京之时，深感在考场上研墨费时太多，遂自己试制墨汁并开办墨汁店。谢

由郭沫若题写匾额的百年老店荣宝斋

松岱亲自题写"一得阁"匾额，并书写了一副藏头联："一艺足供天下用，得法多自古人书。"由店主自己为店铺题写匾额，在琉璃厂一得阁还是第一家；这块匾额一直保存完好，悬挂至今。

琉璃厂的书肆可谓闻名遐迩，从乾隆年间起，书肆业便成为琉璃厂文化街的主体行业，并发挥着重要的行业功能和对北京文化发展的积极促进作用；在经营活动中，以其特有的经营风格、经营品种和经营方式，成为北京古代书肆业的代表。比如，为了配备充足的货源，琉璃厂书肆的主人和伙计常常外出贩书，足迹遍及山西、山东乃至广东、湖北、江苏、浙江等省，搜集到不少精品，也无形中扩大了北京作为传统文化中心的影响。富晋书社在民国二十年曾以四万元价格购入扬州吴氏藏书，共计8000余种图书，有明弘治年刊本《八闽通志》、《延安府志》和明嘉靖年刻本《广西通志》等，颇为珍贵；文友堂于1931年收购到明万历四十五年刻本《金瓶梅词话》；崇文斋曾在河北旧书摊上廉价买到宋刊本《童蒙训》。让人津津乐道的还有松筠阁店主刘际唐廉价收购清代北京蒙古族车王府抄本1400余种、5131册，极其珍贵。刘际唐的儿子刘殿文则注意搜求别人不屑一顾的旧杂志，再配成整套出售；他自己曾编纂了12册的《中国杂志知见目录》，在琉璃厂独树一帜，行里人送了一个"杂志大王"的雅号。他辞世后，长子刘广振继承父业，又成为第二代"杂志大王"。这样的事例真是不胜枚举。李文藻的《琉璃厂书肆记》、缪荃孙的《琉璃厂书肆后记》、孙殿起的《琉璃厂书肆三记》、雷梦水的《琉璃厂书肆四记》，将琉璃厂书肆业的发展完整地记述下来。琉璃厂书肆不仅在古书的收购上颇具建树，还积极刊行新印古籍，如邃雅斋在民国二十三年以《邃雅斋丛书》的名义刊行了8种典籍，所选底本均为善本；另外还出版了《清代燕都梨园史料》，共计36种，为后人留下了宝贵的研究资料。

以书业为中心的琉璃厂文化街市，也是金石文玩、碑帖、字画聚散之处。许多商周铜器、宋元名画、碑帖旧拓、唐宋名瓷经过这里流入收藏之手，又由于收藏家的衰败复转入广肆，因此琉璃厂古玩铺和我国文物的流传渊源深厚。"据有关人员调查，自1860年到20世纪40年代末，在琉璃厂先后有过122家古玩铺，开业后能够维持到民国年间的仅有5家——博古斋、德宝斋、色彩斋、论古斋、英古斋。"[17]其中开业于1851年的德宝斋经营时间最长，到1945年抗战胜利前夕才歇业。开办人是山西的李诚甫，善于鉴定古代彝器，曾经手将毛公鼎卖给翰林院编修、印章收藏家陈介祺。毛公鼎是我国两千八百多年前的宗庙祭器，其铭文是研究西周史最珍贵的文献，后辗转存于台湾故宫博物院。接替李诚甫的是刘振卿，在碑帖方面造诣颇高，著有《化度寺碑图考》等，鉴定之精甚至不让翁方纲，是"市人中风雅者"（翁同龢语）；他还经营青铜、字画、玉器、印章等，过手的文物中有罕见的乾隆贡品"黄玉盖碗"、汉赵飞燕之"婕妤妾赵"鸟篆白玉印章等，后赵飞燕玉印在民国年间被张学良买走。陈介祺败落后其"万印楼"的收藏相传也由其代销。"德宝斋"大门匾额为克勤郡王所书，楹联乃翁同龢法书："德以圭璋儒所贵，宝兹彝鼎古为徒"，嵌入"德宝"二字，由王爷写店招、大学士书写门联，琉璃厂仅此一家。博古斋存在了半个多世纪，传说由朱元璋的后代朱晋年（为避祸改名祝晋藩）开设。祝晋藩在古玩、绘画方面很有建树，并给古玩铺立下了礼法和规矩，注重学徒的业余学习，培养出了一批高水平的古玩行家。大观斋、茹古斋、式古斋等均系出博古斋，由

此博古斋声名远扬。

　　最后还要提一下的是以卖酸梅汤著称的信远斋。同治光绪年间，信远斋在琉璃厂以销售酸梅汤、蜜饯、糖粘、酸梅卤、秋梨膏等闻名京城。匾额是清末老翰林、溥仪的师傅朱益藩写的，一式两块，"信远斋"和"蜜果店"，标准的馆阁体。信远斋的酸梅汤存放在青花瓷钵里，镇在老式大冰桶中，客人来了，用白铜勺子盛在釉下青蓝花汤碗里端过来。当盛夏季节逛厂肆疲倦时，买一碗喝下去那真是沁人心脾，解渴又解乏。伪满洲国皇帝溥仪在东北还念念不忘信远斋的果脯蜜饯，曾经专门派人跑到琉璃厂信远斋为其购买蜜饯和酸梅汤。

（三）"方家"雅士留佚事

1. 亦贾亦儒的厂肆人

　　据说，老北京过去的行业中唯有书铺和古玩店不设柜台。那是一个"谈笑有鸿儒，往来无白丁"的优雅处所。宾主在窗明几净、暗香浮动的客堂内，品茗闲谈、翻阅古书、把玩器物，在感受书香、欣赏艺术的愉快氛围中做成一桩桩买卖。这种独特的经营方式不仅培养出店家与客人的美好情谊,使书肆、古玩铺、字画店成为文人墨客鉴赏文物、交流心得的场所,而且使店铺的一些从业人员在这种环境的熏陶下,养成了留心版本或文物的习惯,他们依靠刻苦自学,由小伙计成长为版本目录学家或文物鉴定专家。

孙殿起和其外甥雷梦水是这方面的典范,他们在古书版本目录学和琉璃厂文献的收集整理上作出了突出的贡献。孙殿起(1894—1958),河北冀县人,民国八年与其好友、北大教授伦明合作,开办通学斋书店。由于他熟知版本目录,能分辨学术流别,了解古籍的文献价值和学术价值,经营规模日渐扩大,凡经他过眼和贩买的书籍,均一一记录书名、卷数、作者姓名、籍贯、刻印时间、刊印厂肆、书之序跋、校勘等资料。经过艰辛的努力,在民国二十三年编纂成了《丛书目录拾遗》12卷,短短两年后又刊行了《贩书偶记》20卷,后者相当于《四库全书目录》的续编,两部书稿加上后来完成的《贩书偶记续编》(孙殿起、雷梦水合编)成为当代学者研究清代学术史的重要资料。雷梦水于民国二十五年到通学斋学徒,在舅舅孙殿起的指点下,苦心钻研,殷勤耕耘,在古旧书业和京城文化界声誉渐起,写有《书林琐记》、《古书经眼录》、《北京风俗杂咏》等著作。尤为难得的是,孙殿起和雷梦水两位先生还十分留心厂肆故事,分撰《琉璃厂书肆三记》和《琉璃厂书肆四记》,并努力搜求有关琉璃厂及厂肆各店铺的资料,吉光片羽,终积成册,辑为《琉璃厂小志》,成为了解琉璃厂书业变迁和研究北京琉璃厂文化的珍贵历史文献。

古玩铺中同样存在不少精通业务的"专家"。如宝古斋邱震生,擅长鉴别王石谷的画。那个年代赝品多,王石谷的画更是鱼龙混杂,邱震生能一眼识破其真伪。尊古斋(后为通古斋)的黄伯川、黄镜涵父子都是青铜器鉴定家、金文考证家。黄伯川著有《衡斋金石识小录》、《衡斋藏见古玉图》等十数部著作,共112卷。黄镜涵在1950年代曾被中国历史博物馆聘为考古顾问。萃文阁的魏长青,是享誉海内外的著名金石篆刻家,曾与弟子徐柏涛一同为人民英雄纪念碑镌刻毛主席题词及周总理撰写的碑文。同古堂墨盒店的张樾丞制印技法高超,有"铁笔"的美誉,留有一册《士一居印存》,里边全是他刻治的印拓,其中不乏名人,如

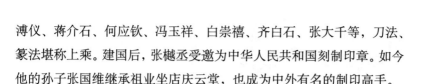
溥仪、蒋介石、何应钦、冯玉祥、白崇禧、齐白石、张大千等，刀法、篆法堪称上乘。建国后，张樾丞受邀为中华人民共和国刻制印章。如今他的孙子张国维继承祖业坐店庆云堂，也成为中外有名的制印高手。

琉璃厂的名字号和"术业有专攻"的名人真是难以说尽，他们技艺高超，深谙传统文化，靠着自己的勤奋、天赋、创造力，把图书、画作及古玩的经营推到一个高超的令人叹服的专业水准。

2. 文人墨客与琉璃厂

琉璃厂文化街特有的文化功能和文化氛围，使得许多文人雅士在此流连忘返，留下一段段佳话。

鲁迅先生寓居北京十四年，也与琉璃厂结下不解之缘。据他的日记统计，他在琉璃厂访书购物达480次之多，先后购买3800多册（部）图书、碑帖，当时的来熏阁、通学斋、有正书局、直隶书局、商务印书馆、神州国光社等都留下了先生的足迹。鲁迅先生不仅是文学巨匠，也是一个碑帖、刻石画像等方面的收藏爱好者。他一生收藏的碑拓达6000多幅，各类刻石画像也有六七百幅，其中很大一部分是从琉璃厂购买的。鲁迅先生对琉璃厂南纸店销售的各种笺纸评价极高，还和郑振铎先生共同留下一段编辑《北平笺谱》的美谈。诗笺、信笺统称笺纸，专指印以精美、浅淡图饰，供文人传抄诗作或写信的宣纸。把笺纸中的佳品集结成册，是为笺谱。这项艺术到民国几近失传，为此鲁迅和郑振铎商议，由郑振铎在琉璃厂收集各种笺纸，鲁迅负责遴选定稿，印一部笺谱。至1933年，终于编成六大册《北平笺谱》，收笺纸332幅，委托荣宝斋用宣纸彩色套印，首印一百部，后又加印一百部。这是继明代《十竹斋笺谱》之后，中国制笺艺术史上的又一丰碑。当时鲁迅在给郑振铎的信中幽默地说："至三十世纪，必与唐版媲美矣。"其实，现在这笺谱就已成为难得见到的文物，可以和明版、清版相媲美了。

"藏古今学术，蕴天地精华"，这副对联的内涵是指坐落于琉璃厂的书店来熏阁的。据店主陈济川的后人介绍，郑振铎、魏建功、胡适、齐白石、王雪涛等都与来熏阁有着密切联系。郑振铎的藏书有不少来自来熏阁，有些书对他研究学问起到了重要作用。解放前，吴晓铃、刘半农、刘景超等学者因为学术研究的需要，常到松筠阁"淘换"旧期刊旧报纸。

琉璃厂街至今流淌着儒雅的气韵

唐弢先生也经常把所要购买的旧期刊开出目录交给当时的店主刘广振，刘总是很快配齐送过去。集齐《晨报副刊》是唐弢多年的愿望，在他去世前，刘广振终于影印配全，了却了唐先生的一大心愿。唐弢曾说："没有琉璃厂，便没有我鲁迅研究的成果。"[18]《碧血录》是关于明朝东林党人同阉党斗争而被残害的纪事，吴晗一直把它作为珍藏书。这是他1933年在清华大学做学生时买来的，他在书末写道："在厂甸巡礼，凡恢巨者，虽翻阅不忍释，顾终不敢一置问，偶于海王村侧一小摊得此书，价才三角，大喜，持归。"[19]

其实，在琉璃厂文化街披沙淘金、攻读钻研、留下足迹的文人学子，何止千万。从清乾隆时期迄今有数不清学科门类的专家学者、社会名人，曾经踏着琉璃厂那清幽的街道，在一家家古朴的店铺里寻书访宝，正是在这里他们汲取了中华民族文化博大深厚的精髓，又把中国的历史文化推向更新更高更为丰富的境界、水平。而琉璃厂的商人们则是出色的知识信息传播者与咨询人，他们积极向学者提供有价值的信息动向和学术研究资源，并且与某些人在交往中结下深厚的友谊，给琉璃厂留下了耐人寻味的动人故事。

今日琉璃厂，是古典与现代的融合。乾隆时代李文藻笔下的那条"东西二里许"的狭小街巷和1950年代以前由私营店铺缀成的一条旧街形象已永远成为琉璃厂的历史，修复后的琉璃厂正以崭新的风采迎送中外游人，成为中国传统文化的展示窗口和吸引游人的旅游景点。走在琉璃厂的街上，一座座厅堂建筑清雅俊逸，风格百态千姿，古色古香，韵味无穷。随便进哪一家店铺，皆古朴雅致、幽静整洁，大书架和百宝阁曲折迂回。现今绝大部分商店出售的是新的工艺美术品和文物复制品。据说，专售复制文物的汲古阁人气很旺，许多外国游客和侨胞徜徉其间，被那足以乱真的秦俑、战国铜器、唐三彩所吸引，在橱柜前踯躅徘徊，流连忘返。琉璃厂的复制品价钱倒不贵，一张仿汉墓砖的拓片只卖几元钱。不过好一些的字画或瓷器则需成千上万，这便让人怀念起以前花几角钱买一块青田冻石或用一两元钱淘换一册残旧的木刻本《金瓶梅词话》的历史。今天，若要漫游琉璃厂观览文物，许多人突出的感觉是货少、价贵。就连著名的中国书店作为古旧书店的特色也正在逐渐消失，原先主要经营的古旧书不仅价格提到令人难以接受的程度，数量也大大减少，成为了一种表征书店性质的摆设。这大概是琉璃厂的一种遗憾吧。

从某种意义上说，今天的琉璃厂已经渐渐失去了往日的文化功能，仅有厂肆的文化气韵被传承下来。然而，新时代有新时代的发展模式，需要接纳新时代的精神内涵和要求，在探索之中，百年琉璃厂应该能够开拓出新的发展道路。让我们拭目以待吧。

三 潘家园：现代淘宝乐园

如今的北京有这样一个地方，在收藏家、淘宝爱好者中小有名气，甚至比琉璃厂还广受欢迎。与琉璃厂不同的是，这地方五行八作的人你来我往，熙熙攘攘；这地方有真正的奇货，也到处充斥着琳琅满目的小玩意，让人目不暇接。无论是宜兴的紫砂壶、江西景德镇的瓷器，还是天津杨柳青的年画、新疆的和田玉器，乃至各少数民族的特色服饰，还

潘家园旧货市场

有不同年代的珍玩古董、字画、古旧书籍、红木家具，以及珍珠玛瑙、玉石翡翠、皮影脸谱、竹木牙雕等等，反正一切或稀奇古怪或价值难测的东西，真真假假，假假真真，你都能在这里找到。这个地方，名字叫做潘家园旧货市场。

（一）初涉潘家园

说到旧货市场，有的人以为没什么希奇，那你就错了。潘家园这里可不是只卖旧货，只有"跳蚤"。这里的小玩意新新旧旧，什么都有。不要小看这个地方，在潘家园旧货市场的办公室里，有这样一个小本子记载得十分清楚：美国前总统克林顿的夫人希拉里曾在这里买过一把民国的小锡壶，并在她本人的回忆录《亲历历史》中提到了此段经历；泰国的诗琳通公主访华，离京前特意到潘家园去游览购物，临去机场前仍旧依依不舍；此外，据说韩国首尔古玩街上80%的货都来自北京潘家园；日本大阪古玩城的老板则每月来潘家园一次；罗马尼亚总理、希腊总理等也先后光顾过此地；并且在1995年，欧洲的旅游地图上就标出了这个北京著名的古旧市场。挑个日子来潘家园走上一遭，你会看到许多金发碧眼的外国友人也混迹在其中和摊主熟练地砍价。

　　如今的潘家园已经俨然一个国际化的交易场所，很多店铺门口的"欢迎光临"多用中、英文写成。现在，潘家园已经成为假日旅游的热点，日均接待游客四五万人。无数人来逛，有的看热闹，有的看天下，更多的来淘宝。1999年前后，收藏界盛传过这样一件令人眼热的事：收藏家刘建业在潘家园市场获得了明万历官版《十三经注疏》。《北京晚

潘家园珍宝馆

报》率先以近整版的篇幅报道了此事，海内外媒体竞相转载，潘家园内原来平淡的古旧书交易一下火了起来，书摊上的各类古旧书刊几乎被抢购一空，就连古籍善本的成交率也提高了不少。要知道刘建业购得的这套数量为19册65卷的《十三经注疏》是清代礼部珍藏的明代万历版，并且他仅花了1000元，这样的传奇恐怕只有在潘家园才会发生。这种故事一传十、十传百，潘家园的名气远播海内外，生意也"芝麻开花节节高"。总之，有人在潘家园发财啦、"捡漏"啦、这些故事口口相传，没有人问故事的真假，当然也没有人否定，于是大家都将信将疑。但正是这种半信半疑使得更多的淘宝者来了，怀着一股期待一股向往一股热情，把如今的潘家园发展得欣欣向荣。

潘家园旧货市场占地达48500多平方米，足足有两个足球场那么大，一共设有3000多个摊位，供游人或购买或鉴赏。分民间工艺品区和旧生活用品区，其中民间工艺品摊位两千多个，书法字画摊位三百多个，旧书刊摊位也有近百个。在这里售卖的有各种各样的古玩，有瓷器、铜器、玉器、木器、紫砂（陶器）等民间工艺品，有书法、字画、旧书

潘家园旧货市场一角

刊等文化艺术品，还有旧家电、家具、旧五金零件及其他旧生活用品。整个市场日交易额能够达到百万余元，年交易额超过4个亿，年利税上缴两千多万元。从商户数量、占地规模、交易额、客流量、影响力等各个方面来讲，潘家园可以坐上全国旧货市场第一把交椅，被誉为"全国种类最全的收藏品市场"、"全国最大的民间工艺品集散地"。如果是没到过这里的人，谁能想得到，那些瞅着不起眼的地摊竟能创造出这么大的价值！

(二)"鬼市"潘家园

如今中外闻名的潘家园旧货市场可以称得上是昔日皇城的缩影，充满了遗风遗俗，本身有着深刻的历史渊源。老北京人大概都知道潘家园有个别称叫做"鬼市"，潘家园旧货市场的前身的确就是那个潘家园鬼市，现如今恐怕只有老人们或许还能记忆起当年的盛况。旧时鬼市开市大都在天亮以前、凌晨三四点，天长日久，人们就给了它一个阴间的称呼——"鬼市"。鬼市由来已久，不仅仅是在老北京，据宋代孟元老《东京梦华录》记载："又东十字大街，曰从行裹角，茶坊每五更点灯，博易买卖衣物、图画、花环、领抹之类，至晓即散，谓之鬼市子。"可见宋代的时候鬼市已经盛行。这里记载的还只是北宋都城梁(今河南开封市)的鬼市景象。事实上凡是比较大的城市，历史上都曾有过鬼市。说起老北京的鬼市，还要追溯到清末民初，当时国运衰落导致许多达官显贵家道中落，于是家中的古玩便被拿来在街边变卖。对于这些昔日的皇亲国戚来说，街头叫卖毕竟是有失身份的事，无奈只能选在凌晨三四点打着灯笼交易。想当年，鬼市上还经常卖一些来路不明的物品，这来路通常不方便言说，因此大多数货真价实的宝贝只能忍痛贱价出售，于是"鬼市常出好货"也就传开了。如今，当年扛的灯笼变成了现在人手一把的手电，每到双休日的凌晨，电筒光遍地闪烁，场面热闹而凌乱，一顶顶铁棚屋下是一溜溜琳琅满目的旧货地摊，石器、铜器、玉器、字画、陶瓷等物品，旧钟表、鸟笼、钱币等小玩意，"旧"东西应有尽有。凌晨四点半，神秘的潘家园就已被淘宝人的喧嚣占据，"借过、借过"的叫喊声不断响起，偶尔驶过的车照亮了路边或倚着板车或拉着板车的模糊脸孔，一明一灭之间，宛若鬼影浮现，也许这一抹皇城遗风，恰恰是潘家园旧货市场的活的灵魂。到潘家园鬼市的常客大体上为四种人：第一首推古玩贩子，他们通常是买得频、卖得也快，只瞄准市场风头；二是古玩收藏者，他们都是眼光挑剔的行家，但是该出手时绝不心软；三是古玩爱好者，他们就只是把逛古玩市场当成一种乐趣，当成一种生活的嗜好；四是普通的观看者，一不买古玩，二不聊天，时间久了也可能就成了古玩藏家。常在这里出没的收藏者心中都有着熟络的规矩，比如要留意脚下、留意随时想要碰瓷儿的商贩，如果看到什么中意的，不要轻易撒手，否则会惹麻烦，并且这里还有个规矩，别人手里正拿着的东西不得问价。

如今恰逢盛世大谈收藏的年代，那些躲躲藏藏、掩人耳目的缘由已不复存在，但凌晨四点半到潘家园摆摊淘货成为了一种传统，所谓"一日之际在于晨"，这句话用于逛潘家园再恰当不过了。每个周六、周日凌晨四点左右，货主们就拉着货物赶到了这里。来这里倒腾的古玩贩子，一般情况下都是全天候活动，一边收一边卖，落空了就是一笔损失。古玩贩子们是早来晚走的那一拨人，最辛苦，他们通常早晨六时左右从四面八方赶到，下午四时全收摊了才走。正经的古玩收藏家都是早六点来，在市场里转一圈，十点来钟全部打道回府。而古玩爱好者通常来得晚一些，他们中间有部分人专门下午来，因为此时"拣漏"的机会最多。早些年都说鬼是在晚上天一擦黑就出来，鸡一打鸣就回去，估计这鬼市就是为了给那些好到处逛逛的鬼们安排的时间。现在鬼是不来逛潘家园了，但喜好旧东西的人却沿袭了这个习性。赶着太阳升起前到这里转转，兴许就能淘换到好东西呢，况且天上就算要掉馅饼，也只有早到的人才有可能被砸到。能赶着凌晨这个点儿来淘货的，不是行家也绝对是搞了多年收藏的人，多年的淘宝经历让他们习惯了手电、布袋不离身。通常都是先拿着小手电细细研究相中的物件的品相，有的人一驻足就是半个小时，然后便是一番看似不紧不慢的砍价，如若成交则要迅速将宝贝塞进随身携带的布袋里。对于商户来说更要早来占位置，通常晚来一步的商户只能排队等候有人撤摊，尽管这里寸土寸金———地面上十块砖的宽度就要三五百元，但摊位仍然十分抢手，大约六点，基本上摊位已经比邻而设，过道也早已被挤得水泄不通了。在潘家园摆摊的人来自五湖四海,有北京的、天津的、河北的、河南的、内蒙的、新疆的,甚至还有西藏的,摊上卖的东西也涵盖了全国各地的特色。北京人卖的以家藏的老古董居多;天津人卖的多半是一些做工精细的小玩意,比如钟表,当然还有远近闻名的年画;河南人卖的则大都是从唐宋时期的历史中走出的玩意;而西藏人卖的全是西藏特有的几样宝贝。不过话说回来,真正明白潘家园的人很少大白天来这里闲逛,因为真正的好东西全在刚"露脸儿"[20]那个把小时,所谓行家看门道。

传说有人用"潘家园"三个字做上联来对对子,下联答案是"贾雨村",虽然是传说,但的确是潘家园的一大特点。都说潘家园净是假货,可是我们的"3·15"一次也没到这里找过麻烦;古玩行有它约定俗成的特殊的游戏规则,一般来说全是周瑜黄盖我愿打你愿挨的事儿。只有外行人才会去计较潘家园的真、假,对行内人而言,潘家园的东西永远只分新、旧。收藏家马未都就说过:"瓷器作伪你看出来了,不能说这是假的,应该说这东西'看新'。买卖之间没有假字,只有新老。你说谁的东西是假的谁也不干,瓷瓶子有什么真假!"[21]

对于潘家园里的逛客来说,不在乎花了多少银子买了什么东西,暗中较劲的是谁更识货,即使再财大气粗的人也不会甘心为一个"不对"的东西花费太多,这些个人心疼的不是钱,而是长期在潘家园混出来的口碑、在收藏者中留下的口碑。因此,在潘家园你可看不到挥金如土的财大气粗者,各个摊位上满眼都是买卖之间貌似平静但却针锋相对而又韵味十足的讨价还价。

(三)奇货琳琅潘家园

今天的潘家园不愧为现代都市人的淘宝乐园,从最初的马路市场交易,到退街入场,再到现在的规模,经过近几年的规划,这里已形成了颇具古典风格的"城与院"模式的市场。潘家园是一个能给收藏家带来乐趣和财富的地方,更是一个能够寻梦的地方。

近几年光顾潘家园的还有一大部分"闲人",其实就是所谓的观看者,也就是京城的普通市民,当然也有不少外地游客,并且到潘家园的外国游客也越来越多,如今这里似乎成了北京的一个重要景点。过去,

罗马尼亚总理纳斯塔塞和夫人游览购物

人们常说"没有到过八达岭长城，就等于没有到过北京"，而今大有"没有逛过潘家园鬼市，就算不上北京人"的味道。每年到潘家园旧货市场的外国首脑政要都有五六位，包括上面提到的美国前总统克林顿夫人希拉里、罗马尼亚总理纳斯塔塞等都曾是潘家园的座上宾。中国的特色商品是吸引他们的主要原因。某国众议院议长夫妇曾经带着二十多人来到市场，他们没有如人们想象中那样一掷千金买古董，而是挑中了一对不到50元人民币的彩色瓷罐；某国国土安全部部长则在市场买了一根中国的狼牙棒。在潘家园，每个摊主必备一个掌上计算器，随处可以看到外国游客用计算器比比划划地讨价还价，场面甚是热闹。一家摊位正在和老外交涉的当儿，周围的摊主们爱凑热闹的就上前跟着一起比比划划谈价钱，最后把老外弄得晕头转向乖乖掏钱，自以为买到了便宜货；他们转身一走，身边的摊主们便相视一笑意味深长。爱好者、玩家、老外、学者等等，来到潘家园的人目的就是淘宝，在生活节奏紧张的都市玩现代人的淘金游戏。在这里淘金，不在于钱多少，只在乎谁有眼光，谁能砍价，谁能买到喜欢和想要的东西。买到真货了，能让你大大地兴奋一把并且在朋友中炫耀好久；买到假的了，只是自己独自别扭两天，当然转眼还得再来长经验。

　　淘宝的经历的确是其乐无穷。如今潘家园的各色摊主们几乎都能讲出几个跟古董有关的新奇故事。曾经传说有一位老者只花了几十元购得一件带有铭文的元代景德镇釉上彩高足杯，这类出产于元代的彩瓷存世数量极少，残片也不过几十件；1997年4月，摄影家李振盛教授从潘家园淘到吴印咸、黄翔等摄影大师的20英寸以上精装精裱的作品超过1600件，据说，这些作品即使装裱成本总估价就在65万，而他全部只花了630元就以论斤两称重的形式捡回去了；1999年，潘家园惊现一块重达百公斤的头骨化石，据专家鉴定竟然为500万年前猛犸象的头骨；有人花10块钱买来一大捆旧信，光是信封就有很高价值；还有人花15块钱买了把所谓的宝剑，结果一转手就卖了15万元；300块钱买的小碟子，专家鉴定结果竟然是元代青花，卖到37万；传说曾有一位农民用马车拉货去潘家园做买卖，竟然有主顾对马车辖辘感兴趣，打算买回去为自己开的酒吧作装饰，于是农民便把马车卖给这人，结果马车转眼成了潘家园的抢手货！在潘家园，这样的传奇故事比比皆是，看似不起眼的小摊，背后可能凝聚着与历史文化密切相关的人和事。

如今的潘家园市场又具有了很大的包容性，民族服饰、旅游纪念品甚至手电筒都摆上台面，这种改变不但没有破坏潘家园原有的神秘、古老的氛围，反而为潘家园增添了新的活力，吸引了一批又一批的新顾

脸谱

客。

如今的潘家园不但重视保持传统风貌，也在不断创新，吸引着越来越多人的光顾，吸引着全世界的目光。在潘家园这里，玩的是眼力，是经验。当然，除了碰运气，逛客还要有健康的收藏心态。

（四）传统与现代的结合

俗话说"乱世黄金，盛世典藏"，很显然，在当今的太平盛世里，人们的收藏热情不断高涨。下一步，潘家园将从各方面提升档次，包括与中国收藏家协会合作，届时将更多有价值的藏品项目引入市场；举办各类会展，开办收藏门类知识讲座等；发挥专业人员的优势，启动收藏鉴定和拍卖活动等。[22]

潘家园市场管理处的人员称：潘家园旧货市场的发展方向是建设全国最大的民间旧物市场、品类最全的收藏品市场、最大的民间工艺品集散地、最知名的古典家具市场、最有魅力的旅游商品市场，努力发展成为集购物、旅游、休闲、娱乐、服务为一体的国际民间文化交流中心。[23]走在市场内，会发现传统文化的印记几乎镌刻在每一件陈列的商品上，这些琳琅满目的货色，似乎已经很难一言以蔽之曰"旧货"，如果非要用一个词概括出其共同之处，大概可以叫做"奇货"，浸透着中国各民族、各地域传统文化的奇货。然而潘家园旧货市场之所以吸引国内外许多游客，不只因为它的奇货，其奇特之处还体现在建筑格局上：雕梁画栋，飞檐斗拱，青砖碧瓦，并且人行道上也镶嵌着古币的图案，让人初一进入就感觉到自己徜徉在传统文化的气息里。"如果把潘家园的货色组合起来，兵器系列可以武装一支古典军队；乐器系列可以组织数个民乐乐队；戏剧行头可以打扮一个京剧团，藏戏团；可以建庙；可以建一个荣国府，一个翰林院，一个古钱庄，一个图书馆……总之，潘家园比任何一个博物馆的藏品都要丰富得多。"[24]光辉灿烂的五千年文明史浓缩在这个潘家园里，吸引了全世界的目光，让世界各地的人们纷至沓来，陶醉在东方的这片神秘气氛中。

如今，我们说"只有民族的，才是世界的"，潘家园似乎最恰如其分地诠释了这句话，而它也正因为一如既往地坚持走传统文化之路，不断聚集起古典文化的氛围圈子，吸引了越来越多有志于发扬传统文化、地域文化的商家的加盟，形成了京城一种别具特色的商业现象，也为文化的传播作出了贡献。

走出潘家园，再次回到车水马龙的都市中，我们感慨万分，在潘家园，历史的缩影尽收眼底。也许，对潘家园的热爱所代表的不只是简单的对几件古玩的喜好，更多的是现代都市人对历史、对传统文化的追溯与缅怀。

注 释

1. 第一代"云里飞"原名白庆林，梨园行出身，后流落天桥撂地卖艺，为适应条件始创"滑稽二簧"。第二代"云里飞"原名白宝山，演唱"滑稽二簧"增添化妆，穿戴起自制的"行头"（以哈德门、红锡包、大联珠牌香烟盒糊制乌纱帽，用染红的面袋缝成戏衣），表演路数相当于今天的小品。

2. 成善卿：《天桥史话》，三联书店出版 1990 年版，第 240 页。

3. 同上书，第 232 页。

4. 拉弓用的弓是硬弓。艺人在表演这个节目前，请观众中力气大的人进场试拉。试拉者憋得脸红脖子粗，最多只能将弓拉开一半。艺人却能将弓轻松地拉开，还能左右开弓。

5. 举刀也是显示臂力的节目。所用大刀和关羽的青龙偃月刀差不多。张宝忠能用双手、单手将刀平托，也能用单手将刀竖着举起，还能把一二百斤重的刀舞动起来，连"背花"都能耍。

6. 舞叉是中国民间的传统节目。过去在北京走会队伍前面大多数都有舞叉的，起到开道的作用，故北京人又把舞叉叫"开路"。天桥市场舞叉花样最多的要算谭俊川，所以人称"飞叉谭俊川"。

7. 爬竿是民间杂技中的传统节目，据考证，汉朝(前 206 — 220)时就有。于正明和他的徒弟表演爬竿，难度较大。他们能在竿顶表演各种动作，如"扯顺风旗"、"倒立"、"站竿"等，十分精彩。

8. 中幡由竹竿制成，高约三丈。竿顶有红罗伞，伞下挂着一面绣字的标旗。表演者将竿子竖起托在手中，舞出许多花样；或将幡竿竖于一个肘弯处，用力将幡竿颠起，用另一个肘弯或后脖窝、脑门接住；或用单手托住竿底，反腕将幡竿移到背后，再将竿抛起到前边，用肘弯或用肩头将竿接住；最难的一招是将竿抛起，用下边的牙齿接住幡竿底部一个边，还要让它保持直立的姿态。

9. 20世纪40年代，在天桥表演车技的是金业勤兄妹。他们的绝技很多，拿手的是骑车过桌子。表演时在场子里摆一张八仙桌，骑车冲向桌子，在前车轮将要撞上桌子之际，猛地伏下身子，两腿夹住车座，高高翻起一个跟头，落在桌子对面，仍然骑车前进。

10. 在天桥表演硬气功的人很多。朱国良兄弟表演"油锤贯顶"，就是头顶一摞砖（约4~6块），另一人用油锤猛击砖，将它们击碎；还表演"睡钉板"，即将钉尖朝上的木板平放地上，演员脱光上衣，仰躺在钉板上，胸前放一块石磨扇，另一人用大锤敲击磨扇，将它打碎，而表演者前胸后背均无恙。

11. 崩铁链，就是用铁链将演员上身紧紧捆住，然后运气将铁链崩断。捋铁条，就是将手指粗细的一根铁条弄弯，放在火上烧红，然后用手将它捋直。咬铁条，就是把一根筷子粗细的铁条烧红，然后把一头放在嘴里一段一段地把它咬断。

12. 马建农：《琉璃厂》，北京出版社2006年版第4页。

13. 袁家方：《寻根说故琉璃厂》，《北京观察》2006年第7期。

14. 邓云乡：《邓云乡集：鲁迅与北京风土》，河北教育出版社2004年版，第6页。

15. 孙冬虎：《琉璃厂》，北京出版社2005年版，第33页。

16. 黄裳：《琉璃厂故事》，《瞭望》1989年Z2期。

17. 孙冬虎：《琉璃厂》，北京出版社2005年版，第46页。

18. 袁家方：《寻根说故琉璃厂》，《北京观察》2006年第7期。

19. 姜德明：《琉璃厂寻梦记》，《读书》1981年第6期。

20. 形容潘家园凌晨开市之初的短暂时段。

21. 玻化石：《亦真亦假潘家园》，http://www.tianya.cn/techforum/Content/185/364705.shtml。

22. 藏点：《奇袭潘家园》，http://www.cangdian.com/HTML/07/07/070714145305_2.html。

23. 《"奇袭"潘家园》，http://www.empirart.com/data/2006/0623/article_87.htm。

24. 李娟：《解读京城涉外小商品市场一招之胜的源代码》，http://www.lishui.gov.cn/qypd/jycy/t20041110_13327.htm。

后 记

　　我和我的同事们能够承担并完成《北京历史文化十五讲》这本书，是一件十分愉快和荣耀的事情。这是因为近年来，我除了继续从事中国现代文学研究之外，对北京文化研究投入了相当大的精力，我和我的同事们在对北京文化的发展动态，特别是对北京创意文化这类新兴问题的研究过程中，深感北京历史文化浩瀚浑厚、博大精深、丰富多姿，不了解北京文化的历史底蕴，是根本把握不准北京文化的现实发展的。因此，把北京文化最为精华的东西描绘出来，呈现给读者，是我们几年来的追求与期待。而《北京历史文化十五讲》给了我们这个宝贵的机会。

《北京历史文化十五讲》是北京大学出版社"十五讲"系列之一，延续了"十五讲"系列的总体风格，以专题的形式、相对凝练的视野、生动形象的叙述，将最能代表北京历史文化的十五个方面一一道来。本书由我总体构思，设计框架结构，统览全稿，完成最后的修改并定稿。主要撰写分工如下：刘勇及艾静、李媛媛、李春雨、凤媛、王勇、毛夫国、陈婕、熊万龙、徐敏、杨志、蔡琦琦等人撰写了第一、四、八、九、十、十二、十三讲；常书红、杨彩丹撰写了第二讲；孟宏峰、张磊磊撰写了第三讲；刘伟、柴红梅撰写了第五讲；刘殿祥撰写了第六讲；孙照海撰写了第七讲；张智华、孙玉杰、孙慧撰写了第十一讲；田鑫、王小明撰写了第十四讲；郝婧坤、李群撰写了第十五讲。

完成书稿后，我和大家都感觉到无比喜悦和兴奋，同时又都深深地感谢给予我们这次机会的北京大学中文系温儒敏先生，感谢北京大学出版社艾英女士热情的关心和细致的帮助。温先生把这项任务交给我，表明他对我们北京文化发展研究院的充分信任，也表明他懂得我们渴望做这项工作的急切心情；温先生多次对北京文化的发展提供一系列重要建议，他是关注北京文化建设和发展的有心人，我和北京文化发展研究院的全体同志再次向他致以诚挚的感谢！

刘　勇

2008 年 7 月 25 日

于北京师范大学北京文化发展研究院

《名家通识讲座书系》已有选目

★《文学与人生十五讲》　暨南大学中文系　朱寿桐

★《唐诗宋词十五讲》　北京大学中文系　葛晓音

★《中国文学十五讲》　北京大学中文系　周先慎

★《中国现当代文学名篇十五讲》　复旦大学中文系　陈思和

★《西方文学十五讲》　清华大学中文系　徐葆耕

★《通俗文学十五讲》　苏州大学　范伯群　北京大学　孔庆东

★《鲁迅作品十五讲》　北京大学中文系　钱理群

★《红楼梦十五讲》　文化部艺术研究院　刘梦溪　冯其庸　周汝昌等

★《中国古代诗学十五讲》　华中师范大学中文系　王先霈

《当代外国文学名著十五讲》　吉林大学文学院　傅景川

★《中国美学十五讲》　北京大学哲学系　朱良志

★《现代性与后现代性十五讲》　厦门大学哲学系　陈嘉明

★《文化哲学十五讲》　黑龙江大学　衣俊卿

★《科技哲学十五讲》　南京大学哲学系　林德宏

★《西方哲学十五讲》　中国人民大学哲学系　张志伟

★《现代西方哲学十五讲》　复旦大学哲学系　张汝伦

★《哲学修养十五讲》　吉林大学哲学系　孙正聿

★《美学十五讲》　东南大学　凌继尧

★《宗教学基础十五讲》　清华大学哲学系　王晓朝

★《逻辑学十五讲》　北京大学哲学系　陈波

★《道德哲学原理十五讲》 北京大学哲学系 王海明

《自然辩证法十五讲》 北京大学哲学系 吴国盛

《伦理学十五讲》´湖南师范大学伦理学研究中心 唐凯麟

★《口才训练十五讲》 清华大学政治学系 孙海燕 上海科技学院 刘伯奎

★《政治学十五讲》 北大政府管理学院 燕继荣

《社会学理论方法十五讲》 北京大学社会学系 王思斌

《公共管理十五讲》 北京大学政府管理学院 赵成根

《企业文化学十五讲》 武汉大学政治与行政学院 钟青林

《西方经济学十五讲》 中国人民大学经济学院 方福前

《政治经济学十五讲》 北京大学政府管理学院 朱天飙

《百年中国知识分子问题十五讲》 华东师范大学历史系 许纪霖

★《道教文化十五讲》 厦门大学宗教所 詹石窗

★《〈周易〉经传十五讲》 清华大学思想文化所 廖名春

★《美国文化与社会十五讲》 北京大学国际关系学院 袁明

★《欧洲文明十五讲》 中国社会科学院 陈乐民

《中国文化史十五讲》 北京大学古籍研究中心 安平秋 杨忠 刘玉才

《文化研究基础十五讲》 北京大学比较文学所 戴锦华

《日本文化十五讲》 北京大学比较文学所 严绍璗

★《中国传统文化十五讲》 佛光大学人文社会学院 龚鹏程

《中西文化比较十五讲》 北京大学外语学院 辜正坤

★《俄罗斯文化十五讲》 北京大学外语学院 任光宣

《基督教文化十五讲》 中国人民大学中文系 杨慧林

《法国文化十五讲》 北京大学外语学院 罗芄

《佛教文化十五讲》 南开大学文学院 陈洪 社科院佛教研究中心 湛如法师

《文化人类学十五讲》 中国社会科学院文学所 叶舒宪

《民俗文化十五讲》 北京大学社会学系 高丙中

《上海历史文化十五讲》　上海师范大学文学院　杨剑龙

★《北京历史文化十五讲》　**北京师范大学文学院　刘勇**

★《文物精品与文化中国十五讲》　清华大学人文学院　彭林

★《中国道德智慧十五讲》　**中国人民大学哲学系　肖群忠**

★《语言学常识十五讲》　北京大学中文系　沈阳

★《汉语与汉语研究十五讲》　北京大学中文系　陆俭明　沈阳

★《西方美术史十五讲》　北京大学艺术系　丁宁

★《戏剧艺术十五讲》　南京大学文学院　董健　马俊山

★《音乐欣赏十五讲》　中国作家协会　肖复兴

《中国美术史十五讲》　中央美术学院　邵彦

《影视艺术十五讲》　清华大学传播学院　尹鸿

《书法文化十五讲》　北京大学中文系　王岳川

《美育十五讲》　山东大学文学院　曾繁仁

《艺术史十五讲》　北京大学艺术系　朱青生

★《艺术设计十五讲》　东南大学艺术传播系　凌继尧

★《中国历史十五讲》　清华大学　张岂之

★《清史十五讲》　中国人民大学清史所　张研　牛贯杰

★《美国历史十五讲》　北京大学历史系　何顺果

★《丝绸之路考古十五讲》　北京大学历史系　林梅村

★《文科物理十五讲》　东南大学物理系　吴宗汉

★《现代天文学十五讲》　北京大学物理学院　吴鑫基　温学诗

★《心理学十五讲》　西南师大心理学系　黄希庭　郑涌

★《生物伦理学十五讲》　北京大学生命科学学院　高崇明　张爱琴

★《医学人文十五讲》　少年儿童出版社（上海）　王一方

★《科学史十五讲》　上海交通大学人文学院　江晓原

　《思维科学十五讲》　武汉大学哲学系　张掌然

★《青年心理健康十五讲》　清华大学教育研究所　樊富珉

　《环境科学十五讲》　北京大学环境学院　张航远 邵敏

★《人类生物学十五讲》　北京大学生命科学学院　陈守良

★《医学伦理学十五讲》　北京大学医学部　李本富 李曦

★《医学史十五讲》　北京大学医学部　张大庆

　《人口健康与发展十五讲》　北京大学人口所　郑晓瑛

（画★者为已出，其中黑体部分为新出）